新潟県立歴史博物館 編

火炎土器の研究

同成社

序

　新潟県立歴史博物館では、博物館活動の重要な根幹である調査研究活動として、開館当初より館内外の研究者が参加する3～5年計画の総合研究テーマを設け、各分野での研究を進めている。火焔土器の故地である馬高遺跡に近接し、常設展示においても4割の面積を縄文時代にあてている当館の性格からも、考古分野では火炎土器研究を第一の調査研究テーマに掲げることとした。

　縄文時代中期は日本列島における大きな昂揚の時代であり、火炎土器様式はその象徴的存在であるといってよい。火炎土器様式の研究は単なる一地方型式の研究にとどまるのではなく、縄文時代の典型を見ることができるはずなのである。過去に福島県柳津町や十日町市において火炎土器に関するシンポジウムが開催されてきたが、さらに継続的また包括的な研究を推進していく必要があり、自然科学分野の研究者もメンバーに加わっていただくこととした。

　こうした背景によって、スタートした総合研究「火炎土器様式圏の研究」は共同研究員および研究協力者を含め50名強の参加を得て、8回の研究会を開催し、平成14年3月をもって3ヵ年に渡る第1期の区切りを迎えた。その締めくくりとして、本書を刊行するものである。発表や寄稿をいただいた館外研究員に御礼申し上げるとともに、本書が縄文研究の発展に資するものとなることを願ってやまない。

新潟県立歴史博物館
館長 小林　達雄

目　　次

序……………………………………………………………………………………小林　達雄…… 1

第Ⅰ章　総　　論───────────────────────────── 5
　火焔土器とはいかなるモノか……………………………………………………小林　達雄…… 7

第Ⅱ章　火炎土器様式の年代─────────────────────── 15
　火炎土器に付着した炭化物の放射性炭素年代……………………………………吉田　邦夫…… 17
　型式編年と較正暦年代………………………………………………………………寺崎　裕助…… 37
　C14年代測定試料の出土状況と年代観……………………………………………小熊　博史…… 42

第Ⅲ章　火炎土器様式の広がり───────────────────── 53
　新潟県縄文中期の土器事情…………………………………………………………寺崎　裕助…… 55
　火炎土器文様からみる遺跡間関係…………………………………………………今福　利恵…… 78
　火炎土器の広がり……………………………………………………………………宮尾　　亨……111

第Ⅳ章　火炎土器様式の周辺─────────────────────121
　千曲川流域における火焔型土器および曲隆線文の系譜…………………………寺内　隆夫……123
　火焔形系土器と「三原田式土器」…………………………………………………長谷川福次……133
　栃木県域における火炎系土器研究の到達点と課題………………………………塚本　師也……141
　越の旅人 自立編－茨城県水戸市塙東遺跡の「火炎土器」について－…………鈴木　素行……160
　南東北地域における
　　　　火炎系土器の諸様相－福島県を中心にして－……………………佐藤光義・長尾修……177
　越中の火焔型土器－加越能には入りづらかった－………………………………小島　俊彰……201

第Ⅴ章　火炎土器様式の流儀─────────────────────211
　火焔型土器などの胎土分析……………………………………Mark E.Hall・西田泰民……213

混和材としての土器片の利用について……………………………西田　泰民……220
マイクロフォーカスX線CT装置を利用した火焔型土器の
　隆起線文様施文手法の検討…………吉田邦夫・小島俊彰・西田泰民・宮尾亨……226
【コラム】岩野原遺跡の煮炊き用土器の使用痕………………………小林　正史……236
　　　「叩き」の意味──フィリピン・インドネシアにおける調査ノート……後藤　明……243

第VI章　火炎土器様式圏の諸側面 ――――――――――――――249

石器から見た生業……………………………………………………前山　精明……251
火炎土器分布圏における翡翠製大珠…………………………………木島　勉……262
新潟県出土縄文中期の土偶……………………………………………石川　智紀……275

付編・新潟県巻町中田割遺跡の調査……………………前山精明・那須孝悌……283

第Ⅰ章 総 論

火焔土器とはいかなるモノか

小林　達雄

1

　昭和11年12月31日、まさに大晦日、その「短い冬の日の夕暮れ」、近藤篤三郎青年の手によって長岡市馬高遺跡より火焔土器が掘り出された。

　長岡市関原町の素封家の近藤勘治郎は、かねてより遺跡・遺物に興味を抱き、子息篤三郎とともに信濃川流域の遺跡踏査を続けていた。昭和10年11月から『石器時代遺跡探渉日記』に記録しており、全10冊に及んでいる。おそらくは火焔土器発見の様子も記されているはずであるが、その原本の行方が不明であり、残念ながら詳細を知ることができない。中村孝三郎（1975）の「この歳は北陸地方にはまだ珍しく雪の訪れはなかった。冷たい突き刺すような、米山おろしが瀟々と吹きすさぶ、冬枯れ無人の馬高遺跡の、7号地点の住居址を発掘中」という記述は、『日誌』記載内容によるのであろう。

　出土のときは押しつぶされて破片の状態であったが、1個体分にまとまりそうだということで、接合し復元しようと思い立った。当時、近藤家に出入りし、考古学にも興味を抱いていた室岡博がさっそくに取りかかり、苦労の末何とかカタチに仕上げることができた。

　昭和26年、長岡市立科学博物館が開館し、近藤勘治郎、篤三郎父子の収集品と蔵書がすべて寄贈された。中村孝三郎は考古部長に就任するや、ただちに件の火焔土器を解体復元し、今日の姿に仕上げた。そして、火焔土器の造形に注目し、事あるごとに世に宣伝した。まさに名伯楽として、後見人として大きな役割を演じたのである。

　昭和32年、湯川秀樹が来館し、中村の慫慂で火焔土器と対面するや、「長い事釘付けにされて佇み、世界の博物館美術館は随分沢山覧てまわったが、これ程の土器にはかつてお目にかかった事はない。何という素晴らしさだろうと口を極めて心から感嘆」（松岡1962？）した。おりしも松岡譲は筆子夫人と博物館の真後ろに住まわれて、もう一人の火焔土器の宣伝部長をもって任じ、やがて自らも縄文への想いを深めていったのである。

　岡本太郎が縄文土器に日本を発見し（岡本1952）、熱いまなざしを注ぎ続け、ついに火焔土器を求めて長岡から津南までやってきた。その足跡は幾枚もの「火焔土器」の色紙に残されている。

＜火焔土器＞

　「火焔土器」は件の馬高遺跡の出土品の愛称であり、「他のもの、あるいは他遺跡出土のものは『火焔形土器』あるいは『火焔形式』と呼ばれ厳密に分離されているのである」（中村1966）。

　しかしながら、この火焔土器は決して孤立した存在ではなく、その仲間がいたのだ。

　仲間とは共通の雰囲気を有する一群の土器である。その一は、上記の火焔土器で、中村（1958）

の命名による火焔土器A式一号である[1]。いわゆる口縁に立ち上がる鶏頭冠が左を向く。この標式とは逆に右を向くA式二号がある。中村分類の火焔B式は、A式とともに火焔型であるが、古段階である。

その二はいわゆる王冠型（中村分類の火焔D式）がある。火焔型を特徴づける鶏頭冠がなく、短冊形の突起にすり替わる。鋸歯状のフリル飾りがない。小林分類のAⅡ型式（小林1988）である。ほかにAⅢ型式、AⅣ型式がある。

こうした火焔型土器（しばしば火焔土器と略される）をはじめとする王冠型その他がひとまとまりの仲間を形成する。これらが火炎土器様式（複数型式の組合わせ）を主張するのである。さらに小林分類によるB群とC群およびD群がある（小林1988）。縄目文様を全面に施文するD群がもっとも量的に多いが、B群、C群とともに火炎土器様式の中では従属的な型式となる。ただし、縦位の剣先文を特徴とする型式B群は火炎土器様式において、型式A群に次ぐ存在として位置づけられる。とくに後述の火炎土器様式圏内の中核地域内に発達した。周辺地域にはほとんど見られない。

＜火炎土器様式と火焔土器＞

1万年を超える縄文土器の歴史において、約75の様式が見られる。

様式とは、ある地域のある時期に出現展開し、消滅したひとまとまりの土器である。個々の土器は、他の個体とは明瞭に区別される個性を有しながらも、一方ではその個性には他の個体との共通性がある。そうした共通の性質が様式である。しかし、一様式を成立せしめる性質を具体的に説明することはきわめて困難である。つまり、様式における共通性は具体的に共通要素として、いちいち数え上げ説明することのできないものであり、醸し出される雰囲気なのである。雰囲気は感性にかかわるがゆえに、文字記号への変換が不可能に近くなるのだ。

ある雰囲気には、当然ながらそれを現実化する元があり由来がある。換言すれば、特定の流儀によって結果としての特定の効果が生み出されるのだ。流儀とは、土器を作るに際して、粘土の種類、粘土に加える混和材、施文具、粘土の乾き具合と施文のタイミング、器面調整のしかた、土器の厚さ、焼成時における焚木の調節や酸素の供給・遮断、仕上がりの色調などいろいろある。

もっとも、雰囲気が説明困難であるというのは正確ではない。雰囲気を決定するのが流儀であるとすれば、その流儀のいくつかは確かに具体的に指摘しうる。雰囲気が説明困難であるのはそうした雰囲気が複雑に絡み合って、曰くいい難い一つの効果を作り上げるものだからである。

火焔土器は孤立した存在ではなく、改めて火焔土器と共通の雰囲気の認められる複数の土器群の中の一つなのであることがわかる。

火焔土器を内包する火炎土器様式は、単なる造形上の流行にとどまるものではなく、その流儀を成立せしめ、流儀を共有する集団の表象である。つまり、様式圏は集団のまとまりを意味するのである。

＜火炎土器様式の時代＞

縄文時代は1万5,000年前にはじまり、1万年以上の歴史を展開する。草創期に土器を製作使用しはじめてから、早期を経て前期そして中期に至る。人口も増加し、文化的にも活力にあふれるに至った。縄文土器の製作量も増えるとともに、造形的にも豊かな個性的特色を発揮した。この中期こ

そは縄文時代の隆盛期とも評価され、後期から晩期と続いて閉幕に至る。

　火炎土器様式は、縄文文化がもっとも隆盛を極めた中期中頃、越後新潟の地に出現した。東北南部の大木式土器様式の大木 8a 式以降、8b 式に並行する。そして関東北の阿玉台式土器様式や焼町式土器様式、中部山岳地方の勝坂式土器様式、北陸地方の上山田・天神山式土器様式と境を異にしていた。

　それらの土器様式との個別の並行関係を見極め比較しながら、具体的に共通性と個性を把握する必要がある。それによって、単なる土器様式相互の関係だけでなく集団間の関係にまで意味をもつことを知るのである。

＜火炎土器様式の特色＞

形態　火炎土器様式には、火焔型と王冠型のA群およびその他の型式があるが、その主流は深鉢である。五泉市大蔵遺跡の台付き鉢は珍しい存在で類例に乏しい。北陸の上山田・天神山式土器様式に盛行する台付きの形態と一脈通ずるものと見られる。口が大きく開き、背の低い浅鉢があるが、口縁部に装飾的な文様をもつものの、器面全体は縄目文様で覆い尽くされる。火炎土器様式の典型が、火焔型や王冠型のごとく器面に縄目文様をまったくもたないことからすれば、浅鉢形態は火炎土器様式の一員ではあるが、従属的な位置にある。なお口縁から底部まで縄目文様一色の類（型式D群）においても、大小にかかわらず深鉢である。

　火炎土器様式に併行する中部山岳地方から関東地方の勝坂式土器様式に保有されていた有孔鍔付土器と釣手土器の2形式はまったく認められない。勝坂式よりも関係の深い北陸の上山田式にも両形式が認められるが、その影響も拒否していたことを示している。ただし、火炎土器様式圏の北陸寄りに所在する糸魚川市長者原遺跡には有孔鍔付土器が入り込んでいる。大蔵遺跡の台付き鉢とともに、限定的ながらも彼我との連絡の一端がうかがわれる。

文様と形態　火炎土器様式においてもっとも重要な特徴で、目立つのは縄目文様抜きで全体の文様が構成される点である。火焔型と王冠型を筆頭とする。まさに火炎土器様式の本領がこの点にあるといえる。それゆえ、縄目文様を部分的あるいは全体にもつ類は様式内において自ら従属的な存在となる。

　文様は粘土紐の貼付け手法、あるいは半截竹管状の施文具でなぞる手法による隆線で描かれる。その隆線はカマボコ状の断面となる。曲線と直線によってモチーフが表現されるが、いくつかの定型的な構図がある。それらのいちいちを目こぼしせずに抽出する必要があるが、依然として不十分である。

　なかでも鶏頭冠や短冊形突起およびトンボ眼鏡、袋状突起、鋸歯状文、S字状文、渦巻き文などは主要かつ重要なモチーフとして注目される。つまり、火炎土器様式と他地域の土器様式あるいは火炎土器様式の先後の土器様式との具体的な比較検討の手がかりとなるはずである（小林1981）。

　さらに火炎土器様式内の型式間の比較検討あるいは差異の把握において重要な鍵となる。たとえば、火焔型に必須の鶏頭冠、鋸歯状文、トンボ眼鏡、袋状突起については、王冠型にはまったくないわけではないが、少なくとも受入れに消極的である。同じ様式内において、これほどの対立的性質の存在は軽視すべからざるものといえよう。

ところで総じて火炎土器様式の文様において、文様が形態と不分離の性質をもつところに最大の特色の一つがある。つまり、土器本体の完成後に文様が重ねられ付加されるのではなく、本体の成形に文様が直接関係するのだ。とくに口縁部に立ち上がる火焰型における鶏頭冠、王冠型における短冊形の突起は文様ともいえるが、土器本体の延長にある。換言すれば文様と形態を画然と区別できないのである。弥生土器や伊万里焼において、器面をキャンバスとして描かれる文様との際立った違いを見る。さらにいえば、弥生土器その他焼きものの多くの文様が、壁と壁紙の文様との関係になぞらえることのできることと対照的である。つまり、火炎土器様式における隆線による文様は、壁紙の文様のようには本体から分離できず、もし文様を強いて剥ぎとろうとすれば、土器そのものが壊れてしまうのである。

器壁の厚さ　火炎土器様式は厚手作りである。先行の前期の土器様式、後続の後期の土器様式と比較すると、確かに厚味を増していることがわかる。この傾向は東北一円から北海道の土器様式、さらに西日本から九州の土器様式でも共通して見られる日本列島全域の縄文世界に行き渡った大きなうねりであり、火炎土器様式も例外ではなかった。

とにかく、厚手作りというのは中期の諸様式に共通して見られる流儀だったのだ。これに匹敵する同程度の厚さは、早期末から前期前半における胎土に繊維を含む複数の土器様式に採用されていた。さらに北海道、東北では前期後半まで厚手作りが継続している。中期の厚手式は東北の前期後半の大木式土器様式の流れの続きが影響していた可能性も否定できない。

中期の厚手作りの流儀は、後期になると縄文土器の大勢として、いわゆる薄手式へと変化してゆく。しかし、火炎土器様式圏では、短期間（少なくとも土器様式の変遷過程の約三段階）後継様式は出なかったが、後期初頭の三十稲場式土器様式が火炎土器様式圏を基盤として出現し、厚手作りの流儀を復活させている。あるいは火炎土器様式の個性的な伝統の現れかもしれない。

焼成　縄文土器の焼成では特別な窯などの施設はなく、いわゆる野焼きである。これまでの実験報告では、ほぼ縄文土器の焼成具合と同等な結果が得られている。

茨城県石岡市東大橋原遺跡では、縄文土器の焼成用とも考えられる浅い窪みの遺構が発見されている（川崎ほか 1979）。焼成実験においても、同様な窪みを設け、空焚きして地表の水分を蒸発させる。火力は燃料によっても左右されるかもしれないが、とくに燃焼時間の長短によって調節が可能となる。約500℃で粘土は化学的変化によって水溶性から非水溶性の物質となる。さらに燃焼を続けてゆけば、ほぼ900℃近くにまであがる（新井 1973）。焼成温度が高くなるにつれて、硬質に焼き上がる。

火炎土器様式に含まれる型式群はすべて外見上区別のない焼成を示す。つまり、火炎土器様式は、その焼成においてすべての型式がほぼ一様であったことを物語る。正確な焼成温度は計測されていないが、堅く焼き締まって硬質というよりは、全体が柔らかい感じがする。念入りにとことん焼き上げるというのではなく、適当な時点で燃焼を中断していたことをうかがわせる。大木式、阿玉台式、焼町式、勝坂式、上山田式と比べて、画然とはいわないまでも、より柔らかい感じが強い。やや低温の仕上げのせいかもしれない。

また、破れ目の断面を見ると、色調が一様でなく、芯の部分が黒みを帯びて、内外面の赤色系と

三層を呈する例が見られる。焼成時間の短さを暗示する。

　色調　様式には、様式ごとに特有の色調が認められる。色調を決定するのは、まず第一に採用された粘土の性質、とくに混和材による。第二は焼成による調節であり、いずれもそれなりの流儀がもたらす結果の現象である。

　素地に雲母を加えると、器表面は金粉をまぶしたようにキラキラと輝く。混和材に滑石の粉末を用いると、灰乳白色で鈍い光沢を呈する。また黒鉛の粉末の場合は、灰色でやはりにぶい光沢感があり、滑石と同様に触るとぬめりがある。

　燃焼に際して、十分に酸素を供給すると、赤色系に仕上がる。一方、火を止めてから土器に干し草様の覆いをすると酸素が遮断され、煤が付着して黒みを帯びる。この調整具合で、赤みが強くなったり、黒みが勝ったりする。油分を含む針葉樹の葉によっても調節の効果を期待できるかもしれない。

　火炎土器様式の場合は、すべての型式においてほぼ一様に赤褐色を呈する。焼き方に型式ごとの区別はなかったのであろう。あるいは型式ごとに別々に焼くのではなく、異型式が同時に焼き上げられた事情を反映するのかもしれない。少なくとも黒褐色の例はない。

　なお、火焔型、王冠型いずれもが底部付近（胴部下半）が加熱によって二次的に変色しているものが少なくない。煮炊きに用いられたことを示し、内面におこげが膜状に付着する例もある。

＜火炎土器様式の本拠地＞

　現在の新潟県域が、縄文時代の火炎土器様式のクニにちょうど重なっている。もともと新潟県は古代の越後・佐渡をほぼ踏襲するのであり、その前身が火炎土器様式圏というわけである。北の鼠ヶ関を越えた山形県方面の大木式土器様式圏には踏み込まない。西では、親不知を越えた北陸の上山田式土器様式圏には立ち入らない。三国峠の向こう側の阿玉台式や焼町式土器様式圏との境界を侵さず、信濃川上流をその先の千曲川流域の手前でとどまる。また阿賀野川、上越の荒川においても新潟県域を踏み越えてはいない。改めて、越後新潟が火炎土器のオクニであった事実を知るのである。

　ところで、日本海側の北限には村上市高平遺跡があり、大量の火炎土器様式が出土している。それらは全体に小振りの作りであり、紛れもない火炎土器のクニの一員でありながらも、その北の果ての辺境にあった厳しい現実の事情の現れと見ることができる。かたや西の辺境では、糸魚川市長者原遺跡をクニ境の陣地として、とくに特産物ヒスイを独占しながら気を吐いている。しかし、周辺一帯での同時期の遺跡の数は少ない。

　火炎土器のクニの本拠地は確かに越後新潟のほぼ全域にわたるが、実はその中核地は信濃川上流から中流域であったと推定される。津南町から十日町、小千谷市を経て長岡・栃尾・見附から五十嵐川流域に達する地域である。火焔型土器の大形品が津南町の道尻手遺跡、十日町市笹山遺跡、三島町千石原遺跡、長岡市転堂遺跡（復元されていないが、大きな破片がある）などに見られる。

　火炎土器のクニの中核地域では、他の周辺地域に比して遺跡数も多い。遺跡の数がそのまま人口に正比例するわけではないが、ほぼ比例すると推測しても大過ないであろう。つまり、中核地域の人口密度が高かったことがわかる。人口密度の高い地域にしばしば文化的活力を見るとおり、名実

ともに火炎土器のクニの中心としての役割を演じていたのだ。こうした事情が、中核地域において、土偶や三角壔土製品、三角形土版、石棒などの呪術・儀礼にかかわる、いわゆる第二の道具の発達に象徴されるのである。

ところで、火炎土器様式圏におけるもう一つの辺境として、奥三面の前田遺跡がある。しっかりした作りの火焔型と王冠型が出土している。ここは、立地の点からすれば、火炎土器の本拠地方面ではなく、むしろ山形県小国町方面との連絡の方がよほど便がいい。それにもかかわらず、実際は大木様式圏に与せず、往来の困難な日本海側の村上方面との関係を強く維持していた事実はきわめて興味深い。そこには便利を越えた特別の理由があったからに違いない。具体的にそれを突き止めることはできない。あえて想像をたくましくすれば、遺跡にまで三面川が延びていて、その流れを、サケは下流止まりであるが、マスが遡上するのである。サケ・マスを重要な食料とし、しかも冬期間の重要な保存食として利用していた縄文人を、川つながりで日本海側に結びつけていたのではなかろうか。そこが火炎土器のクニであったればこそ帰属意識に必然性があったのだ、と思われる。

2

＜火焔（型）土器と王冠型土器＞

火焔土器と王冠型土器は、火炎土器様式を象徴する双璧である。ともに形態の大概においてきわめて強い共通性をもちながら、同時に相容れることのない個性的形態を主張して対立する。

共通性の第一は、器面に縄目文様が一切施されない点にある。第二は、半截竹管様の施文具を用いた隆線による文様表現である。このことが外見上の統一的な雰囲気を醸成している。第三は、器面の文様区画の基本が同一である。つまり、器体の上下を区画する。筒形の胴下半部、その上にのる胴上半部は膨らむ。胴上半部1に対して、胴下半部は約1.3の割合である。口縁から大きくせり上がる突起はともに四つを基本とする。この原則は絶対崩されず、4以外の数はない。さらに四つの突起に規制されて、器体が垂直方向に4区画される。ただし、火炎土器様式の本拠地に隣接する会津地方においては、突起の数が3をとる例がある。火炎土器様式によく似た雰囲気を作りながらも、越後本拠地には与することを拒否しているのだ。会津集団が同調せずに意地を残し、主体性を確立していた様子がうかがわれる。とにかく、火焔型土器と王冠型土器に見られる強固な共通性の効果は、両者並び立ちながらも違和感なく、むしろ火炎土器様式的雰囲気をいやが上にも増長させているのである。

その一方で、両者は相譲ることのない独自性を堅持し、対照を際立たせる。まず第一に、土器本体の明瞭な違いである。火焔土器の口縁が水平であるのに対して、王冠型土器は大きくうねって四つの波状を呈し、波頂部が短冊形となる。短冊形の先端左側に小さな抉りこみが必ず設けられ、この原則をはずした例は、きわめてわずかしかない[2]。短冊形突起に対応するのが、火焔土器の鶏頭冠である。これはS字モチーフに由来し、大仰に立体化したものである。さらに王冠型にはない鋸歯状のフリルが付加され、火焔土器の特色を最大限に発揮するところとなる。鋸歯状フリルは四つの鶏頭冠の間の水平口縁にも必ず付加される。鶏頭冠は左右非対称である点は短冊形突起と共通するが、右向き・左向きの二様がある。古段階では、背が低く右向きが圧倒的に優勢である。第二に、

鶏頭冠は器体から浮き出て立体的であるのに対し、短冊形は器体の面が浮き出ることなく、胴体からなめらかにそのまませり上がる。この造作の違いこそが、火焔土器を王冠型に比して見た目に派手に写り、豪華な効果の演出につながる。これに関連して、文様単位の中でも立体的なトンボ眼鏡、袋状突起なども火焔土器に顕著であり、王冠型土器には稀か、どれも付加されない例も少なくない。

とにかく両者は火炎土器様式を代表する優等生であり、安定した存在である。しかも、同じ雰囲気の傘の下にありながら、たとえば形態の特色や文様要素の一部でも相互乗入れして融合しようとする気配を毫も見せない。断固として妥協せずに自らの型を護り抜いているところがとくに注意される。鋸歯状のフリルは王冠型土器に間違ってもつけられることはまずないのだ。そして火焔土器の口縁は絶対に波打つことはない。とにかく水と油のように睨み合って譲らない張りつめた気さえ感じられるほどである。

もとをただせば、火焔土器にしろ王冠型土器にしろ、別々の設計図が用意されていて、作り手はその設計図どおりに粘土で造形しているのである。だから一遺跡はもちろん、火炎土器様式圏内であれば、相当離れた遺跡間において型を崩さずに実現できたのだ。2枚の設計図はオラがクニさ一円に行き渡っていたことを物語っている。

しからば、大局的には深鉢で、見た目の雰囲気を同じうしながら、何故に2型式が作られねばならなかったのであろう。最初から設計図が2枚用意されていたからには、それぞれが実現されねばならない必然的な理由があったからに相違ない。

二つが作り分けられたのは、少なくとも同じ用途ではなく、独自の目的があったものと考えなくてはならない。両者が深鉢と浅鉢というのであれば、用途の違いを容易に想定しうる。しかし、ともに深鉢である点、形態も大局的には同じであるのに、厳然と区別される型式を用意するだけの用途に差があったというわけなのであろうか。火焔型でも王冠型でも、どちらかの用途目的に適ったものであれば、ほぼ同じ形態なのだから、どちらか一方だけでも十分まかなえたはずである。

そもそも土器は用途目的に応じて作られる。しかし、でき上がった形態は常に当初意識された用途目的の期待に十分適うものとはならないのが普通である。液状の物体を容れるのに有利な壺は用途にうまく対応した形態の成功例である。それに対して深鉢は、特定の個別の用途にぴったり合致するというよりは幅広い用途に対応できる形態である。王冠型に比して、火焔型に大形品の存在が目立つ。しかし、これとても「大は小をかねる」形態だ。火焔型も王冠型もともにその深鉢の形態をとる意味からすれば、用途は相互に乗入れ可能であったはずに見える。少なくとも形態の物理的性質に大差ないのである。

それにもかかわらず、火焔型、王冠型の2者がそれぞれに型を遵守して対立的に併存するのには、単に物理的用途・目的とは別の次元の理由によるのであろう。二つ並べて見比べる程度の問題ではない深い意味が潜んでいる気配を否定できない。

いろいろな理由が考えられるが、なかなか特定することは困難である。2者を作り分けているのは具体的な用途とは別に、強言すれば、対立をこそ目的とするものではなかったか。確かにその可能性は否定できない。実は縄文人の世界観には二項対立の観念があったのだ（小林 1988）。その証拠は、集落における2群の住居群や墓壙群、二つのゴミ捨て場や貝塚、墓壙における東西軸と南北

軸などに見られるが、詳細は前掲論文（小林1988）での検討に譲る。

とくに火焔型と王冠型の2者にかかわる事象として、縄文前期における縁孔文土器の2個体1組の出土例や縄文後期の異形台付き土器の2個体1組例がある。土器ではないが、同形同大の木製片口容器で、赤漆と黒漆に対照的に塗り分けている新潟県黒川村分谷地A遺跡例なども注目される。

とにかく、縄文人思考における二項対立、双分原理の表象として、火焔土器と王冠型土器を厳然と区別した蓋然性はきわめて高いと考えられる。

この観点に立脚すれば、両者は決して融合するものではなかった理由がようやく納得しうるのである。あるいは、対立に意味があったとすれば、それを際立たせる意識につながり、鶏頭冠と短冊形との二つの突起こそ、対立原理の象徴となるべきことがわかる。また、ともに火炎土器様式圏の雰囲気を担いながらも、火焔型は派手な効果を目指し、王冠型が地味に行きつつ、対照性が維持されるのである。

それゆえに、ここに至って火焔土器を個別に取り上げたり、扱い語るのは文字どおり片手落ちのそしりをまぬがれぬことを知る。火焔土器と王冠型土器はいつも二人三脚で火焔土器のクニを先導し、ヨソのクニに発信したのである。かくて、縄文中期世界に火焔土器のクニありと知らしめたのだ。

火炎土器様式圏から火焔土器がヨソのクニに運ばれたり、彼の地の土器作りに影響を与えたりしている。海路を山形県、秋田県の東北地方に北上し、北陸の富山県、遠くは山越えで福島県の中通りにもある。しかし、主として火焔土器あるいは火焔土器を象徴する鶏頭冠の影響が見られながらも、火焔土器のクニの本拠地のように王冠型土器と一組のあり方は見られず、いかにも中途半端な対応に堕していることがわかる。カタチは伝わっても本場のココロは理解されなかった事情を示している。

註
(1) これらは筆者のAI式に相当する（小林1988）。
(2) 安田町野中遺跡に一例ある。

参考文献

新井　司郎　1973　『縄文土器の技術』中央公論美術出版
岡本　太郎　1952　「縄文土器論」『みづゑ』1952年2月号
川崎純徳他　1979　『石岡市東大橋原遺跡第2次調査報告』石岡市教育委員会
小林　達雄　1981　「越後新潟火炎土器のクニ」『月刊文化財』215
小林　達雄　1988　「火炎土器様式」『縄文土器大観3』小学館
小林　達雄　1993　「縄文集団における二者の対立と合一性」『論苑考古学』天山舎
中村孝三郎　1958　『馬高』長岡市立科学博物館
中村孝三郎　1966　『先史時代と長岡の遺跡』長岡市立科学博物館
中村孝三郎　1975　『越後縄文風土記の丘　馬高丘陵』長岡市立科学博物館考古研究室
松岡　　譲　1962?『火焔土器』(自家出版)

第Ⅱ章　火炎土器様式の年代

一つの土器様式はどの程度の年代幅をもっていたのであろうか。かつては一定の時間の中で土器が変化するという考え方が支配的で、一型式の推定存続期間に型式の数を掛け合わせて縄文時代の年代幅とすることも行われたが、最近、^{14}C年代法の積極的適用によって、別な年代観が生まれつつある。

　火炎土器様式はいつ頃の土器なのかという問題に答えるため、研究会では炭化物が付着する該期の土器を選び出し、年代測定を重点的に行ってきた。ある一定の方向は見えてきたものの、測定と型式編年の双方の側から疑問が出され、より高い精度や信頼性のある年代観を得るにはどうしたらよいかとの議論が行われている段階である。

火炎土器に付着した炭化物の放射性炭素年代

吉田　邦夫

1. はじめに

　土器の相対年代については、すでに土器の形式の違いに着目した非常に緻密な考古学的編年の方法が確立しており、日本考古学界が世界に誇る成果となっている。これは土器の形式学的研究と遺跡における層序学に基づいており、一方で土器とともに伴出する遺物のC-14年代測定値によって支えられている。しかし、個々の土器形式についての実年代を考えるときには、いくつかの問題がつきまとう。①伴出した木炭や貝殻と土器との同時性、②木炭が大木の一部である場合の「年輪効果」、③貝殻の年代値の不確定性、などである。①については、土器内に発見される木炭や住居址の炉址の炭などを使い、②については、できるだけ大きな資料を使い、年輪構造を見極めて、表皮に近い外側部分を測定すれば、同時性が保証されることが多いであろう。③の貝殻は要注意である。海産生物については、$δ^{13}C$補正をしたうえで、海洋リザーバー効果の補正のために、海産生物の較正曲線Marine98を用いて暦年較正することが推奨されている。沿岸部の遺跡では、貝塚などから得られる貝殻を用いて年代を決めることが多く、千葉県で集成した縄文時代遺跡の年代値110例のうち、半数以上約56％を貝資料が占めている。ところが、海産資料は、河川水の流入による影響や海洋深層水の湧昇、氷河などの溶解による流れ込みなどによって、主として古い炭素が混入することがある。これらは、地域や時代に依存する要素で、地域リザーバー効果$ΔR$により、補正する必要があるが、日本近海で使えるデータはまだ少数である。三陸沿岸の貝塚遺跡で、貝殻・ウニの年代は同層の炭化物に比べ300年前後古い暦年較正年代を示すことが明らかになった（Ohmichi et al 2004）。

　1977年にMullerが提案した加速器質量分析（AMS）法が普及する中で、ごく微量の資料を用いた年代測定がさまざまな分野で発展している。吉田らは、十数年ほど前から、発掘された土器片がもつ時間情報に着目し、時間情報を取り出す研究を進めてきた（吉田 1997）。縄文土器自身に残された炭化物を使って、土器の製造・使用年代を決定しようというものである。早期・前期の土器の中で、とくに繊維土器の場合は完全に酸化されずに黒々と炭化物が残っている例も多い（Yoshida et al 2004）。また、土器作成時に偶然取り込まれた表面や内部の有機物、使用時についた穀物片や油脂、煮炊きした食物などの有機物やその炭化物、吹きこぼれや加熱時のススなど、年代測定に使えるものがたくさんあることが明らかになった。古代からの便りに、いってみれば日付の消印が押されていることになる。この消印を判読して正確な詳しい年代を決めようというのである（図1）。

2. 測定資料

　火焔（王冠）型土器には、主として口縁部内面に炭化物が付着している例が見られる。煮炊きし

18　第Ⅱ章　火炎土器様式の年代

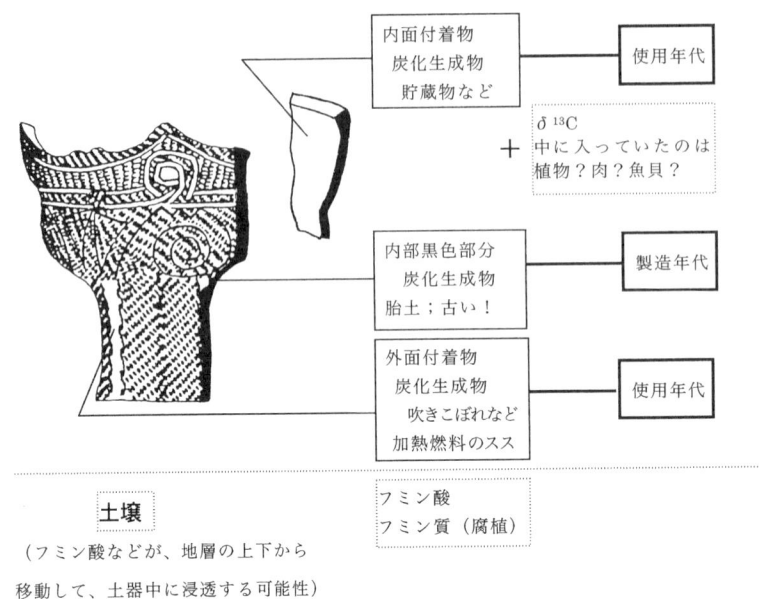

図1　土器のもつ時間情報

た食物などが炭化して残っているものと考えられる。できる限り完型土器を対象として、付着した炭化物を採取し年代を測定した。土器形式を明確に判断できるだけでなく、付着部位、付着状況がはっきりすることが肝要であると考えたからである。

　まず長岡市内の3遺跡、山下、馬高、岩野原遺跡から出土した34個体をリストし、31個体から32資料を採取した。また、塩沢町原遺跡、津南町道尻手遺跡の12個体から13資料を採取した。さらに、茨城県久慈川流域の坪井上遺跡の1個体についても、土器の伝播・比較のために試料を採取した。採取した質量および形状を表1に示す。

3. 測定試料の調製（図2）

1）表面除去

表層に付着した埃などの汚れや付着物とともに、剥がれた土器胎土などをメスで削除する。

2）AAA処理 ［酸―アルカリ―酸処理］

埋蔵中の汚染を除くために行う。すべての操作は10mlガラス製遠沈管中で行い、遠心分離によって上澄み液を分離して、パスツール・ピペットで溶液を除いた。

① 酸処理【主として埋蔵中に生成・混入した炭酸塩、フルボ酸を溶解・除去する】：1.2M塩酸を加え80℃で6時間加熱した後、ミリポア水で洗浄する。

② アルカリ処理【フミン酸等の酸性物質を溶解・除去する】：試料の状態に応じて、0.005M～1.2M水酸化ナトリウム水溶液により、室温～80℃の処理を行う。水溶液が着色しなくなるまでこの操作を繰り返すのが原則だが、資料の腐食が進んでいる場合には、全部溶解してしまう恐れがあるので、資料の状態によりアルカリの濃度、加熱温度、時間を調整する。処理後、ミリポア水で溶液が中性になるまで、繰り返し洗浄する。

③ 酸処理【アルカリ処理中に生成した炭酸塩を溶解・除去する】：1.2M塩酸で80℃、2時間加熱し、最後に塩酸が完全に除去されるまでミリポア水で洗浄する。

④ 乾燥：試料は、遠沈管中で80℃に加熱・乾燥した。

3) 酸化［資料中の炭素を二酸化炭素にする］

$$C + 2CuO \longrightarrow CO_2 + 2Cu$$

① 試料をバイコール小管に入れる：炭素量として1～2 mgを含む試料を外径6mm、長さ50mmのバイコール・ガラス小管に入れる。

② 酸化銅とともに封入：1gの線状酸化銅（Ⅱ）を加えた後、外径 9 mmのバイコール管に挿入し、銀箔を小管の上に置く。真空ラインに接続して高真空（10^{-6} mmHg）に排気し、プロパンガス・酸素バーナーで封じきる。

③ 酸化：これを電気炉に入れ、500℃に30分保った後、850℃、2時間加熱し、試料中の炭素を完全に酸化し、すべて二酸化炭素に変える。

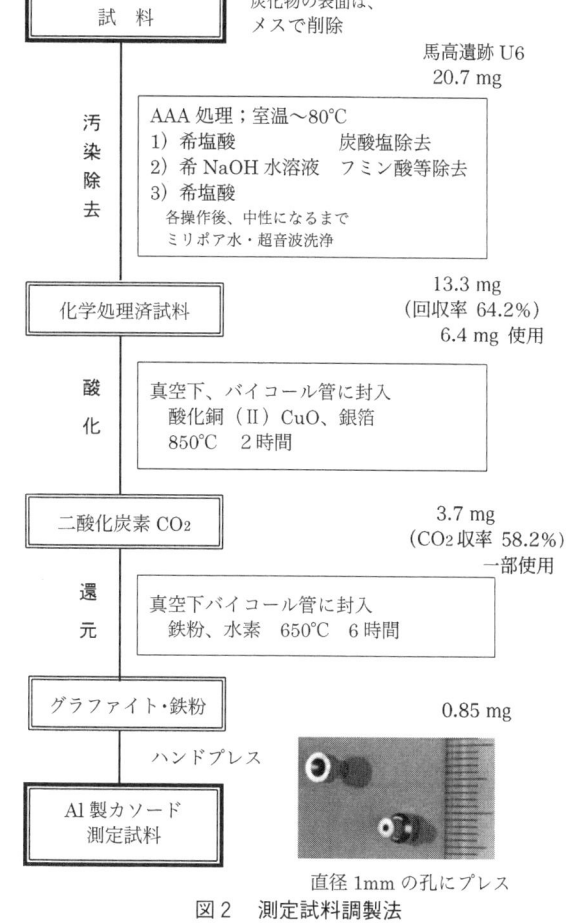

図2　測定試料調製法

④ 二酸化炭素の精製：バイコール管を真空ラインのクラッシャーに接続し、排気した後バイコール管を割り、液体窒素で真空ラインのトラップに集める。液体窒素―エタノール混合物と液体窒素の温度差を用いて水分などを除去し、二酸化炭素を精製する（液体窒素―エタノール；約－100℃、液体窒素；－195.8℃）。

4) 還元［二酸化炭素からグラファイトを得る］

$$CO_2 + 2H_2 \longrightarrow C + 2H_2O$$

① 高純度鉄粉の秤取：325メッシュ（40μm）の高純度鉄粉（99.9+％；Aldrich試薬）約1 mgを秤取する。外径6mm、長さ15mmの石英ガラス管に入れる。

② 鉄の予備還元：これを外径9 mmのコックをつけたバイコール管に入れ、真空ラインに接続、高真空に排気する。高純度水素ガス（99.99999％）を約0.5気圧導入し、コックを閉め、真空ラインから取り外す。450℃で1時間加熱し、鉄粉中の酸化物を還元して、すべて鉄に変える。

③ 二酸化炭素の導入：コックつきバイコール管を再び真空ラインに接続し排気する。炭素の質量として約1mgに相当する精製した二酸化炭素を、液体窒素トラップにより鉄粉が入ったバイ

表1 土器付着物資料

＜山下遺跡＞

番号	採取 mg	pick up mg	AAA 処理後	収率 %	酸化量 mg	CO_2収率 %	還元用 mg	資 料 の 状 況
S 1	51.1	30.4	19.3	63.5	5.2	55.1	1.2	1～1.5mmφ塊(粒)。微妙に平板。多少砂まみれだが、崩れるのでそのままpick up。
S 2	未採取							
S 3	51.5	51.5	30.3	58.8	6.9	57.8	1.2	良好
S 4	未採取							
S 5	25.8	19.7	12.3	62.3	5.3	56.6	1.3	多少ぼこぼこだが比較的整った炭化物。土の部分はほとんどない。プラスチックのような繊維を1本除去したが、その他はとくにclean upする必要はない。大きい塊から pick up し細かいものを少量残した。

＜馬高遺跡＞

番号		採取 mg	pick up mg	AAA 処理後	収率 %	酸化量 mg	CO_2収率 %	還元用 mg	資 料 の 状 況
U 1		56.8	30.6	19.2	62.8	7.1	59.0	1.2	
U 2		64.6	64.6	35.4	54.8	6.7	57.1	1.2	
U 3		58.7	26.3	15.2	57.8	5.9	44.6	1.3	ボコボコスカスカではないが、方向性に乏しい。大きさも平たいのや立体感のあるのやらいろいろ。毛根、ガラス質に見えるもの、真っ白いものなどいろいろ混ざっている。土の汚れを取り除こうとすると、すぐに崩れてしまうので、汚れの少ないもののみを pick up する。
U 4		未採取							
U 5		89.1	89.1	48.4	54.3	6.6	50.5	1.4	土砂そのものか土砂に薄くコーティングされた炭化物か見分けがつきにくいものが混ざっていて、試料が少量なので突っついたりせずにそのままpick upした。
U 6		35.9	20.7	13.3	64.2	6.4	58.2	1.1	2mmφ塊。比較的きれい。
U 7	外	33.6	31.5	15.4	48.7	6.0	46.3	0.9	砂といってよいほど細かいことはU 7内とほとんど同じだが、天然繊維のようなものを2本除去したほかは、これといった汚れの除去は必要なかった。
	内	41.2	35.8	21.3	59.5	5.5	25.6	1.1	砂といってよいほど細かい。ピンセットでつまめる大きさの炭化物を拾ってみたが、量が足りないので、ゴミを丹念に除去して全量採取。ゴミの主なものはプラスチックのような繊維。10×5倍の顕微鏡下で約1時間 clean up した。
U 8		42.0	36.3	22.3	61.3	5.4	51.6	1.0	細かい炭化物、土器のかけらのようなもの、真っ白い粉のような固体が見られる。それぞれがあまりにも細かくmixされている。炭化物以外のものはかなりていねいに除去したが取りきれていない。プラスチックのような繊維はすべて除去できた。

<岩野原遺跡>

番号	採取 mg	pick up mg	AAA 処理後	収率 %	酸化量 mg	CO_2収率 %	還元用 mg	資 料 の 状 況
I 1	30.9	21.0	13.1	62.1	5.6	62.5	1.4	1〜3mmφ塊。比較的きれい。
I 2	24.2	10.1	5.3	52.6	5.3	46.1	1.2	毛根、新しそうに見える木片、大きめの土器片は除去。小さい土器片と真っ白な固体は除去できず(小さすぎて分別しにくく、無理に除去しようとすると炭化物も一緒にくっついてきてしまう)。
I 3 -1	7.4	6.9	3.8	55.6	3.8	16.5	0.6	明らかにきれいな炭(しかし非常に少量)と炭が入っている土(分離極困難)とガラスに見えるものと鉱物に見えるものの集合。土と分離できないブロックをpick upした。ガラスと鉱物は大きいものは取り除いた。髭根はチェック。
I 3 -2	21.1	18.6	10.6	56.7	10.6	9.6	0.8	ごくごく細かい土まみれの炭の多数集まったもの。全体に薄くきなこをまぶした感じ。ゴミのようなもの(繊維状のもの)は取り除いた。土は取り除きようがなかったのでほぼそのまま全量使用。
I 4	30.0	30.0	19.0	63.3	7.8	59.0	1.4	良好
I 5	45.9	25.9	12.3	47.5	5.0	41.0	0.9	細かい炭化物、土器のかけらのようなもの、真っ白い粉のような固体が見られる。細かい炭化物はほとんど汚れがついていない。土器のかけら、土、ガラス質、毛根を取り除く。
I 6	97.4	97.4	64.4	66.1	6.5	59.5	1.2	良好
I 7	87.4	49.3	33.9	68.7	7.8	61.1	1.1	2mm四方、厚さ1mm。
I 8	35.3	21.8	13.1	60.1	4.9	60.3	1.1	ふきこぼれの炭化物のようなボコボコした塊。土が部分的にこびりついていたので顕微鏡下でメスとピンセットを使い除去するが、崩れやすいのでとことんはできない。大きめなものを clean up。
I 9	35.0	22.2	14.9	66.9	4.9	54.4	1.1	I 8に同じ。髭根1本除去。
I 10	73.0	73.0	49.6	67.9	6.2	55.3	1.1	良好
I 11	32.5	28.3	16.3	57.6	5.8	60.6	1.1	I 8やI 9のような吹きこぼれタイプの炭化物と比べると微妙に方向性があるが、もろさと土の分離しにくさは同等で、土は除去しきれない。
I 12	34.1	23.6	11.6	49.2	5.6	51.4	1.0	微妙に方向性があるが脆い。土の付着が比較的少ない。除去は困難なので、大きめのきれいな塊を選んでそのまま試料とした。少量の髭根も取り除いた。
I 13	108.4	37.8	27.7	73.1	6.0	57.6	1.2	薄くて堅い炭化物のように見える塊三つ。炭状ではない。土器に薄くかたまってへばりついていたものが剥がれたかのように見える形状。
I 14	45.4	26.9	15.2	56.5	9.9	26.7	1.2	細かい炭化物の粒。ピンセットでつまめるくらいの堅さはある。比較的土の付着は少ない。除去は難しいのでそのまま pick upした。

番号	採取 mg	pick up mg	AAA 処理後	収率 %	酸化量 mg	CO_2収率 %	還元用 mg	資料の状況
I 15	38.3	23.5	16.2	68.7	5.7	55.9	1.1	I 14に同じ。
I 16	12.2	11.7	7.2	61.6	5.5	5.4	0.3	写真で見たら1塊だったが、pick up時には二つに割れていた。炭化物か土器か土か判別の難しい塊。表面にごく薄く他より色の濃い部分があるが、これのみは剥がせない。土のように見える部分をメスでほんの少し切れ目を入れて観察したが土なのか炭化物が混ざっているのかはっきりしない。
I 17	39.8	27.4	17.4	63.7	5.7	57.1	1.1	ボコボコスカスカの炭化物。汚れはほとんどついていない。汚れが少なく大きめな塊のみをpick upする。
I 18	46.4	26.5	14.7	55.4	5.0	67.8	1.1	比較的立体的な炭化物。やや方向性がある。土の汚れが内部にまで入り込んでいるものもあった。炭が比較的堅かったので、汚れがとりやすかったが、取りきれないところもあった。
I 19	35.2	21.0	12.7	60.7	5.8	59.6	1.4	1～3mm四方、厚さ1mm。方向性が見える炭化物もあり。付着物きなこまぶし状態で、さらに炭化物がもろいので比較的きれいなものをpick up。付着物にはガラス質のものも見えた。
I 20	53.6	32.0	18.9	59.2	6.0	61.5	1.5	1～3mm。平板なものと塊のものと混在している。土の付着が多い。土の除去を試みたが非常にもろいので、土の付着の少ないものを優先的に選んでpick upした。髭根2本発見。
I 21	46.8	46.8	24.9	53.3	6.5	59.6	1.4	$CaCO_3$のように見えるものがごくわずか混ざっていた。取り除けるものは取り除いたが多少残った。

<原遺跡>

番号	採取 mg	pick up mg	AAA 処理後	収率 %	酸化量 mg	CO_2収率 %	還元用 mg	資料の状況
069 (P4上層)	93.9	31.8	11.3	35.4	5.5	38.6	1.0	すごく細かい炭の粒。顕微鏡下で茶色い砂を取り出した。髭根もついていたので取った。
070 (P4底)	56.6	32.8	19.5	59.4	5.1	61.6	1.1	全量の半分を使った。大きさが1mm立方ぐらいの炭。ごつごつしていて形はよくない。9ピースぐらいとった。
	57.9	31.9	22.1	69.2	5.3	59.6	1.1	細かい炭の粒。赤や黄色の砂粒、髭根をピンセットを使って取り除いた。
071 (P4上層)	97.7	49.9	33.7	67.5	5.8	60.1	1.1	細かい炭の粒。髭根が多くピンセットで取り除いた。赤・黄の砂などは混じっていなかった。
072 (P4下層)	93.9	31.8	11.3	35.4	5.5	38.6	1.0	米粒ぐらいの炭。少しだけ砂などが周りについていたが、取ろうとすると崩れるのでやめた。

番　号	採取 mg	pick up mg	AAA 処理後	収率 %	酸化量 mg	CO_2収率 %	還元用 mg	資料の状況
073 (P4)	54.2	32.5	22.6	69.5	5.8	59.3	1.1	細かい炭の粒。ほとんどゴミや砂は入ってなかった。そのまま半分ぐらいの量をpick upした。
079	20.8	20.0	13.8	68.7	5.2	58.1	1.1	量が少なかったので、髭根などゴミを取り除いて全量をpick upした。細かい炭の粒（およそ0.5mm立方）。

＜道尻手遺跡＞

番　号	採取 mg	pick up mg	AAA 処理後	収率 %	酸化量 mg	CO_2収率 %	還元用 mg	資料の状況
14J－46	60.0	36.3	23.7	65.4	5.5	56.8	1.1	砂ぐらいの小さい炭の粒．茶色の砂粒や髭根をピンセットで取り除き、全量の半分ぐらいをpick upした。
15J－3	76.1	49.4	32.8	66.4	6.1	60.4	1.2	米粒ぐらいの大きさの炭。ゴミは混じってなかった。9粒pick upした。
15J－92	53.1	2.3	21.5	66.5	5.2	38.7	1.0	砂と米粒の間ぐらいの大きさ。20粒ぐらいpick upした。ゴミは混じってなかった。
15J－201	24.5	20.6	8.6	42.0	3.3	32.6	0.9	砂と米粒の間ぐらいの大きさ。20粒ぐらいpick upした。ゴミは混じってなかった。
H7－3999 -4413	80.0	48.3	34.5	71.3	5.7	58.5	1.2	砂粒ぐらいの大きさ。形も崩れていなくて、ゴミも混じってなくきれいな状態。
H7－4200	8.6	8.6	5.4	62.8	3.6	53.8	1.0	砂粒ぐらいの大きさ。量が少なかったので、全量をpick upした。ゴミは混じってなかった。

＜坪井上遺跡＞（茨城県久慈川流域）

番　号	採取 mg	pick up mg	AAA 処理後	収率 %	酸化量 mg	CO_2収率 %	還元用 mg	資料の状況
B地区82土坑	76.6	32.3	22.0	68.2	6.6	59.4	1.1	

コール管に導入する。

④　水素ガスの導入：二酸化炭素の2.1倍の物質量（mol）に相当する高純度水素ガスを加え、バーナーで封じきる。

⑤　二酸化炭素の還元（鉄触媒による水素還元法）：鉄粉が入っている小石英ガラス管の部分（底部約2cm）だけが加熱されるように電気炉に入れ、650℃で6時間以上加熱し、二酸化炭素を還元してグラファイトに変える。

5）　グラファイトをカソードに詰める

バイコール管の破片が混入しないように注意して、バイコール管を割り、鉄－グラファイト粉末を取り出し秤量する。アルミニウム製カソードの内径1mmの穴に入れ、50kgfの力でプレスして測定用試料とする。削り出した資料の質量、化学処理の収率は、それぞれの資料ごとに表1に示した。

4．測　定

測定は、東京大学原子力研究総合センター・タンデム加速器研究設備に設置されているAMS装置を用いて行った。

1）測定条件

加速電圧　4.5～4.8 MV

高速逐次入射法（ジャンピング法）：各イオンを順次入射し、加速後、それぞれを測定する。

^{13}C　0.001秒　　　（4+）イオンを、ファラデーカップにより電流を測定

^{12}C　0.00025秒　（4+）イオンを、ファラデーカップにより電流を測定

^{14}C　0.1秒　　　　（4+）イオンを、半導体検出器を用いてエネルギー分析した上で、イオンの個数をカウント

このシークエンスを6,000回繰り返し（^{14}Cの測定時間の合計は600秒）、測定を4回行う。荷電変換後のC^{4+}を用いて^{14}C／^{12}C比および^{14}C／^{13}C比を測定した。

2）測定誤差

試料ホルダーには、アルミ製カソードが40個装着できるので、標準試料を2種類6個、バックグラウンド試料を1個、残りは測定用試料を装着して測定を行う。40個の試料について6,000サイクルの測定を順番に行い、一般にこの測定を4ターン繰り返す。各資料についての4回の測定値の平均値と標準偏差を求め、個々の測定値が平均値に対して1～2σの範囲をはずれるときは、場合によってその資料について再度測定する。4回の測定の平均値の誤差は、統計誤差から求めた値と4回の測定値のばらつきから求めた不偏分散の平方根（標準偏差）を比較して、大きい方を誤差としている。

使用しているイオン源は、炭素負イオンの電流を20μA以上得ることができるが、タンデム加速器の性能が追いつかず、高電流では安定な測定ができない。現在は、^{12}Cの負イオンを10μA以下にして測定しており、標準試料6,000サイクルの測定で約2万個の^{14}Cが計数できる。標準試料の1回の測定における統計誤差は約0.7%となる（統計誤差；n個の計数で$\sqrt{n}/n$）。4回測定すると計数は4倍になり、約0.4%の統計誤差となる。また、今回測定した資料の場合、1回の測定で数える^{14}Cの数は10,000カウント前後なので、4回の測定で統計誤差は0.5%となる。両者の誤差を合わせて約0.6%となり、50年程度の誤差が生ずることになる。これを超える誤差がつく場合は、4回の測定値がばらついたことを示す。なお、このばらつきが統計的に許容される場合には、上記50年程度の誤差をつける考え方があるが、ここでは前述の大きな誤差を付している。

3）標準試料とバックグラウンド

標準試料は、米国NISTシュウ酸（SRM4990C；Oxalic Acid Ⅱ、HOxⅡと表記する）を用い、補助的にANUスクロースを併用した。試料調製を含めたAMSシステムのバックグラウンドは、国際原子力機関（IAEA）発行の標準試料C1（marble；大理石）から作成した測定試料を用いて推定した。通常は、高純度試薬グラファイト粉末（99.9999%、−200mesh、Johnson Matthey社製）を高純度鉄粉末と混合したものをバックグラウンド試料として測定している。通常、^{14}C／^{12}C＝5.0×10^{-16}

で、約6万年BPに相当する。すべての測定試料の測定値から、このバックグラウンド値を差し引いて、年代値を算出した。

5. 測定結果

測定結果を表2に示す。半減期はLibbyの値5568年により年代を決定した。すべての年代値は、$\delta^{13}C$による同位体分別補正を行った放射性炭素年代値（Conventional Radiocarbon Age）である。この補正は次のように行う。

1） 同位体分別効果 $\delta^{13}C$

$\delta^{13}C$は、質量分析計を用いて資料炭素の^{13}C濃度（$^{13}C/^{12}C$）を測定し、PDB（白亜紀のベレムナイト《矢石》類の化石）を基準（≡0）として、それからのずれを計算し、千分率（‰：パーミル）で表したものである。生命体が外部から炭素化合物を取り込んで化学反応を行う際に、原子の重さ（^{14}Cが一番重く、^{12}Cが一番軽い）によって反応の速さが異なるのである。$\delta^{13}C=-25$‰ということは、基準に比べて^{13}Cが25‰、つまり2.5％少ないということになる。地上の樹木の値がほぼ－25‰なので、すべての測定値をこの値に規格化して報告しようというのが国際的な申し合わせ事項である。^{13}Cの割合が変化するならば、当然^{14}Cの割合も変化するはずだが、この変化を測定する方法がないので、次のように近似して推定している。^{14}Cと^{12}Cの重さの差は^{13}Cと^{12}Cの差の2倍なので、$^{14}C／^{12}C$比の変動は$^{13}C／^{12}C$比の変動のほぼ2倍と考える。たとえば海産貝殻の場合は約0‰なので、これを－25‰にすると、$^{14}C／^{12}C$比はその約2倍、50‰（5％）小さくしなくてはならない。つまり$^{14}C／^{12}C$比を測定値から約5％減らすことになる。年代値は、$^{14}C／^{12}C$比が1％変化すると約80年動く。つまり、海産貝殻の$\delta^{13}C$値を0‰から－25‰に規格化すると、$^{14}C／^{12}C$比は5％小さくなり、80年×5で約400年古い年代を示すことになる。これが、海産貝殻の測定値が約400年古くなる仕組みである。

$\delta^{13}C$の測定は、東京大学大学院理学系研究科地球惑星科学専攻に設置されているMAT252（Finnigan MAT）のデュアル・インレットシステムを用いて測定した。測定試料と標準試料を交互に各6回測定し、$\delta^{13}C$の値を求めた。測定誤差（標準偏差）は、±0.01‰であった。標準試料ガスは、オズテック社製CO_2を用いた（Oztech Trading Corp.；$\delta^{13}C=-10.09$‰ PDB）。

実は、この$\delta^{13}C$は年代補正のために必要なだけでなく、重要な情報を保持している。炭化物の由来がわかる場合がある。樹木などのC3植物は、$\delta^{13}C$がほぼ－25‰前後である。これは還元的ペントース燐酸回路（カルヴィン回路）だけによって光合成炭酸固定を行う植物で、たとえばクロレラ、ホウレンソウ、ダイズ、イネ、コムギなどを含むほとんどすべての植物が該当する。一方、C4植物と呼ばれる一群は約－10‰の値を示す。ハッチ―スラック回路によりまず炭酸固定を行い、続いて還元的ペントース燐酸回路により最終的に炭酸固定を行う植物で、熱帯原産のイネ科を主とし、カヤツリグサ科その他の単子葉植物および双子葉植物を含む20科、1,200種以上の植物が知られている。キビ、アワ、ヒエ、エノコロ、トウモロコシ、ウシクサ、カヤ、ススキ、ジュズダマ、シバ、ヒユ、カヤツリグサ、ハマヒシ、オギなどがその代表である。また、魚介類は－12～20‰に分布している。今回測定した45資料の値は、－22.6（岩野原Ⅰ2）～－28.1（岩野原Ⅰ4）の範囲にあ

表2　年代値

<山下遺跡>

番　　号	系統等	器種	炭化物の付着	段階	採取質量mg	BP	$\delta^{13}C$	TKa-No.
S1	火焔系	鉢	口縁部内面に多量	1様式	51.1	4,450±150	−26.3	12230
						4,460±100		12256
						4,460± 80		combine
S2	火焔型	鉢	口縁部内面に少量	1様式	未採取	±		
S3	火焔系	鉢	口縁部内面に多量	1様式	51.5	4,540± 90	−25.4	12255
S4	王冠型	深鉢	口縁部内面に少量	2様式	未採取	±		
S5	東北系	浅鉢	胴部外面に少量〔煤状〕	大木7b	25.8	4,260±100	−25.9	12589

<馬高遺跡>

番　　号	系統等	器種	炭化物の付着	段階	採取質量mg	BP	$\delta^{13}C$	TKa-No.
U1	火焔型	深鉢	胴部下半内面に少量	2様式	51.8	4,390± 80	−23.6	12239
U2	王冠型	深鉢	口縁部内面に多量	3様式	64.6	4,360±130	−26.7	12257
U3	王冠系	深鉢	口縁部内面に多量		58.7	4,330±110	−25.9	12585
U4	火焔型	深鉢	胴部下半内面に少量	4様式	未採取	±		
U5	王冠型	深鉢	口縁部内面に多量	4様式	89.1	4,580± 90	−25.0	12258
U6	火焔型	深鉢	口縁部内面に多量	3様式	35.9	4,500± 80	−27.3	12240
U7	在地系	深鉢	口縁部内面に少量　外		33.6	4,000± 90	−25.5	12587
			内		41.2	4,060± 90	−27.5	12586
U8	王冠型	深鉢	口縁部内面に少量	4様式	42.0	4,390±130	−26.8	12588

<岩野原遺跡>

番　　号	系統等	器種	炭化物の付着	段階	採取質量mg	BP	$\delta^{13}C$	TKa-No.
						4,490±110		12226
I1	火焔型	深鉢	口縁部内面に多量	2様式	30.9	4,360± 70	−25.9	12263
						4,410± 70		
I2	火焔型	深鉢	口縁部内面に少量	2様式	24.2	4,600±100	−22.6	12571
I3	火焔型	深鉢	口縁部外面に微量(煤状)	2様式	7.4	4,400±110		12572
					21.1	4,330± 90	−25.9	12573
I4	火焔型	深鉢	口縁部内面に多量	2様式	30.0	5,510± 80	−28.1	12259
I5	火焔型	深鉢	口縁部内面に多量	2様式	45.9	4,380±100	−26.4	12574
I6	王冠型	深鉢	口縁部内面に多量	3様式	97.4	4,410±100	−26.9	12260
I7	王冠型	深鉢	口縁部内面に多量	3様式	87.4	4,700± 80	−26.8	12227
I8	王冠型	深鉢	口縁部内面に多量	3様式	35.3	4,090± 80	−27.7	12575
I9	王冠型	深鉢	口縁部内面に多量	3様式	35.0	4,330±130	−26.7	12576
I10	王冠型	深鉢	口縁部内面に多量	2様式	73.0	4,440±100	−27.3	12261
I11	王冠系	深鉢	口縁部内面に少量		32.5	4,110± 80	−25.8	12577
I12	東北系	深鉢	口縁部内面に多量		34.1	4,150±100	−26.5	12578

番　号	系統等	器種	炭化物の付着	段階	採取質量 mg	BP	$\delta^{13}C$	TKa-No.
I 13	東北系	深鉢	口縁部内面に多量		108.4	4,610±90	−23.8	12579
I 14	在地系	深鉢	口縁部内面に多量		45.4	4,130±110	−26.7	12580
I 15	在地系	深鉢	口縁部内面に少量		38.3	4,120±80	−25.9	12581
I 16	在地系	深鉢	口縁部内面に少量		12.2	4,770±90	―	12582
I 17	在地系	深鉢	口縁部内面に多量		39.8	4,290±80	−25.5	12583
I 18	在地系	深鉢	口縁部内面に多量		46.4	4,050±100	−27.7	12584
I 19	火焔型	深鉢	口縁部内面に多量	3様式	35.2	5,280±140	−25.7	12228
						5,190±100		12264
						5,220±80		combine
I 20	火焔型	深鉢	口縁部内面に多量	4様式	53.6	4,690±70	−25.8	12229
I 21	王冠型	深鉢	口縁部内面に多量	3様式	46.8	4,490±90	−26.1	12262

＜原遺跡＞

番　号	系統等	器種	炭化物の付着	段階	採取質量 mg	BP	$\delta^{13}C$	TKa-No.
069（P4上層）		深鉢	口縁部内面		93.9	4,490±170	−24.9	12565
070（P4底）		深鉢	口縁部　外		56.6	4,460±70	−23.5	12564
		深鉢	口縁部　内		57.9	4,370±70	−23.4	12563
071（P4中層）		深鉢	口縁部下		97.7	4,180±120	−27.3	12567
072（P4下層）		深鉢	胴部上		91.9	4,330±90	−23.1	12568
073（P4）		深鉢	胴部上内面		54.2	4,450±140	−26.6	12569
079		深鉢	口縁部内面		20.8	4,420±70	−25.7	12566

＜道尻手遺跡＞

番　号	系統等	器種	炭化物の付着	段階	採取質量 mg	BP	$\delta^{13}C$	TKa-No.
14J―46		深鉢	胴部上内面		60.0	4,530±90	−26.3	12548
14J―3			口縁部内面		76.1	4,590±60	−25.7	12549
15J―92		鉢	胴部上内面		53.1	4,380±60	−25.7	12550
15J―201		深鉢	底部内面		24.5	4,290±60	−25.3	12551
H7―3999-4413		鉢	口縁部内面		80.0	4,490±90	−25.4	12547
H7―4200		深鉢	胴部上内面		8.6	4,540±60	−24.6	12546

＜坪井上遺跡＞（茨城県久慈川流域）

番　号	系統等	器種	炭化物の付着	段階	採取質量 mg	BP	$\delta^{13}C$	TKa-No.
B地区82土坑	火炎・王冠系		上段の内面		76.8	4,060±80	−26.8	12483

＊2002年度現在

28　第Ⅱ章　火炎土器様式の年代

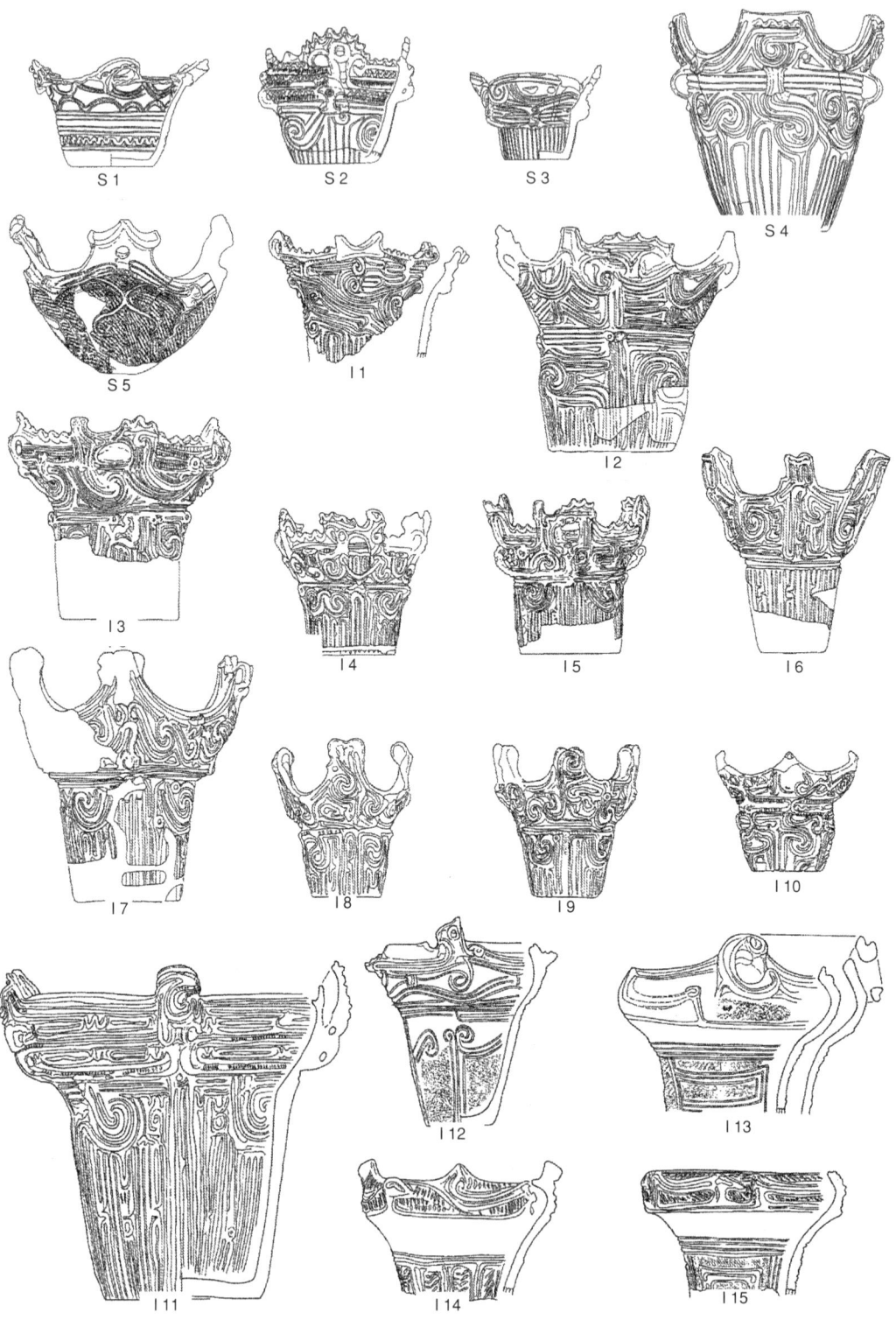

図3　年代測定用土器(1)（S＝1/8）

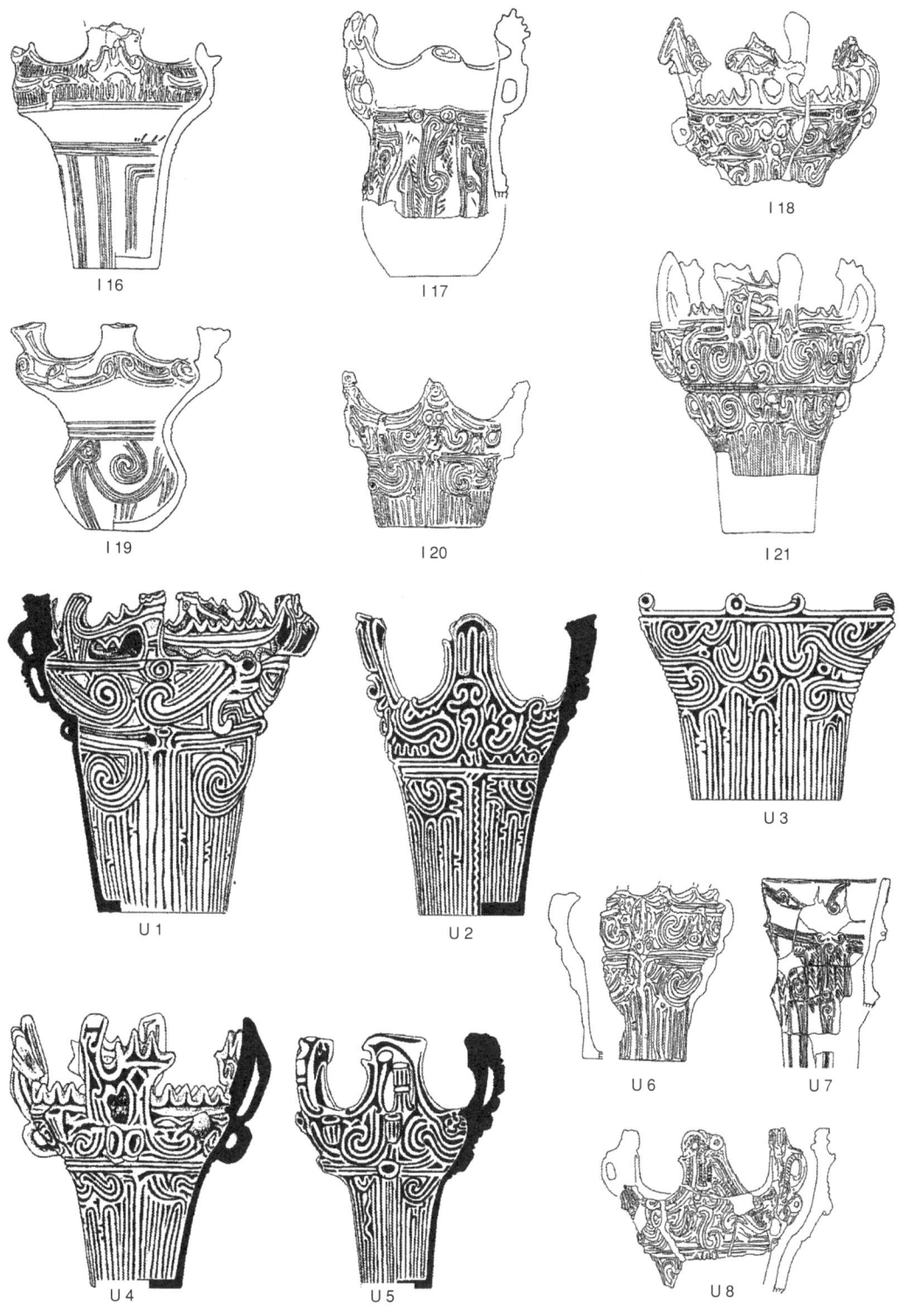

図4　年代測定用土器(2)（S＝1/8）

30 第Ⅱ章 火炎土器様式の年代

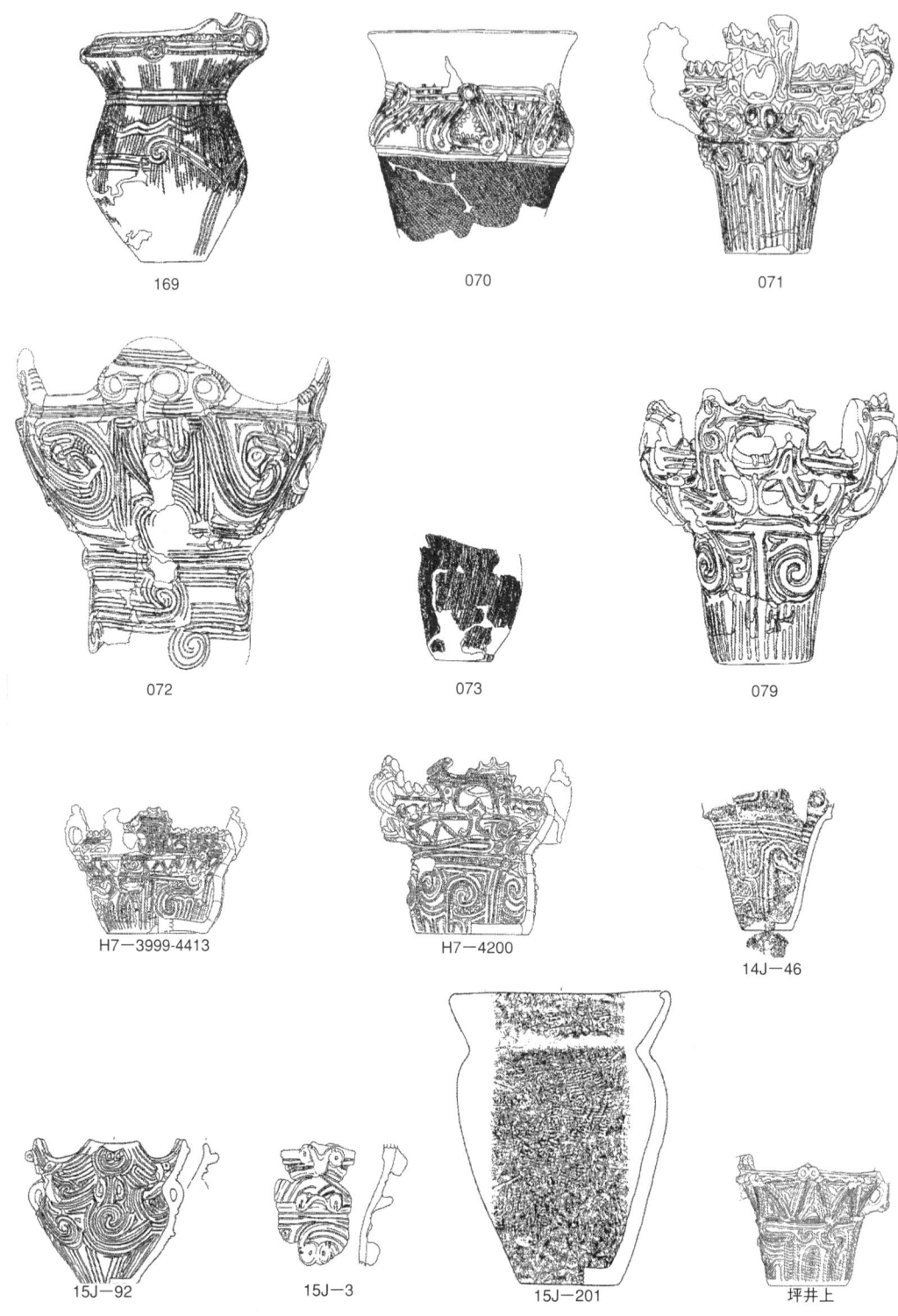

図5 年代測定用土器(3) (S=1/8)

り、おおむね−25～26‰のものが多く、とくに変わった値を示すものは見られない。残念ながら魚介類やC3植物を煮炊きした痕跡は残っていなかった。

6. 暦年較正

暦年代に変換する較正曲線（Calibration Curve）が1998年に発表された（INTCAL 98）。すでに1986年、1993年に発表されていたが、これを改訂したもので、1986年の場合と同様に、この曲線を使ってキャリブレーションすることが推奨されている。最近、暦年代が急速に市民権を得ているように見えるが、いくつか注意しておく必要がある。まず、暦年代という言葉を使っているが、測定資料についての歴史年代ではない。C-14年代値に暦年補正をして得られた年代であることを忘れてはならない。

この較正曲線は、較正年代11,800cal BPまでは年輪試料を用いている。年輪年代測定法によって年代決定された年輪試料を、一般的には10年ごとにまとめて、その中に含まれている^{14}C濃度をβ線計数法（主として液体シンチレーションカウンター）により精密に測定している。1万年も生き続ける木はないので何本もの年輪試料を使って、ウィグルマッチングと呼ばれる方法でつなぎ合わせて11,800年前までの測定値が得られている。樹木は、ドイツ、アイルランド、アメリカ西部で発掘されたGerman pine、German oak、Irish oak、Pacific Northwest Douglas firが使われている。つまり、この範囲でcal BPは年輪年代値を表していると考えてよい。それ以前の24,000cal BPまでは、サンゴと海洋堆積物のU/Th（ウラン／トリウム）年代を用いて較正される。U/Th法によって暦年代が決まったサンゴの年輪部分について、^{14}C濃度を測定している。24,000cal BPより古い年代についても、40,000cal BPを超えるところまでの測定値が提出されていて、ほぼ直線的な関係が予測されているが、データ点数が2点しかないため、INTCAL98では採用されていない。

2004年には、INTCAL04が発表されることになっている。概略がすでに報告されているが、今回扱う年代範囲では、大きな変化はない。

縦軸をC-14測定年代、横軸を較正年代にとって、両者の関係を図6に示す。C-14測定値が10,000BPの場合、較正年代は約11,500cal BPとなり、較正によって古い年代値が得られることになる。これは、この年代には、空気中の^{14}C/^{12}C濃度が現在より大きかったため、見かけ上実際より若い年代を示しているのである。

この較正曲線を用いて、年代値の較正を行うのであるが、通常は、公開されているコンピュータ・ソフトを用いて計算する。現在、インターネット上でいくつかの較正プログラムが公開され、利用可能となっている。また、ブラウザ上で直接利用できるものもある。これらの情報は、*Radiocarbon*誌のホームページにまとめられているので、こちらを参照されるとよい（http://www.radiocarbon.org/Info/index.html）。

上記のプログラムを用いて指示どおりに入力すれば、自動的に較正値が出力されるのだが、これはあまりにも危険である。較正年代を計算したり使用したりする場合は、かならず①較正の原理と方法を理解し、②どの較正曲線を使用したかを明示すべきである。93年の較正曲線を用いた場合とINTCAL98を用いたのでは、較正年代が400年も違ってしまうことがあるので、較正年代値の相互

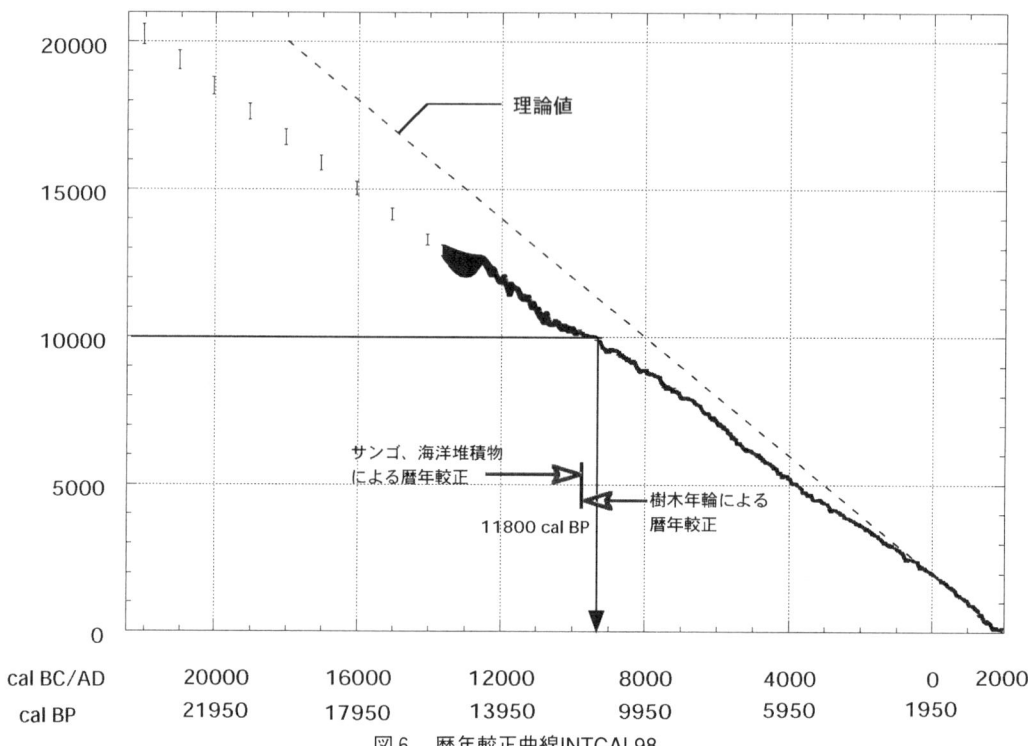

図6　暦年較正曲線INTCAL98

比較は同じ較正曲線によって行うことが必須であり、較正年代値は常に較正曲線名と一体でなければならない。

7. 暦年較正の実際

　実際に、暦年代への換算がどのように行われているのかを見てみよう。換算する方法はいろいろと考えられるが、次の方法が一般的である。どのように換算が行われ、どのような問題があるのかを理解しておきたい。ここでは、馬高遺跡U 6資料（TKa-12240）を例にとって、暦年較正を行ってみよう。

　少し前までは、Washington大学（Seatle, USA）のCalib 4 がMethod AとしてIntercept（挟み込み）法を採用していたが、最近はMethod Bとしていた確率分布法の使用を推奨している。したがって、現在では細部の違いはあるものの、確率分布法による較正が一般的となった。なお、Calib 4.4はブラウザ上で、暦年較正をすることができる。インターネットに接続し、http://radiocarbon.pa.qub.ac.uk/calib/ を開き、"Execute version 4.4html"をクリックすれば、登録する必要もなく、すぐに暦年較正を体験することができる。

probability distribution（確率分布）法

　もう一つの代表的な較正プログラムOxCal3.9（Ramsey 2003）を用いて換算してみよう。図 7 に出力を示してある。左の縦軸に乗っている山が、測定したC-14年代値とその前後の各年代値に対す

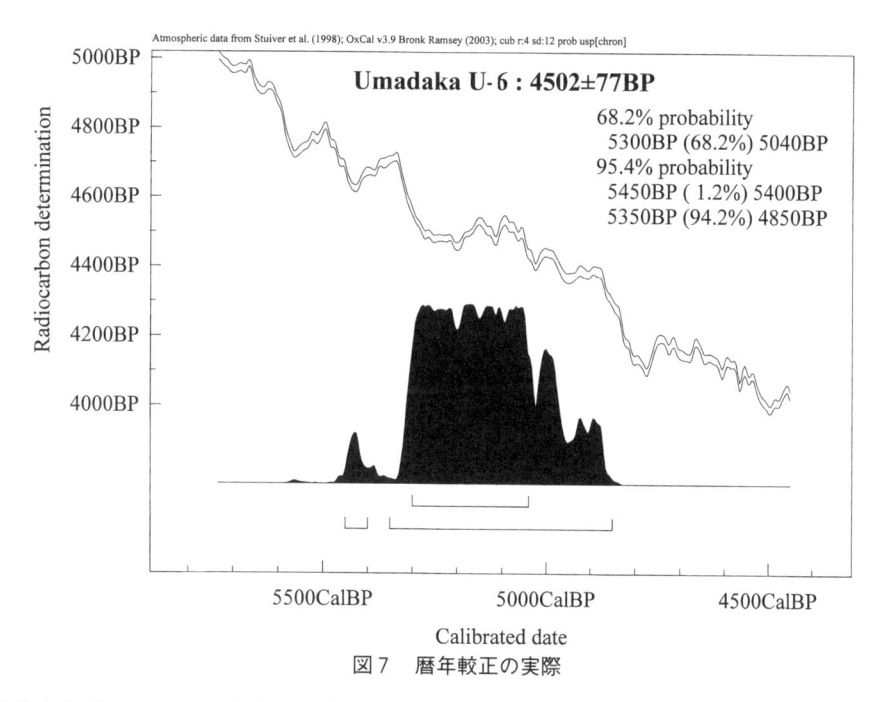

火炎土器に付着した炭化物の放射性炭素年代　33

```
Atmospheric data from Stuiver et al. (1998); OxCal v3.9 Bronk Ramsey (2003); cub r:4 sd:12 prob usp[chron]
```

Umadaka U-6 : 4502±77BP

68.2% probability
5300BP (68.2%) 5040BP
95.4% probability
5450BP (1.2%) 5400BP
5350BP (94.2%) 4850BP

図7　暦年較正の実際

る確率分布を表している。年代測定値は1σの誤差をつけて報告をするように取り決められているが、実は4502±77という書き方は、このような確率分布を数値の形で表すときの約束なのである。すなわち、中央値4502BPから±77BPの部分で山全体の68％の面積を占め（1σ＝信頼率68％）、また2σ、つまり2倍の誤差、±154BPまでの部分で95％を占めるのである。数値だけを見ると誤差の範囲がすべて均等な意味をもっているように思ってしまうが、信頼率は中央ほど高いのである。ときに「確率論では1～2σではなく6σで考えるのが大原則だ」という声があるが、この表記法をもとにいくらでも信頼率を上げた議論ができるのである。要は、書かれている誤差がどういう意味をもっているかを、万人が共通に理解できる書き方を決めているにすぎないのである。

　中央に左上から右下に走る二つの線が誤差の範囲を示した較正曲線である。これも1σの範囲が描かれている。C-14年代の中心値4502BPが縦軸の確率分布の山の頂点にある。ここから右に水平に線を延ばして、較正曲線と交差した点から較正年代に換算する（垂直に線を下ろして較正年代を求める）ときに、もっとも確率の高い点になる。このようにして、左側の山の高さに相当する確率の大小を較正曲線と交差した点で垂直に下ろして横軸上に転写しながら、順次、確率を足し合わせていくと、幅が広がった黒い山が得られる。もちろん、較正曲線にも分布の広がりがあるので、それらの確率の大小も加味されることになる。これが、較正年代値の確率分布曲線である。横軸上にできた全体の山の面積（確率1）に対して、山の高いところから順に集めて68.3％の面積を占める範囲が1σ、つまり信頼率68.3％の較正年代範囲となる。95.4％の部分をとれば、2σの較正年代範囲となる。較正年代値はすべての測定年代値、つまり山の裾まですべてを拾っていることになるので、徹底的に信頼率を上げるつもりならば、心ゆくまで広い範囲を取ればよい。しかし、どれほど頑張ってもそれほど較正年代値が広がらないことがわかるであろう。なお、ここでは、較正年代は10の位までに丸めるように設定してある。

さらにもう一つ、火炎土器様式の年代観を得る上で大きな問題がある。いわゆる「縄文・弥生ミステリーゾーン」と呼ばれていた800 cal BC～400 cal BCほどではないが、図7の中央付近に見られるように、5,300cal BP～5,000cal BPにも較正曲線の傾きが緩やかなところがある。この結果、図でもわかるとおり山の頂上は平坦で、この期間で同じような確率を示すことになり、較正年代幅が大きくなってしまう。また、測定値が＋100年（I 21）、または－50年（S 1）変化しても、較正値の範囲は変わらないことがわかる。アリ地獄のように、この年代領域に落ち込んでしまうことになるのである。

以上、TKa-12240の年代値をまとめると、次のようになる。

TKa-12240
　　炭素14年代値（Conventional Radiocarbon Age）
　　　　4,200±80 BP（＊誤差が50年以上のときは、年代値は四捨五入して10の位まで表記する）
　　較正暦年代（信頼率95.4％）
　　　　5,450 ～ 5,400cal BP（ 1.2％）
　　　　5,350 ～ 4,850cal BP（94.2％）（INTCAL98、OxCal 3.9；Probability Distribution法）

8. 年代値の意味するもの

較正暦年代を図8に示す。バーの灰色部分が1σの範囲で、白枠の部分が2σを表している。
まず、いくつかの特徴を列挙してみよう。数値は主に1σの範囲を考えている。

① 岩野原遺跡の2資料、I 4、I 19の年代が他のものと比べて1,000年前後古い年代を示している。石油を原料とした化学製品に含まれる炭素は、ほとんど^{14}C原子を含まない死滅炭素なので、たとえば、農薬や接着剤などが混入すると年代が古くなってしまう。しかし、農薬などは水溶性なので化学処理の段階で除去されてしまう。接着剤やビチューメンなどの混入も認められない。

② 長岡市内3遺跡の火炎1～4様式については、おおよそ5,500～4,800cal BPにまとまっている。様式間の年代差は必ずしも明らかではないが、存続期間が短い土器形式であったことを示している。

③ 岩野原遺跡のI 8は、やや若い年代を示している。

④ 上記3遺跡の東北系・在地系の資料は火炎1～4様式と重ならず、それより若い4,800～4,400cal BPに分布する。

⑤ 原、道尻手両遺跡では、ややばらつきがあるものの5,300～4,800cal BPに収まっている。

⑥ 発掘調査年度および地域が異なる資料であるにもかかわらず、火炎土器様式の年代は比較的まとまった年代幅に収まっている。

9. 今後の課題

泡を吹いて一部にガラス光沢をもつ被熱したと思われるグループと、光沢がなく粉末が固まったようなグループなど、測定した付着物にはいくつかの特徴が見られる。今回は、実体顕微鏡による

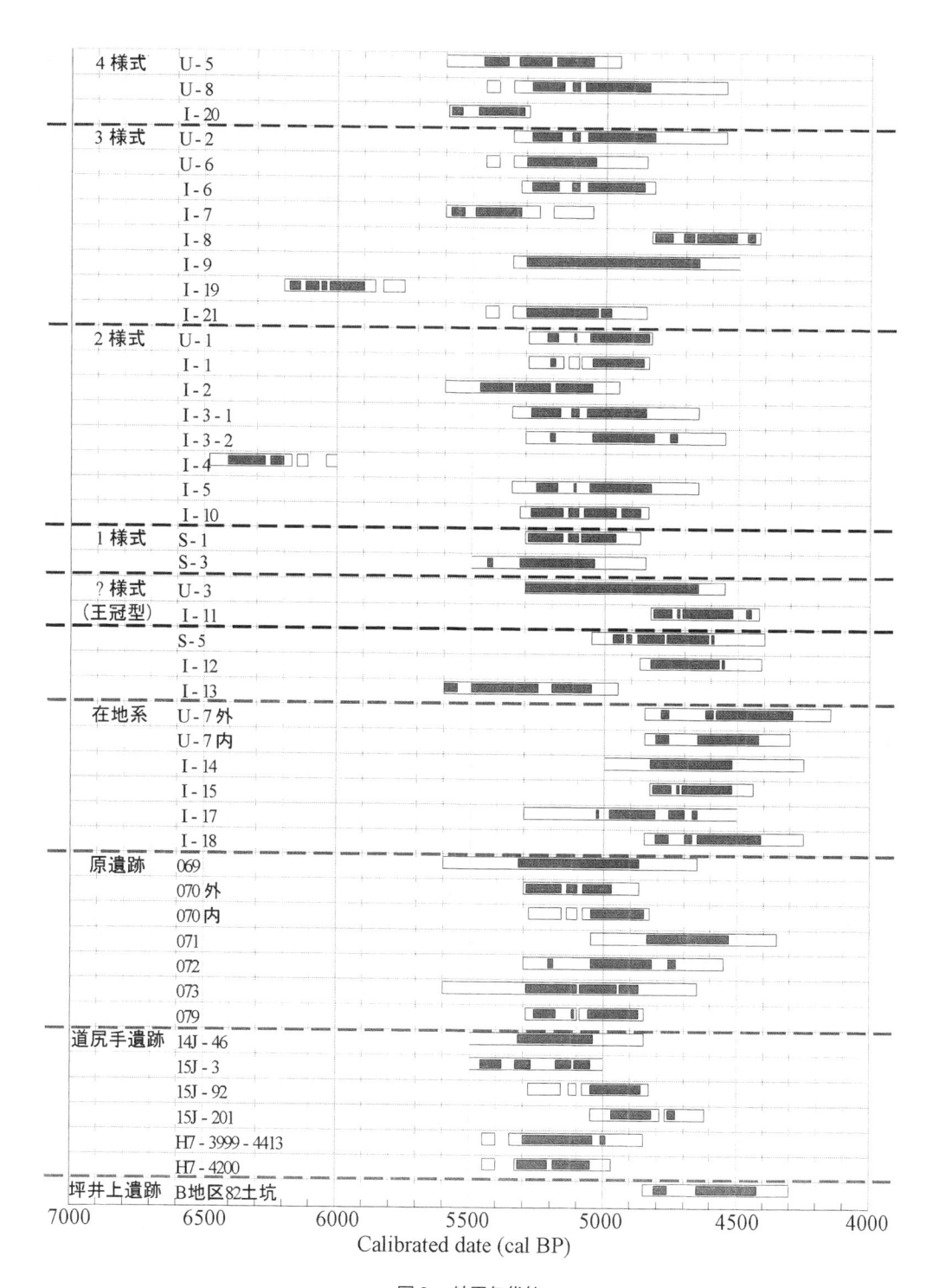

図8 較正年代値

観察にとどまったが、これらの付着物の正体を突き止める必要がある。現在、科学分析に着手したところである。

　また、口縁部の内面にべったりと大量に付着している場合もあるが、それでも全周に渡って付着していることはまれである。年代を測定するだけでなく、付着部位、付着状況とその範囲を集成する必要があるだろう。坪井上遺跡資料の発掘状況と付着部位は興味深い。資料は火炎・王冠系の土器で、上段の内面に炭化物が付着していた。出土状況写真では把手部分が右で、炭化物はその把手部分の裏側にはなく、全周の2／3ほどに付着している状況で、把手の反対側から写真で下になっている部分にかけて厚いという状態であった。発掘中であった馬高遺跡については、木炭および土壌資料を採取したので、年代値の検討を行う予定である。また、発掘継続中の山下遺跡では、上述の観点から年代測定資料および関連情報を収集する予定である。

共同研究者
宮崎ゆみ子、磯野正明、大道純太朗（東京大学総合研究博物館）
松崎浩之、中野忠一郎（東京大学原子力研究総合センター）

参考文献
"INTCAL 98：CALIBRATION ISSUE" 1998 *Radiocarbon*, 40
B. Ramsey 2003 OxCal v3.9
J.Ohmichi, K.Yoshida, M.Kinose, S.Hishiki, T.Tanaka, Y.Miyazaki, H.Matsuzaki and H.Nagai 2004 "^{14}C dates of shell and charcoal remains excavated from the same layer of the archaeological site", *Nucl. Instr. Meth*. B.（in printing）
安井　健一　1999　「14C年代測定の意義と課題」『千葉県文化財センター 研究紀要』19
吉田　邦夫　1997　「縄文土器のC-14年代」加速器質量分析シンポジウムプロシーディングス　pp.144〜147
吉田邦夫・本田亜紀子　1997　「縄文土器のC-14年代（1）」日本文化財科学会第14回大会　pp.24〜25
K.Yoshida, J.Ohmichi, M.Kinose, H.Iijima, A.Oono, N.Abe, Y.Miyazaki and H.Matsuzaki 2004 "The application of ^{14}C dating to potsherds of the Jomon Period" *Nucl. Instr. Meth*. B.（in printing）

型式編年と較正暦年代

寺崎　裕助

1. はじめに

「火炎土器様式」におけるC-14年代測定は、第3回火炎土器様式圏の研究会（以下、研究会とする）で長岡市立科学博物館の小熊博史氏から年代測定試料の紹介があった。そして第4回研究会以降、東京大学吉田邦夫氏によって測定値が公表されるとともに、その測定数値等について検討が行われてきた。そして、一応の区切りである第8回研究会において、「火炎土器様式」C-14年代測定結果較正暦年代（以下、較正暦年代とする）が示された。今回は、その年代値について型式編年の立場から若干の検討を行ってみたい。

2. 較正暦年代から見た火炎土器様式の年代

今回の年代測定に用いられた資料は、新潟県長岡市山下遺跡2点、同馬高遺跡7点、同岩野原遺跡20点、新潟県塩沢町原遺跡6点、新潟県津南町道尻手遺跡6点、茨城県坪井上遺跡1点の合計43点で、その較正暦年代は表1のとおりである。それによると、その年代はおおむね5,600年～4,300年の間におさまる。つまり較正暦年代によれば、火炎土器様式（小林1988）は約1,200年間にわたって製作・使用されていたことになる。ただ、岩野原遺跡の二つの資料は問題がある。一つはⅠ4とされている資料、もう一つはⅠ19とされている資料である。Ⅰ4は6,400年～6,200年という年代値、Ⅰ19は6,200年～5,900年という年代値が示されている。この二つの資料は、火炎土器様式の年代から見て古い方向に突出していることは表1からも明らかである。この2点の資料は、除外するか再度年代値を検討した方が適当と考えられる。

次に原遺跡の資料について見てみたい。これらの資料は、すべて004T-P4という土坑の上層～下層にかけて重なり合うような状況で出土し、型式学的にも一括性が高い資料といわれている。070は関東地方の勝坂式終末、069は北関東地方の中峠式との評価を受けており、それらに資料071の火焔型土器が伴うということで、関東地方の土器型式と火焔型土器との並行関係を見る上での好資料として注目されている。しかし、今回の較正暦年代の結果を見てみると、火焔型土器の071のデータのみが新しく、一括資料に疑問符がついてしまう。一括資料という前提に立てば、少なくとも5,000年前後の数値は欲しいところである。

3. 較正暦年代について

較正暦年代の比較検討を型式編年の立場から行ってみたい。表2は表1に示した較正暦年代測定資料を型式編年の順番に並べ変えたものである。編年基準は、馬高式土器編年（寺崎2000）を用

第Ⅱ章 火炎土器様式の年代

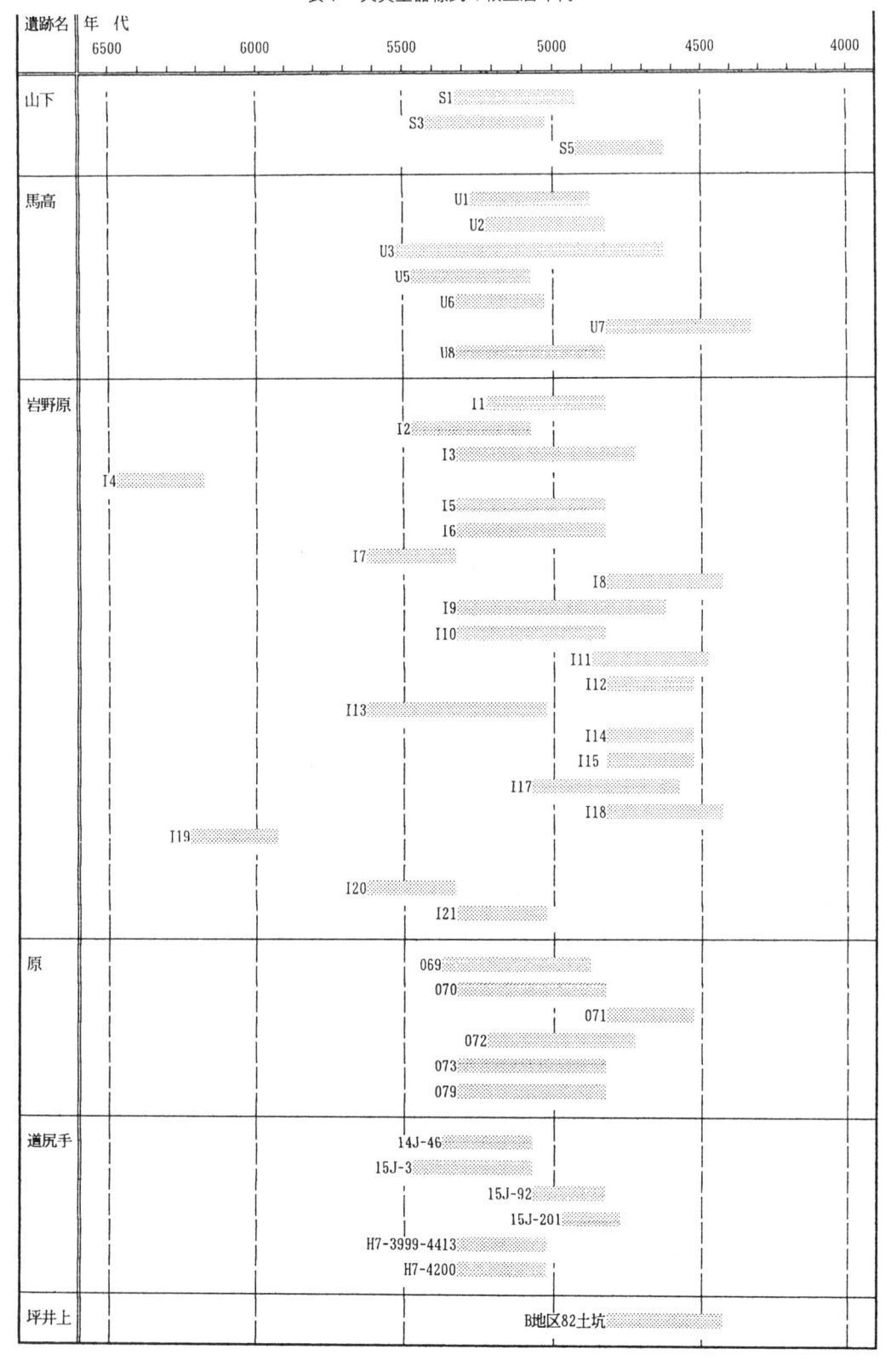

表1 火炎土器様式の較正暦年代

遺跡名	試料	年代範囲
山下	S1	5300–4900
	S3	5200–4900
	S5	4900–4700
馬高	U1	5300–4900
	U2	5300–4900
	U3	5300–4900
	U5	5400–5000
	U6	5200–4900
	U7	4700–4400
	U8	5200–4900
岩野原	I1	5200–4900
	I2	5400–4900
	I3	5300–4900
	I4	6300–6100
	I5	5300–5000
	I6	5300–5000
	I7	5500–5300
	I8	5000–4500
	I9	5200–4900
	I10	5200–4900
	I11	4900–4500
	I12	4900–4600
	I13	5700–5200
	I14	4900–4500
	I15	4900–4500
	I17	4900–4600
	I18	4900–4500
	I19	5900–5700
	I20	5500–5300
	I21	5300–5100
原	069	5300–5000
	070	5300–5000
	071	5000–4500
	072	5300–4900
	073	5300–5000
	079	5300–5000
道尻手	14J-46	5400–5100
	15J-3	5400–5100
	15J-92	5200–4900
	15J-201	5000–4700
	H7-3999-4413	5400–5100
	H7-4200	5400–5100
坪井上	B地区82土坑	5000–4500

表2 火炎土器様式の編年と較正暦年代

遺跡名	編年	年代 6500 / 6000 / 5500 / 5000 / 4500 / 4000
山下 S5	ⅠA 以前	
山下 S1	ⅠA	
山下 S3	ⅠA	
岩野原 I2	ⅠA	
道尻手 15J-3	ⅠA	
道尻手 H7-3999-4413	ⅠA	
道尻手 H7-4200	ⅠA	
坪井上 B地区82土坑	ⅠA	
岩野原 I10	ⅠAB	
道尻手 14J-46	ⅠAB	
岩野原 I3	ⅠBC	
岩野原 I5	ⅠBC	
岩野原 I6	ⅠBC	
岩野原 I8	ⅠBC	
岩野原 I9	ⅠBC	
岩野原 I11	ⅠBC	
岩野原 I12	ⅠBC	
岩野原 I21	ⅠBC	
馬高 U1	ⅠC	
馬高 U2	ⅠC	
岩野原 I7	ⅠC	
岩野原 I13	ⅠC	
原 071	ⅠC	
馬高 U3	Ⅰ	
岩野原 I1	Ⅰ	
原 069	Ⅰ	
原 070	Ⅰ	
原 072	Ⅰ	
原 073	Ⅰ	
原 079	Ⅰ	
道尻手 15J-92	Ⅰ	
道尻手 15J-201	Ⅰ	
馬高 U5	ⅡA	
岩野原 I15	ⅡBC	
岩野原 I18	ⅡBC	
岩野原 I20	ⅡBC	
岩野原 I14	ⅡC	
岩野原 I17	ⅡC	
馬高 U6	不明	
馬高 U7	不明	
馬高 U8	不明	

いた。大まかな年代観は、較正暦年代では中期前葉を5,500年以前、同中葉前半を5,500年〜5,000年、同中葉後半を5,000年以降と考えた。なお、編年の欄で示したⅠAは馬高式古式古段階、ⅠCは同新段階、ⅡAは馬高式新式古段階、ⅡCは同新段階に相当し、馬高式古式は中期中葉前半、同新式は中期中葉後半、馬高式古式以前は中期前葉にあたる。

　ⅠA以前・中期前葉は山下S5のみが該当する。S5は大木7b式の浅鉢で、新潟県における中期前葉の典型的な土器である。しかし、その年代は約5,000年〜約4,600年ということで中期中葉後半の範囲となり、中期前葉の範囲を大きく逸脱する。再検討すべき年代値である。

　ⅠA・中期中葉前半古段階は、山下S1・同S2・岩野原Ⅰ2・道尻手15J－3・同H7－3999-4413・同H7－4200・坪井上B地区82土坑の資料が該当する。これらの資料の中で坪井上B地区82土坑は、約4,800年〜約4,400年ということで中期中葉後半の範囲となる。この資料は、型式的に見れば湯沢町川久保遺跡の土器（佐藤 1986）に類似し、それと同時期に比定できる。このほかの資料の年代値は、ほぼ中期中葉前半の範疇に入ることから適当と考えられる。

　ⅠAB・中期中葉前半古段階〜同中段階の資料は、岩野原Ⅰ10と道尻手14J－46の2点である。道尻手14J－46の年代値はほとんど問題ないが、岩野原Ⅰ10の下限年代値が約4,800年ということで、少し問題がある。Ⅰ10の年代幅をより限定できないであろうか。

　ⅠBC・中期中葉前半中段階〜同新段階の資料は、岩野原Ⅰ3・同Ⅰ5・同Ⅰ6・同Ⅰ8・同Ⅰ9・同Ⅰ11・同Ⅰ12・同Ⅰ21の8点である。Ⅰ8・Ⅰ11・Ⅰ12は、年代値が約4,800年〜約4,400年ということで中期中葉後半の範疇となり、本段階の年代値としては無理がある。この3点の資料は「頸部が太く寸胴気味」というプロポーションからも、型式的には馬高式古式段階は譲れないところである。岩野原Ⅰ3と同Ⅰ9は下限年代値が約4,700年〜約4,650年ということから、下限を中心として年代幅をもう少し絞り込みたいところである。

　ⅠC・中期中葉前半新段階の資料は、馬高U1・同U2・岩野原Ⅰ7・同Ⅰ3・原071である。岩野原Ⅰ7の年代値は約5,600年〜約5,300年、原071の年代値は約4,800年〜約4,500年ということで、前者は中期前葉〜中期中葉前半の範囲、後者は中期中葉後半の範囲を示し、中期中葉前半新段階の範囲を逸脱している。再検討が必要である。岩野原Ⅰ13については上限に問題がある。その年代は約5,600年ということであるが、馬高式古式新段階としては古すぎる。この上限についても検討を願いたい。

　馬高U3・岩野原Ⅰ1・原069・同070・同072・同073・同079・道尻手15J－92・同15J－201は現時点では細別はできないが、馬高式古式と目される資料である。U3は約5,500年〜約4,600年、原072は約5,200年〜約4,700年ということで、いずれも下限が問題である。下限をもう少し絞り込めないであろうか。道尻手15J－92は、その器形や器面にやや隙間のある施文の特徴から見て、馬高式古式古段階〜中段階に落ち着く可能性がある。それゆえ、上限が約5,100年〜約4,900年では新しすぎる。

　ⅡA・中期中葉後半古段階の資料は馬高U5のみである。この資料は、実測図と実物ではイメージ的にかなり相違がある。しかし、少なくとも中期中葉後半に比定できる。そうなれば、約5,500年〜約5,000年という年代幅は疑問である。

　ⅡBC・中期中葉後半中段階〜新段階の資料としては、岩野原Ⅰ15・同Ⅰ18・同Ⅰ20がある。Ⅰ15・Ⅰ18については問題はない。しかし、Ⅰ20は約5,600年〜5,300年という年代幅をもつ。この年代幅は、

中期前葉～中期中葉前半段階でも古い時期の数値であり、容認できない。写真を見る限りでは、この資料は型式的には中期中葉後半中段階～新段階という時期を譲ることはできないように見て取れる。

ⅡC・中期中葉後半新段階は岩野原Ⅰ14と同Ⅰ17の2点である。数値的にはほぼ条件を満たしておりそれほど問題はないが、Ⅰ17は約5,000年～約4,600年ということで、中期中葉後半新段階という一時期では年代幅が広すぎる。もう少し幅が狭まることを期待したい。

馬高U6・同U7・同U8の3点の資料は最近の出土資料であり、これまで実測図や写真が提示されていなかったため、研究会ではコメントすることができなかった。U6とU8は頸部の太さや把手の形状および文様構成などから馬高式古式中～新段階（ⅠBC）・中期中葉前半、U7は綾杉文が施文されていることから火炎土器様式B群、すなわち馬高式新式中～新段階（ⅡBC）・中期中葉後半とすることができる。そして、年代測定値は、U6が約5,300年～約5,000年、U7が約4,800年～約4,300年、U8が約5,300年から約4,800年である。以上のことから、馬高U6・同U7・同U8の年代値は、幅はあるものの、ほぼ妥当な数値と考えられる。

4. おわりに

このように較正暦年代による火炎土器様式の年代観を、型式編年の立場で検討してみた。較正暦年代については年代幅が大きくずれる資料や年代幅をより絞り込んで欲しい資料があり、まだ道半ばという感じである。しかし、今回の「火炎土器様式」におけるC-14年代測定によって、火炎土器様式の年代が約5,600年～約4,300年の間におおよそ絞り込めたという点と、型式編年と較正暦年代の比較においていくつかの問題は残るが、全体としてはおおよそのすり合わせの見通しが立ったという点で成果があったということができよう。

今後、較正暦年代においては年代幅の絞込みと全体の測定結果から大きく外れた資料の取扱いおよび型式編年との齟齬が生じている資料の検討が必要である。一方、型式編年においても、較正暦年代と齟齬が生じている資料について再度詳細な観察・検討を行い、はたして型式編年的に誤りがないのかを検討することが必要である。また、較正暦年代は測定資料が馬高式古式に偏っている。今後、同新式の測定資料データの充実を図らなければならない。

いずれにせよ、「火炎土器様式」におけるC-14年代測定とその結果である較正暦年代と型式編年との比較検討は、まだその第一歩を踏み出したにすぎない。さらなる必要データの蓄積と充実を図ることはもちろん、型式編年との有意義で忌憚のない意見交換や検討を今後も続けていくことによって、確固たる成果が得られることが期待できる。

引用・参考文献
小林　達雄　1988　「火炎土器様式」『縄文土器大観』3　小学館
佐藤　雅一　1986　『川久保遺蹟』湯沢町埋蔵文化財報告第6集　湯沢町教育委員会
寺崎　裕助　2000　「中部地方　中期（馬高式）」『縄文時代』第10号　縄文文化研究会

C14年代測定試料の出土状況と年代観

小熊　博史

はじめに

　本稿では、第Ⅱ章（吉田邦夫氏執筆部分を参照）でAMS法によるC14年代測定が行われた試料のうち、長岡市内の遺跡に関する試料を対象に、それらの出土状況を確認し、年代観との整合性について検討を加えてみたい。関連する遺跡は、馬高遺跡・山下遺跡・岩野原遺跡の3遺跡である（図1）。今回対象となったのは、近年発掘された資料よりも20年前以前に発掘された資料が大半を占め、出土状況の詳細が明らかなものは少ない。

1. 各遺跡における測定試料の出土状況

1）馬高遺跡（図2・写真1）

　信濃川左岸の段丘上に立地する。所在地は関原1丁目字中原、標高は約60～65m。昭和初期（10年代頃）に地元関原町の近藤勘治郎・篤三郎氏による発掘が行われ、「火焔土器」を含む多彩な土器群が発見された（中村 1958）。その後、長岡市教育委員会による発掘調査が行われている（中村 1973・小熊 2000他）。これまでの調査の結果によれば、遺跡の南側に中期終末の小規模な集落跡、中央部から北側にかけては中期前葉～中葉の大規模な集落跡が明らかになりつつある（図2）（小熊 2003b）。

　測定対象試料は計8個体で、U1～U5の5個体は近藤家の発掘資料である。出土状況に関する記録は残されていないが、いずれも遺跡中央部西側の「七号地点」（中村 1958）を中心とする包含層

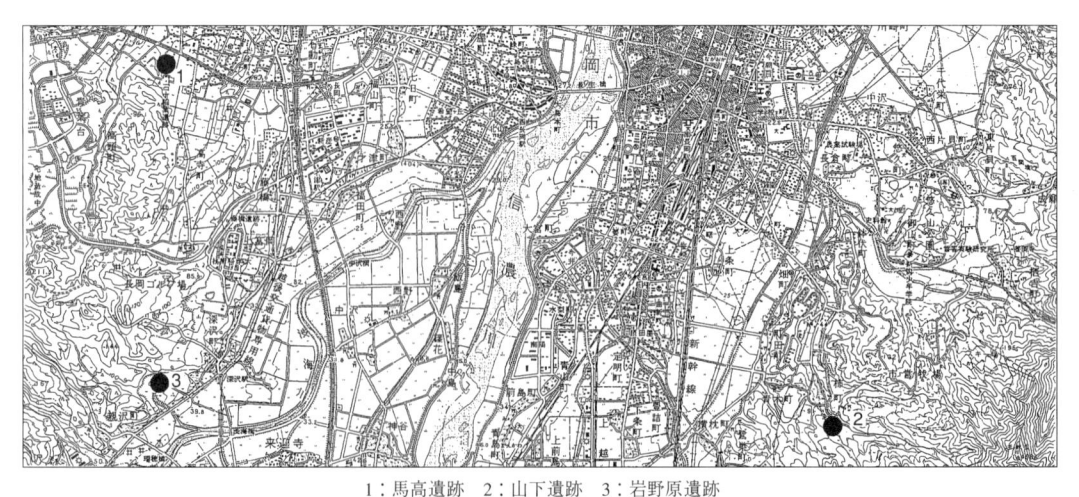

1：馬高遺跡　2：山下遺跡　3：岩野原遺跡
図1　遺跡の位置（1/50,000地形図を1/100,000に縮小）

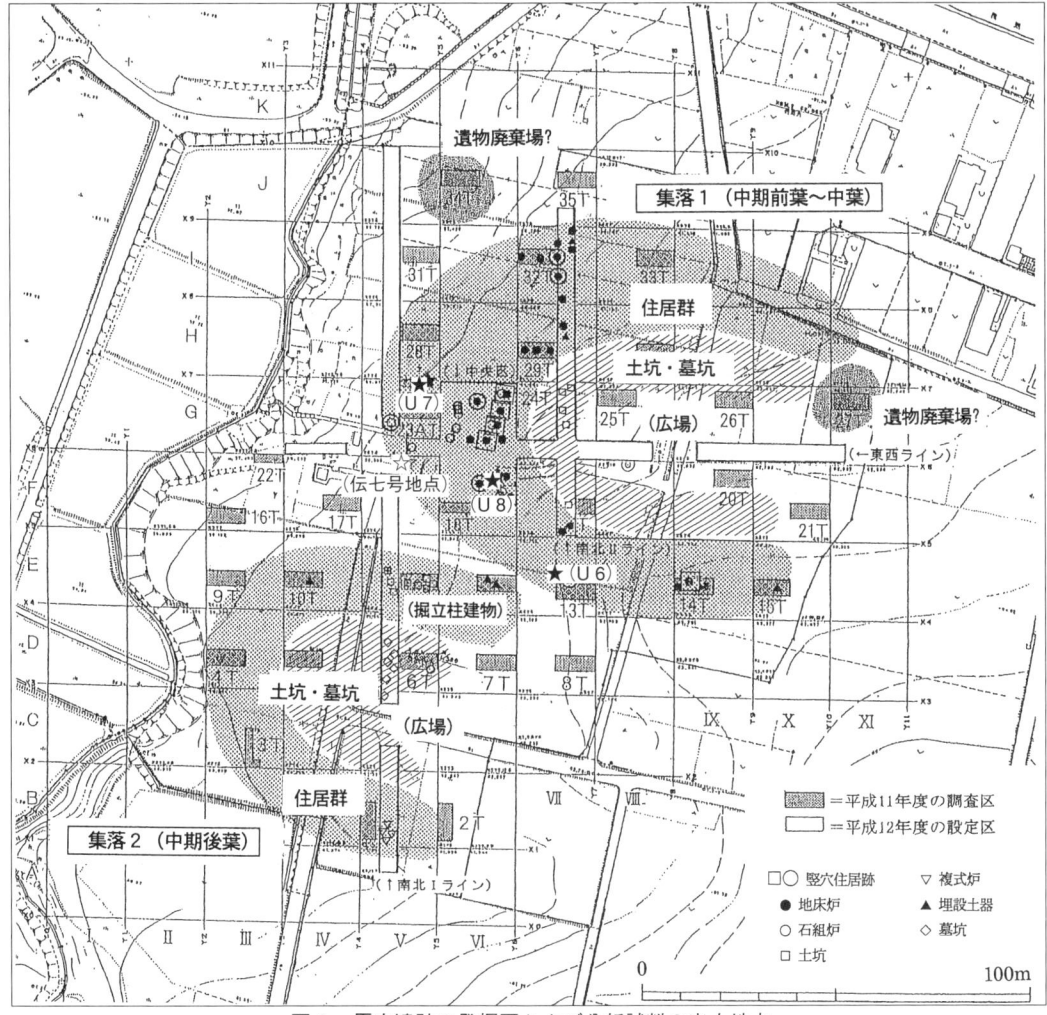

図2　馬高遺跡の発掘区および分析試料の出土地点

から出土したものと見られる。なお、U4のみ付着物が少量のため試料未採取である。一方、U6～U8の3個体は、長岡市教育委員会が実施した1999・2000年の発掘調査資料である。火焔型のU6は1999年調査の13トレンチで確認された竪穴住居跡の地床炉脇の床面直上から出土したもの（写真1①）で、在地系のU7は1999年調査の23Bトレンチで検出された逆位の埋設土器である（写真1②）。また、王冠型のU8は2000年調査のVIF区の包含層から出土した（写真1③）。

2）山下遺跡（図3・写真2）

遺跡は信濃川右岸の柿川流域の丘陵上に位置する。所在地は柿町字山下、標高は約90m。1964年に長岡市立科学博物館と長岡高等学校（人文科学部）が第1次発掘調査を実施した（中村1966）。また1967年には科学博物館による第2次発掘調査が行われた（中村1967）（図3上）[1]。その調査地点は舌状を呈する丘陵の東側斜面部で、幅2～3.5m・長さ10mの第1～3号の各トレンチが設定され、第1次は第1・3号トレンチ、第2次では第2号トレンチが対象となった。100m²程度の狭小な面積にもかかわらず、総計で平箱約65箱に及ぶ多量の遺物が出土している。遺構の痕跡は明瞭でな

44　第Ⅱ章　火炎土器様式の年代

①竪穴住居跡の地床炉脇出土の火焔型土器（1999年発掘調査、13トレンチ、個体U6）

②逆位の埋設土器として出土した在地系土器（1999年発掘調査、23Bトレンチ、個体U7）

③包含層出土の王冠型土器（2000年発掘調査、ⅥF区、個体U8）

写真1　馬高遺跡の土器出土状況

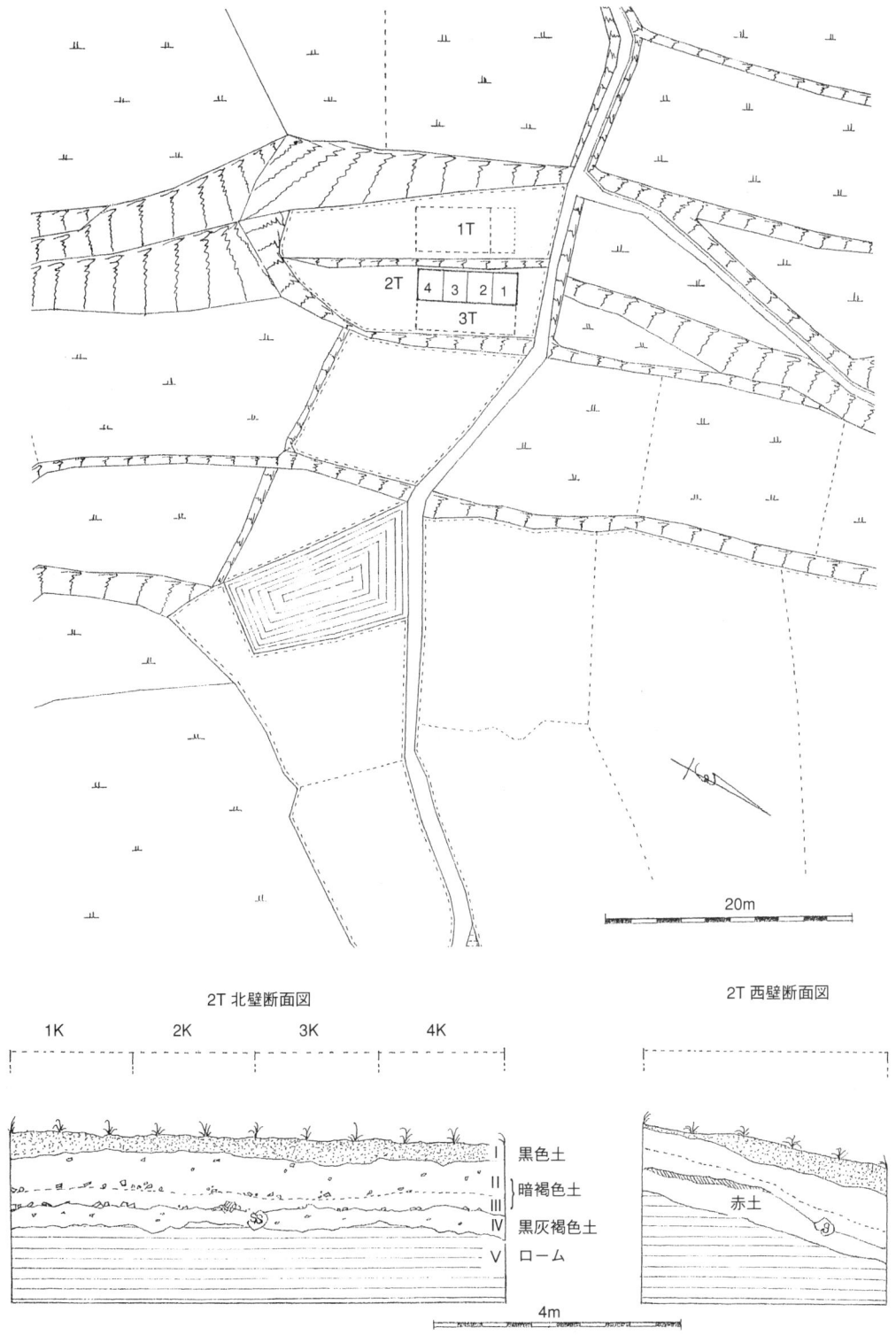

C14年代測定試料の出土状況と年代観　45

図3　山下遺跡の発掘区および土層断面図（中村 1967）

2T 北壁断面図

I 黒色土
II 暗褐色土
III
IV 黒灰褐色土
V ローム

2T 西壁断面図

赤土

①第2次発掘調査のスナップ
（第2号トレンチ）

②第3層出土の火焰型土器ほか
（第3区、個体S1・S3）

②第3層出土の火焰型土器
（第3区、個体S1）

写真2　山下遺跡の土器出土状況

く、遺物を多量に廃棄した土器捨て場に相当する地点と考えられる。第2次発掘調査では、第1層（表土）、第2層（上層）、第3層（中層）、第4層（下層）、第5層（地山、ローム層）に区分された（図3下）。それらの層厚は、第1層30～50cm、第2層60cm、第3層30～40cm、第4層30～40cm、全体で約1.5mにも及ぶ。第2～4層が遺物包含層で、第3層下部付近からもっとも多く出土している。

　測定対象試料は計5個体で、いずれも第2次発掘調査（第2トレンチ）で出土したものである。土器に残る注記や記録・写真から、S1・S3・S5は第3区第3層（中層）の出土が確認される（写真2①～③）。またS2は第2区（層位不明）、S4は第2区第3層（中層下部か）から出土したものと見られる。調査時の図面等には具体的な出土位置の記録はなく、層位学的な検証も不十分である。なお、S2・S4は付着物が少量のため試料未採取である。

3）岩野原遺跡（図4・写真3）

　遺跡は信濃川左岸の段丘上に位置する。所在地は深沢町字岩野原ほか、標高は約55m。1978～80年に長岡市教育委員会が遺跡全域にわたる発掘調査を実施、縄文時代中期と後期の集落を確認した（駒形・寺崎1981）。中期集落は中央の広場を中心に82軒の竪穴住居群、約60基の袋状土坑、多数の墓坑が環状に巡る構成であった。さらに、集落を二分する沢には大規模な第1土器捨て場があり、多量の遺物が廃棄されていた。また北東部の崖面には小規模な第2土器捨て場が残されていた。第1土器捨て場は南北約60m・東西約46mの規模で、沢の開口部付近の堆積は約1.8mに及ぶ。第2土器捨て場は南北約16m・東西約9mの規模で、0.5～1.5mの堆積である（図4・写真3①②）。

　測定対象試料は計21個体で、第2土器捨て場出土のI19を除いて、すべて第1土器捨て場から出土したものである。第1土器捨て場の平面分布を概観すると、7F区（大グリッド、20×20m）12個体、7G区3個体、6G区2個体、7E・6F・6H各1個体を数え、とくに7F区に集中している。一方、検出層位ではⅠ・Ⅱ層8個体、Ⅱ層1個体、最下層3個体（写真3③）、層位不明8個体で、上層から最下層にわたる。なお、調査時の平面図にレベルを含む具体的な出土位置が記録されていた事例はわずかであり、大半は小グリッド（2×2m）でしか出土位置の把握ができなかった。

　なお、火焔型・王冠型土器に限定した検討（図4上）では、第1土器捨て場に比較的古い様相の個体が、また第2土器捨て場には新しい様相の個体がまとまっている状況が指摘されるが、検出層位における上下関係は型式学的編年観とは整合していない（小熊2003）[2]。

2. 出土状況と年代観

1）馬高遺跡

　在地系のU7を除いて比較的古い測定値が得られている。U5・U6がやや古い値を示すほかはほぼ同程度の測定値である。火焔型・王冠型土器の類については、従来の型式学的編年観に照らすならば、新旧の段階が入り混じっていると考えられるが、出土状況の詳細が不明な資料（近藤家発掘分）が多いため、共伴関係を含む具体的な検証はきわめて困難である。近年の発掘調査資料のうち、U6は円形と見られる竪穴住居跡の地床炉脇から出土した個体で、その遺構の特徴からも東北地方の大木8a式古段階に位置づけられる可能性が高く、分析の一つの基準になりうるものであろう。また、新しい測定値を示すU7は岩野原遺跡の在地系（I17など）と同類の個体であり、型式学的な

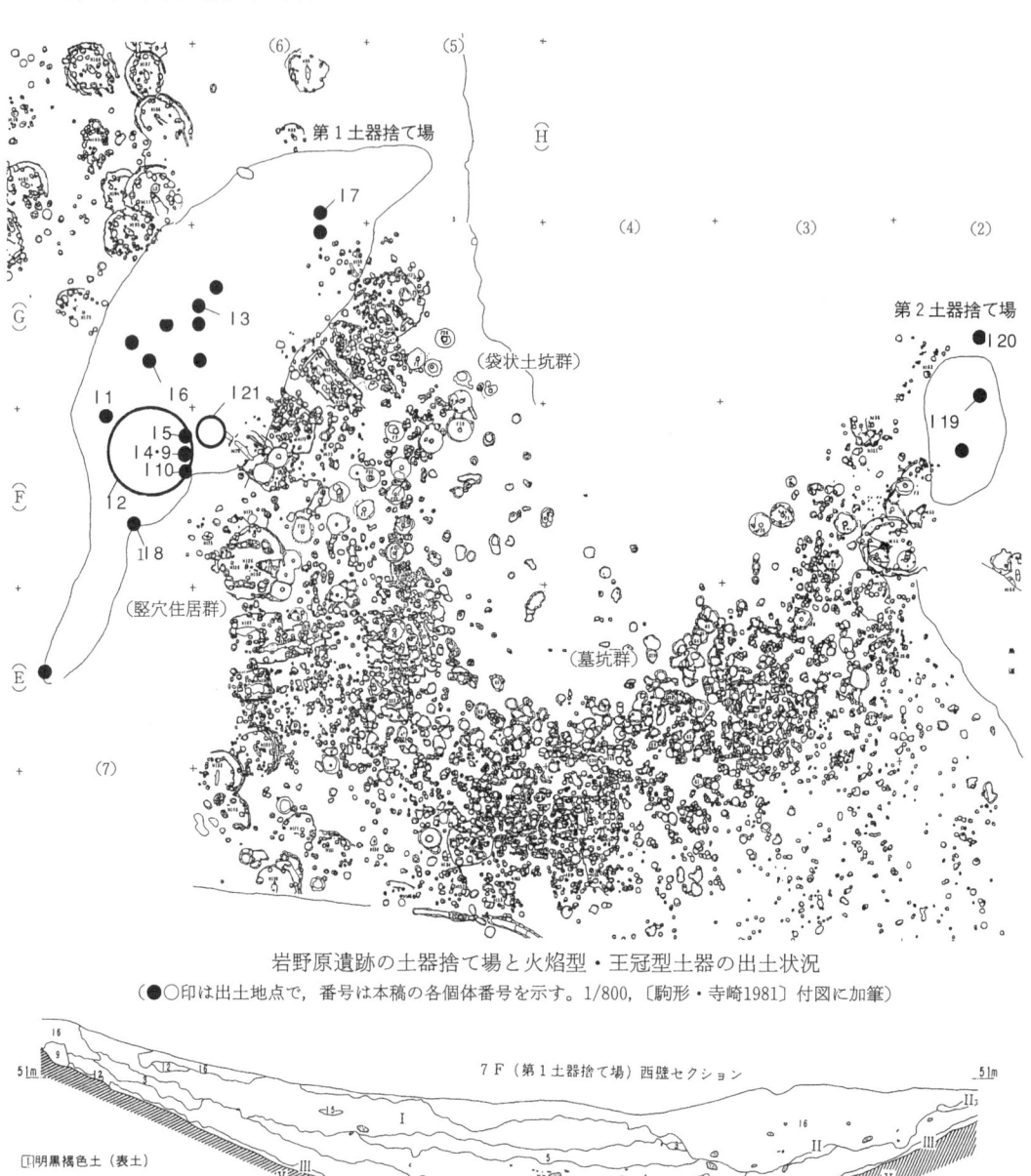

48　第Ⅱ章　火炎土器様式の年代

岩野原遺跡の土器捨て場と火焔型・王冠型土器の出土状況
(●〇印は出土地点で，番号は本稿の各個体番号を示す。1/800，〔駒形・寺崎1981〕付図に加筆)

I 明黒褐色土（表土）
II 黒褐色土＋炭化物（遺物包含層）
III 黒褐色土＋黄褐色土（地山漸移層）
IV 黄褐色土（地山層）
V 黄黒褐色土（地山層）

図4　岩野原遺跡の土器捨て場および土層断面（小熊2002を修正）

編年観と整合している。

①岩野原遺跡中期集落の全景
　（中央部が第1土器捨て場）

②第1土器捨て場の土層断面
　（南端部付近）

③第1土器捨て場出土の王冠型土器
　（6F区、最下層出土、個体I-21）

写真3　岩野原遺跡の土器出土状況

2） 山下遺跡

　分析した試料が少ないが、火炎土器様式のもっとも古い段階に位置づけられている（小林1988、寺崎1991）鉢形土器2個体（S1・S3）については、相対的に古い年代値が得られている。出土状況もほぼ同時に廃棄された可能性が高い。ただし、それらと同一区・層位で出土し、型式学的にほぼ同時期と見られる大木7b式の浅鉢形土器（S5）については、新しい年代値を示しており、整合が取れていない。

3） 岩野原遺跡

　年代測定の分析結果では、①極端に古い測定値を示す個体（I4・I19）、②古い測定値を示す個体（4,700～4,500BP：I2・I7・I13など）、③中間的な測定値を示す個体（4,500～4,300BP：I1・I3・I5など）、④新しい測定値を示すもの（4,300～4,000BP：I8・I11・I12など）がある。これを層位別に見ると、最下層出土の3個体（I2・I6・I21）は①～③の年代幅に収まっている。とくにI2は型式学的にも比較的古く位置づけられており（寺崎1991ほか）、測定値との整合が取れている事例であろう。I・II層およびII層出土の9個体（I7・I10・I11など）は、年代値にかなりの幅が見られ、②～④に分布する。I20などは古い測定値を示しているが、大振りの鶏頭冠が発達した編年的に新しい特徴を示す個体であり、出土層位とともに型式学的な年代観と整合していない。その一方で、東北系あるいは在地系と見られる個体の多くは④にまとまっていることが指摘される。層位の明らかな事例は少ないが、土器の文様等には新しい様相が認められることから型式学的な編年と相関している可能性がある。平面分布では、古い測定値の個体あるいは新しい測定値の個体が特定の出土区に偏在しているような傾向はとくに認められない。

　以上のように岩野原遺跡の場合、現状では一部の個体には出土状況や型式学的な年代観と測定値が整合するものもあるが、総体的には偏差が著しく整合が取れていないものが多いと考えられる。なお、①については、中期自体の年代観を大きく逸脱する測定値であり、試料に何らかの影響が及んでいると推測される。

3. 問題点および今後の課題

　各遺跡における分析対象試料の出土状況と年代観について述べてみたが、全般的に出土層位や共伴関係が明確な事例が乏しく、今のところ測定値による年代的な序列について積極的に検証できる状況には至っていない。そのような問題を克服していくには、まず出土状況が明らかな個体を対象とした分析試料の追加が必要であろう。その場合、竪穴住居跡や土坑などの遺構単位や土器捨て場の一括出土が望ましいのはいうまでもない。また、完形資料にこだわらず破片資料も活用するべきであろう。理化学的な年代観と型式学的な年代観を相互に裏づけていくには、やはり出土状況が鍵を握ると考えられる。現在、馬高遺跡では史跡整備に伴う発掘調査が継続され（小熊2003b）、山下遺跡でもジョーモネスクジャパン機構新潟支部による発掘調査が開始されており（宮尾2003）、出土状況が明確な試料を得られる可能性がある。

　その一方で、岩野原遺跡の事例に見られるように、分析の測定値にはかなりのバラツキが生じて

おり、その要因を究明する必要があろう。主な要因としては、埋蔵されている段階での土壌からの第一次的な汚染と、遺物の取上げおよび整理復元作業の過程での第二次的な汚染が考えられる。これまでに分析した試料は、汚染の影響を十分検討した上で評価を行うべきである。また、新たに分析する試料については、タフォノミー的な視点で試料の埋蔵状況を詳細に記録するとともに、周辺土壌の成分分析や共伴する木炭の年代測定を行うなどして総合的に検討すべきである。試料を採取する際には、発掘現場で直接実施するような措置も求められよう。

おわりに

以上、長岡市内の遺跡に関する試料を対象に、それらの出土状況と年代観について若干の検討を加えてみた。今後の課題でも触れたように、出土状況が明確な試料をさらに追加して分析を継続することが肝要であり、それによって新たな展望も開かれよう。出土状況および型式学的な分析、さらに理化学的な分析の総合を目指して今後も検討を進めたいと思う。

註

(1) 第2次発掘調査の成果については、正式な報告書は刊行されていない。そのため、本稿では非刊行の「略報告書」に基づいて記載している。
(2) 検出層位で新旧関係を示すような傾向は明瞭でなく、たとえば全般的に古い様相を帯びる7F・6F・7G区の最下層出土土器には、新しい様相の個体（小熊2003aの個体No.9、炭化物付着が極少量のため今回分析対象外）が混在している。また、土器捨て場内の各地点によって、土層の堆積状況が異なっていることも推測され、層位のみで判断することは困難であろう。

参考文献

小熊　博史　2000　『馬高遺跡―史跡「馬高・三十稲場遺跡」環境整備事業に伴う試掘調査概報―』長岡市教育委員会

小熊　博史　2003a「岩野原遺跡出土の火焔型土器群（1）―火焔型土器群の研究Ⅰ―」『長岡市立科学博物館研究報告』第38号　長岡市立科学博物館

小熊　博史　2003b「馬高遺跡の発掘調査」『考古学ジャーナル』No.510（12月号）　ニュー・サイエンス社

小林　達雄　1988　「火炎土器様式」『縄文土器大観』第3巻中期Ⅱ　小学館

駒形敏朗・寺崎裕助　1981　『埋蔵文化財発掘調査報告書　岩野原遺跡』長岡市教育委員会

寺崎　裕助　1991　「火炎土器様式について」『新潟考古学談話会会報』第8号　新潟考古学談話会

寺崎　裕助　1996　「火炎土器の成立・展開・終焉」『火炎土器研究の新視点』十日町市博物館

寺崎　裕助　1999　「中部地方　中期（馬高式）」『縄文時代』第10号（第2分冊）　縄文時代文化研究会

長岡市編　1992　「山下遺跡」「馬高遺跡」「岩野原遺跡（中期）」『長岡市史』資料編1考古　長岡市

中村孝三郎　1958　『馬高№1』長岡市立科学博物館

中村孝三郎　1966　『先史時代と長岡の遺跡』長岡市立科学博物館

中村孝三郎　1967　「長岡市柿町山下遺跡第2次調査略報告書」長岡市立科学博物館（非刊行）

中村孝三郎　1973　『長岡市関原町馬高・三十稲場遺跡緊急調査報告書』長岡市教育委員会

宮尾　亨　2003　「日本の遺跡　新潟県山下遺跡」『考古学研究』第50巻第3号　考古学研究会

第Ⅲ章　火炎土器様式の広がり

越後・佐渡で出土する火焔型土器、王冠型土器は文様の配置や構成の自由度が低かったと見られ、共通性が高い。しかし、遺跡で共に出土する他系統の土器との比率や器形・胎土には違いがあり、地域差が認められる。また文様バリエーションにも偏りが存在するようである。寺崎論文は一般的な土器型式学の立場からの地域区分であり、各遺跡出土土器の文様要素の偏りから火炎土器様式圏内での遺跡間関係を見出そうとするのが、今福のアプローチである。また、火炎土器様式の文様そのものの描出方法を扱った宮尾論文は、『新潟県立歴史博物館紀要』3号掲載論文に加筆したものである。

新潟県縄文中期の土器事情

寺崎　裕助

1. はじめに

　新潟県は広大である。本県は古代の越後国と佐渡国からなり、その総面積は12,582.39km²で富山・石川・福井の北陸3県にほぼ匹敵する。海岸線の長さも623.875kmを測り、東海道・山陽新幹線に例えると東京～西明石・姫路間の距離に匹敵する。そして、現在でも県内各地において、風土や習慣に根ざした地域性が顕著である。

　縄文時代においても、火炎土器様式（小林1988）誕生直前から誕生後の新潟県周辺では、東北地方南部は中期大木式土器様式（丹羽1989）、関東地方は阿玉台式土器様式（谷井1988）・勝坂式土器様式（安孫子1988）・加曽利E式土器様式（鈴木・山本1988）、中部高地は後沖式土器（寺内1996）・焼町土器（野村1984・1988）・曽利式土器様式（末木1988）・唐草文土器様式（三上1988）、北陸地方は新保・新崎式土器様式（加藤1988）や上山田・天神山式土器様式（小島1988）といった多様な土器文化が展開していた。そして、それらは火炎土器様式の成立・展開・衰退に少なからず影響を与えたと同時に、県内各地において多様な地域性をも生み出す要因となった。

　このように本県が持つ特性や当時の周辺の状況を踏まえて、火炎土器様式直前・成立・展開・衰退にあたる縄文中期前葉～中葉において、新潟県内ではどのような土器事情が展開していたのかを概観していきたい。

2. 土器事情と地域性

　当時の新潟県域は、図1のようにおおよそ I～V のブロックに大別されるものと予測できる。以下、各ブロックごとに土器事情を見ていきたい。なお時期比定は、中期前葉は大木7b式並行、中期中葉古段階は大木8a式並行、中期中葉新段階は大木8b式並行とした。

1）Ⅰブロック

　現在の東蒲原郡鹿瀬町・津川町・上川村を除いた米山以北の地域である。柏崎市周辺域～長岡市周辺域～北魚沼郡域～三条市周辺域のⅠa、東頸城郡の一部（松代町・松之山町）～中魚沼郡域～南魚沼郡域のⅠb、西蒲原郡域～五泉市周辺域～新発田市周辺域～村上市周辺域のⅠcの小ブロックに細区分できる。

　Ⅰaブロック　主要遺跡としては、柏崎周辺域においては柏崎市梨ノ木平遺跡（柏崎市史編さん委員会1982、岡本1987）・同川内遺跡（中村他1976、柏崎市史編さん委員会1982・1987）・同剣野B遺跡（柏崎市史編さん委員会1982、宇佐美・寺崎1987、柏崎市教育委員会1990）・同十三仏塚遺跡（図2）（柏崎市史編さん委員会1982、品田1987、柏崎市教育委員会1991）・同岩野遺跡（関他

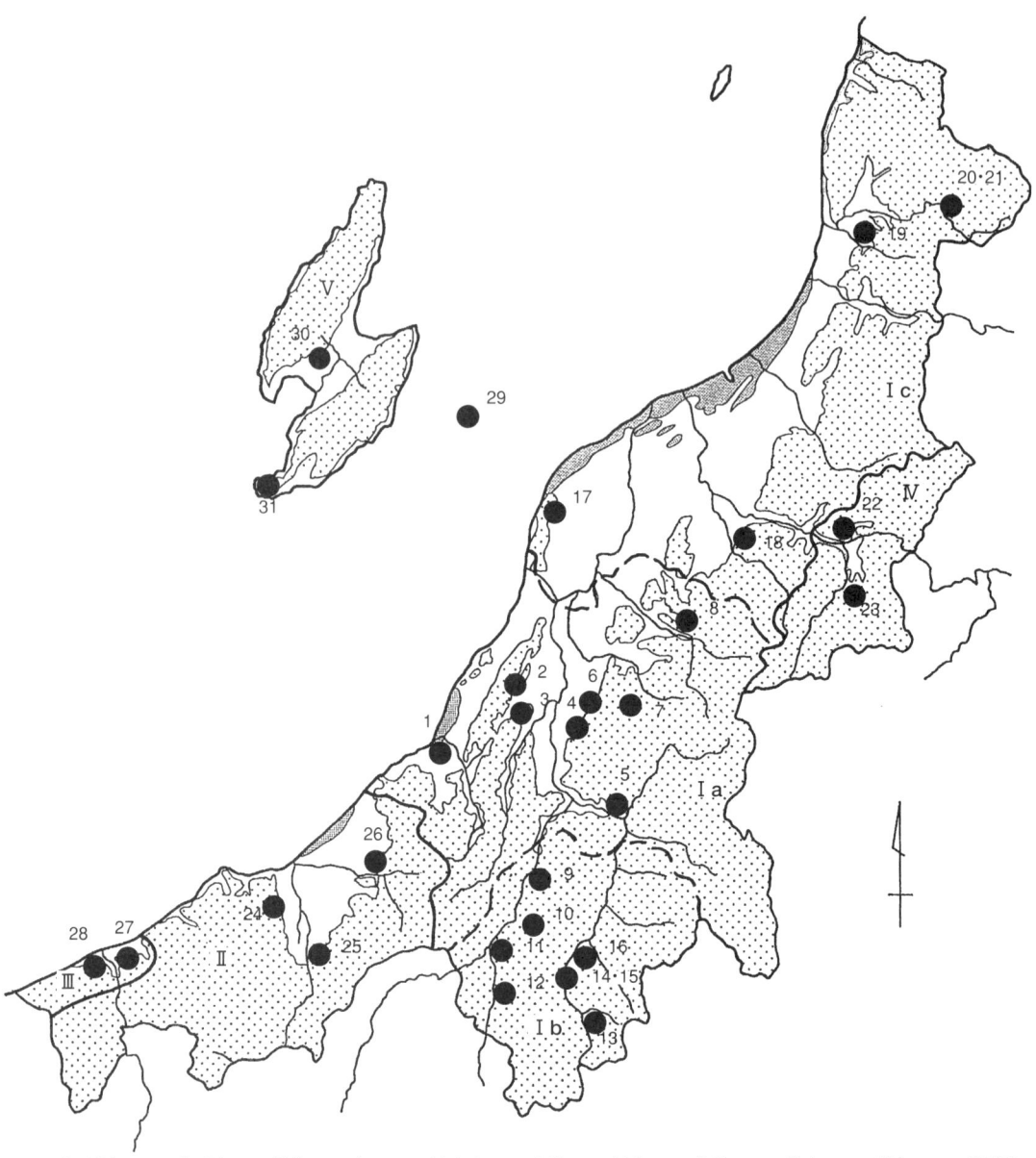

56　第Ⅲ章　火炎土器様式の広がり

1：十三仏塚　2：千石原　3：馬高　4：山下　5：清水上　6：中道　7：栃倉　8：曲谷E　9：笹山　10：森上　11：道尻手　12：城林　13：川久保　14：五丁歩　15：原　16：万條寺林　17：大沢　18：大蔵　19：高平　20：下ゾリ　21前田　22：角神口　23：キンカ杉　24：山屋敷Ⅰ　25：大貝　26：塔ヶ崎　27：長者ヶ原　28：寺地　29：佐渡海峡　30：堂の貝塚　31：長者ヶ平

図1　ブロック区分および遺跡位置

1980、柏崎市史編さん委員会 1982・1987)、長岡市周辺域においては長岡市馬高遺跡（図3－22～33）（長岡市立科学博物館 1958・1966、長岡市 1992、長岡市教育委員会 1996b・1999・2000)・同南原遺跡（長岡市教育委員会 1994)・同岩野原遺跡（長岡市教育委員会 1981、長岡市 1992)・同山下遺跡（図3－34～39・図4－40～42）（長岡市立科学博物館 1966、長岡市 1992)・同中道遺跡（図5－71～77）（長岡市教育委員会 1998)・三島町千石原遺跡（図3－17～21）（長岡市立科学博物館

新潟県縄文中期の土器事情 57

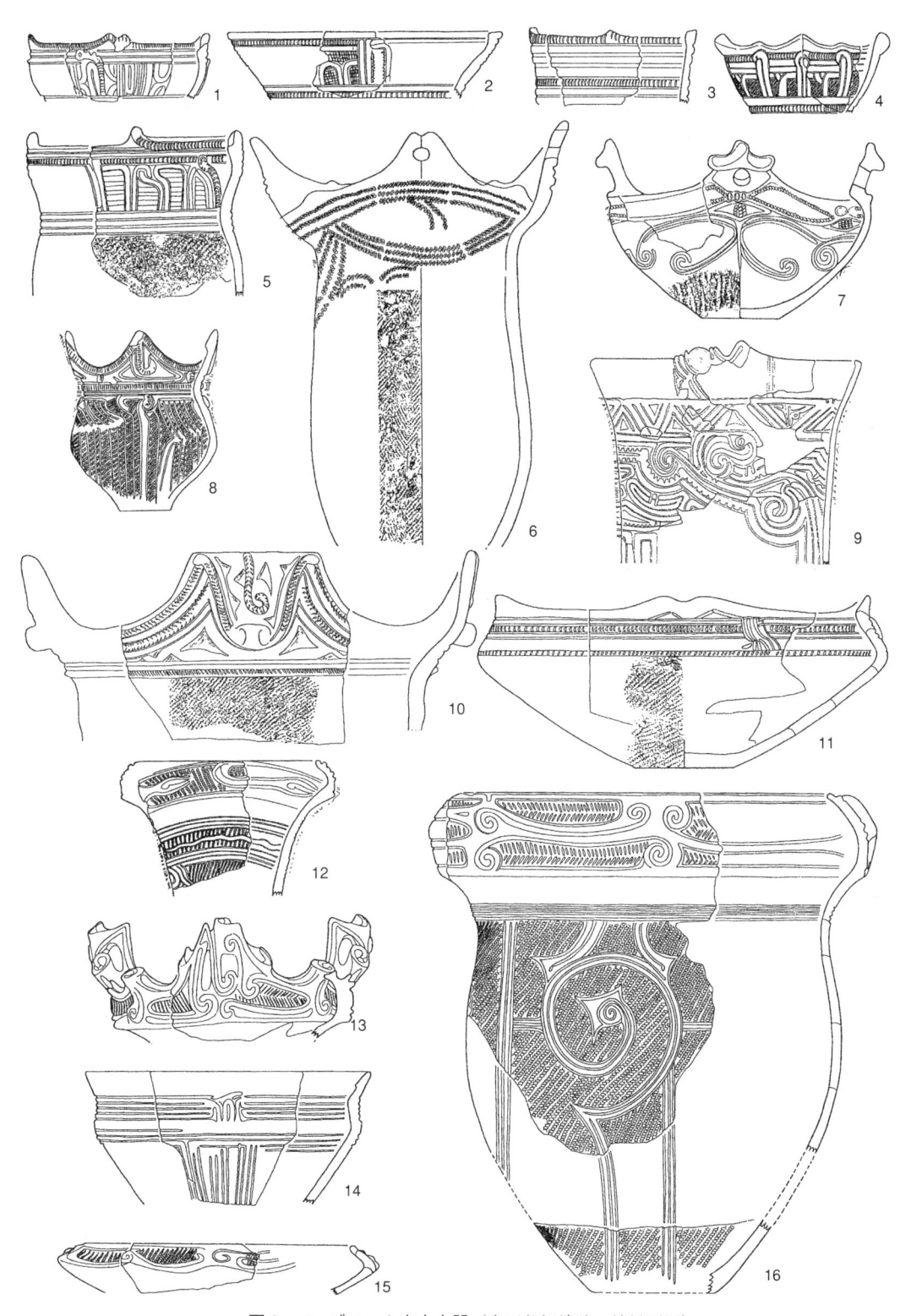

図2　Ｉaブロック出土土器（十三仏塚遺跡、縮尺不同）

58 第Ⅲ章 火炎土器様式の広がり

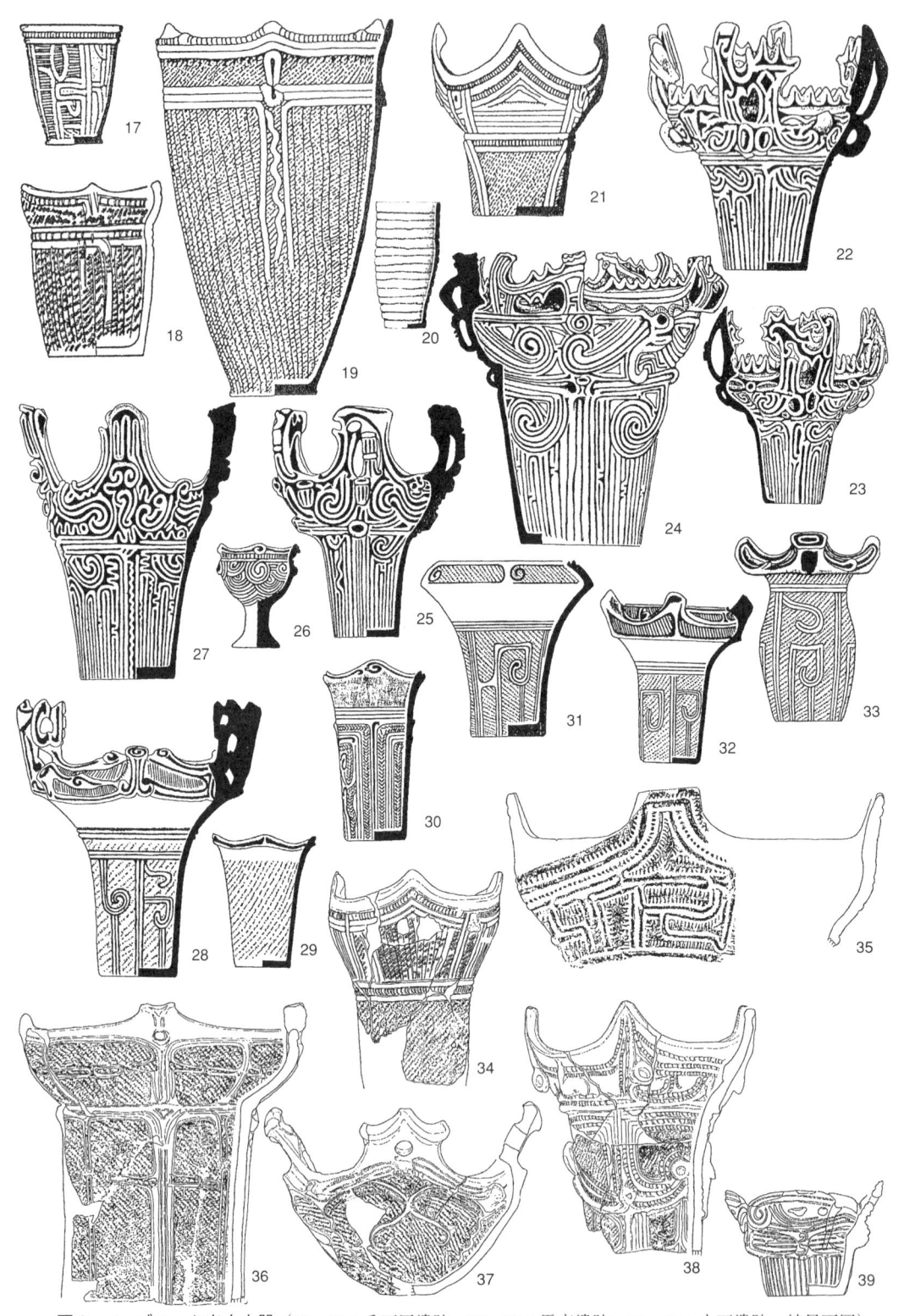

図3 Ⅰaブロック出土土器（17〜21：千石原遺跡、22〜33：馬高遺跡、34〜39：山下遺跡、縮尺不同）

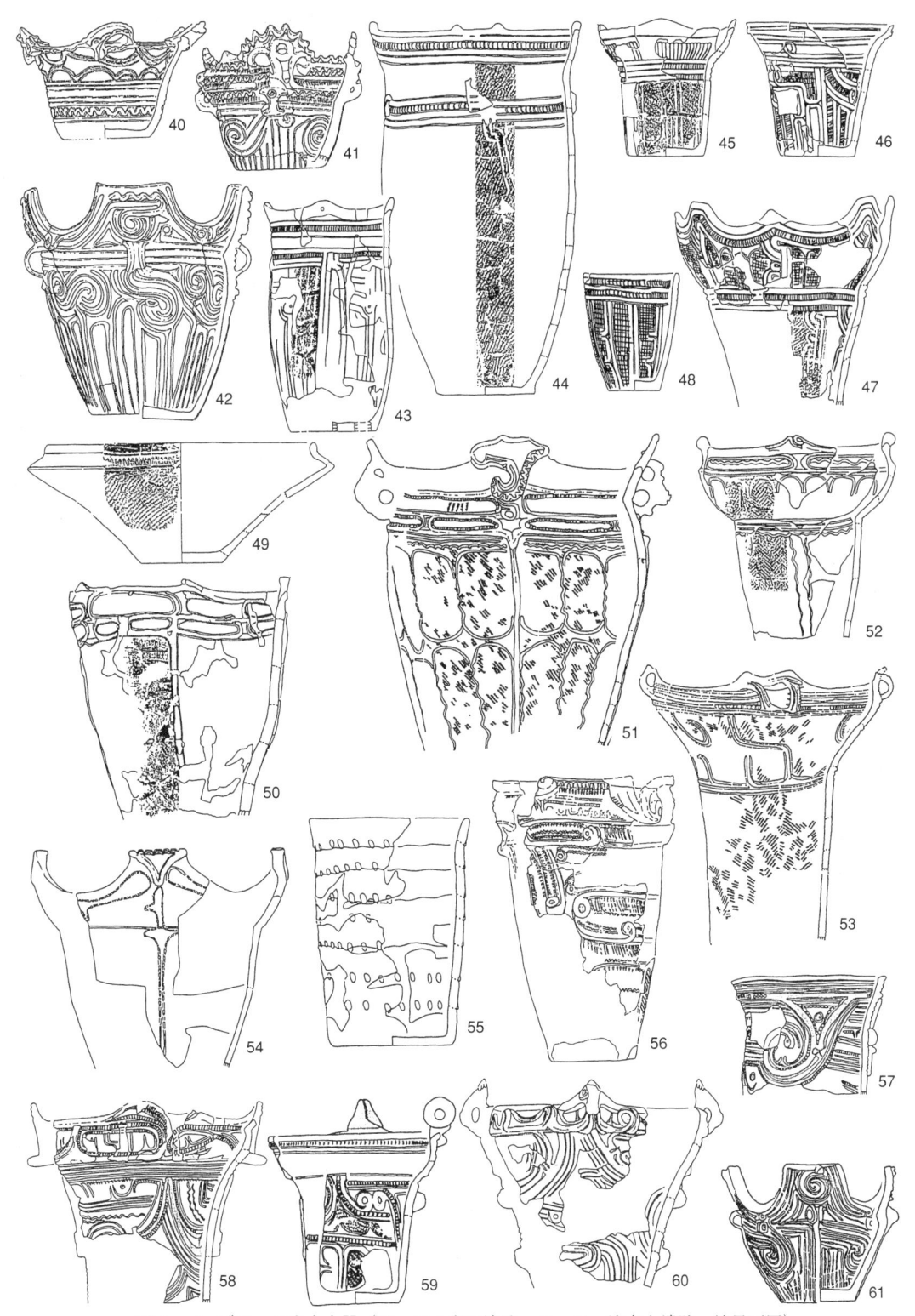

図4　Ⅰaブロック出土土器（40〜42：山下遺跡、43〜61：清水上遺跡、縮尺不同）

1973)・与板町徳昌寺遺跡（寺村他 1961、金子他 1993）・同上稲場遺跡（与板町教育委員会他1965、駒形他 1989、金子他 1993）・同下稲場遺跡（与板町教育委員会他 1965、金子他 1993）・見附市羽黒遺跡（金子他 1982）・同黒坂遺跡・栃尾市栃倉遺跡（図5－78～80）（藤田他 1961）、北魚沼郡域においては小千谷市俣沢遺跡・同池津遺跡・同上片貝遺跡・同前野遺跡・同大平遺跡（椎名他1958）・同山谷遺跡・堀之内町清水上遺跡（図4－43～61・図5－62～70）（新潟県教育委員会 1990、新潟県教育委員会他 1996）・同正安寺遺跡、三条市周辺域においては栄町吉野屋遺跡（三条商業高等学校社会科クラブ考古班 1974）・下田村長野遺跡（家田他 1990）・同曲谷E遺跡（図5－81～83）（長澤他 2001）などがあげられる。

　このブロックの土器事情は、中期前葉においては十三仏塚遺跡・千石原遺跡・山下遺跡・清水上遺跡に顕著なように、大きくは新保・新崎式土器様式の範疇に含まれる北陸系譜の土器（1～5・17～19・21・34・35・43～49）を中心に東北地方の中期大木土器様式の一つである大木7b式およびその系譜を引く土器（6・7・36・37・50～53）や阿玉台式土器様式や後沖式土器といった北関東や中部高地方面の系譜を引く土器（20・54～59）、および火炎土器様式誕生の前夜あるいは初源となるような土器（39～42・61～64）で構成されている。

　新潟県における北陸系譜の土器群は、蓮華文などの各文様の施文部位や施文工具の若干の違いから雰囲気が異なるなどと指摘されているが、完形品ならばともかく破片資料においては富山・石川県方面のものとほとんど区別がつかない。ただ、胎土に特徴的な粘土粒を含むものがあり、これは最近、火炎土器様式圏の研究会において西田泰民が土器片を砕いて混入した可能性を指摘しており、注目に値する。大木7b式土器そのものとしては、以前から撚糸側面圧痕を施文した浅鉢や深鉢が知られている。浅鉢は、その分布から判断して福島県や宮城県方面からではなく、秋田県や山形県方面からもたらされたか、その方面の影響下において成立した可能性が強い。深鉢は、6のような大木7b式土器の大きな特徴である撚糸側面圧痕が施されたものは少数で、36・50～53のように背竹管による単沈線で施文されるものが多数である。北関東や中部高地方面の系譜を引く土器は、北魚沼郡域～長岡市周辺域を中心に認められる。阿玉台式土器様式の出土は清水上遺跡（54）や城林遺跡（132）（津南町教育委員会 1997）などに見られるように魚沼郡域がほとんどで、それもⅠa式やⅡb式に対比される前半のものが目立つ。後沖式土器も清水上遺跡など魚沼郡域を中心に認められる。しかし、その分布は少数ながら長岡市周辺域～三条市周辺域（81）へと広がり、平野部にはほとんど分布していない阿玉台式土器様式とは対照をなしている。ただ、柏崎市周辺域では今のところ出土は確認されていないが、周辺の状況から見れば確認される可能性は高い。火炎土器様式誕生の前夜あるいは初現となるような土器は、小型品を中心に山下遺跡や清水上遺跡などで出土している。しかし、その量は決して多くはなく、出土状況もまとまりに欠ける。山下遺跡のようなタイプ（39～41）は、ほかではほとんど出土していないなど不透明な部分が多い。今後、これらの土器群を火焔型土器の範疇に含めるか否かは議論を要するところである。

　中期中葉は、火炎土器様式が成立・展開・衰退する時期である。火炎土器様式は基本的には、4単位の鶏頭冠把手と口唇部を巡る鋸歯状小突起や4単位の大波状口縁をもつキャリパー形深鉢に、隆帯などで渦巻文やS字状文などの文様を施文するものを基本に、原則的には縄文をもたないA群

新潟県縄文中期の土器事情 61

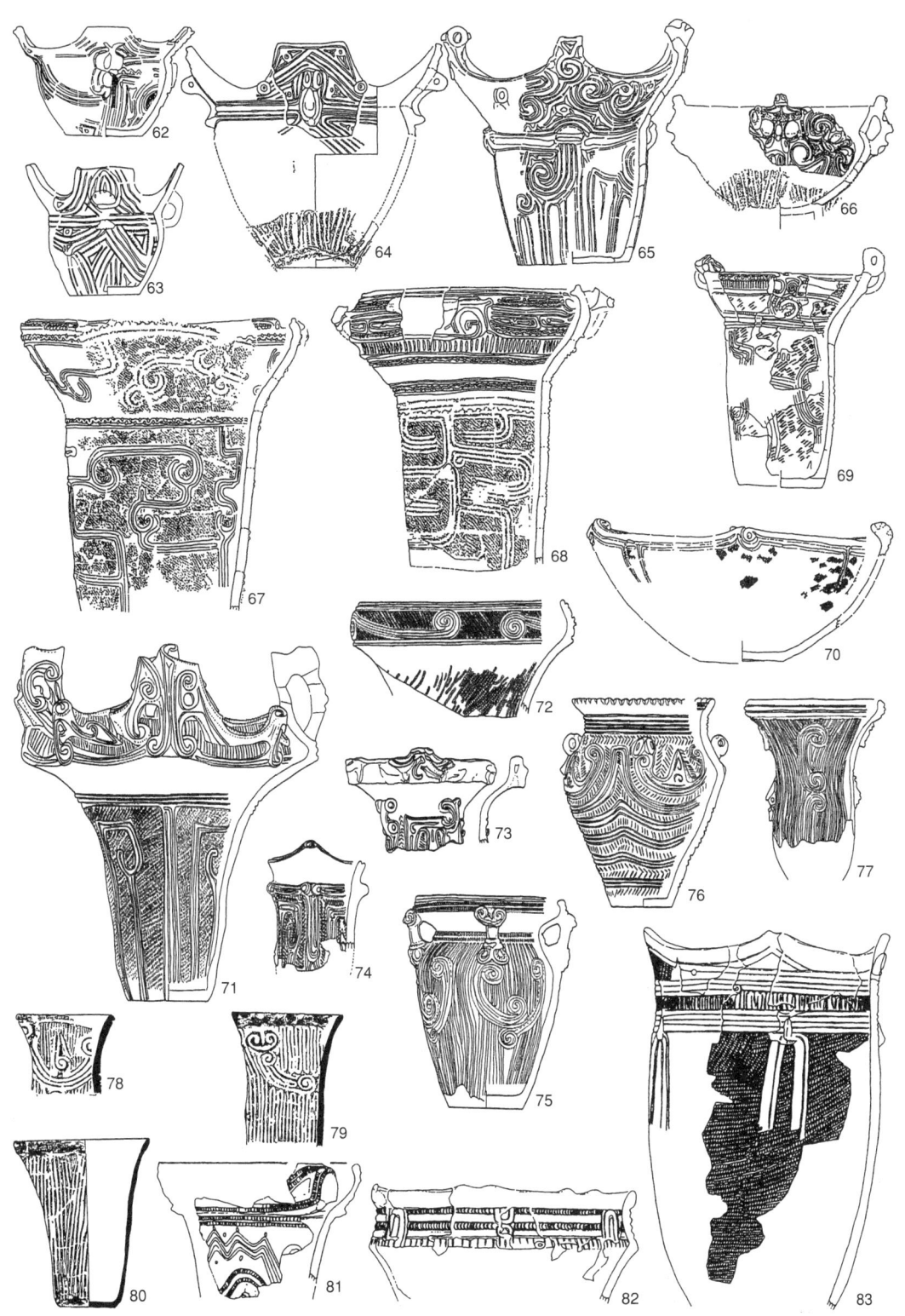

図5 Ⅰaブロック出土土器（62〜70：清水上遺跡、71〜77：中道遺跡、78〜80：栃倉遺跡、81〜83曲谷E遺跡、縮尺不同）

（22～26他）、口縁部が外傾あるいは外反する平口縁ないしは波状口縁の深鉢にワラビ手状の渦巻文や縦位剣先文などを施文した後、それらの空白部に綾杉状の細沈線などを充填し、A群同様に基本的には縄文をもたないB群（30・73～80他）、キャリパー形深鉢を主体に縄文地上に粘土紐・隆帯・沈線などで剣先文や渦巻文などを施文するC群（28・31～33他）を基本に構成されている。A群はいわゆる火焔型土器・王冠型土器の仲間で本様式を特徴づける一群、C群は東北地方南部に分布する中期大木式土器様式に近似する一群、B群はC群が在地化したと考えられる一群である。A群は、中期前葉末あるいは少なくとも中葉古段階の初期には成立して中葉古段階の終りにはピークを迎え中葉新段階後半には衰退に至る。B群は、いわゆる栃倉式と呼ばれている土器群（75～80他）を含み、中葉新段階後半に出現する。C群は、本様式の主体をなす土器群で中期大木式土器様式の影響を強く受け、中葉新段階前半にはそれが際立つ。

Ｉｂブロック　主要遺跡としては、東頸城郡域では松代町原遺跡（新潟県教育委員会 1976、秦他 1989）・同芳沢遺跡（秦他 1989）・同向原Ｉ遺跡（秦他 1989）・松之山町深林遺跡（新潟県教育委員会 1976）・同十文字遺跡（稲岡 1978）、中魚沼郡域では十日町市笹山遺跡（図6-84～94）（十日町市教育委員会 1998）・同幅上遺跡（十日町市 1996）・同大井久保遺跡（十日町市 1996）・同城倉遺跡（十日町市 1996）・同横割遺跡（十日町市 1996）・同南雲遺跡（十日町市 1996）・同小坂遺跡（中川他 1961、十日町市 1996）・同麻畑原Ｂ遺跡（十日町市 1996）・中里村森上遺跡（図6-95～101）（金子他 1974、新潟県 1986）・同芋川原遺跡（中里村史専門委員会 1985）・津南町沖ノ原遺跡（江坂他 1977）・同堂尻遺跡（江坂他 1976）・同道尻手遺跡（図6-102～105、図7-106・107）（佐藤 1998）、南魚沼郡域では六日町上ノ台Ⅱ遺跡（佐藤他 1989）・塩沢町五丁歩遺跡（図7-110～118）（新潟県教育委員会 1992、寺崎 1994）・同万條寺林遺跡（図8-127～131）（池田他 1988）・同原遺跡（図7-119・120、図8-121～126）（佐藤他 1998）・湯沢町川久保遺跡（図7-108・109）（佐藤 1986）などがあげられる。

このブロックの土器事情は、基本的にはＩaブロックと同じであるが異なる点もある。ここでは異なる点を指摘しておきたい。中期前葉～中葉の共通した相違点としては、中部高地系譜の土器が一定量を占めるということである。中期前葉～中葉古段階前半においては、塩沢町五丁歩遺跡出土土器（110～118）がその特徴をもっとも明確に示している。五丁歩遺跡の土器は、在地系・北陸系・関東系（勝坂系・阿玉台系）に3大別されている。量的には在地系が圧倒的に多く、次いで北陸系・関東系の順で、北陸系は浅鉢形土器が中心である。在地系は地文に縄文をもたない隆帯系列と縄文をもつ縄文系列に二分でき、その割合は隆帯系列が約4割、縄文系列が約6割を占めている。これらの在地系土器の文様はバラエティーに富み、複雑で個性が強く、文様構成や要素の一端に中部高地方面などの影響が認められる。また、「砂っぽく」「赤っぽい」など胎土や色調も中部高地方面と共通している。類似する土器は、県内では魚野川・信濃川上流域、近県では群馬県北部や長野県中・東部といった山間部に認められる。このように五丁歩遺跡の土器は、同じ流域である魚野川や信濃川中・下流などに分布するＩaブロックの新保・新崎式土器様式や火炎土器様式とは異なった雰囲気の土器で好対照をなしている。このような状況は同ブロックにおいて次第に明らかになりつつある。例をあげれば、数年前に発掘調査が実施された湯沢町川久保遺跡や整理・報告作業が進

図6　Ⅰbブロック出土土器（84〜94：笹山遺跡、95〜101：森上遺跡、102〜105：道尻手遺跡、縮尺不同）

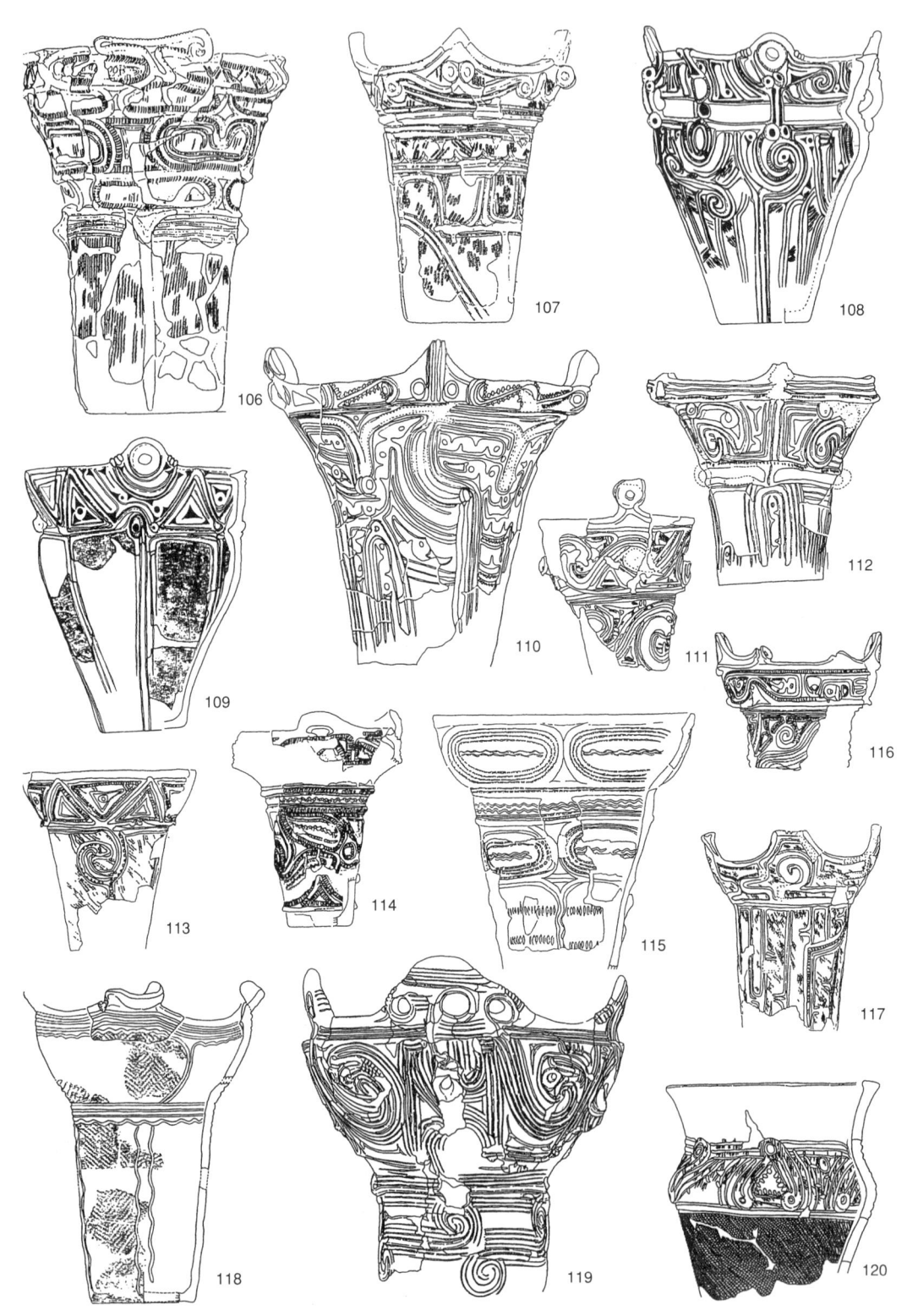

64 第Ⅲ章 火炎土器様式の広がり

図7 Ⅰbブロック出土土器（106・107：道尻手遺跡、108・109：川久保遺跡、110〜118：五丁歩遺跡、119・120：原遺跡、縮尺不同）

行している津南町道尻手遺跡等においても、中部高地系譜の土器（102～109）が一定量を占めており、報告書の刊行が待たれる。

　中期中葉新段階後半においては、「火炎土器様式のA群はすでに存在せずそれに代って128のような土器が出現する」との指摘も一部にはある。しかし、その指摘は具体的な実態の伴わない仮説であり、今後良好な一括資料の検出を待って検討する問題である。現時点では仮説の域を出ず、ただちに云々することは時期尚早と考えられる。しかし、火炎土器様式を特徴づけるA群土器を伴わないということは、火炎土器様式からの離脱をも意味しており、内在する問題は大きい。

　Ｉｃブロック　主要遺跡としては、西蒲原郡域では巻町大沢遺跡（図8-133～144）（巻町教育委員会 1990、小野他 1994）、五泉市周辺域では五泉市大蔵遺跡（図9-145～164）（上原 1963、川崎他 2002）、新発田市周辺域では安田町横峯B遺跡（川上他 1981）・同ツベタ遺跡（安田町教育委員会 1966、関他 1972、川上 1982・1983）・同野中遺跡・笹神村村杉遺跡（笹神村教育委員会 1963、新潟県 1983）・新発田市石田遺跡（田中他 1980）・同上車野E遺跡、村上市周辺域では村上市高平遺跡（図9-165、図10-166～180）（村上市教育委員会 2001）・朝日村下ゾリ遺跡（図10-181、図11-182～191）（朝日村教育委員会 1990）・同前田遺跡（図11-192～197）（朝日村教育委員会 1993）などがあげられる。

　このブロックは発掘調査例が少なく、土器事情はいま一つ明確ではなかった。しかし最近、中期前葉では巻町大沢遺跡や朝日村下ゾリ遺跡、中期中葉では新発田市上車野E遺跡や村上市高平遺跡および朝日村前田遺跡の発掘調査や五泉市大蔵遺跡の再整理が行われたことにより、内容が次第に明らかになりつつある。中期前葉においては、巻町大沢遺跡や朝日村下ゾリ遺跡に見られるようにⅠaブロックなどと同様に北陸系譜の土器が主体を占めるが、東北地方の諸様式の影響も少なからずうかがえる。中期中葉は、火炎土器様式の範疇に含まれることが明確になりつつある。とくに、朝日村前田遺跡や村上市高平遺跡の発掘調査によって、中期中葉古段階後半～新段階前半の火焔型土器や王冠型土器が一定量出土するという事実が明らかになったことは、信濃川流域を中心に展開したと考えられていた火炎土器様式が阿賀野川北部の県北の地まで確実に浸透していたということを証明した点で大きな意味があるものと考えられる。中期中葉新段階後半は、火炎土器様式B群は阿賀北地域では原則として存在せず、前田遺跡42号住炉内敷き土器（196・197）に代表されるような土器群に取って代わられるものと予測される。また、この時期に比定できる火炎土器様式A群の確実な出土例も確認されていないことから、A群土器の存在も不明確である。場合によってはすでに火炎土器様式から離脱し、中期大木式土器様式に組み込まれた可能性も考えられる。

　２）　Ⅱブロック

　現在の上越市域～中頸城郡域～松之山町・松代町を除く東頸城郡域～名立町・能生町といった西頸城郡域の東半分を含めた地域である。

　主要遺跡としては、吉川町長峰遺跡（室岡他 1974・1984）・頸城村塔ケ崎遺跡（室岡他 1986）・上越市山屋敷Ⅰ遺跡（図12）（上越市教育委員会 1978・1979、寺崎他 2003）・新井市大貝遺跡（図13-223～228）（立教大学考古学研究会 1967）・中郷村南田遺跡（中郷村教育委員会 1988）・名立町大イナバ遺跡（秦他 1996）・能生町十二平遺跡（秦他 1990）などがある。

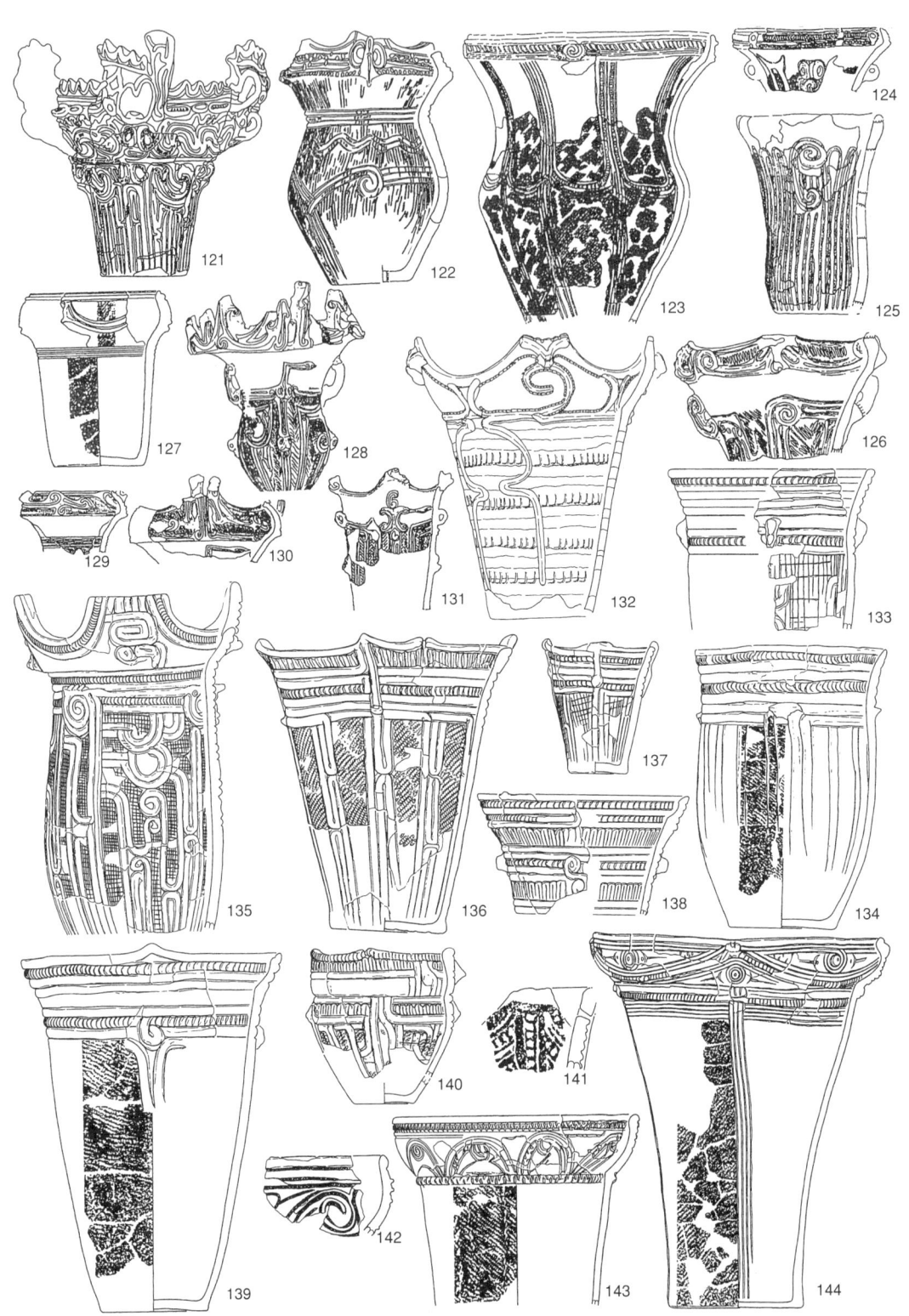

66　第Ⅲ章　火炎土器様式の広がり

図8　Ⅰb・Ⅰcブロック出土土器（121〜126：原遺跡、127〜131：万條寺林遺跡、132：城林遺跡、133〜144：大沢遺跡、縮尺不同）

新潟県縄文中期の土器事情 67

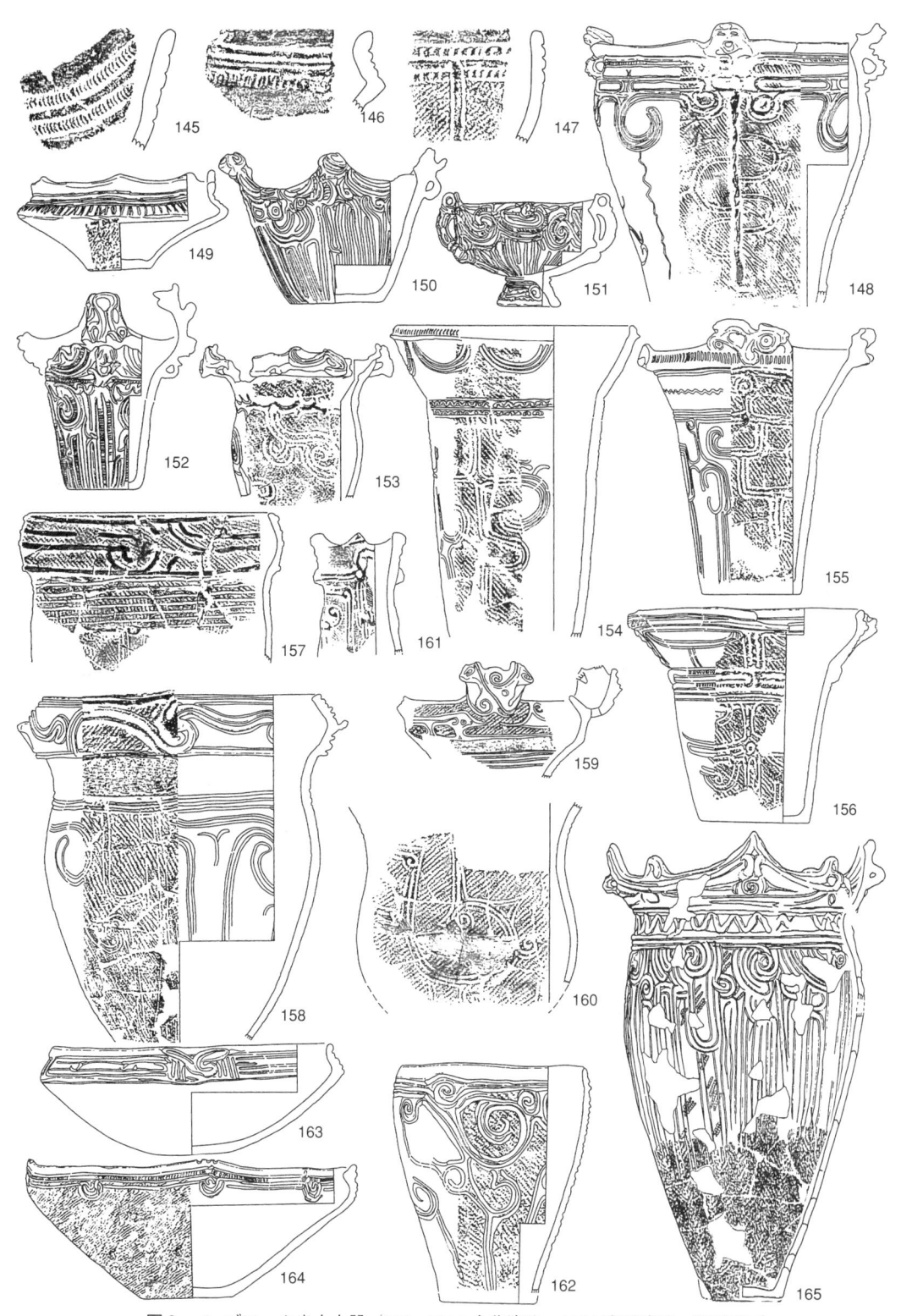

図9 Icブロック出土土器（145～164：大蔵遺跡、165：高平遺跡、縮尺不同）

68 第Ⅲ章 火炎土器様式の広がり

図10　Ｉｃブロック出土土器（166～180：高平遺跡、181：下ゾリ遺跡、縮尺不同）

新潟県縄文中期の土器事情 69

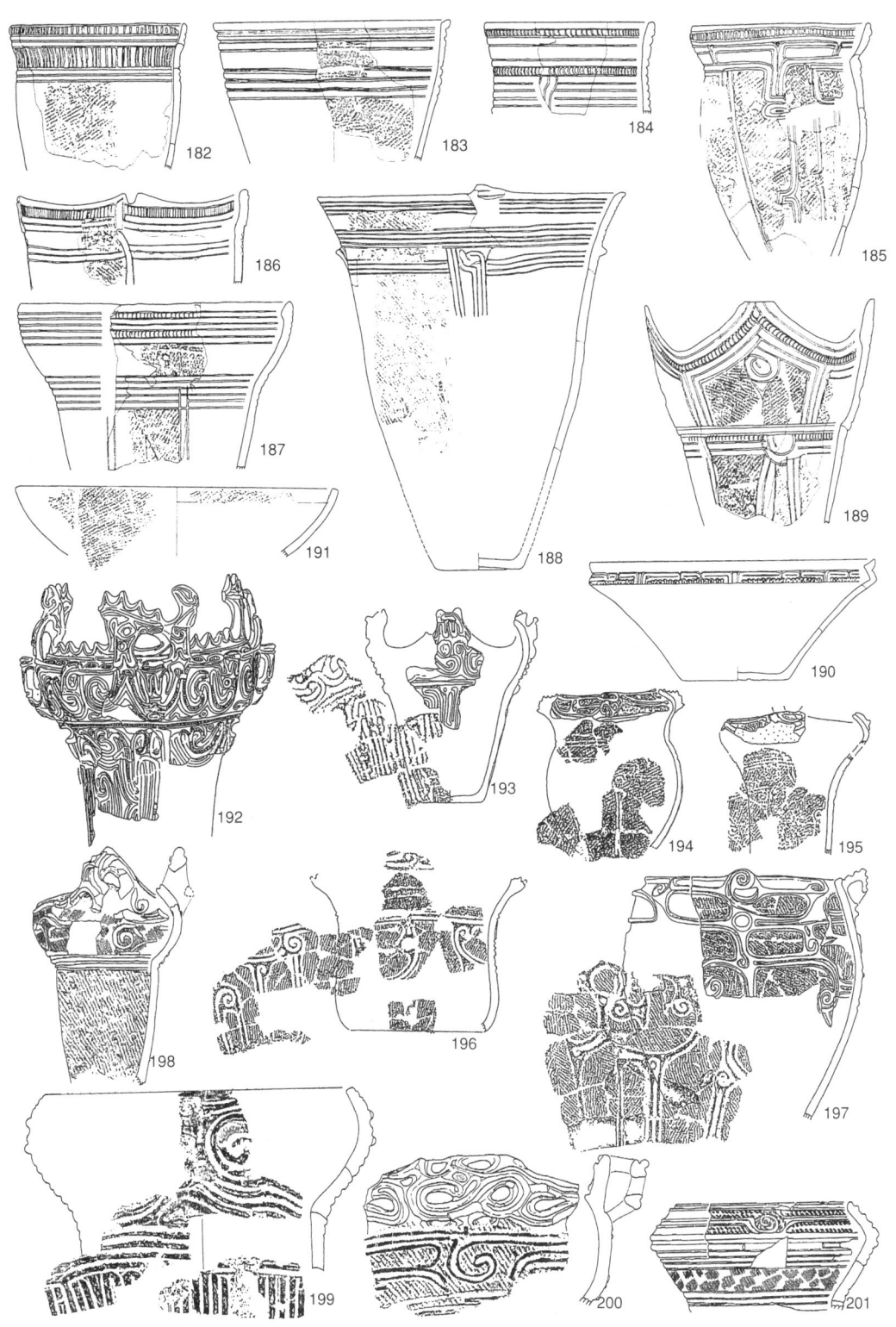

図11　Ic・Ⅳブロック出土土器（182〜191：下ゾリ遺跡、192〜197：前田遺跡、198〜201：角神D遺跡、縮尺不同）

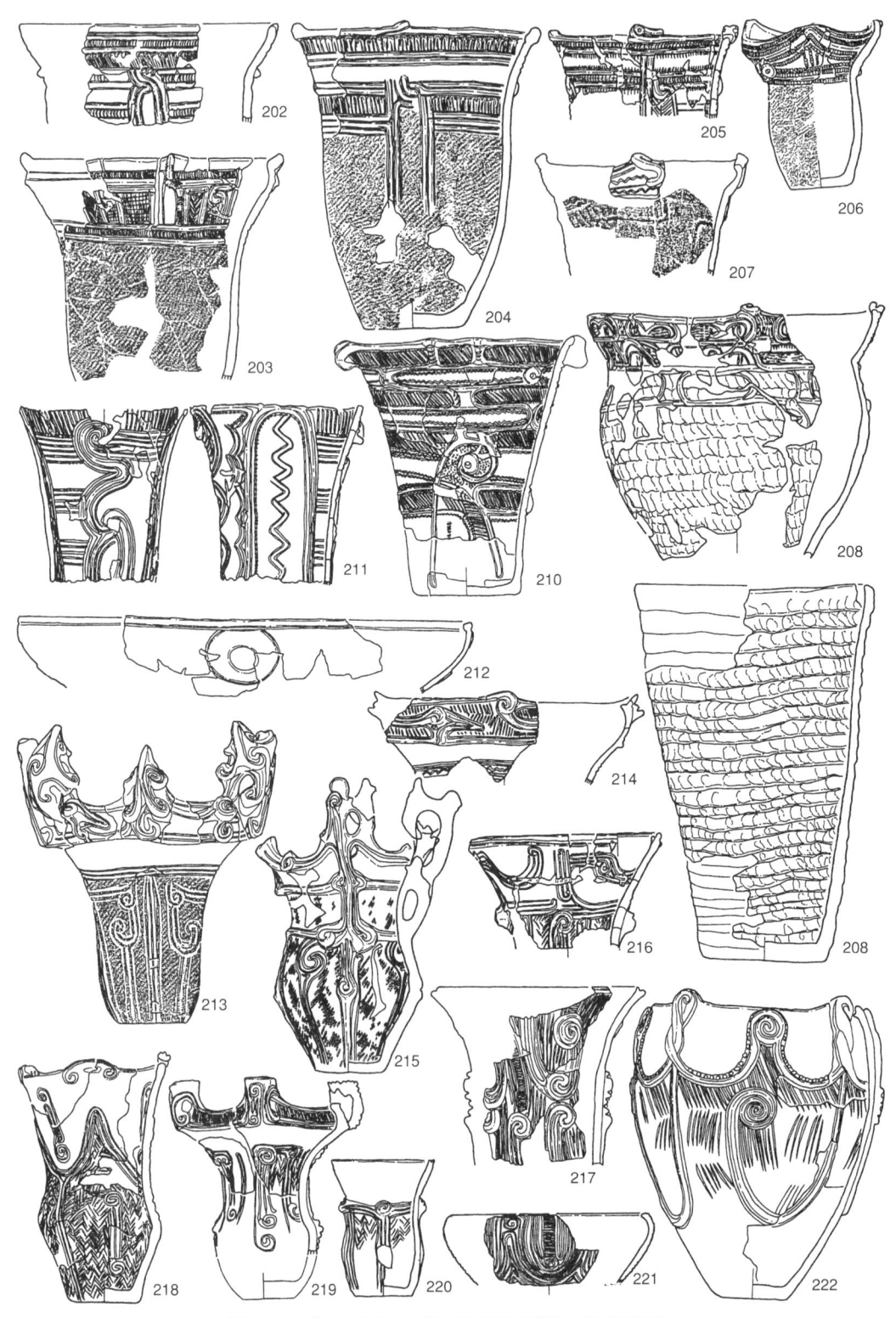

70　第Ⅲ章　火炎土器様式の広がり

図12　Ⅱブロック出土土器（山屋敷Ⅰ遺跡、縮尺不同）

このブロックの土器様相は、当該期の大規模な調査が少ないことや出土土器の資料化がそれほど行われていないことから、明らかになったとはいいがたい状況であった。しかし、『上越市史　考古資料編』刊行に伴って山屋敷Ⅰ遺跡出土土器などの資料化が行われたため、土器様相はようやく明らかになりつつある。

　山屋敷Ⅰ遺跡における様相を見てみると、中期前葉においては33（210）・34（208・211）・40（204・205）号住居跡出土土器などに見られるように北陸地方の新保・新崎式土器様式、中部高地の後沖式や深沢式土器が主体を占めている。当初はⅢブロックと同様に、北陸地方の新保・新崎式土器様式が圧倒すると予想していたが、意外にも中部高地系譜の土器群が一定量を占めてⅢブロックとの違いを際立たせると同時に、北陸＋中部高地という本ブロックの特徴が明らかになった。中期中葉古段階は、9号住居跡などに見られるように北陸地方の天神山・古府式土器様式の存在が目立つ。一方、火炎土器様式の存在も鶏頭冠把手など一部に認められる。このような状況は新井市大貝遺跡第2号住居跡出土土器（図13－223～225）においても追認できる。中期中葉新段階は、5（218～220）・11（213）・24（214・215）・38号住居跡に見られるように火炎土器様式が主体を占め、それに北陸地方の天神山・古府式土器様式、中部高地の曽利式土器様式や唐草文土器様式などが伴うといった状況である。火炎土器様式においてはB群の存在が目立ち、火焔型土器や王冠型土器など同様式を特徴づけるA群や実質的に同様式の主体を占めるC群といった土器群はむしろ少数である。ただ、当該期の火焔型土器が山屋敷Ⅰ遺跡以外にも、吉川町長峰遺跡・頸城村塔ケ崎遺跡（図13－229）・名立町大イナバ遺跡・能生町十二平遺跡において、少数ではあるが安定した形で存在することは当ブロックの特徴の一つであり、火炎土器様式圏の範疇であることの証でもある。

　このように本ブロックは、中期前葉においては北陸地方の新保・新崎式土器様式圏に含まれつつも、後沖式や深沢式といった中部高地系譜の土器もかなりの占有率がある。中期中葉は、古段階では前段階に引き続き北陸地方の天神山・古府式といった土器様式圏に含まれるが、火炎土器様式の存在が一部に認められるようになり、新段階には火炎土器様式圏に含まれる。しかし、その構図はB群が主でA・C群が従という変則的な形をとる。

3）Ⅲブロック

　新潟県の西端、現在の糸魚川市～西頸城郡青海町にかけての地域である。

　主要遺跡としては、糸魚川市長者ヶ原遺跡（図13－230・231）（藤田他 1964、小島他 1981、糸魚川市教育委員会 1992・1993・1994・1995・1996・1997・1998）・同岩木遺跡（糸魚川市市史編さん委員会 1986）・青海町寺地遺跡（図13－232～239）（青木他 1969・1970、寺村 1972、寺村他 1973、寺村他 1987）がある。

　このブロックにおける当該期の土器様相も明らかになっているとはいい難く、とくに本ブロックの中心をなす長者ヶ原遺跡出土土器の資料化がなされておらず、待望されるところである。

　中期前葉は、Ⅱブロックと同様に北陸地方の新保・新崎式土器様式圏に含まれるが、中部高地系土器はほとんど見られず北陸色がより純粋に強まる。その顔付は、飛騨越えで中部高地の影響を受ける富山県よりも、石川県能登地方と類似する。中期中葉古段階は、寺地遺跡第5号住居跡出土土器（235～237・239）に見られるように、Ⅱブロックと同じく北陸地方の天神山・古府式土器様式

圏に含まれつつも、火炎土器様式の存在が一部に認められる。しかし、火炎土器様式の存在は希薄で、北陸色が強い。火焔型土器もⅠブロックなどのタイプより富山県方面と近似するタイプ（231）が存在する。中期中葉新段階は、寺地遺跡第１号住居跡（232～234・238）に見られるように北陸地方の天神山・古府式土器様式を中心に展開し、火炎土器様式との関係は同古段階と同様である。そして、その二つにさらに中部高地の唐草文土器様式（234）が加わり、より複雑な様相を呈する。

このように、Ⅲブロックでは火炎土器様式や唐草文土器様式などの中部高地系の土器が認められるが、いずれも主軸とはなり得ない。中期前葉～中葉を通して主体を占めるのは、前葉では新保・新崎式土器様式、中葉では天神山・古府式土器様式といったいずれも北陸地方の土器様式である。

4） Ⅳブロック

現在の東蒲原郡域の津川町～上川村～鹿瀬町といった地域である。

主要遺跡としては、津川町原遺跡・上川村キンカ杉遺跡（上川村教育委員会 1996）・鹿瀬町長者屋敷遺跡（新潟県教育委員会 1962）・同日出谷遺跡・同角神D遺跡（図11－198～201）（増子 2000）がある。

このブロックの土器事情は、前述のⅢブロックより以上に不明な部分が多い。上川村キンカ杉遺跡の土器群や鹿瀬町角神D遺跡の土器群を見る限りにおいては、火炎土器様式というよりは隣接する福島県会津地方の中期大木式土器様式に近い雰囲気である。断片的な資料であるが、他の鹿瀬町長者屋敷遺跡・同日出谷遺跡出土資料においても同じような雰囲気が見て取れる。それゆえ、Ⅳブロックは、新潟県域というよりは福島県会津地方の影響が強い地域ではないかと予測するに難くはない。興味深いことに、この地域は江戸時代までは越後ではなく、会津藩領であった。

5） Ⅴブロック

佐渡ヶ島全域である。

主要遺跡としては、小木町長者ケ平遺跡（長者ケ平遺跡発掘調査団 1981・1982・1983、小林他 1983）や金井町堂の貝塚（図13－241）（本間他 1977）などがある。

佐渡ヶ島は、小木半島を中心とした南部と相川町の外海府海岸～両津市の内海府海岸を中心とした北部ではかなり土器事情が異なるものと予測されるが、今回は前葉～中葉の資料がまとまって報告されている小木町長者ケ平遺跡と金井町堂の貝塚を中心に本ブロックの土器事情について見てみたい。

中期前葉においては、北陸地方の新保・新崎式土器様式が主流をなすが、Ⅰaブロックの三島町千石原遺跡の土器やⅠcブロックの巻町大沢遺跡に見られるようにかなり新潟ナイズされたものも目につく。このほか、東北地方の中期大木土器様式の大木 7b 式も浅鉢を中心に伴い、若干ではあるが中部高地系と目される土器も確認できる。図13－240は佐渡と越後のほぼ中間展にあたる越佐海峡の海底から揚陸された土器である（小熊 1998）。この土器は中期前葉に比定でき、前述した本ブロックの特徴をよく表している。中期中葉は火炎土器様式圏に含まれ、Ⅰブロックとほとんど変わらない土器事情を示すが、火炎土器様式B群は、A群・C群に比べてその出土が極端に少ない。

このように、本ブロックは中期前葉ではⅠaブロックやⅠcブロックに近似した土器事情を示し、中期中葉においては火炎土器様式圏に含まれⅠcブロックに近似した様相を示すのではないかと予

図13　Ⅱ・Ⅲ・Ⅴブロック出土土器（223～228：大貝遺跡、229：塔ヶ崎遺跡、230・231：長者ヶ原遺跡、232～239：寺地遺跡、240：佐渡海峡、241：堂の貝塚、縮尺不同）

測される。しかし、本ブロックにおいても資料化の立ち後れと体系的なとりまとめがなされていないために、その実際の姿は予測の域を出ることができないのが現状である。

3. おわりに

　縄文土器から概観した中期前葉から中葉、すなわち火炎土器様式の直前～成立～展開～衰退までの新潟県は、中期前葉はおおよそ北陸地方の新保・新崎式土器様式圏に含まれ、中期中葉になるとⅢ・Ⅳブロックを除いたほぼ全域に火炎土器様式が主体となって展開し、新潟県としての個性を発揮する。しかし、当時の県内における土器事情は必ずしも安定しているとはいい難く、中期前葉に

おける新保・新崎式土器様式においては、富山・石川県方面とは同系列であっても土器そのものや土器組成に違いが認められ、型式的には剣野E式（金子 1967）や千石原式（長岡市立科学博物館 1973、寺崎 1996）などと別型式で呼称されている。中期中葉の火炎土器様式においても、隣接する東北南部の中期大木式土器様式と密接な関係にあることは周知の事実である他に、Ⅰcブロックや Ⅴブロックでは B 群土器の出土例が極端に少なく、Ⅰc ブロックのように異なる類型の存在が予想される地域もある反面、Ⅱブロックのように B 群土器が主体となる地域もある。一方、Ⅰb ブロックにおいてはまだ明確にはされていないが、火炎土器様式の枠に納まらない一群（中部高地系？）の一定量の存在がうかがわれるなど、ブロックにおいては火炎土器様式の主体をなす A・B・C 群をはじめとして土器組成に違いが見てとれる。

このような土器事情の背景には、当初指摘したように新潟県は広大で、東北・関東・中部高地・北陸といった周辺各地と境を接するとともに、それらの地域の影響を長年にわたって少なからず受けていたという実態があるものと考えられる。そしてその結果として、主様式を持ちつつも、それにプラスアルファーを付加した多様な土器事情が県内各地に展開していたことは想像に難くない。縄文時代中期中葉の新潟県を特徴づける火炎土器様式も、そのような背景の延長線上に成立し得た土器様式であろう。

参考文献

青木重孝・寺村光晴 1969 『寺地硬玉生産遺跡第一次調査概報』青海町
青木重孝他　1970 『寺地硬玉遺跡第 2 次調査概報』青海町
朝日村教育委員会　1990 『下ゾリ遺跡』朝日村文化財報告書第 5 集
朝日村教育委員会　1993 『前田遺跡』朝日村文化財報告書第 8 集
安孫子昭二　1988 「勝坂式土器様式」『縄文土器大観』2　小学館
池田　亨他　1988 『万條寺林遺跡』塩沢町文化財調査報告書第 7 輯　塩沢町教育委員会
糸魚川市教育委員会　1992 『国指定史跡長者ヶ原遺跡―6 次調査報告―』糸魚川市文化財調査報告書20
糸魚川市教育委員会　1993 『国指定史跡長者ヶ原遺跡―7 次調査既報―』糸魚川市文化財調査報告書21
糸魚川市教育委員会　1994 『国指定史跡長者ヶ原遺跡―8 次調査概報―』糸魚川市文化財調査報告書24
糸魚川市教育委員会　1995 『国指定史跡長者ヶ原遺跡―9 次調査概報―』糸魚川市文化財調査報告書27
糸魚川市教帝委員会　1996 『国指定史跡長者ヶ原遺跡―10次調査概報―』糸魚川市文化財調査報告書29
糸魚川市教育委員会　1997 『国指定史跡長者ヶ原遺跡―11次調査概報―』糸魚川市文化財調査報告書30
糸魚川市教育委員会　1998 『国指定史跡長者ヶ原遺跡―12次調査報告―』糸魚川市文化財調査報告書32
糸魚川市市史編さん委員会　1986 『糸魚川市史』資料集 1　糸魚川市役所
稲岡　嘉彰　1979 『黒倉十文字遺跡』松之山町文化財報告書第 1 集　松之山町教育委員会
宇佐美篤美・寺崎裕助　1987 「剣野B遺跡」『柏崎市史資料集』考古 1　柏崎市史編さん室
家田順一郎・小林義弘他　1990 『長野遺跡発掘調査報告書』下田村文化財調査報告第29号　下田村教育委員会
上原甲子郎他　1963 『大蔵遺跡』五泉市教育委員会
江坂輝彌他　1977 『沖ノ原遺跡発掘調査報告書』津南町文化財調査報告書No12　津南町教育委員会
江坂輝彌・石沢寅二　1976 『苗場山麓地域国営総合農地開発事業区域内遺跡調査報告書』津南町文化財調査報告書No11　津南町教育委員会

小熊　博史　1998　「佐渡海峡から陸揚げされた縄文土器」『長岡市立科学博物館研究報告』第33号　長岡市立科学博物館
岡本　郁栄　1987　「梨ノ木平遺跡」『柏崎市史資料集』考古1　柏崎市史編さん室
小野昭・鹿野耕造　1994　「大沢遺跡」『巻町史』資料編1　巻町
柏崎市教育委員会　1990　「剣野山縄文遺跡群」柏崎市埋蔵文化財調査報告書12
柏崎市教育委員会　1991　「十三仏塚遺跡群」柏崎市埋蔵文化財調査報告書14
柏崎市史編さん委員会　1982　『柏崎市史資料集』考古2　柏崎市史編さん室
加藤三千雄　1988　「新保・新崎式土器様式」『縄文土器大観』3　小学館
金子　拓男　1967　「新潟県柏崎市剣野E地点遺跡出土土器について」『信濃』第19巻第2号　信濃史学会
金子拓男他　1974　『森上遺跡調査概報』中里村教育委員会
金子拓男他　1982　『羽黒遺跡』見附市教育委員会
金子拓男・石坂圭介　1993　「第一編原始・古代の与板」『与板町史』上巻　与板町
上川村教育委員会　1996　『よみがえる縄文時代〜村内遺跡発掘調査の概要1』
川上　貞雄　1982　『ツベタ遺跡』安田町文化財調査報告(8)　安田町教育委員会
川上　貞雄　1983　『ツベタ遺跡』安田町文化財調査報告(10)　安田町教育委員会
川上貞雄・渡辺文男　1981　『横峯A遺跡・横峯B遺跡』安田町文化財調査報告(5)　安田町教育委員会
川崎義雄他　2002　『大藏遺跡』五泉市文化財調査報告(6)　五泉市教育委員会
小島　俊彰　1988　「上山田・天神山土器様式」『縄文土器大観』小学館
小林　達雄　1988　「火炎土器様式」『縄文土器大観』3　小学館
小林達雄他　1983　『長者ヶ平』小木町教育委員会
駒形敏朗・鹿野耕造　1989　『上稲場遺跡』与板町教育委員会
笹神村教育委員会　1963　『新潟県笹神村村杉遺跡の調査』
佐藤　雅一　1986　『川久保遺跡』湯沢町埋蔵文化財報告第6集　湯沢町教育委員会
佐藤　雅一　1998　「新潟県の中期中葉から後葉の様相」『第11回縄文セミナー中期中葉から後葉の諸様相』縄文セミナーの会
佐藤雅一他　1989　『上ノ台Ⅱ遺跡』六日町埋蔵文化財報告第6集　六日町教育委員会
佐藤雅一他　1998　『原遺跡』塩沢町埋蔵文化財調査報告第18集　塩沢町教育委員会
三条商業高等学校社会科クラブ考古班　1974　『吉野屋遺跡』調査報告第5冊
椎名仙卓他　1958　『大平遺跡』小千谷市教育委員会
品田　高志　1987　「十三仏塚遺跡」『柏崎市史資料集』考古3　柏崎市史編さん室
上越市教育委員会　1978　『岩木地区遺跡群発掘調査概報』
上越市教育委員会　1979　『岩木地区遺跡群発掘調査報告書』
末木　健　1988　「曽利式土器様式」『縄文土器大観』3　小学館
鈴木保彦・山本暉久　1988　「加曽利E土器様式」『縄文土器大観』2　小学館
関　雅之他　1972　『ツベタ遺跡発掘調査報告』安田町文化財調査報告(2)　安田町教育委員会
関雅之・岡本郁栄・宇佐美篤実　1980　『岩野遺跡』柏崎市埋蔵文化財調査報告第2　柏崎市教育委員会
田中耕作他　1980　『石田遺跡発掘調査概報』新発田市埋蔵文化財調査報告第2　新発田市教育委員会
谷井　彪　1988　「阿玉台式土器様式」『縄文土器大観』2　小学館
長者ヶ平遺跡発掘調査団　1981　『長者ヶ平遺跡』小木町教育委員会
長者ヶ平遺跡発掘調査団　1982　『長者ヶ平遺跡Ⅱ』小木町教育委員会

長者ヶ平遺跡発掘調査団　1983　『長者ヶ平遺跡Ⅲ』小木町教育委員会
津南町教育委員会　1997　『午肥原地区遺跡確認試掘調査報告書』津南町文化財調査報告第22集
寺内　隆夫　1996　「斜行沈線文を多用する土器群の研究」『長野県の考古学Ⅰ』財団法人長野県埋蔵文化財センター
寺崎　裕助　1994　「新潟・五丁歩遺跡」『季刊考古学』第48号　雄山閣出版
寺崎　裕助　1996　「千石原式土器」『日本土器事典』雄山閣出版
寺崎裕助他　2003　「17 山屋敷Ⅰ遺跡」『上越市史』資料編2 考古　上越市
寺村　光晴　1972　『寺地硬玉遺跡第3次調査概要』青海町
寺村光晴・小坂覚　1961　『徳昌寺遺跡』与板町文化財調査報告第一　与板町教育委員会
寺村光晴他　1973　『寺地硬玉遺跡第4次調査概要』青海町
寺村光晴他　1987　『史跡寺地遺跡』青海町
十 日 町 市　1996　『十日町市史』資料編2
十日町市教育委員会　1998　『笹山遺跡発掘調査報告書』十日町市埋蔵文化財発掘調査報告書第14集
中川茂夫他　1961　『小坂遺跡』十日町市文化財調査報告第1　十日町市教育委員会
中郷村教育委員会　1988　『図録南田遺跡』
中里村史専門委員会　1985　『中里村史』資料編上巻（原始・古代・中世）　中里村村史編さん委員会
中村孝三郎・多々静治　1976　『川内遺跡発掘調査報告書』柏崎市埋蔵文化財調査報告1　柏崎市教育委員会
長　岡　市　1992　『長岡市史』資料集1
長岡市教育委員会　1981　『岩野原遺跡』
長岡市教育委員会　1996　『南原遺跡』
長岡市教育委員会　1996　『史跡「馬高・三十稲場遺跡」隣接地』―市道建設に伴う発掘調査報告書―
長岡市教育委員会　1998　『中道遺跡』
長岡市教育委員会　1999　『史跡「馬高・三十稲場遺跡」隣接地』―環境整備事業に伴う発掘調査―
長岡市教育委員会　2000　『馬高遺跡』―史跡「馬高・三十稲場遺跡」環境整備事業に伴う試掘調査概報―
長岡市立科学博物館　1958　『馬高』長岡科学博物館考古研究室調査報告書第二冊
長岡市立科学博物館　1966　『先史時代と長岡の遺跡』長岡科学博物館考古研究室調査報告書第八冊
長岡市立科学博物館　1973　『千石原遺跡』長岡科学博物館考古研究室調査報告書第十一冊
長澤展生・古谷雅彦・倉石広太　2001　『下田村曲谷E遺跡発掘調査報告書』下田村文化財調査報告書第33号　下田村教育委員会
新　潟　県　1983　『新潟県史』資料編1
新　潟　県　1986　『新潟県史』通史編1
新潟県教育委員会　1962　『阿賀』新潟県文化財調査年報第四
新潟県教育委員会　1976　『松代・松之山』新潟県文化財調査年報第14
新潟県教育委員会　1990　『清水上遺跡』新潟県埋蔵文化財調査報告書第55集
新潟県教育委員会　1992　『五丁歩遺跡』新潟県埋蔵文化財調査報告書第57集
新潟県教育委員会・財団法人新潟県埋蔵文化財調査事業団　1996　『清水上遺跡Ⅱ』新潟県埋蔵文化財調査報告書第72集
丹羽　茂　1989　「中期大木式土器様式」『縄文土器大観』1　小学館
野村　一寿　1984　「塩尻市焼町遺跡第1号住居址出土土器とその類例の位置づけ」『中部高地の考古学』長野県考古学会

野村　一寿　1988　「焼町系統の土器」『縄文土器大観』3　小学館
秦繁治・高橋保雄・岡本郁栄　1989　「原始編」『松代町史』松代町
秦　繁治他　1990　『十二平遺跡発掘調査報告書』能生町教育委員会
秦　繁治他　1996　『大イナバ遺跡発掘調査報告書』名立町教育委員会
藤田亮策他　1961　『栃倉』栃尾市教育委員会
藤田亮策他　1964　『長者ヶ原』糸魚川市教育委員会
本間嘉晴他　1977　『堂の貝塚』金井町文化財調査報告書第Ⅱ集　金井町教育委員会・佐渡考古歴史学会
巻町教育委員会　1990　『大沢遺跡』
増子　正三　2000　「新潟県鹿瀬町角神D遺跡の大木8a式土器」『北越考古学』第11号　北越考古学研究会
三上　徹也　1988　「唐草文士器様式」『縄文土器大観』3　小学館
室岡博・関雅之　1974　『長峰遺跡発掘調査報告』吉川町教育委員会
室岡　博他　1984　『長峰遺跡Ⅱ』吉川町教育委員会
室岡　博他　1986　『塔ヶ崎遺跡』頸城村教育委員会
村上市教育委員会　2001　『高平遺跡』村上市文化財報告
安田町教育委員会　1966　『新潟県安田町ツベタ遺跡の調査』
与板町教育委員会・与板町埋蔵文化研究会　1965　『上稲揚・下稲場遺跡踏査報告』与板町文化財調査報告第二
立教大学考古学研究会　1967　「大貝遺跡の調査」『新井市史第二次調査報告』新井市史編修委員会

火炎土器文様からみる遺跡間関係

今福　利恵

はじめに

　火炎土器はその造形美に注目が集まり、文様の成立ちや時間的変遷および空間的広がりが主に検討されてきている。複雑な造形美をもつ火炎土器ではあるが、厳格な流儀のもと製作されていたためか、その文様パターンは意外と単調であまり多くの変化がない。しかし、その中でもそれぞれの個体に他と区別できる可変的な部分がある。基本的な火炎土器の文様構造はそのまま部分的な文様要素の変形によりその個性を表現しているのである。こうした点に着目し、文様のパターン化とその共通性を抽出することから遺跡間関係を求めることが可能であり、また詳細な地域的な様相をみていくこととしたい[1]。土器の文様からどのような社会関係が検討できるのか、本論はその一つの試みである。

1. 火炎土器の文様構造（図1-1）

　火炎土器の名称については様式の概念によっているが、ここで分析の対象とするのは鶏頭冠突起がつく平縁の火焔型土器と、同じ文様手法による波状口縁となる王冠型土器で、大木系や在地系とされる土器は除いている。文様構成上から火焔型土器と王冠型土器は口縁部の突起形態を除いて、胴体部分の文様構成はほぼ同一である（今福 1990・1996）。火焔型土器は、器形によって大きく二つの文様帯に分けることができる。上半部の文様帯は四つの大きな突起から眼鏡状突起により分割され、さらに口唇部下に付く袋状突起により細かく分割される。この分割された文様帯内に斜傾するC字状のモチーフが配置される。下半部は器形のくびれ部分に横位の隆帯により上半部と区画している。この文様帯にも口縁部の眼鏡状突起を基点に、縦位の狭い逆U字状の懸垂文により4分割される。この分割された区画内の上部にやはり斜傾するC字状モチーフが二つ配されることになる。その下は逆U字状の半隆線で充填される。細部についてはさらに詳細な記述が可能であるが、おおよそ基本形態としてこのような文様構成であると把握しておくことが重要である。王冠型土器も同様の文様構成となり、口縁部の突起部分を欠損した土器個体の場合、火焔型と王冠型の区別は困難となる。火焔型土器、王冠型土器ともにこの文様構成の中で、区画内に施文される斜傾したC字状モチーフのあり方が土器個体の大きな個性となり、左右反転や上下反転、それぞれの連結といったバリエーションを見ることができる。

　このバリエーションを他個体との比較によりできるだけ単純化し、対象とする土器個体の文様要素を抽出した（図1-2）[2]。斜傾するC字形（C）をもとに、横反転したもの（D）、これらを縦反転したもの（c）、（d）、さらに横S字形（S）、U字形と逆U字形をあわせたもの（X）、U字形のもの

火炎土器文様からみる遺跡間関係 79

火焔型土器の文様構成

王冠型土器の文様構成

1. 火炎土器の文様構造

2. 文様要素

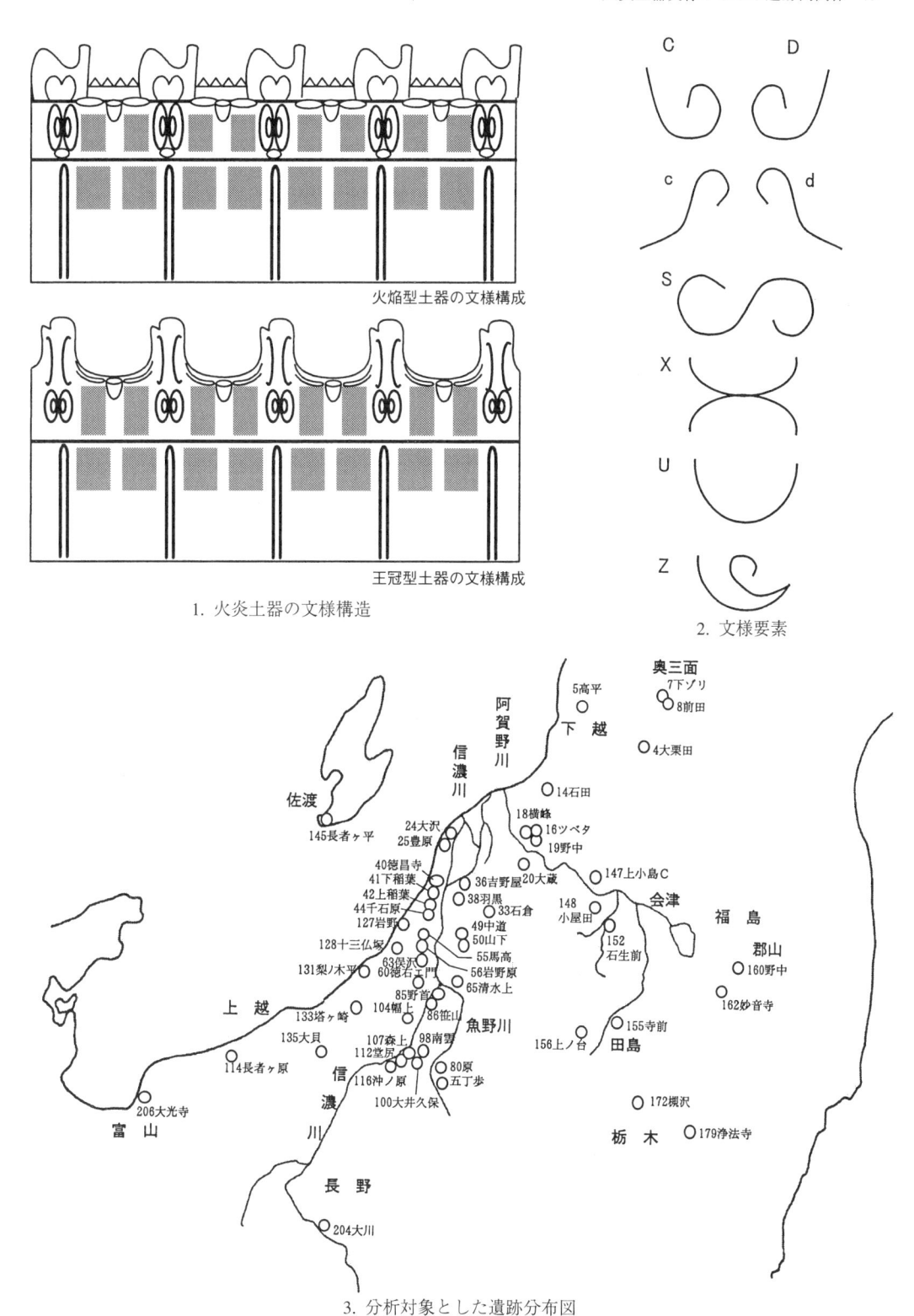

3. 分析対象とした遺跡分布図

図1 火炎土器の文様と分布

(U)、その他（Z）がある。こうした文様要素が土器個体の文様構成の中で決められた位置にさまざまに配置されている。

2. 分析の方法

使用した資料[3]は新潟県内の遺跡を中心に福島県、栃木県、長野県、富山県を含めて、58遺跡（図1−3）、対象とした土器は343個体である（表1）。これらを先の文様構成から口縁部と胴部にわけて、文様要素を記号化して記述し[4]、一覧表とした（表2）。例として個体番号56（図2）の新潟県朝日村前田遺跡の土器個体については、火焔型土器で正面の鶏頭冠突起の直下に眼鏡状突起がつき、その左側に「D」、右側に連続した「CC」となる。胴部文様は垂下する隆帯の左側に「S」、右側が「D」となる。同様に個体番号134（図2）の新潟県長岡市馬高遺跡の個体は、王冠型土器で正面の突起を基点に、その左側に「d」、右側が「D」となる。胴部文様は垂下する隆帯の左側が「C」、右側も「C」となる。こうして火炎土器の全体の文様構成によって記号化しているため、表の上下は土器個体の同じ部分の文様要素を意味し、比較が可能となる。つまり同じ文様構成をもつ土器個

番号	遺跡番号	県名	所在地	遺跡名	火炎王冠	口縁部	口縁部	胴部	胴部
56	8	新潟県	朝日村	前田	火	D	CC	S	D
134	55	新潟県	長岡市	馬高	王	C	D	C	C

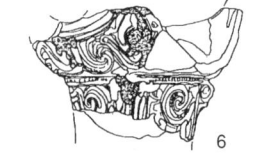

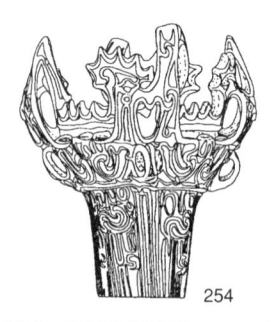

番号	遺跡番号	県名	所在地	遺跡名	火炎王冠	口縁部	口縁部	胴部	胴部
129	55	新潟県	長岡市	馬高	火	D	C	S	S
254	116	新潟県	津南町	沖ノ原	火	D	C	S	S

番号	遺跡番号	県名	所在地	遺跡名	火炎王冠	口縁部	口縁部	胴部	胴部
6	5	新潟県	村上市	高平	王	CC	−	C	D
253	116	新潟県	津南町	沖ノ原	火	CC	DD	C	D

図2　火炎土器のデータ化

表1　分析対象とした遺跡

遺跡番号	県名	所在地	遺跡名	個体数	遺跡番号	県名	所在地	遺跡名	個体数
4	新潟県	村上市	大栗田	1	85	新潟県	十日町市	野首	3
5	新潟県	村上市	高平	50	86	新潟県	十日町市	笹山	32
7	新潟県	朝日村	下ゾリ	2	98	新潟県	十日町市	南雲	1
8	新潟県	朝日村	前田	25	100	新潟県	十日町市	大井久保	3
14	新潟県	新発田市	石田	1	104	新潟県	十日町市	幅上	3
16	新潟県	聖籠町	山三賀Ⅱ	1	107	新潟県	中里村	森上	3
16	新潟県	安田町	ツベタ	5	112	新潟県	津南町	道尻手	4
18	新潟県	安田町	横峯	4	112	新潟県	津南町	堂尻	1
19	新潟県	安田町	野中	1	116	新潟県	津南町	沖ノ原	2
20	新潟県	五泉市	大蔵	1	127	新潟県	柏崎市	岩野	1
24	新潟県	巻町	大沢	4	128	新潟県	柏崎市	十三仏塚	5
25	新潟県	巻町	豊原	3	131	新潟県	柏崎市	梨の木平	4
32	新潟県	下田村	長野	2	133	新潟県	頸城村	塔ヶ崎	1
33	新潟県	栃尾市	石倉	1	135	新潟県	新井市	大貝	3
36	新潟県	栄町	吉野屋	6	141	新潟県	糸魚川市	長者ヶ原	1
38	新潟県	見附市	羽黒	4	145	新潟県	小木町	長者ヶ平	1
40	新潟県	与坂町	徳昌寺	2	147	福島県	西会津町	上小島C	4
41	新潟県	与坂町	下稲葉	1	148	福島県	西会津町	小屋田	2
42	新潟県	与坂町	上稲葉	1	152	福島県	柳生町	石生前	22
44	新潟県	三島町	千石原	1	155	福島県	田島町	寺前	12
49	新潟県	長岡市	中原	4	156	福島県	田島町	上ノ台	11
50	新潟県	長岡市	山下	7	160	福島県	郡山市	野中	1
55	新潟県	長岡市	馬高	12	162	福島県	郡山市	妙音寺	5
56	新潟県	長岡市	岩野原	9	172	栃木県	西那須野町	槻沢	1
60	新潟県	小千谷市	徳右エ門山	5	179	栃木県	小川町	浄法寺	7
63	新潟県	小千谷市	俣沢	4	204	長野県	東部町	大川	1
65	新潟県	堀ノ内町	清水上	41	206	富山県	魚津市	大光寺	1
72	新潟県	大和町	柳古新田下原A	1	213	新潟県	小千谷市	小千谷市近傍	1
80	新潟県	塩沢町	原	8		新潟県	塩沢町	五丁歩	5
							個体合計		343

体の中で文様要素のパターンを比較・検討でき、任意の部分同士の比較、たとえば口縁部文様と別個体の胴部文様を比較するようなこととはならない[5]。

　こうして343個体のうち同じ文様パターンをもつものを抽出し、できるだけ多くの部分が一致するものを検索した[6]。たとえば個体番号129（図2）の長岡市馬高遺跡の土器は口縁部文様が眼鏡状

表2 個体別文様パターンデータ

番号	遺跡番号	県名	所在地	遺跡名	図版番号	火炎王冠	口縁部	口縁部	胴部	胴部	その他
1	4	新潟県	村上市	大栗田	1	王	CD		CD		
2	5	新潟県	村上市	高平	1	火2	SS	SS	D	D	
3	5	新潟県	村上市	高平	2	火	SS	d	C	C	
4	5	新潟県	村上市	高平	3	火	C	S	S	S	
5	5	新潟県	村上市	高平	4	火	CC	CC	S	S	
6	5	新潟県	村上市	高平	5	王	CC	-	C	D	
7	5	新潟県	村上市	高平	6	王2	cd		cd		台付
8	5	新潟県	村上市	高平	7	-			D	D	
9	5	新潟県	村上市	高平	8	?	SS				浅鉢
10	5	新潟県	村上市	高平	9	王		d	D	D	
11	5	新潟県	村上市	高平	10	王	S		D		
12	5	新潟県	村上市	高平	11	王	S	S	DD	DD	
13	5	新潟県	村上市	高平	12	王	S	S	S	D	
14	5	新潟県	村上市	高平	13	王2	C-S-		C	C	
15	5	新潟県	村上市	高平	14	王	S	S	D	D	
16	5	新潟県	村上市	高平	15	王	C	S	D	D	
17	5	新潟県	村上市	高平	16	王2	S		D	D	
18	5	新潟県	村上市	高平	17	王	<	>	D	D	
19	5	新潟県	村上市	高平	18	王	<	>	C	C	
20	5	新潟県	村上市	高平	19	王	O	O	O	O	波状口縁
21	5	新潟県	村上市	高平	20	火	dD	cC	D	D	
22	5	新潟県	村上市	高平	21	火	D		C?	S	C>S
23	5	新潟県	村上市	高平	22	火	C	S?	C	C	
24	5	新潟県	村上市	高平	23	火	D	CC	S	D	
25	5	新潟県	村上市	高平	24	火2	d		dd		
26	5	新潟県	村上市	高平	25	火	C	C	C	C	
27	5	新潟県	村上市	高平	26	火	c	d	d	d	
28	5	新潟県	村上市	高平	27	火2	d-d-d		S	S	
29	5	新潟県	村上市	高平	28	火	S-S-S		DD	CC	
30	5	新潟県	村上市	高平	29	王2	d		C	C	
31	5	新潟県	村上市	高平	30	王2	S-S-S				
32	5	新潟県	村上市	高平	31	王?		c	D	D	
33	5	新潟県	村上市	高平	32	王	<	C	c	d	
34	5	新潟県	村上市	高平	33	王	S	Cd	S	S	
35	5	新潟県	村上市	高平	34	王	<	>	D	D	

番号	遺跡番号	県名	所在地	遺跡名	図版番号	火炎王冠	口縁部	口縁部	胴部	胴部	その他
36	5	新潟県	村上市	高平	35	王		C	D-D		縦配列
37	5	新潟県	村上市	高平	36	王	<	>	-dS-		
38	5	新潟県	村上市	高平	37	王2	C-C-S		S	S	
39	5	新潟県	村上市	高平	38	-	L	D+	D+		+縄文
40	5	新潟県	村上市	高平	39	-	O	O	D+	D+	
41	5	新潟県	村上市	高平	40	-2	D-D-C		+		
42	5	新潟県	村上市	高平	41	-	d		S+		
43	5	新潟県	村上市	高平	42	2					
44	5	新潟県	村上市	高平	43	?					外
45	5	新潟県	村上市	高平	44	火	Cd		S	S	
46	5	新潟県	村上市	高平	45	火2	S-S-S				
47	5	新潟県	村上市	高平	46	火?					
48	5	新潟県	村上市	高平	47		C	D			口-胴
49	5	新潟県	村上市	高平	48	火	DDd		C-D		縦配列
50	5	新潟県	村上市	高平	49	火?	S	CS	C		
51	5	新潟県	村上市	高平	50	火	DC	CS	Cc	Cdd	
52	7	新潟県	朝日村	下ゾリ	1	王	c	d	D		
53	7	新潟県	朝日村	下ゾリ	2	王	d				
54	8	新潟県	朝日村	前田	1	火	CSD	CCD			
55	8	新潟県	朝日村	前田	2	火	d		D	C	
56	8	新潟県	朝日村	前田	3	火	D	CC	S	D	
57	8	新潟県	朝日村	前田	4		D	S	S		
58	8	新潟県	朝日村	前田	5	火	SD	CS	C	D	
59	8	新潟県	朝日村	前田	6	火	SD		D		
60	8	新潟県	朝日村	前田	7	火	C	D	D		
61	8	新潟県	朝日村	前田	8	火	Sd				
62	8	新潟県	朝日村	前田	9	火					
63	8	新潟県	朝日村	前田	10	火2	dCd				
64	8	新潟県	朝日村	前田	11	火	c	cS	D	D	
65	8	新潟県	朝日村	前田	12	王	SSS	SSS	D	D	
66	8	新潟県	朝日村	前田	13	王	c	d	d		
67	8	新潟県	朝日村	前田	14	王	C	cS	D		
68	8	新潟県	朝日村	前田	15	王	SSS	SSS	D		
69	8	新潟県	朝日村	前田	16	王					
70	8	新潟県	朝日村	前田	17	王	<	>	C?		
71	8	新潟県	朝日村	前田	18	王	CS	CS	D	D	

84　第Ⅲ章　火炎土器様式の広がり

番号	遺跡番号	県名	所在地	遺跡名	図版番号	火炎王冠	口縁部	口縁部	胴部	胴部	その他
72	8	新潟県	朝日村	前田	19	王	d	C		D	
73	8	新潟県	朝日村	前田	20	王	<	>	U	U	
74	8	新潟県	朝日村	前田	21	王	d	d			
75	8	新潟県	朝日村	前田	22	王	d	c			
76	8	新潟県	朝日村	前田	23	王					
77	8	新潟県	朝日村	前田	24	王					
78	8	新潟県	朝日村	前田	25	王	<	>	+		
79	14	新潟県	新発田市	石田	大863	王	cD	Cd	S	S	
80	16	新潟県	聖籠町	山三賀Ⅱ	1						
81	16	新潟県	安田町	ツベタ	1	王	U				
82	16	新潟県	安田町	ツベタ	2	王？			U	U	
83	16	新潟県	安田町	ツベタ	3	火2	Sc				無文
84	16	新潟県	安田町	ツベタ	大845	火2	D-D-D		-	-	
85	16	新潟県	安田町	ツベタ	大874	王	DD	c			
86	18	新潟県	安田町	横峰	1	王	cc		-		無文
87	18	新潟県	安田町	横峰	2	王	Cd	C	z	z	
88	18	新潟県	安田町	横峰	3	王	C	D	D		
89	18	新潟県	安田町	横峰	4	王					
90	19	新潟県	安田町	野中	1	王	Cd	c,SS	C/D	C/D	
91	20	新潟県	五泉市	大蔵	大867	王	S	DC	D	D	
92	24	新潟県	巻町	大沢	1	火	C	D	D		
93	24	新潟県	巻町	大沢	2	王	dC				
94	24	新潟県	巻町	大沢	3	火？	SS				
95	24	新潟県	巻町	大沢	4	火	外	外	U		
96	25	新潟県	巻町	豊原	1	火？					規格外
97	25	新潟県	巻町	豊原	2		<	>			
98	25	新潟県	巻町	豊原	3	？					
99	32	新潟県	下田村	長野	1	火			D	D	
100	32	新潟県	下田村	長野	2	火	外	外	外	外	
101	33	新潟県	栃尾市	石倉	1	火	S	d	D	D	
102	36	新潟県	栄町	吉野屋	1	-		C	C		
103	36	新潟県	栄町	吉野屋	2	火2	DDC				
104	36	新潟県	栄町	吉野屋	3	-					
105	36	新潟県	栄町	吉野屋	4	-					
106	36	新潟県	栄町	吉野屋	大855	王	CDD	CDD	SD	SD	
107	36	新潟県	栄町	吉野屋	大873	王	C	D	D	D	

番号	遺跡番号	県名	所在地	遺跡名	図版番号	火炎王冠	口縁部	口縁部	胴部	胴部	その他
108	38	新潟県	見附市	羽黒	1	-					
109	38	新潟県	見附市	羽黒	2	王	CC		C	C	
110	38	新潟県	見附市	羽黒	3	火	DCS		SD	CS	
111	38	新潟県	見附市	羽黒	4		C	D	C/C	D/C	
112	40	新潟県	与板町	徳昌寺	1	火	C	D	D	D	
113	40	新潟県	与板町	徳昌寺	大868	王	c	d	C	D	
114	41	新潟県	与板町	下稲場	1		C	D	D	D	
115	42	新潟県	与板町	上稲場	1		d	C	CDD	U	
116	44	新潟県	三島町	千石原	大18	火	DD	C	D	D	
117	49	新潟県	長岡市	中道	1	火		DS	D	D	
118	49	新潟県	長岡市	中道	2	火	C	D	C	C	
119	49	新潟県	長岡市	中道	3	王	D	D			
120	49	新潟県	長岡市	中道	4	-					
121	50	新潟県	長岡市	山下	1	王	U	C/D	D	D	
122	50	新潟県	長岡市	山下	2	王	<	>	S-C-S		
123	50	新潟県	長岡市	山下	3	王	<	>	?		
124	50	新潟県	長岡市	山下	4	-					
125	50	新潟県	長岡市	山下	5	火2	X-X-X				
126	50	新潟県	長岡市	山下	6	火2			D	D	
127	50	新潟県	長岡市	山下	7	火					
128	55	新潟県	長岡市	馬高	1	火	D	C	CC	CC	
129	55	新潟県	長岡市	馬高	2	火	D	C	S	S	
130	55	新潟県	長岡市	馬高	3	火	C	D	D	D	
131	55	新潟県	長岡市	馬高	4	火	C	D	C	D	
132	55	新潟県	長岡市	馬高	5	火	D	C			
133	55	新潟県	長岡市	馬高	6	火	DD	dD	C	d	口-胴
134	55	新潟県	長岡市	馬高	7	王	c	D	C	C	
135	55	新潟県	長岡市	馬高	8	王	D	d		D	
136	55	新潟県	長岡市	馬高	9	外	C				
137	55	新潟県	長岡市	馬高	10	外					
138	55	新潟県	長岡市	馬高	11	外					
139	55	新潟県	長岡市	馬高	12	外					
140	56	新潟県	長岡市	岩野原	大838	火	U	U	D	c	
141	56	新潟県	長岡市	岩野原	大839	火	d	d	C	D	
142	56	新潟県	長岡市	岩野原	大840	火	U-U-U		C	C	
143	56	新潟県	長岡市	岩野原	大7	王2	C	D	C	D	

番号	遺跡番号	県名	所在地	遺跡名	図版番号	火炎王冠	口縁部	口縁部	胴部	胴部	その他
144	56	新潟県	長岡市	岩野原	大12	火	D　d	D	D		
145	56	新潟県	長岡市	岩野原	大15		C	C	-	-	
146	56	新潟県	長岡市	岩野原	大851		Cd	cD	D	Cd	
147	56	新潟県	長岡市	岩野原	大859	王	cD	Cd	D	C	
148	56	新潟県	長岡市	岩野原	大869	王	-	-	C	C	
149	60	新潟県	小千谷市	徳右エ門山	1		D/d/D/C	C/DD	S	C	
150	60	新潟県	小千谷市	徳右エ門山	2	外	D		C		
151	60	新潟県	小千谷市	徳右エ門山	3	外					
152	60	新潟県	小千谷市	徳右エ門山	4	外					
153	60	新潟県	小千谷市	徳右エ門山	5	外					
154	63	新潟県	小千谷市	俣沢	大856		D	C	C	C	
155	63	新潟県	小千谷市	俣沢	大860		d	c	Uc	cc	
156	63	新潟県	小千谷市	俣沢	大875		<	>	CS	C	
157	63	新潟県	小千谷市	俣沢	大870	王	CS	CS	S	S	
158	65	新潟県	堀ノ内町	清水上	1	火		D			
159	65	新潟県	堀ノ内町	清水上	2	火	C				
160	65	新潟県	堀ノ内町	清水上	3	-					
161	65	新潟県	堀ノ内町	清水上	4	外					
162	65	新潟県	堀ノ内町	清水上	5	台付					台付
163	65	新潟県	堀ノ内町	清水上	6	火	Cd				
164	65	新潟県	堀ノ内町	清水上	7	火	CCC				台付
165	65	新潟県	堀ノ内町	清水上	8	火	C				
166	65	新潟県	堀ノ内町	清水上	9	外					
167	65	新潟県	堀ノ内町	清水上	10				C-C		
168	65	新潟県	堀ノ内町	清水上	11	-		d	dD		
169	65	新潟県	堀ノ内町	清水上	12	-			Sd		縦配列
170	65	新潟県	堀ノ内町	清水上	13	-					
171	65	新潟県	堀ノ内町	清水上	14	火？	U		XD		人体文？
172	65	新潟県	堀ノ内町	清水上	15	？			C	C	
173	65	新潟県	堀ノ内町	清水上	16	王	SD				縦配列
174	65	新潟県	堀ノ内町	清水上	17	王					
175	65	新潟県	堀ノ内町	清水上	18	王2	SS				
176	65	新潟県	堀ノ内町	清水上	19	王					+
177	65	新潟県	堀ノ内町	清水上	20	王					
178	65	新潟県	堀ノ内町	清水上	21	王					
179	65	新潟県	堀ノ内町	清水上	22	王	S	S			

番号	遺跡番号	県名	所在地	遺跡名	図版番号	火炎王冠	口縁部	口縁部	胴部	胴部	その他
180	65	新潟県	堀ノ内町	清水上	23	王			X		人体文？
181	65	新潟県	堀ノ内町	清水上	24	王			d		
182	65	新潟県	堀ノ内町	清水上	25	王			c	c	
183	65	新潟県	堀ノ内町	清水上	26	火	c	C	D	S	
184	65	新潟県	堀ノ内町	清水上	27	火	C	C			
185	65	新潟県	堀ノ内町	清水上	28	火	Cd				縦配列
186	65	新潟県	堀ノ内町	清水上	29	王	c	d			
187	65	新潟県	堀ノ内町	清水上	30	外	+				
188	65	新潟県	堀ノ内町	清水上	31	外	+				
189	65	新潟県	堀ノ内町	清水上	32	火	S	S	d	d	
190	65	新潟県	堀ノ内町	清水上	33	-			C	C	
191	65	新潟県	堀ノ内町	清水上	34	外					
192	65	新潟県	堀ノ内町	清水上	35	火2	D-C-C		d	c	
193	65	新潟県	堀ノ内町	清水上	36	王			D	D	
194	65	新潟県	堀ノ内町	清水上	37	王	SD	c	SD	C	
195	65	新潟県	堀ノ内町	清水上	38	王	d	DD	D	D	
196	65	新潟県	堀ノ内町	清水上	39	外			C	C	
197	65	新潟県	堀ノ内町	清水上	40	-			DD?		
198	65	新潟県	堀ノ内町	清水上	41	王2	S-S-S				
199	72	新潟県	大和町	柳古新田下原A	1				D	cD	
200	80	新潟県	塩沢町	原	1	火	D	C	D	D	
201	80	新潟県	塩沢町	原	2	火	S-S-S		C	C	
202	80	新潟県	塩沢町	原	3	火	D	C	D	D	
203	85	新潟県	十日町市	野首	1	火	D	C	-		
204	85	新潟県	十日町市	野首	2	外					
205	85	新潟県	十日町市	野首	3	火			c	c	
206	86	新潟県	十日町市	笹山	1	火	C	D	D	DD	
207	86	新潟県	十日町市	笹山	2	火	C	D	C	C	
208	86	新潟県	十日町市	笹山	3	火	C	D	D	D	
209	86	新潟県	十日町市	笹山	4	火	C	d	SS	SS	
210	86	新潟県	十日町市	笹山	5	火	S	S	C	C	
211	86	新潟県	十日町市	笹山	6	王	U	U	S	S	
212	86	新潟県	十日町市	笹山	7	王	C	D	D	D	
213	86	新潟県	十日町市	笹山	8	王	D	D	D	D	
214	86	新潟県	十日町市	笹山	9	王	-	-	C	C	
215	86	新潟県	十日町市	笹山	10	王	-	-	c	DD	

88　第Ⅲ章　火炎土器様式の広がり

番号	遺跡番号	県名	所在地	遺跡名	図版番号	火炎王冠	口縁部	口縁部	胴部	胴部	その他
216	86	新潟県	十日町市	笹山	11	王	-	-		C	
217	86	新潟県	十日町市	笹山	12	王	-	-	S?		
218	86	新潟県	十日町市	笹山	13	王	D	C	C	D	
219	86	新潟県	十日町市	笹山	14	王2	C-C-S		C	C	
220	86	新潟県	十日町市	笹山	15	火	SC	SS	D	D	
221	86	新潟県	十日町市	笹山	16	火	D		C		
222	86	新潟県	十日町市	笹山	17	火	S				
223	86	新潟県	十日町市	笹山	18	火	C	D		C	
224	86	新潟県	十日町市	笹山	19	火	U				
225	86	新潟県	十日町市	笹山	20	火	SC	DS	D		
226	86	新潟県	十日町市	笹山	21	王	S	S	S	S	
227	86	新潟県	十日町市	笹山	22	火	C	DC	+		
228	86	新潟県	十日町市	笹山	23	王	c	d	-		
229	86	新潟県	十日町市	笹山	24	王	+		C		区画-
230	86	新潟県	十日町市	笹山	25	王	cD	Cd	C	C	
231	86	新潟県	十日町市	笹山	26	火？	U	U	c	外	
232	86	新潟県	十日町市	笹山	27	火	Cd	cD	C	S	
233	86	新潟県	十日町市	笹山	28	王？	Cd		C		
234	86	新潟県	十日町市	笹山	29	火	C/Cd	Cd	CC	CC	
235	86	新潟県	十日町市	笹山	30	火	D-CD-dd		C	C	
236	86	新潟県	十日町市	笹山	31	火	D	C	D	D	
237	86	新潟県	十日町市	笹山	32	火	D	C	C	C	
238	98	新潟県	十日町市	南雲	1		Cd	c			台付
239	100	新潟県	十日町市	大井久保	1	火	D	C	D	D	
240	100	新潟県	十日町市	大井久保	2	王	C	D	C	C	
241	100	新潟県	十日町市	大井久保	3	王	C	D	C	D	
242	104	新潟県	十日町市	幅上	1	火	cD	Cd	DC	DC	
243	104	新潟県	十日町市	幅上	2	王	C	C	S	S	
244	104	新潟県	十日町市	幅上	3	桶					規格外
245	107	新潟県	中里村	森上	1	火	D	C	D	D	
246	107	新潟県	中里村	森上	大841	火	D	S	D	D	
247	107	新潟県	中里村	森上	大19	王	SD	CS	D	D	
248	112	新潟県	津南町	道尻手	1		C	D	c	c	
249	112	新潟県	津南町	道尻手	2	火			z	z	
250	112	新潟県	津南町	道尻手	3	井	o	o	+		
251	112	新潟県	津南町	道尻手	4	火？			S	S	

番号	遺跡番号	県名	所在地	遺跡名	図版番号	火炎王冠	口縁部	口縁部	胴部	胴部	その他
252	112	新潟県	津南町	堂尻	大20	王	D	C	D	D	
253	116	新潟県	津南町	沖ノ原	1	火	CC	DD	C	D	
254	116	新潟県	津南町	沖ノ原	2	火	D	C	S	S	
255	127	新潟県	柏崎市	岩野	1	外	<	>			
256	128	新潟県	柏崎市	十三仏塚	1	王？	-				
257	128	新潟県	柏崎市	十三仏塚	2	王？	-				
258	128	新潟県	柏崎市	十三仏塚	3				D	D	
259	128	新潟県	柏崎市	十三仏塚	4	外					
260	128	新潟県	柏崎市	十三仏塚	5	外					
261	131	新潟県	柏崎市	梨の木平	1	火	CC　CC				
262	131	新潟県	柏崎市	梨の木平	2	火					
263	131	新潟県	柏崎市	梨の木平	3	火？	D				
264	131	新潟県	柏崎市	梨の木平	4	大					
265	133	新潟県	頸城村	塔ヶ崎	1	火	CD-S-CD		D/D	D/DD	
266	135	新潟県	新井市	大貝	1	火？					
267	135	新潟県	新井市	大貝	2	王？					
268	135	新潟県	新井市	大貝	3	？					
269	141	新潟県	糸魚川市	長者ヶ原	1		X	X	c	c	
270	145	新潟県	小木町	長者ヶ平	1	火	CC	CC	C	C	
271	147	福島県	西会津町	上小島C	3						
272	147	福島県	西会津町	上小島C	10						
273	147	福島県	西会津町	上小島C	12						
274	147	福島県	西会津町	上小島C	21						
275	148	福島県	西会津町	小屋田	大864	王	C	C	-	-	
276	148	福島県	西会津町	小屋田	大883	火	cc	C	-	-	
277	152	福島県	柳津町	石生前	1		U-U-U		-		
278	152	福島県	柳津町	石生前	2		d	d	-		
279	152	福島県	柳津町	石生前	3		X	X	-		
280	152	福島県	柳津町	石生前	4		c				
281	152	福島県	柳津町	石生前	5		c	C	C		
282	152	福島県	柳津町	石生前	6		C-C		C	C	
283	152	福島県	柳津町	石生前	7		S	S	+	+	
284	152	福島県	柳津町	石生前	8		-	-			
285	152	福島県	柳津町	石生前	9		cS				
286	152	福島県	柳津町	石生前	10						
287	152	福島県	柳津町	石生前	11		-	C	C		

第Ⅲ章 火炎土器様式の広がり

番号	遺跡番号	県名	所在地	遺跡名	図版番号	火炎王冠	口縁部	口縁部	胴部	胴部	その他
288	152	福島県	柳津町	石生前	12		c	c	+		
289	152	福島県	柳津町	石生前	13	2	d				
290	152	福島県	柳津町	石生前	14		-				
291	152	福島県	柳津町	石生前	15		C	C	+		
292	152	福島県	柳津町	石生前	16		S+	S+	+		
293	152	福島県	柳津町	石生前	17						
294	152	福島県	柳津町	石生前	18		-				
295	152	福島県	柳津町	石生前	19						
296	152	福島県	柳津町	石生前	20		S		-		
297	152	福島県	柳津町	石生前	21		dSd	dd	+		
298	152	福島県	柳津町	石生前	22		C	C			
299	155	福島県	田島町	寺前	1		C/C	C/C	Cc		
300	155	福島県	田島町	寺前	2		D-U-		C		
301	155	福島県	田島町	寺前	3		U				
302	155	福島県	田島町	寺前	4		U-U-U				
303	155	福島県	田島町	寺前	5				-		
304	155	福島県	田島町	寺前	6				-		
305	155	福島県	田島町	寺前	7		S-S-S		d		
306	155	福島県	田島町	寺前	8		U		U		
307	155	福島県	田島町	寺前	9		d		+		
308	155	福島県	田島町	寺前	10		c	C			
309	155	福島県	田島町	寺前	11			Cd			
310	155	福島県	田島町	寺前	12		S				
311	156	福島県	田島町	上ノ台	1		DC-C-DC		C	C	
312	156	福島県	田島町	上ノ台	2		CC		C	d	
313	156	福島県	田島町	上ノ台	3		DS				
314	156	福島県	田島町	上ノ台	4		SD/-cd				上下二段
315	156	福島県	田島町	上ノ台	5	外					
316	156	福島県	田島町	上ノ台	6		UU				
317	156	福島県	田島町	上ノ台	7		?				
318	156	福島県	田島町	上ノ台	8		D				
319	156	福島県	田島町	上ノ台	9		D				
320	156	福島県	田島町	上ノ台	10		<	>			
321	156	福島県	田島町	上ノ台	11		C	C			
322	160	福島県	郡山市	野中	1		Cc		-		
323	162	福島県	郡山市	妙音寺	1		D	DCD	D	D	

火炎土器文様からみる遺跡間関係　91

番号	遺跡番号	県名	所在地	遺跡名	図版番号	火炎王冠	口縁部	口縁部	胴部	胴部	その他
324	162	福島県	郡山市	妙音寺	2		SS	SS	CS	CS	
325	162	福島県	郡山市	妙音寺	3		C	C	C/D	C/D	
326	162	福島県	郡山市	妙音寺	4		C-Z-Z		-		
327	162	福島県	郡山市	妙音寺	5		C	C	-		
328	172	栃木県	西那須野町	槻沢	大884	火	C	C	-		
329	179	栃木県	小川町	浄法寺	1		U	CD	+		
330	179	栃木県	小川町	浄法寺	2		c-D-c		+		
331	179	栃木県	小川町	浄法寺	3		C-U-D		+		
332	179	栃木県	小川町	浄法寺	4		C	D	+		
333	179	栃木県	小川町	浄法寺	5		D	C	+		
334	179	栃木県	小川町	浄法寺	6		Cd		+		
335	179	栃木県	小川町	浄法寺	7						
336	204	長野県	東部町	大川	1		X		-		
337	206	富山県	魚津市	大光寺	大846	火	D	S	SD	SD	
338	213	新潟県	小千谷市	小千谷市近傍	1		X	D	CDD	S	
339		新潟県	塩沢町	五丁歩	1		C/C	C/C	CCz	CCz	
340		新潟県	塩沢町	五丁歩	2		c		Cd		
341		新潟県	塩沢町	五丁歩	3	火	CC		C		
342		新潟県	塩沢町	五丁歩	4	火	C				
343		新潟県	塩沢町	五丁歩	5	火	D	D			

突起の左に「D」、右が「C」となる。この文様パターンをもつものはいくつかある。そこで胴部文様をさらに加えて見ていくと、馬高遺跡の土器の胴部文様は左右の区画で「S」、「S」となっている。同じ文様パターンをもつ土器を検索すると津南町沖ノ原遺跡の個体番号254（図2）に見ることができる。これは文様パターンが完全に一致するものと見なせる。そこで馬高遺跡と沖ノ原遺跡ではほぼ同一の文様パターンをもつ土器がそれぞれ存在するとして、両遺跡は関係があるとする。また同様に村上市高平遺跡の個体番号6（図2）の土器は口縁部に「CC」、「欠損」、胴部には「C」、「D」となる。同じパターンを検索すると津南町沖ノ原遺跡の土器253（図2）が口縁部に「CC」、「DD」、胴部が「C」、「D」とほぼ一致する。他に類似するパターンが見られないことから高平遺跡と沖ノ原遺跡では関係があるとする。こうした事例を蓄積するよう検索・抽出を行った結果、これをもとに同じパターンをもつとした2遺跡間に対して遺跡分布図上に線を引いたものが図3－1であり、これを見やすく模式図的にしたものが図3－2となる。

3. 遺跡間関係と中心遺跡

　土器の文様構成のパターンから検討した遺跡間関係図を見るとき、多数の遺跡と関係をもつものと少数、あるいは孤立して存在する遺跡があることがわかる。十日町市笹山遺跡や村上市高平遺跡

92　第Ⅲ章　火炎土器様式の広がり

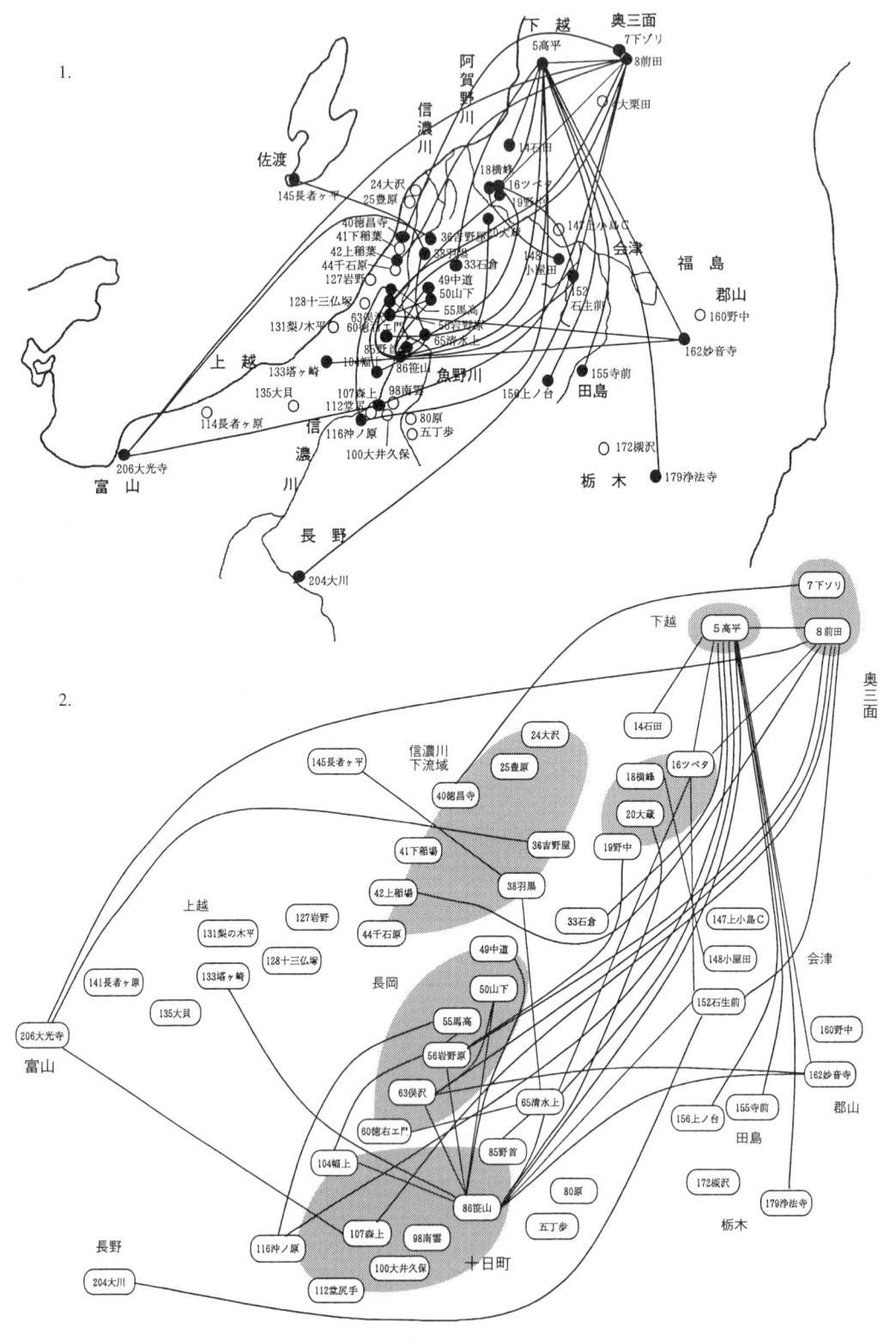

図3　火炎土器の遺跡間関係図

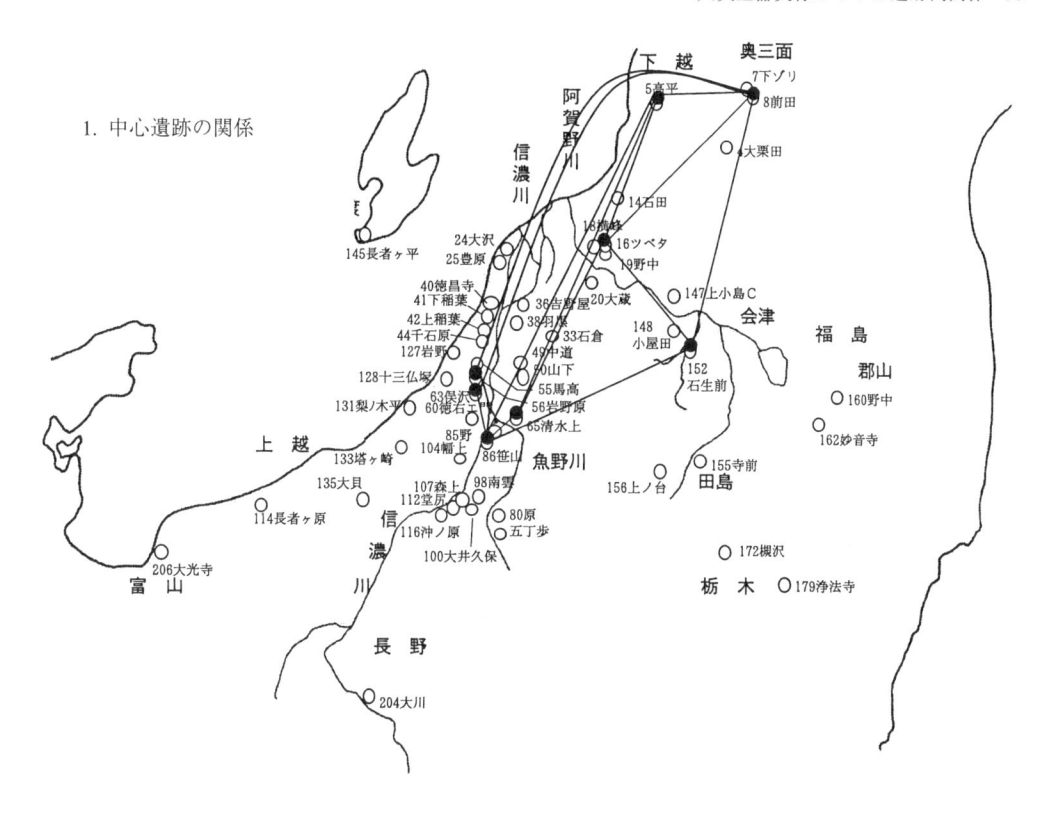

火炎土器文様からみる遺跡間関係　93

1. 中心遺跡の関係

2. 火炎土器遺跡間関係　社会構造

3. 集団のモデル

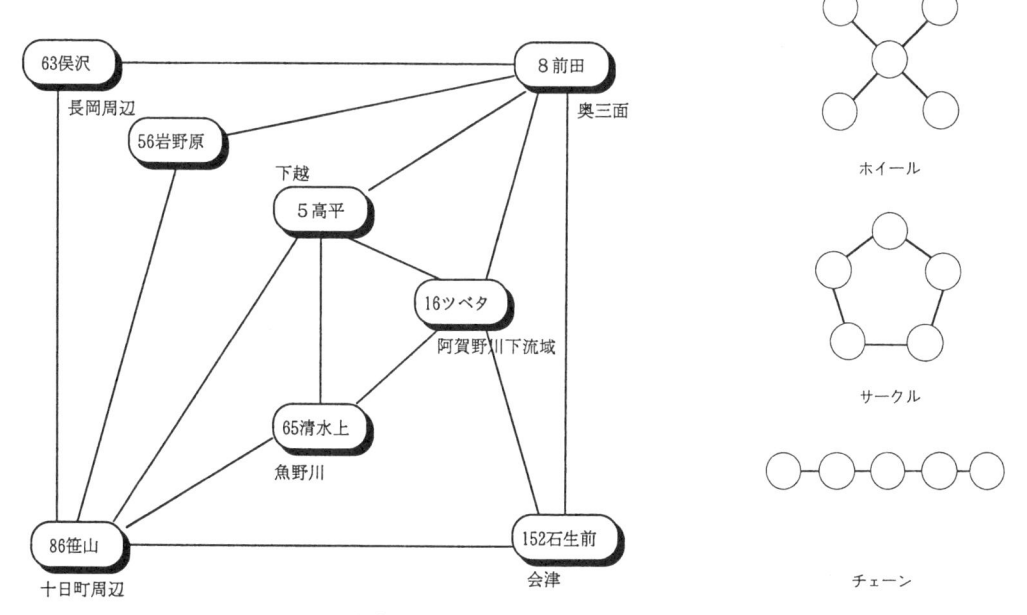

ホイール

サークル

チェーン

図4　火炎土器の中心遺跡とその遺跡間関係図

など10遺跡以上と関係をもつものも存在する。基本的に遺跡間同士での1対1の関係を検索・抽出しているので、多数の遺跡と関係をもつものはそれだけ多くの情報が出入りしやすいと想定できる。そこで4遺跡以上と関係をもつ遺跡を中心遺跡とし、その遺跡のみでの関係を見たのが図4-1で、模式図として整理してみた（図4-2）。およそ8遺跡が抽出でき、それぞれが各地域に拡散していることがわかる。信濃川沿いに十日町周辺では笹山遺跡、魚野川流域で清水上遺跡、長岡周辺では俣沢遺跡と岩野原遺跡、阿賀野川下流域でツベタ遺跡、下越方面で高平遺跡、奥三面方面で前田遺跡、そのほか福島方面で石生前遺跡が中心遺跡として存在している。ただし、遺跡の分布域でありながら信濃川下流域や魚野川上流域、上越方面に中心遺跡が見られない[7]。中心遺跡が関係を結ぶのは十日町から長岡周辺、阿賀野川下流域でも内陸寄り、そして下越から山間部の奥三面、会津方面にかけてとなる。中でも十日町の笹山遺跡と奥三面の前田遺跡は五つの中心遺跡と関係をもち、突出しているといえる。この2遺跡とのみ関係をもつのが長岡周辺の俣沢遺跡と岩野原遺跡である。同じ長岡にある遺跡のためか両者とも同じ関係となっている。阿賀野川下流域のツベタ遺跡は関係する遺跡すべてが中心遺跡であるが、みな周辺地域のみとの関係で十日町や長岡方面の遠方とは関係をもたない。こうした地域ごとの特徴は次項で詳しく見ていくことにする。

4. 主要地域の特徴

遺跡間関係図から中心遺跡を抽出することで、おおよそ十日町周辺、長岡周辺、阿賀野川下流域などいくつかの地域が想定できた。そこで、その地域ごとの様相を見ていく。遺跡間関係図（図3-2）から特定の地域に属する遺跡を抽出し、その遺跡群が関係する遺跡以外を消去することで地域の様相が整理されてくる。

1） 十日町周辺（図5-1）

信濃川上流域にあり、笹山遺跡を中心遺跡としてに8遺跡を抽出した。清水上遺跡は支流の魚野川下流域に属するが、この地域に含めた。中心遺跡をもつ地域以外にもあらゆる地域と広く密接な関係をもつ、広域的なネットワークを形成している。長岡周辺では6遺跡と関係をもち、とくに密接な関係にある。下越、奥三面、阿賀野川下流域、会津・郡山方面など中心遺跡とも関係をもつほか、信濃川下流域や上越、富山とも関係が見られる。これほど、他地域と広域的な関係をもつ地域はほかになく、火炎土器圏の中でもかなり中心的な役割を担っているものと想定できる。中でも笹山遺跡（図5-2）は長岡周辺と関わりが深いが、十日町よりも北側の地域との関わりが広く見て取れる。魚野川下流域に属する清水上遺跡（図5-3）は十日町周辺の笹山遺跡、野首遺跡と関係があるほか、信濃川中下流域、阿賀野川下流域、下越などの平野部の遺跡とのつながりがある。しかし、魚野川上流域や奥三面、会津方面の山間部とは関係をもたない。

2） 長岡周辺（図6-1）

岩野原遺跡、俣沢遺跡を中心に6遺跡が属する。十日町周辺の4遺跡と密接な関係をもち、他に奥三面の前田遺跡とつながる。わずかに阿賀野川下流域や郡山など他地域と関係しているが、ほとんどが十日町周辺の遺跡となり閉鎖的な印象を受ける。岩野原遺跡（図6-2）でも中心遺跡は奥三面の前田遺跡と十日町の笹山遺跡であり、他は阿賀野川下流域の野中遺跡とのつながりである。俣

図5　十日町周辺遺跡の関係

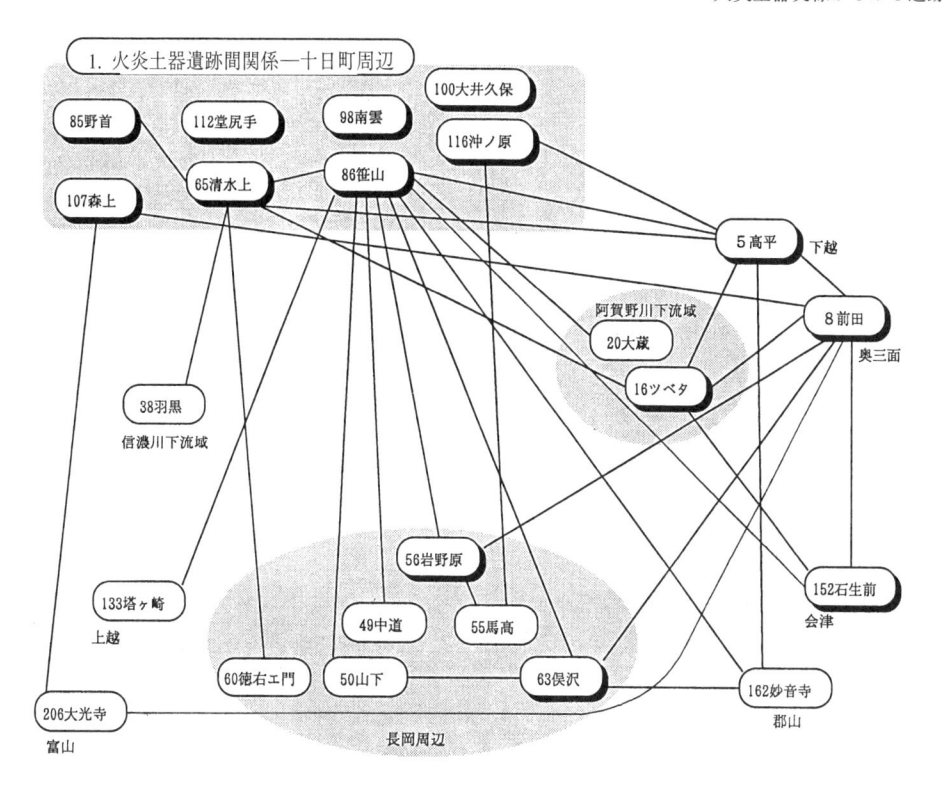

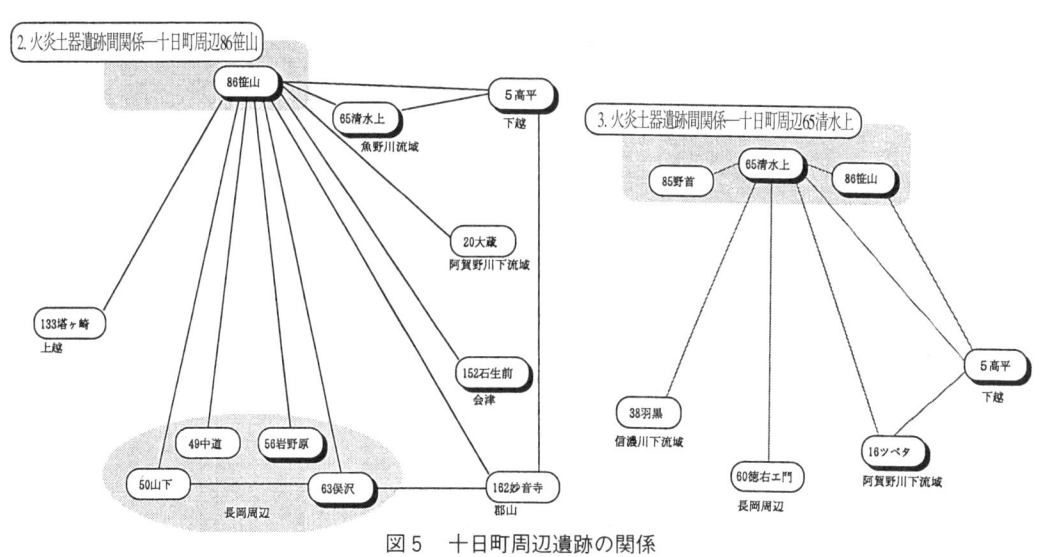

沢遺跡（図6-3）も同様であるが、郡山方面の妙音寺遺跡との関係がある。本地域は十日町周辺と土器の様相が似た印象を受けるが、それぞれがもつネットワークは十日町周辺遺跡が広域的であるのに対し、閉鎖的であって大きく異なっている。

3）　信濃川下流域（図7-2）

羽黒遺跡、上稲場遺跡など8遺跡があるが、地域内をふくめてあまり関係をもたない。奥三面の2遺跡や富山県大光寺遺跡など遠方との関係が見られるが、希薄である。とくに同じ信濃川流域で

96　第Ⅲ章　火炎土器様式の広がり

1. 火炎土器遺跡間関係—長岡周辺

60徳右ヱ門　55馬高　56岩野原　63俣沢　50山下　49中道

19野中
阿賀野川下流域

65清水上
魚野川

116沖ノ原　104幅上　86笹山　162妙音寺
郡山

8前田
奥三面

十日町周辺

2. 火炎土器遺跡間関係—長岡周辺56岩野原

55馬高　56岩野原

8前田
奥三面

19野中
阿賀野川下流域

104幅上　86笹山
十日町周辺

3. 火炎土器遺跡間関係—長岡周辺63俣沢

63俣沢　50山下

8前田
奥三面

86笹山　162妙音寺
十日町周辺　郡山

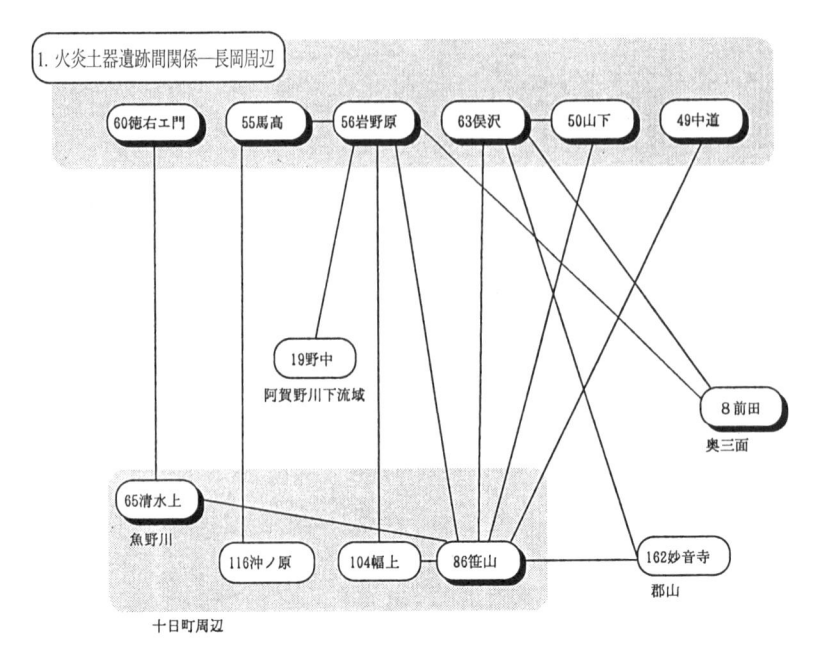

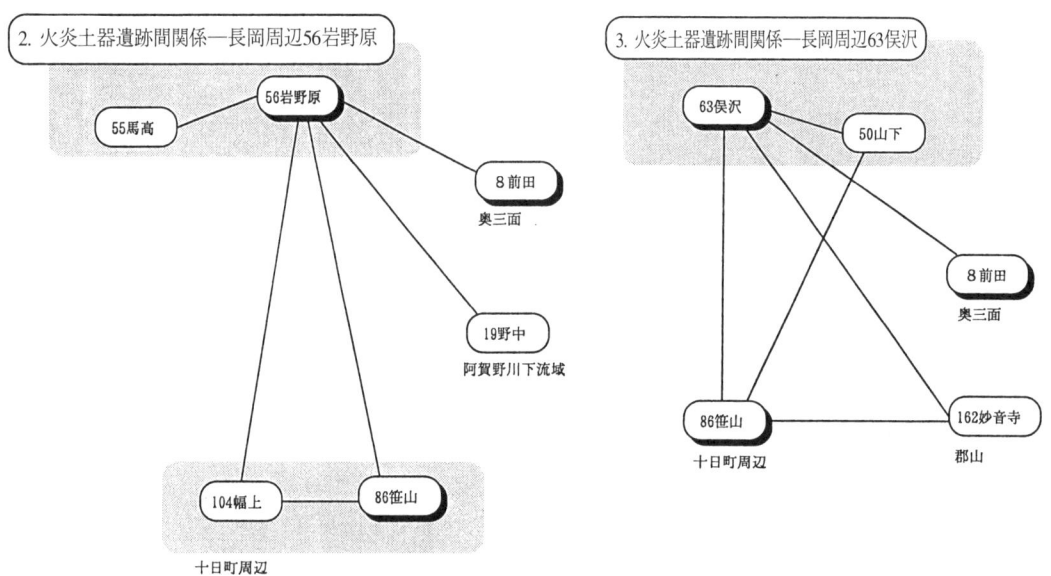

図6　長岡周辺遺跡の関係

隣接する長岡周辺やその上流域の十日町周辺の遺跡群とは関係が見られない。また、本地域の羽黒遺跡は唯一佐渡島の長者ヶ平遺跡と関係が見られる。全般に情報が薄いような印象を受ける。

4）阿賀野川下流域（図7−1）

ツベタ遺跡を中心に4遺跡が属する。しかしこの4遺跡どうしでの横のつながりは見られない。ツベタ遺跡は各地の中心遺跡とのみ関係をもつが、いずれも隣接する近い地域のみとなる。阿賀野川上流域となる会津方面との関係は石生前遺跡と小屋田遺跡で見られるが、後述する下越よりは希薄である。

火炎土器文様からみる遺跡間関係　97

1. 火炎土器遺跡間関係―阿賀野川下流域

- 19野中
- 20大蔵
- 16ツベタ
- 18横峰
- 5高平　下越
- 8前田　奥三面
- 65清水上　魚野川
- 148小屋田
- 152石生前　会津
- 56岩野原　長岡周辺
- 86笹山　十日町周辺

2. 火炎土器遺跡間関係―信濃川下流域

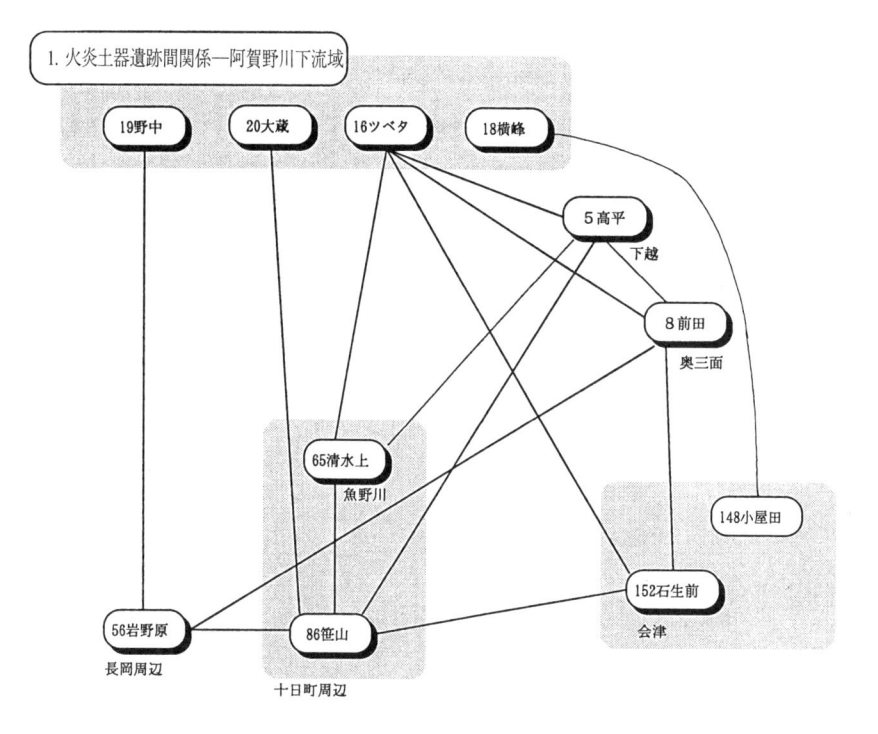

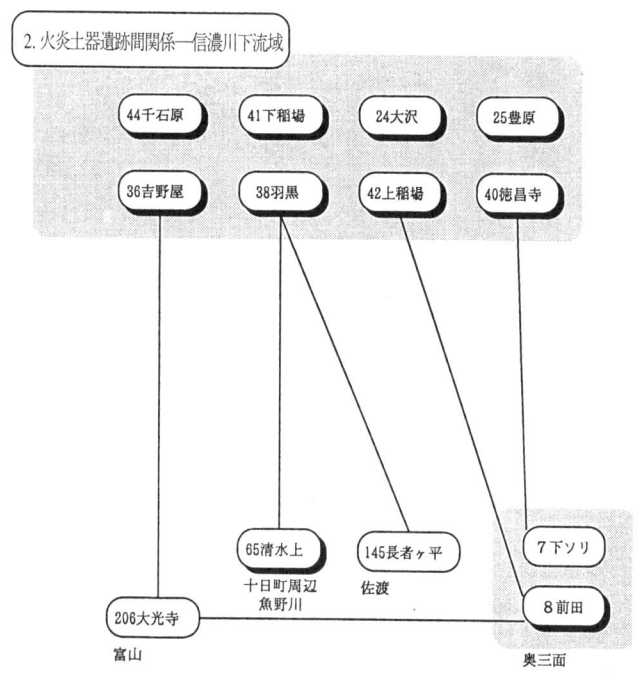

- 44千石原
- 41下稲場
- 24大沢
- 25豊原
- 36吉野屋
- 38羽黒
- 42上稲場
- 40徳昌寺
- 206大光寺　富山
- 65清水上　十日町周辺　魚野川
- 145長者ヶ平　佐渡
- 7下ソリ
- 8前田　奥三面

図7　阿賀野川流域、信濃川下流域遺跡の関係

5） 下越（図8-4）

　村上市高平遺跡しか遺跡が確認できていないが、周辺地域と密接な関係が見られる。十日町周辺の3遺跡と阿賀野川流域の3遺跡、さらに奥三面とも密接な関係をもち、それぞれの中心遺跡を含めている。特徴的なのは会津を除く福島・栃木方面の遺跡と多く関係をもっていることである。この方面では会津の石生前遺跡が中心遺跡として存在するが、こことは関係をもっていない。

6） 奥三面（図8-3）

　前田遺跡、下ゾリ遺跡の2遺跡がある。下越・阿賀野川下流域・会津で中心遺跡と密接な関係をもつほか、長岡との中心遺跡と密接な関わりが見られる。しかし、十日町方面での中心遺跡との関係は見られないが、森上遺跡との関わりや信濃川下流域や富山方面ともつながりがあり、広域的な関係ももっている。

7） 福島・栃木（図8-1）

　会津、田島、郡山、栃木とかなり広域的に遺跡を含めた。それぞれの遺跡で地域内の横のつながりは見られない。会津の石生前遺跡や小屋田遺跡は阿賀野川下流域の遺跡と関係が見られ、阿賀野川流域に属する関係と思われる。石生前遺跡（図8-2）は阿賀野川下流の中心遺跡となるツベタ遺跡のほか、奥三面の前田遺跡や十日町周辺の笹山遺跡といった中心遺跡とも関係をもち、また長野方面ともつながりが見られ、新潟方面に向けた広域関係をもっている。一方、田島、郡山、栃木の遺跡は下越の高平遺跡との関係が見られ、本地域の中心遺跡石生前遺跡とは関係をもたず、会津とは異なった関係をもっている。しかも、こうした遺跡は地理的に中間となる奥三面とも関係がなく、独自のルートの存在をうかがわせる。福島方面には阿賀野川流域と派別に下越との関係という2方向のつながりが見受けられる。

8） その他

　上越方面の遺跡についてはほとんど明確な関係を見ることができないが、頸城の塔ヶ崎遺跡で十日町の笹山遺跡との関係があることから、この方面との関係が想定できる。上越をのぼった富山県の大光寺遺跡も十日町周辺の森上と関係があり、上越方面と同じ状況が想定できるが、さらに阿賀野川下流域やほぼ分布域の反対側となる奥三面方面との関係も同時に見られ、かなり広域的な関係を見て取れる。同様に長野県大川遺跡でもかなり遠方となる奥三面方面との関係が見られる。分布域の外縁に位置する遺跡は、隣接地域よりもはるかに遠方との関係をもつ状況が見て取れる。実際に関係があったかどうかは別として、分布周辺域においてはその文様パターンの変化が同じ様相をもつ現象があるものと思われる。このことにより、分布域の中心部をとりまくように外縁部の遺跡で同じ文様パターンをもつという、外縁部広域型の文様パターンが想定できる。

5．文様パターンの分布

　中心遺跡間の関係をさらに情報の流れという視点で見ていく。この遺跡間関係を情報のネットワークと見なしたとき、社会学における集団力学のモデルにより理解することができる。そのモデルにおいてホイール構造、サークル構造、チェーン構造の関係（図4-3）に分けることができ、それぞれがさまざまに複合していると見なすことができる。それぞれの特徴について、構成する単位の

火炎土器文様からみる遺跡間関係　99

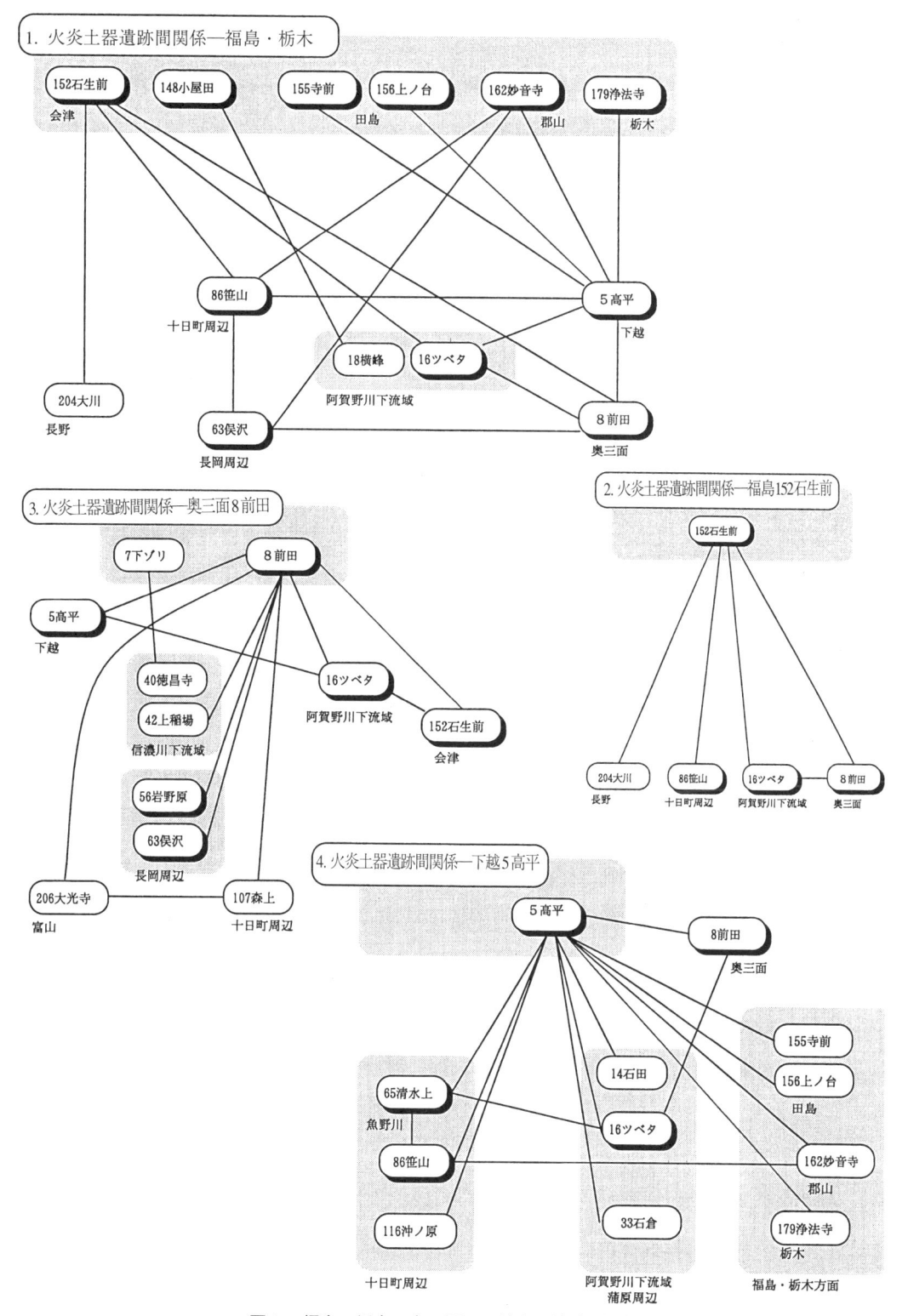

図8　福島・栃木、奥三面、下越方面遺跡の関係

結びつき方により大きく変わってくる。ホイール構造は、一つの単位に複数の単位がそれぞれ関係をもつもので、中心性が高く周辺との分化が明確で、課題遂行に対して正確にしかも速やかに行われるという性格をもつ。これは中心に位置する単位が周辺からの情報を速やかに得られ、また周辺にも伝達できることによる。サークル構造は、単位が横に結びついた環状を形成する。課題遂行に対して、全体的に協力的で志気が高いものとなるが、作業の組織化はなされず、活動量のわりに無駄も多く、情報があるところに伝達されないという不均衡が生じやすいため誤りが多いとされる。チェーン構造は単位が横に結びつくが、環状とならない。サークル構造よりは情報の集中度が高いが、組織化は低く、課題遂行に対してももっとも遅いとされている。こうしたモデルに文様要素の分布を重ねてみることで情報の流れ方を解きほぐし、その性格をある程度想定することができる。文様要素を一つの情報と見なしたとき、その伝達方法についてはこうした三つの構造がネットワークの中でからみあって伝達されていくと捉えることができる。それは、課題遂行に対して迅速かつ正確な処理が行われる場合や、ゆっくりとした伝達と不正確な処理、あるいは遅いが正確な処理がなされるなど、不均一な性格が備わっているものと推測される。そこで、それぞれ文様要素についての文様パターンをいくつか選び、その分布状況とあわせて中心遺跡間関係を重ねて見ていくことにする。そこには同じ分布状況を示しながらも異なったネットワーク構造をもつ状況が見て取れる。

1） サークル構造

　口縁部文様C/D（図9－1）信濃川流域に広く見られ、阿賀野川下流域、下越、奥三面方面にもわずかにある。この中で中心遺跡はサークル構造を信濃川中流域と下越、奥三面で形成し、中間の阿賀野川下流域は飛び越えている。胴部文様C/D（13図10）とD/D（図14－11）もほとんど同じ分布を示し、また中心遺跡においても同じサークル構造が見られる。口縁部文様D/C（図9－2）の文様パターンは信濃川下流域では見られず、やや分布域が狭くなっているものの、同じく中心遺跡間関係は長岡周辺と十日町周辺から下越、奥三面そしてまた長岡となるサークル構造を見ることができる。さらに胴部文様S/C、/D、/S（図14－12）もこれとまったく同じ分布・構造をとる。

　これらから分布・構造とも同じ組合わせが二つ存在することがわかる。一つは口縁部文様C/Dと胴部文様C/DあるいはD/Dという組合わせの文様パターン、そしてもう一つが口縁部文様D/Cと胴部文様S/C、/D、/Sとなる文様パターンである。

　これらの文様パターンは信濃川流域を中心として広く分布しているが、同じく下越や奥三面ともに関係をもちながらサークル構造であるため、あまり組織化がなされていないものと想定される。ただし、胴部文様D/Dについてはサークル構造といえ十日町の笹山遺跡においてはホイール構造を形成しており、この遺跡において情報の集積が高いものといえる。同じ現象は口縁部文様S/S（図11－5）にいえる。この文様パターンは新潟内陸部と福島方面にわずかに広がっているが、中心遺跡関係ではやはりサークル構造とともに笹山遺跡においてホイール構造を示している。以上、これらの文様パターンは比較的火炎土器の中でも多く見られるものであるが、信濃川流域を中心にやや十日町周辺にその中心がある可能性がうかがえる。

2） ホイール構造

　口縁部文様d（図10－3）は信濃川中下流域と下越、奥三面さらに福島・栃木方面へと散在して分

火炎土器文様からみる遺跡間関係　101

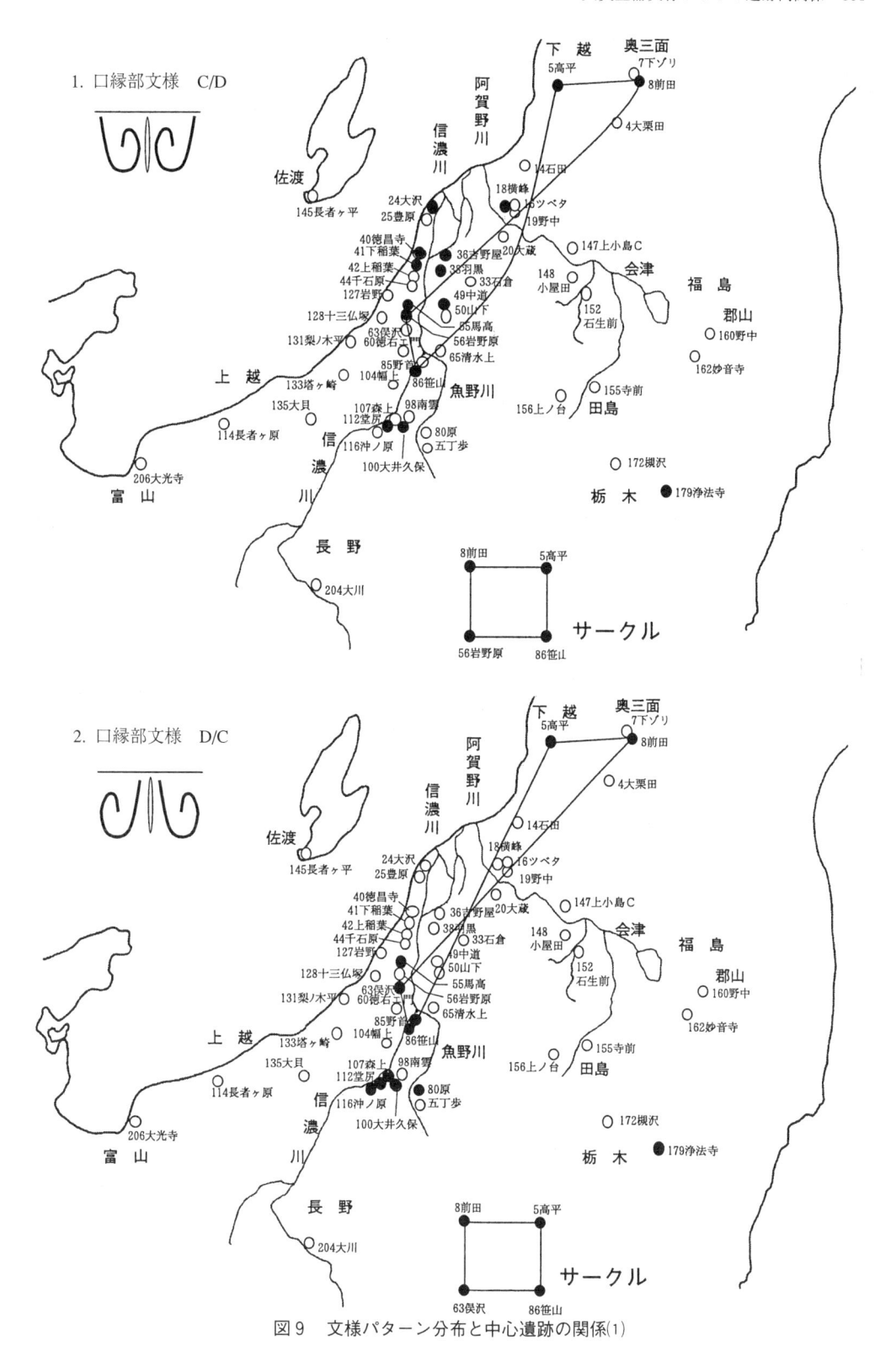

1. 口縁部文様　C/D

2. 口縁部文様　D/C

図9　文様パターン分布と中心遺跡の関係(1)

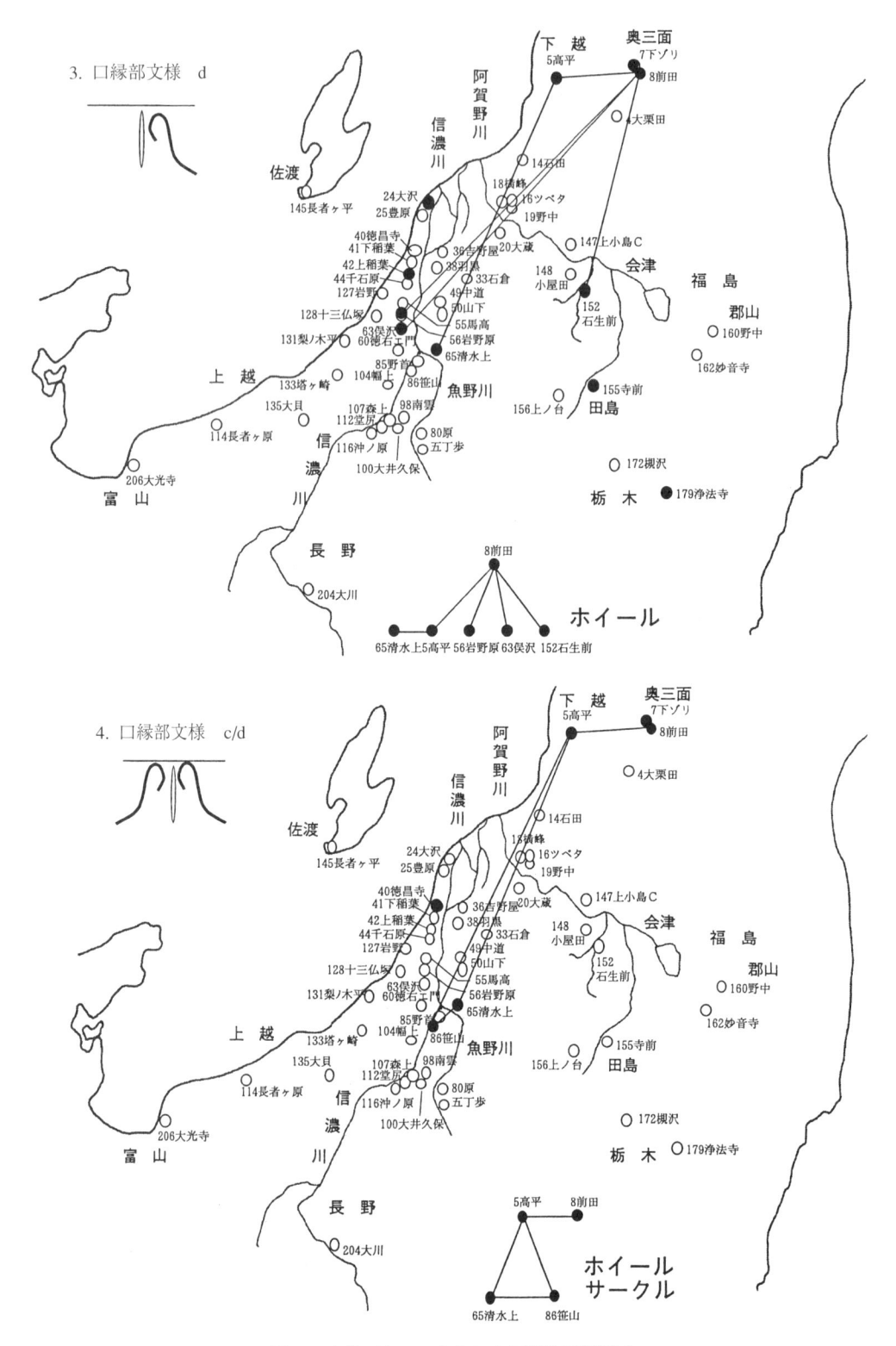

102　第Ⅲ章　火炎土器様式の広がり

3. 口縁部文様　d

4. 口縁部文様　c/d

図10　文様パターン分布と中心遺跡の関係(2)

火炎土器文様からみる遺跡間関係　103

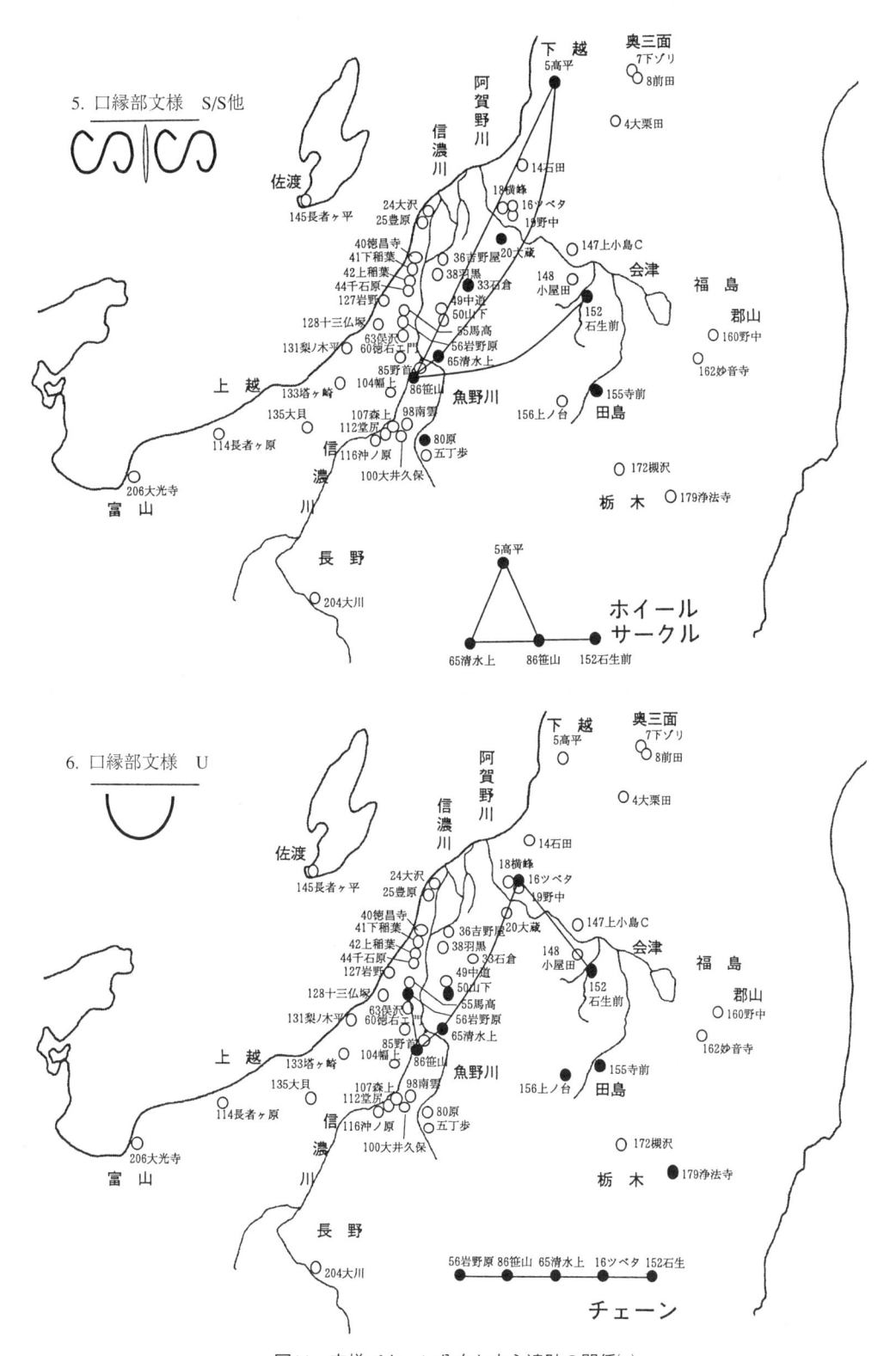

5. 口縁部文様　S/S他

6. 口縁部文様　U

ホイールサークル
5高平 — 65清水上 — 86笹山 — 152石生前

チェーン
56岩野原 — 86笹山 — 65清水上 — 16ツベタ — 152石生

図11　文様パターン分布と中心遺跡の関係(3)

布する。この中心遺跡関係は奥三面の前田遺跡を中心とするホイール構造をもち、各周辺遺跡からの情報集積が高くなっていることを示唆している。この文様については、奥三面を中心に発信されていることを想定できる。

胴部文様C/C（図13-9）の文様パターンは、信濃川中流域を中心に下越、福島・栃木方面に散在している。中心遺跡間構造を見ると、十日町の笹山遺跡を中心とするホイール構造となる。広域に分布しながらも笹山遺跡への集約が見て取れる文様パターンであり、十日町周辺にその中心が求められ、火炎土器の中でも重要なパターンであると想定できる。

口縁部文様c/d（図10-4）の文様パターンは下越、奥三面、そして信濃川中下流域に散在しており、量的にもあまり多く見られないものである。中心遺跡間関係を見るとサークル構造とも見えるが、下越の高平遺跡を中心とするホイール構造と見ることができる。奥三面方面と十日町周辺との関係で中心に位置しており、下越方面を中心とした文様パターンと想定できる。

3) チェーン構造

口縁部文様U（図11-6）は信濃川中流域と阿賀野川流域、福島栃木方面へと散在している。中心遺跡間関係では魚野川下流・十日町周辺、長岡周辺からさらに阿賀野川流域をさかのぼって福島方面へつながるチェーン構造を示している。さらにほぼ同様の構造であるが、長岡・十日町周辺より阿賀野川下流域を通り、下越方面へぬけていくチェーン構造がある。口縁部文様Cd（図12-7）は下越方面へ、また口縁部文様SC/、SD/（図12-8）は奥三面方面へとつながっていく。これらの文様パターンは、いずれも十日町方面から新潟平野内陸部を通り、阿賀野川下流域を拠点に福島方面や奥三面方面、下越方面へと分岐していくかのようである。この構造は、情報の集中度が高いものの組織化は低く、課題遂行に対してももっとも遅いとされるため、むしろ地理的な条件による自然発生的なネットワークを想定できる。またチェーン構造で異なるパターンも見ることができる。

なお胴部文様C/Cは、胴部文様D/DやC/Dとほぼ同じ分布様相を示すが、その中心遺跡間関係はホイール構造、サークル構造とそれぞれまったく異なった関係をもっていることがわかる。

6. 社会構造へのアプローチ

地域内での関係よりも他地域との関係が重視される。中心遺跡は地域ごとに存在するが、その中心遺跡がその地域内との遺跡と関係をもつかというと、必ずしもそういった関係にない。十日町周辺では笹山遺跡が中心遺跡としているが、笹山遺跡は同じ地域の遺跡との関係はほとんどない（図5-1）。魚野川下流域の清水上遺跡と関係があるものの、他のすべては他地域との関係となっている。笹山遺跡は十日町周辺の遺跡を無視してむしろ長岡周辺との関係が密接である（図5-2）。長岡周辺の遺跡群でも岩野原遺跡、俣沢遺跡が中心遺跡として存在するが、お互いに関係をもたない（図6-1）。ただ同じ地域内で岩野原遺跡は馬高遺跡と、そして俣沢遺跡は山下遺跡と関係があり、一地域内でまったく関係をもたないわけではない。しかし、それぞれ長岡周辺の遺跡はその地域内よりも十日町周辺などの外部の地域との関係が密である。こうした傾向はツベタ遺跡を中心とする阿賀野川下流域（図7-1）や信濃川下流域（図7-2）などたいていの地域で共通する現象である。

文様要素の分布で見ると、地域的なつながりは密接であることがうかがえる。文様要素の分布は

火炎土器文様からみる遺跡間関係　105

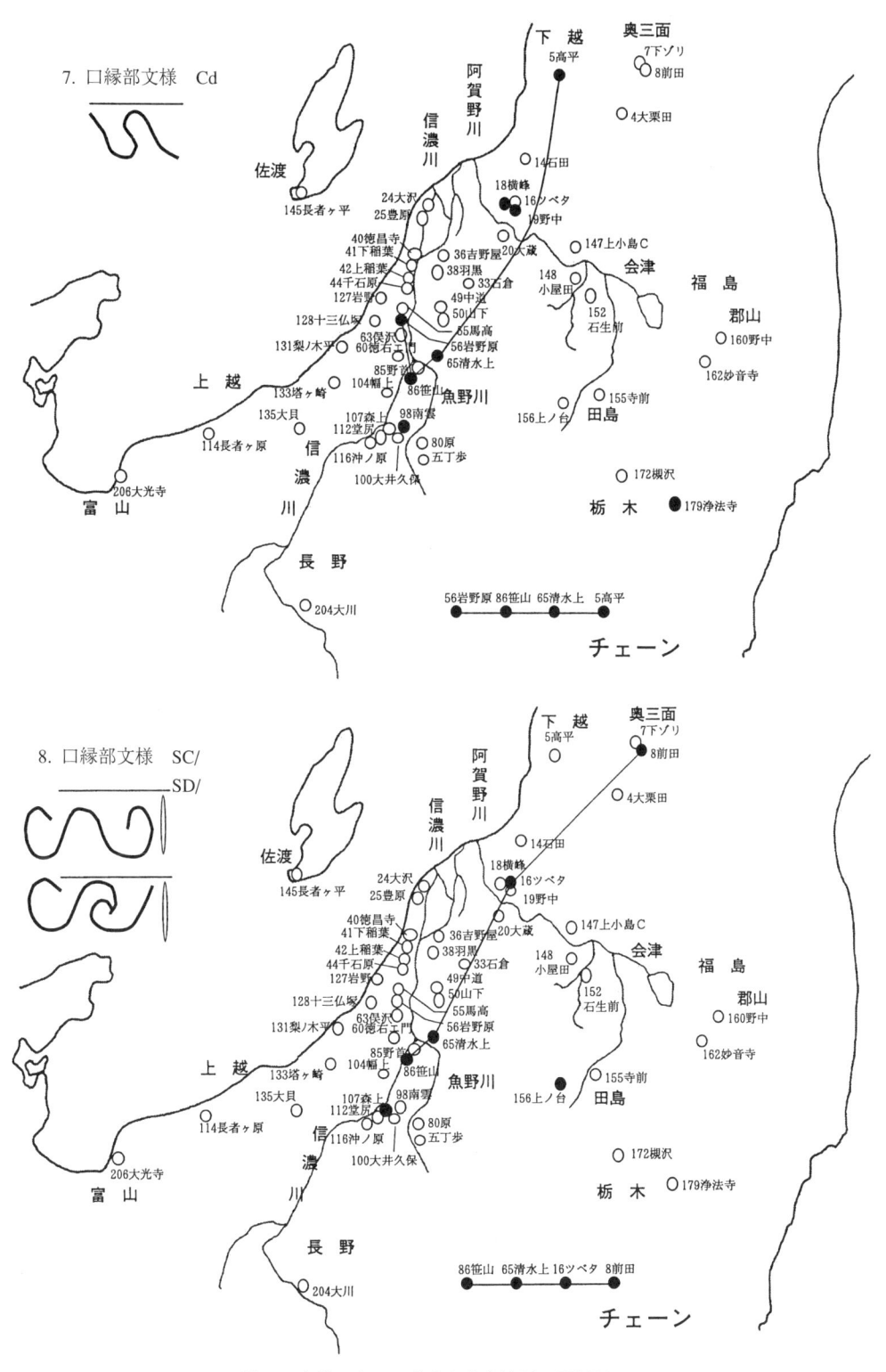

7. 口縁部文様　Cd

8. 口縁部文様　SC/SD/

図12　文様パターン分布と中心遺跡の関係(4)

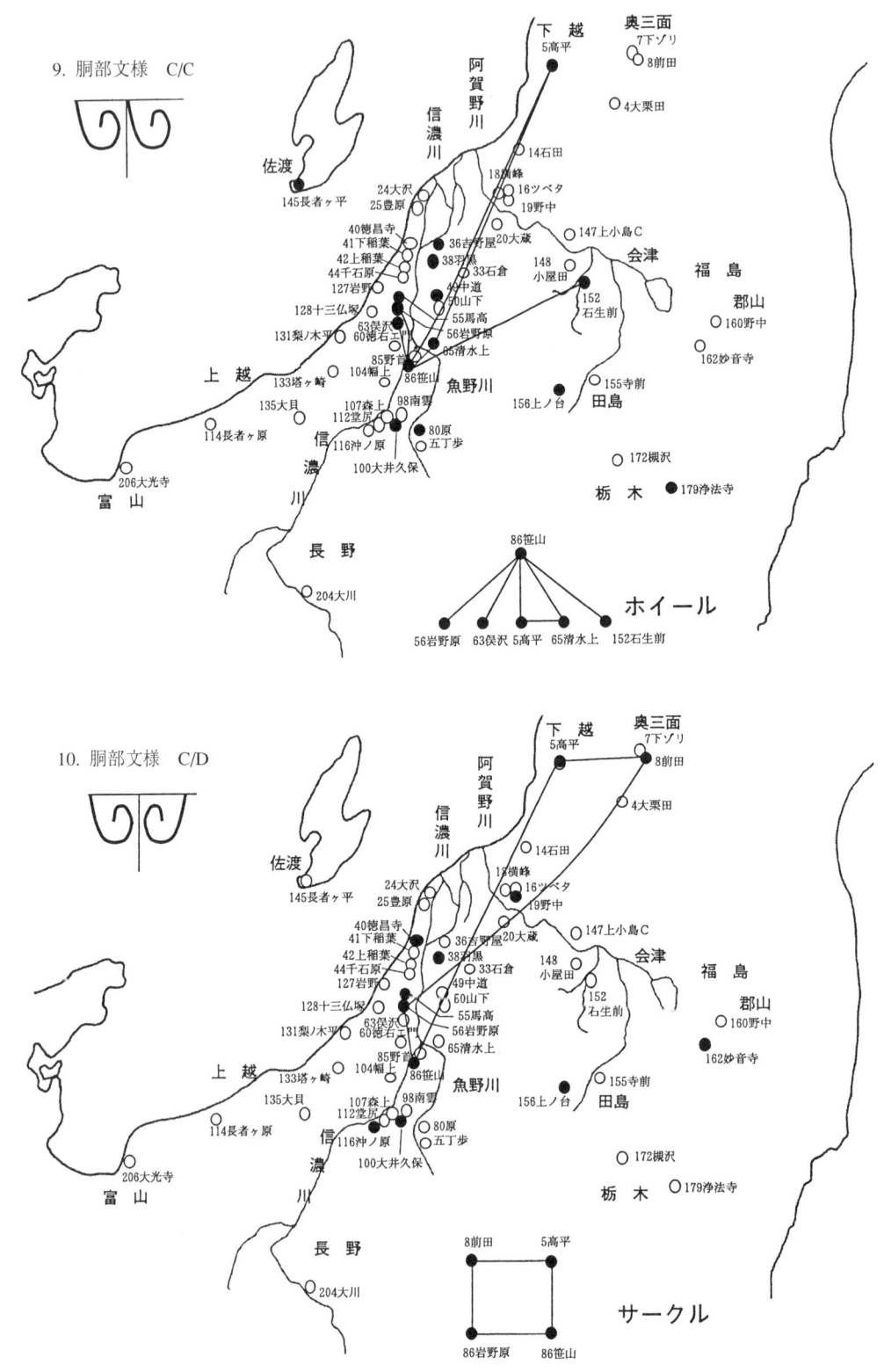

106　第Ⅲ章　火炎土器様式の広がり

9. 胴部文様　C/C

ホイール

10. 胴部文様　C/D

サークル

図13　文様パターン分布と中心遺跡の関係(5)

火炎土器文様からみる遺跡間関係　107

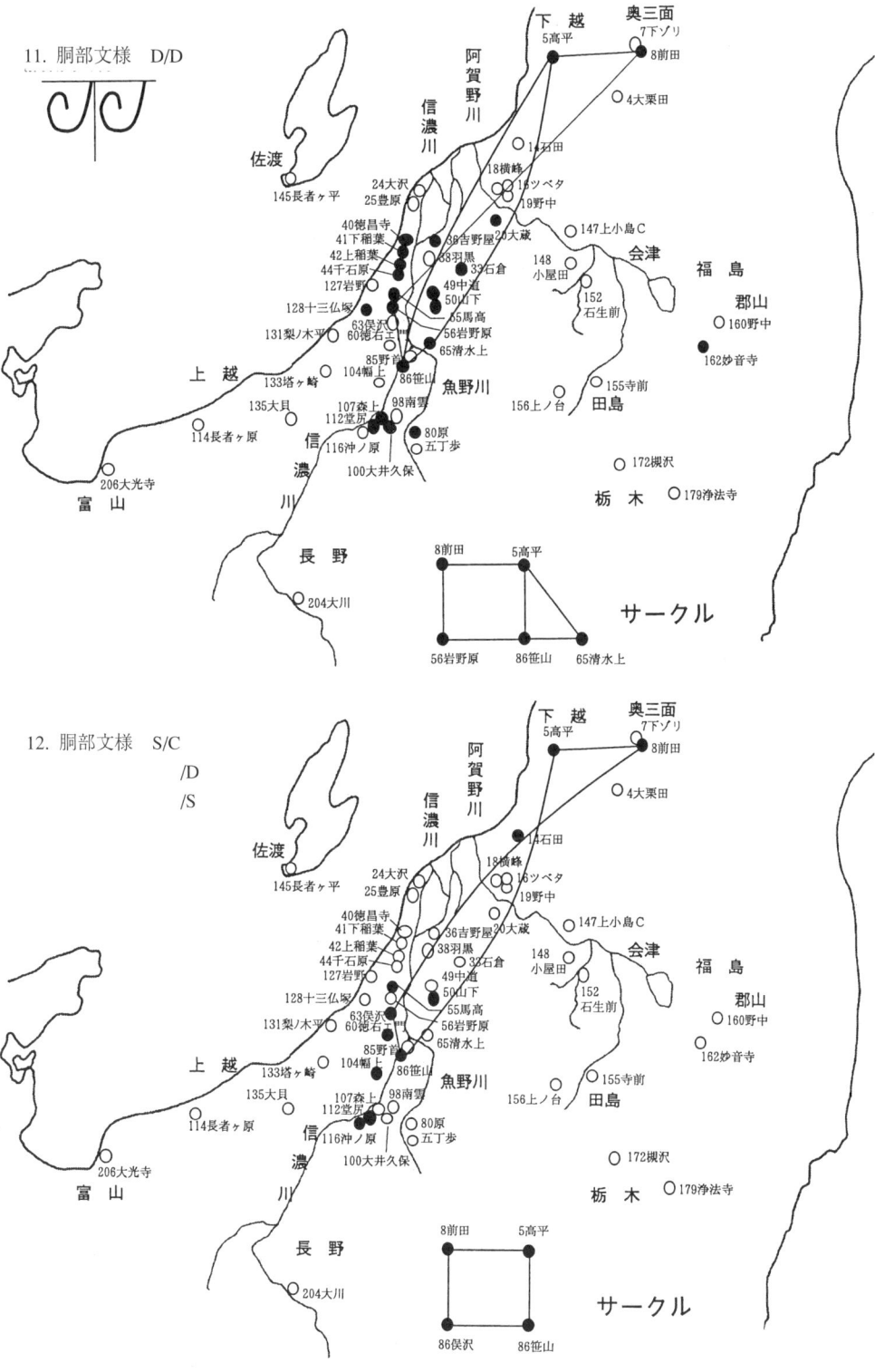

11. 胴部文様　D/D

12. 胴部文様　S/C
　　　　　　/D
　　　　　　/S

図14　文様パターン分布と中心遺跡の関係(6)

ある程度その地域においてまとまって分布する傾向は見てとれる。たとえば、口縁部文様D/C（図9－2）は長岡周辺と十日町周辺によく分布するが、それは中心遺跡以外にも見られ、地域的にまとまっているように見える。さらに細かく見ると、周辺遺跡だけに分布するものの、また地域間で見ると、隣接した地域に分布する場合や、さらにある地域を飛び越えて飛び石的に分布するもの（図10－4など）などがある。こうした分布パターンと遺跡間関係で見るネットワークは明らかに異なっているものといえる。

一地域間でのまとまりと広域的なネットワークは次元が異なっていると想定できる。文様要素の分布から見ると一地域でまとまる現象については、地理的な位置関係から日常的な経済活動の一端と説明することはできても、遺跡間関係図からこうした文様要素の伝達経路は見出すことができない。文様パターンから想定する遺跡間関係はより広域的なネットワークを示唆しており、狭い範囲でまとまる情報については次元が異なっているものと推定できる。文様パターンは文様構成の規制が厳しい火炎土器にあって、その個性を表現する一つの方法であり、同じ文様パターンをもつ土器個体の存在は、偶然かもしくは製作者個人に属する部分であると見なすならば、婚姻等による人の移動と定着を想定でき、地域を越えた部分で社会構造を示唆している一面もあるのではないかと考えている。

おわりに

土器の文様からどのような社会関係が検討できるのか、火炎土器を扱う中で検討してみた。地域的に見ると十日町周辺遺跡はより広域的な関係をもち、また長岡周辺は十日町周辺と隣接した特定地域との密接な関係といった違いが見出せる。阿賀野川下流域は下越、奥三面、福島方面との十字路的な性格が見て取れる。また福島方面は、阿賀野川下流域と下越方面といった異なった2地域との関係を見ることができる。そして、これらの関係は婚姻等による社会関係を意味する可能性もうかがうことができる。

こうした結果が妥当性をもつものなのかどうかは、また違った視点での検証が必要となろう。さらなる遺跡間での実資料の比較検討や火炎土器文様の正確な把握など前提とする必要条件は、まだ不十分であるのかもしれない。このほかに大木系・在地系土器と呼ばれる同時期の土器群が多数を占めるのであるが、こちらの検討は行っていない。火焔型・王冠型土器との結果と大木系・在地系土器といった異なる型式間の検討結果がどのように重なり、また異なるのか、予想だにできない。また興味深いテーマでもあるが、課題として残っている。

見かけの分布に遺跡間ネットワークを重ねたとき、また違った展望を提示できるものと考えている。情報の流れは必ずしも波紋状に広がっていくのではなく、それぞれが作り上げた独自のネットワークを介していることは明らかである。本論において検討の結果は必ずしも正確に当時の社会を復元しているとは認識していない。資料的にもそれぞれ地域ごとの粗密やすべてが調査・報告されいるものでもなく、また文要素のパターン化、時期細分、火焔型・王冠型土器の区別など基礎的な部分での不十分さは否めないところでもある。さらなるデータの蓄積と方法論の研鑽により再検討を試みたいところでもある。

本稿をまとめるにあたり、貴重なご助言・ご指導をいただいた小林達雄先生をはじめ寺崎裕助、吉田邦夫、西田泰民、小熊博史、寺内隆夫、長谷川福次、石原正敏、小田由美子、とくに今回のための資料収集にご尽力いただいた宮尾亨、宮内信雄の各氏には深く感謝申し上げる次第である。

註

（1）この分析についての方法は、かつて中部高地・関東西部にかけての勝坂式土器において行ったもの（今福1993・1994a,b）を基本としている。

（2）宮尾亨はS字状モチーフにはC字文を組み合わせたものがあると指摘している（宮尾2002）が、この分析では区別できていない。また文様要素の抽出については拙著（今福1993・1994a）を参照していただきたい。

（3）この分析の対象とした土器は、新潟県立歴史博物館によって選択されたものを使用した。選択にあたっては分析の性格上、文様構成が全体あるいは一部分において文様構成がわかる実測個体を対象とし、小破片や拓本資料を除いている。さらに、現在公表されている全体の文様構成のわかる写真資料をいくつか追加している。基本的に実測図や写真をもとにしており、実資料をすべて実見してはいない。また紙面の関係で対象資料を提示できないが、新潟県立歴史博物館に問い合わせてほしい。

（4）記号化にあたり口縁部文様では眼鏡状突起を基準に左と右の文様要素をそれぞれ表の項目とし、胴部も同様に行った。また複数の文様要素が連結しているものについてはCSと記述している。表の空白部は不明、－は無文、＋は縄文施文を意味する。なお、土器個体の番号は任意につけているが、遺跡番号は新潟県立歴史博物館の一覧表と同じ番号とした。巻末の資料編参照。

（5）ただし、福島・栃木方面の土器については新潟県内の火炎土器にない文様要素配置パターンが認められ、今回の基準による記号化はやや困難であった。この方面の土器群は新潟県内の土器と類似するものの異なった文様構成をもっており、この点について別途把握しておくことが両地域の比較の上で重要である。

（6）土器文様の記号化にあたっては実測図や写真によったり資料上の制約もあり、土器文様全体の1/4～1/2までとなっている。パターン抽出にあたって火焰型土器と王冠型土器を区別していない。これは口唇部付近を欠損した個体について構成上大差がなく判別が困難であることによる。さらに時期的にはおおよそ3期に細分する（寺崎1996）のが妥当であるが、中間的な様相のものの時期判定ができず恣意的になるおそれがあった。このため1期から3期までを一括して分析することとした。おおむね2期、3期のものが多数を占めている。これにより、生じる結果については、1期から3期までの段階的な変遷を明らかにするものではなく、結果として累積した遺跡間関係を表しているものと認識している。

（7）分析対象とした土器個体の遺跡での保有数がそのまま情報量になるため、ばらつきも想定でき、今後の集積によって修正されるべきものでもあると認識している。

参考文献

今福　利恵　1990　「火炎土器様式の構造」『火炎土器様式文化圏の成立と展開』火炎土器研究会
今福　利恵　1996　「火炎土器の系譜」『縄文の美―火焔土器の系譜―』十日町市博物館
今福　利恵　1993　「勝坂式土器成立期の集団関係」『研究紀要』9　山梨県立考古博物館・山梨県埋蔵文化財センター
今福　利恵　1994a「勝坂式土器成立期の社会構造」『丘陵』14　甲斐丘陵考古学研究会
今福　利恵　1994b「勝坂式土器とその社会組織」『季刊 考古学』48　雄山閣出版
狩野　素朗　1985　「集団の構造」『個と集団の社会心理学』ナカニシヤ
小林　達雄　1988　「火炎土器様式」『縄文土器大観』3　小学館

寺崎　裕助　1996　「火炎土器の成立・展開・終焉」『火焔土器研究の新視点』十日町博物館
寺崎　裕助　1999　「中部地方　中期（馬高式）」『縄文時代』10号　縄文時代文化研究会
宮尾　亨　1993　「遺跡の凝集性と遺跡間の関係―三十稲場式土器様式の分析」『國學院大學考古学資料館紀要』9
宮尾　亨　2002「火炎土器の文様素」『新潟県立歴史博物館紀要』3

火炎土器の広がり

宮尾　亨

1. はじめに

　火炎土器は、隆起線の生み出す文様や立体的な造形に最大の特徴を見る。火炎土器の年代学的変遷や分布については研究の蓄積があり、縄文時代中期中葉に少なく見積もっても三階梯程度の変遷をたどると考えられている。また、越後・佐渡を中心に会津、北関東、日本海に面した東北での分布が知られている。ところで火炎土器の文様パターンは意外と単調であまり多くの変化がないことが指摘（今福 1990・1996）されている。それにもかかわらず、火炎土器には厳密に二つと同じものはなく、それぞれには個性がある。本論ではこの個性を生み出す要因の一つと考えられる粘土紐の扱い方に注目して、火炎土器の広がりを検討してみたい。

2. 文様の特徴

　火炎土器の代表的な型式は火焔型土器と王冠型土器である。火焔型土器は馬高遺跡出土の1個体につけられたあだ名である火焔土器を典型とするもので、ほぼ水平な口縁の鋸歯状装飾、口縁に四つ設けられる鶏頭冠によって特徴づけられる。一方、王冠型土器は短冊状の突起を頂点とした波状口縁によって特徴づけられる。

　器表面の隆起線で構成された文様には個体それぞれに異同があるものの、火焔型土器と王冠型土器との間に区別なく、袋状突起やトンボ眼鏡状の突起などが大部分の個体に設けられている。これらの造形は火炎土器を個性的とするきわめて特徴的なものである。

　また、火焔型土器の鶏頭冠、王冠型土器の短冊状突起、胴部の各所には隆起線のS字文状モチーフが設けられる。火焔型土器の鶏頭冠の造形それ自体、S字状モチーフに基づくものであるともいわれている。しかしながら、このS字状モチーフの隆起線は、火炎土器に限らず中期縄文土器には多く見られるもので、火炎土器に限られた特徴ではない。

　火炎土器に限られた最大の特徴は、むしろS字状モチーフを含むさまざまな造形や文様を隆起線ですべて表現している点にある。火炎土器にかぎらず縄文土器の文様は、基本的に器体表面の凹凸が生み出す陰影によって表現されている。縄文土器全般で見れば、さまざまな施文具を用いて器表面に凹凸を生み出している。しかし、火炎土器に限っては、器体に加算された粘土紐によってできる隆起線部分と、器体表面あるいは粘土紐を掘りくぼめた沈線によって生み出される凹凸のみを利用している点にこそ最大の特徴を見るのである。事実、火炎土器の破片にはトンボ眼鏡状の突起や袋状突起の剥がれたもの、割れ口に見える隆起線を作るために貼りつけた粘土紐の見えるものが多数存在し、鶏頭冠や短冊状突起の造形でさえ粘土紐を束ねることによっている（小島 2000）。

表1　対象資料一覧

1	[深鉢]	塩沢町	原遺跡	塩沢町教育委員会所蔵		火焔型土器
2	[深鉢]	栃尾市	栃倉遺跡	栃尾市教育委員会所蔵		火焔型土器
3	[深鉢]	津南町	沖ノ原遺跡	津南町教育委員会所蔵	(県指定)	火焔型土器
4	[深鉢]	十日町市	笹山遺跡	十日町市教育委員会所蔵	(国宝)	王冠型土器
5	[深鉢]	福島県	法正尻遺跡	福島県教育委員会所蔵		その他
6	[深鉢]	長岡市	岩野原遺跡	長岡市教育委員会所蔵		火焔型土器
7	[深鉢]	安田町	ツベタ遺跡	安田町教育委員会所蔵		火焔型土器
8	[深鉢]	朝日村	前田遺跡	朝日村教育委員会所蔵		火焔型土器
9	[深鉢]	栃木県	三輪仲町遺跡	栃木県教育委員会所蔵		その他
10	[深鉢]	十日町市	笹山遺跡	十日町市教育委員会所蔵	(国宝)	火焔型土器
11	[深鉢]	中里村	森上遺跡	中里村教育委員会所蔵		火焔型土器
12	[深鉢]	中里村	森上遺跡	中里村教育委員会所蔵		火焔型土器
13	[深鉢]	安田町	野中遺跡	水原町教育委員会所蔵		王冠型土器
14	[深鉢]	富山県	大光寺遺跡	魚津市教育委員会所蔵		火焔型土器
15	[深鉢]	朝日村	前田遺跡	朝日村教育委員会所蔵		王冠型土器
16	[深鉢]	十日町市	笹山遺跡	十日町市教育委員会所蔵	(国宝)	火焔型土器
17	[鉢]	津南町	道尻手遺跡	津南町教育委員会所蔵		その他
18	[深鉢]	安田町	ツベタ遺跡	安田町教育委員会所蔵		王冠型土器
19	[深鉢]	与板町	下稲場遺跡	与板町教育委員会所蔵		火焔型土器
20	[深鉢]	福島県	野中遺跡	郡山市教育委員会所蔵		その他
21	[深鉢]	与板町	上稲場遺跡	与板町教育委員会所蔵		火焔型土器
22	[深鉢]	栄町	吉野屋遺跡	個人（捧正夫氏）所蔵		王冠型土器
23	[鉢]	十日町市	野首遺跡	十日町市教育委員会所蔵		その他
24	[鉢]	長岡市	山下遺跡	長岡市教育委員会所蔵		その他
25	[深鉢]	十日町市	笹山遺跡	十日町市教育委員会所蔵	(国宝)	その他
26	[深鉢]	十日町市	野首遺跡	十日町市教育委員会所蔵		その他
27	[鉢]	五泉市	大蔵遺跡	五泉市教育委員会所蔵		その他
28	[深鉢]	十日町市	笹山遺跡	十日町市教育委員会所蔵	(国宝)	王冠型土器
29	[深鉢]	頸城村	塔ヶ崎遺跡	頸城村教育委員会所蔵		火焔型土器
30	[深鉢]	栃木県	三輪仲町遺跡	栃木県教育委員会所蔵		その他
31	[台付鉢]	五泉市	大蔵遺跡	五泉市教育委員会所蔵		その他
32	[深鉢]	栃木県	三輪仲町遺跡	栃木県教育委員会所蔵		その他
33	[深鉢]	糸魚川市	長者ヶ原遺跡	糸魚川市教育委員会所蔵		その他
34	[鉢]	三島町	千石原遺跡	三島町教育委員会所蔵		その他
35	[台付鉢]	十日町市	南雲遺跡	十日町市教育委員会所蔵		その他
36	[深鉢]	福島県	法正尻遺跡	福島県教育委員会所蔵		その他
37	[鉢]		伝小千谷	國學院大學考古学資料館所蔵		その他
38	[深鉢]	福島県	鴨打A遺跡	郡山市教育委員会所蔵		その他

39	[深鉢]	長岡市	岩野原遺跡	長岡市教育委員会所蔵		火焔型土器
40	[深鉢]	三島町	千石原遺跡	長岡市教育委員会所蔵		火焔型土器
41	[深鉢]	栃木県	三輪仲町遺跡	栃木県教育委員会所蔵		その他
42	[深鉢]	小木町	長者ヶ平遺跡	小木町教育委員会所蔵		王冠型土器
43	[深鉢]	長岡市	馬高遺跡	長岡市教育委員会所蔵	（重要文化財）	火焔型土器
44	[深鉢]	十日町市	大井久保遺跡	十日町市教育委員会所蔵		火焔型土器
45	[深鉢]	新発田市	石田遺跡	新発田市教育委員会所蔵		王冠型土器
46	[深鉢]	栃木県	三輪仲町遺跡	栃木県教育委員会所蔵		その他
47	[深鉢]	長岡市	岩野原遺跡	長岡市教育委員会所蔵		その他
48	[深鉢]	堀之内町	正安寺遺跡	堀之内町教育委員会所蔵		火焔型土器
49	[台付鉢]	中里村	森上遺跡	中里村教育委員会所蔵		その他
50	[深鉢]	加茂市	水源池遺跡	加茂市教育委員会所蔵		その他
51	[深鉢]	塩沢町	原遺跡	塩沢町教育委員会所蔵		火焔型土器
52	[深鉢]	津南町	堂平遺跡	文化庁所蔵・津南町教育委員会保管		火焔型土器
53	[深鉢]	与板町	徳昌寺遺跡	与板町教育委員会所蔵		火焔型土器
54	[深鉢]	津南町	道尻手遺跡	個人（中澤幸男氏）所蔵		王冠型土器
55	[深鉢]	長岡市	岩野原遺跡	長岡市教育委員会所蔵		王冠型土器
56	[深鉢]	津南町	堂平遺跡	文化庁所蔵・津南町教育委員会保管		王冠型土器
57	[深鉢]	柏崎市	川内遺跡	柏崎市教育委員会所蔵		王冠型土器
58	[深鉢]	十日町市	笹山遺跡	十日町市教育委員会所蔵	（国宝）	王冠型土器
59	[深鉢]	十日町市	笹山遺跡	十日町市教育委員会所蔵	（国宝）	火焔型土器
60	[深鉢]	十日町市	笹山遺跡	十日町市教育委員会所蔵		火焔型土器
61	[深鉢]	長岡市	山下遺跡	長岡市教育委員会所蔵		その他
62	[深鉢]	福島県	妙音寺遺跡	郡山市教育委員会所蔵		その他
63	[鉢]	長岡市	山下遺跡	長岡市教育委員会所蔵		その他
64	[深鉢]	福島県	小屋田遺跡	西会津町教育委員会所蔵		その他
65	[深鉢]	長岡市	馬高遺跡	長岡市教育委員会所蔵	（重要文化財）	王冠型土器
66	[深鉢]	栃尾市	石倉遺跡	個人（武田勝衛氏）所蔵		火焔型土器
67	[深鉢]		出土地不詳	國學院大學考古学資料館所蔵		王冠型土器
68	[深鉢]	長岡市	岩野原遺跡	長岡市教育委員会所蔵		その他
69	[深鉢]	堀之内町	原居平遺跡	堀之内町教育委員会所蔵		火焔型土器
70	[深鉢]	長岡市	馬高遺跡	長岡市教育委員会所蔵	（重要文化財）	火焔型土器
71	[深鉢]	長岡市	馬高遺跡	長岡市教育委員会所蔵	（重要文化財）	王冠型土器
72	[深鉢]	十日町市	幅上遺跡	十日町市教育委員会所蔵		火焔型土器
73	[深鉢]	中里村	森上遺跡	中里村教育委員会所蔵		火焔型土器
74	[深鉢]	十日町市	野首遺跡	十日町市教育委員会所蔵		王冠型土器
75	[深鉢]	十日町市	幅上遺跡	十日町市教育委員会所蔵		王冠型土器
76	[鉢]	長岡市	馬高遺跡	長岡市教育委員会所蔵	（重要文化財）	その他
77	[深鉢]	長岡市	馬高遺跡	長岡市教育委員会所蔵	（重要文化財）	火焔土器

3. 粘土紐の扱い

　火炎土器の文様や造形には個体それぞれの異同はあるものの、非常に類似した文様パターンを形成している。類似した文様パターンは秩序のない粘土紐の加除では決して生成されないであろう。火炎土器の文様や造形の中で見られるS字状の隆起線文、トンボ眼鏡状突起、袋状突起、口縁部の鋸歯状装飾と鶏頭冠、短冊状突起などは一定の粘土紐の扱いによって生み出されている。それらは一見さまざまな形態を示していて、無秩序に見えるが決してそうではない。

　S字状の隆起線文を例にとってみよう。火炎土器以外の縄文土器にも多く見られるモチーフであるが、火炎土器の場合には基本的に2本の粘土紐をそれぞれC字状に折り曲げ、開口部分が互いに異なる方向になるようにする。その結果、連結した2本の粘土紐はS字状を呈するのである。対して火炎土器以外のS字状の隆起線文は、基本的に1本の粘土紐の両端を互いに異なる方向に折り曲げて、文字どおりの粘土紐でS字を作り出している。

　従来、S字状の隆起線文として一括されていたものは、少なくとも2通りの粘土紐の扱いによっている。S字状という一定の形態的な特徴から認識されていた文様が、実は異なる粘土紐の扱いに由来していたわけである。ある特定の文様を生み出すにしても、粘土紐を単位として見た場合、2通りの過程を経ていることは重大である。すなわち、一見して同じく見える形態であっても造形の過程が異なるという事実は、現代の私たちの見え方と土器製作者の思惑とに相違のあることを示唆することになるからである。

　SとC＋Cを同一視していたわけである。事実、火焔型土器や王冠型土器ではS字状の隆起線文とともに、半S字状の粘土紐あるいはC字状の粘土紐が連結している場合が多く見られる。その一方で、東北地方南部の土器や中部関東地方の土器にも見られるS字状の隆起線文を概観すると、1本の粘土紐で文様が作られているようである。

　S字状の隆起線文に粘土紐の扱いから見て、2通りの成り立ちのあることを踏まえて、同じく粘土紐で造形されるトンボ眼鏡状突起、袋状突起、口縁部の鋸歯状装飾と鶏頭冠、短冊状突起などを観察すると、これらの火炎土器にのみ特徴的な造形ではいずれもC字状の粘土紐を単位としていることが理解できる。

　トンボ眼鏡状突起はC字状の粘土紐の開口部分を合わせ、二つの粘土紐の輪を作り、それを二つ張り合わせている。また、袋状突起はC字状の粘土紐を押し潰してU字状の粘土紐を作り、それを二つ張り合わせている。

　口縁の鋸歯状装飾はより端的である。C字状の粘土紐それぞれの開口する端部と端部とを圧着して作られており、端部と端部の圧着した箇所を先端とする鋸歯状の連続する装飾となっているのである。

　立体的な造形である火焔型土器の鶏頭冠や王冠型土器の短冊状突起も、形態は一見複雑に見えるが、粘土紐の扱いはC字状のものを基本単位としている。鶏頭冠の鋸歯状部分の作り方は、口縁を装飾する場合とまったく同じである。鶏頭冠や短冊状突起の表面にはS字状の隆起線文が存在する場合があるが、これらもまたC字状の粘土紐の開口部分を互い違いにして連結している。

火炎土器の広がり 115

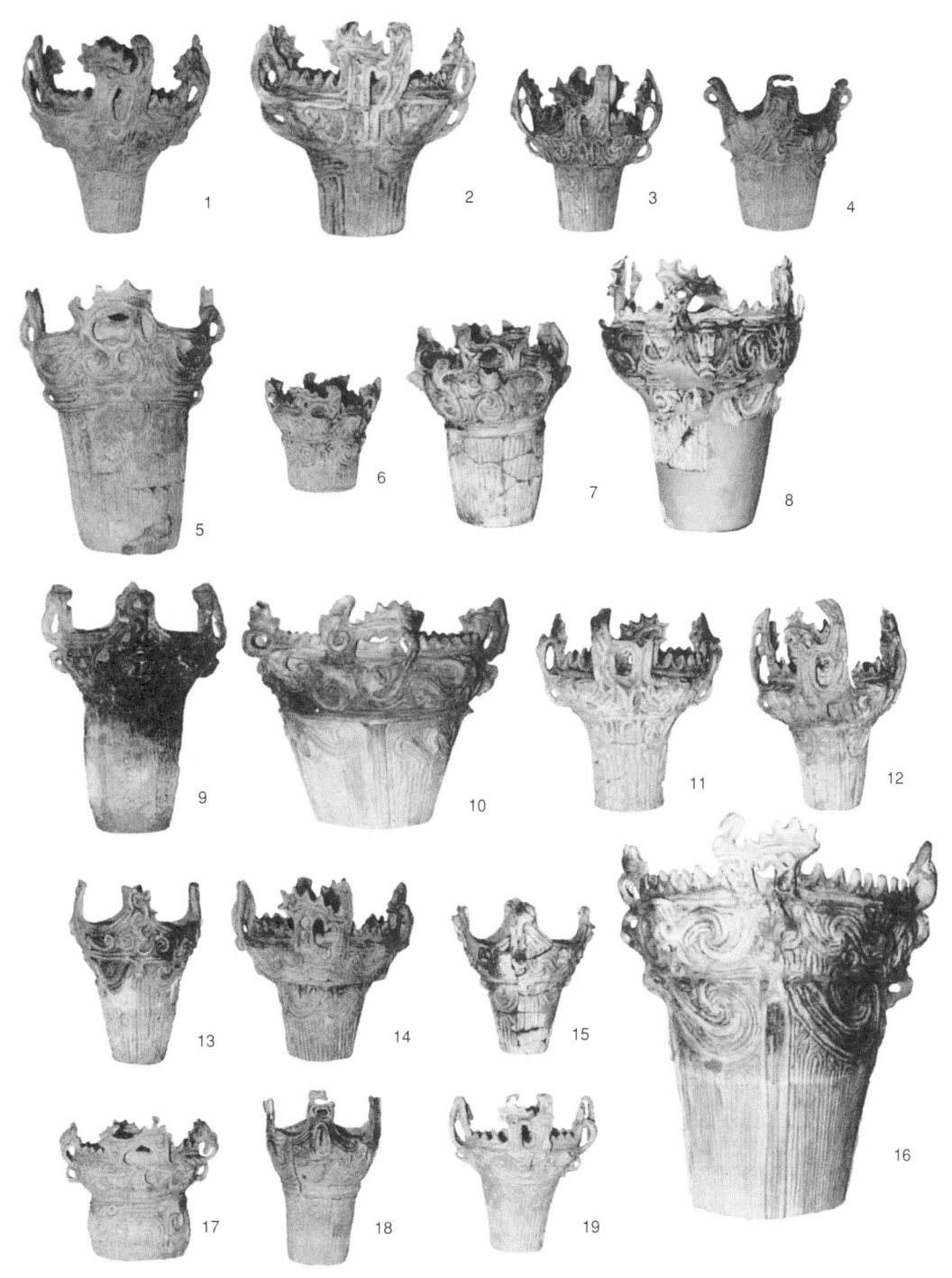

写真1 対象資料(1)

4. 火炎土器の文様素

　さまざまな文様や造形に共通する粘土紐の扱いに注目し、粘土紐の最小形態・最小単位に分解することで、異なる製作過程を踏んだ造形や文様を包括する要素を抽出できる。この点に注目し、最終的な造形や文様のあり方に関わらず、それを成り立たせる粘土紐の最小単位の違いによって、従来は一括されていた土器を分類できる可能性を指摘したい。そして、その意義を込めて、このような最小単位を文様素と呼びたいと考えている。

　火炎土器のS字状の隆起線文、トンボ眼鏡状突起、袋状突起、口縁の鋸歯状装飾と鶏頭冠、短冊状突起などは、基本的にC字状の粘土紐を文様素として造形される。この点については肉眼観察だけではなく、X線による透視を試みて蓋然性を高めた（宮尾2002）。

　従来は火炎土器の典型的な型式である火焔型土器や王冠型土器と分類される中に、同様の造形や文様を1本の粘土紐をS字状に曲げたものを単位としているものが含まれている。火炎土器の周辺にある縄文土器では、1本の粘土紐をS字状に曲げたものが広く見られることを考慮すれば、これは火炎土器に対して、周辺の土器作りの流儀が混入したものと見ることもできよう。ここに口縁部と突起の形状で区別される火焔型土器と王冠型土器をより厳密にC字状の粘土紐を文様素とするものだけに限定する必然性がある。

5. 文様素による火焔型土器や王冠型土器の限定と火炎土器の広がり

　S字状モチーフの隆起線は、1本の粘土紐をS字状に造形しているのか、C字状の粘土紐2本の開口部分を対向させて連結しているのかをほぼ確実に読み取ることができる。S字状の隆起線文に継ぎ目があるか否かを判別するわけである。火炎土器の場合、S字状モチーフの隆起線文とともに、C字状の粘土紐がそのまま配置される場合が多い。これは火炎土器における文様素がC字状にした粘土紐であることを傍証するものである。逆にいえば、S字状の隆起線文がC字状粘土紐2本の連結した結果にすぎず、文様の最小単位ではないこと示している。

　それゆえに火焔型土器や王冠型土器に見えるものであっても、S字状の隆起線文が1本の粘土紐によっている場合、異なる文様素で構成される土器であり、似て非なるものと見た方がよい。少なくとも土器自体の属性に基づく型式分類では、厳然と区別されるべきものであろう。そして、文様素を読み取れる場合には、完形であれ破片であれ、明確に文様素の違いによって型式分類できることが期待できる。

　新潟県立歴史博物館の常設展示「縄文文化を探る」の「火焔土器の世界」に展示するためにレプリカを製作した火炎土器77点では、馬高遺跡の火焔土器など典型的な火焔型土器・王冠型土器は総じてC字状の粘土紐を2本連結してS字状モチーフを形成していた。それらは表中に火焔型土器、王冠型土器と記した。対してS字状モチーフを1本の粘土紐で作っている個体はすべて、その他としてある。

　注目される点として、富山県魚津市大光寺遺跡出土のものがC字状の粘土紐2本の連結でS字状の隆起線文を生成していて火焔型土器に分類される一方で、火炎土器の中核地と目される信濃川中

火炎土器の広がり 117

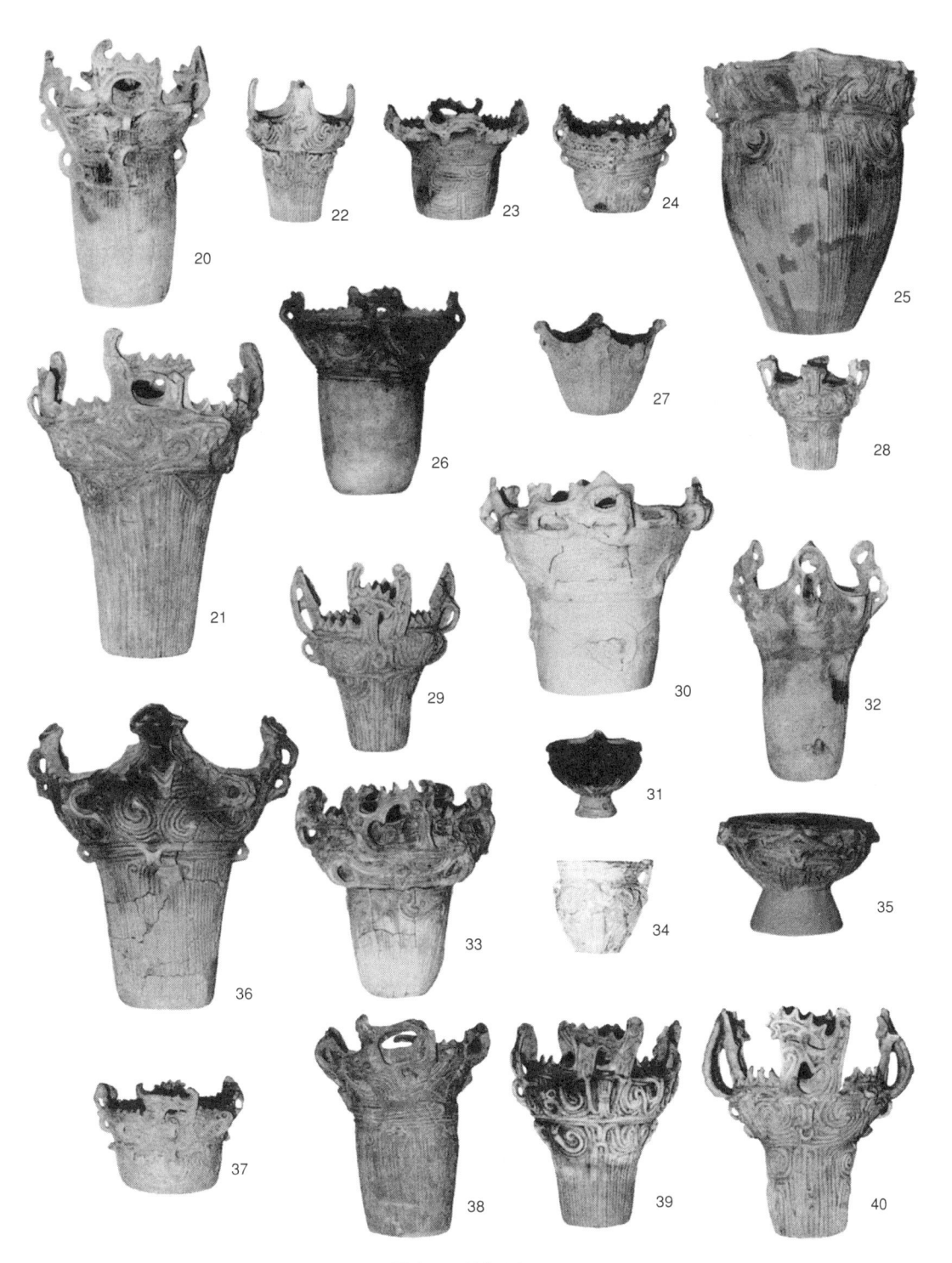

写真 2 　対象資料(2)

118　第Ⅲ章　火炎土器様式の広がり

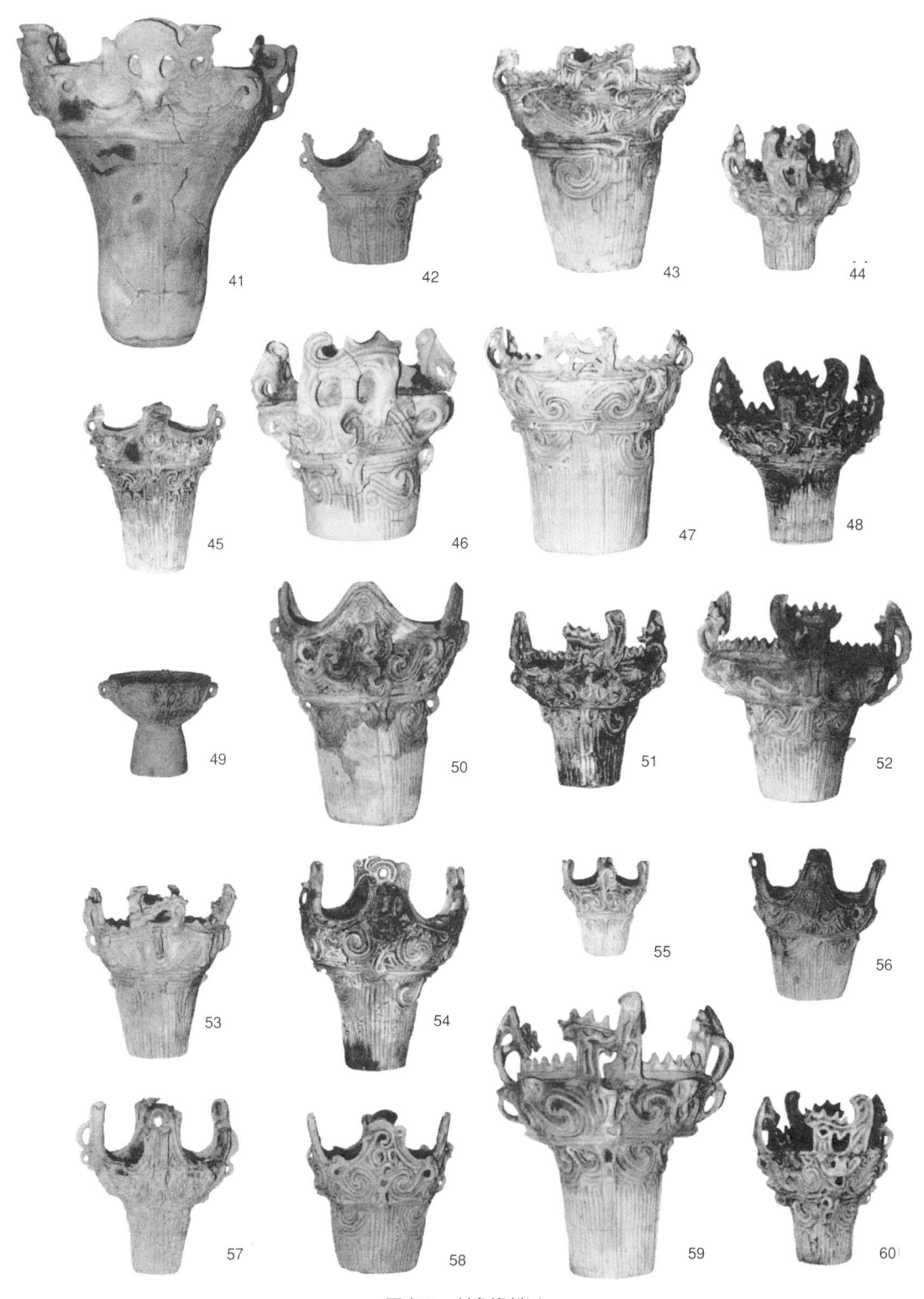

写真3　対象資料(3)

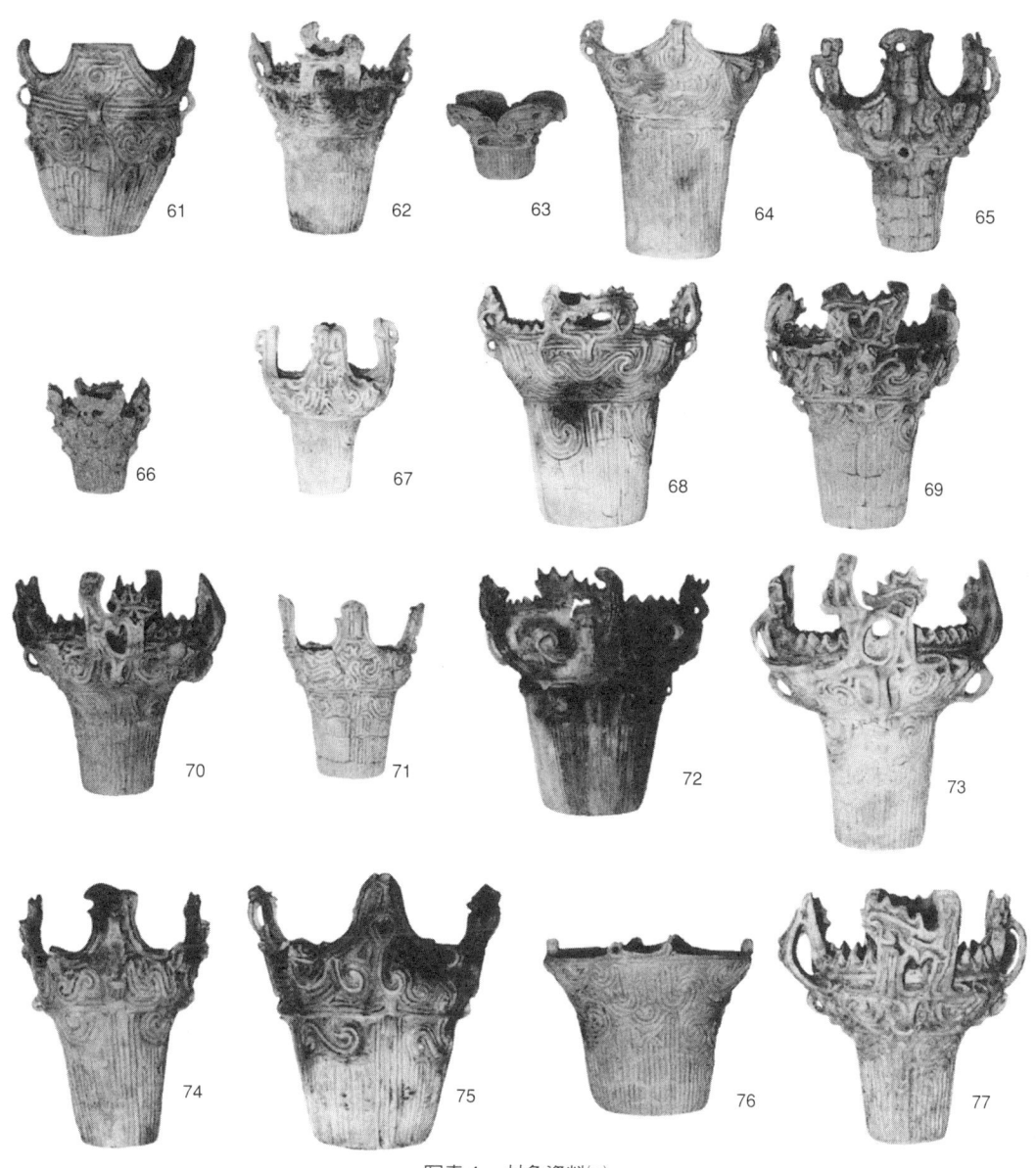

写真4　対象資料(4)

流域に位置する新潟県長岡市岩野原遺跡や十日町市笹山遺跡のものの中に、1本の粘土紐でS字状モチーフの作られているものが存在することが明らかとなった。また、硬玉大珠の製作地である新潟県糸魚川市長者ヶ原遺跡出土のものが、1本の粘土紐でS字状の隆起線文を生成していることが判明した。なお、火炎土器に類するものが比較的多く発見されている福島県会津や北関東のものは、すべて1本の粘土紐でS字状の隆起線文を作り出していた。同様に火炎土器の分布としては縁辺になると思われる朝日村奥三面遺跡群前田は、C字状の粘土紐2本の連結でS字状の隆起線文を作る火炎土器であった。

　粘土紐の扱いによって設定した文様素で見るかぎり、火炎土器出土遺跡相互の関わりかたは単に

地理的な遠近と関わらないようすを予測できる。また、火炎土器の中核地だから火炎土器の作りの流儀が堅持され、周辺部でその流儀が度外視されるわけではないことが理解できる。そして、火炎土器の周辺から異なる流儀の流入しているようすもうかがわれる。

なお、ここでは火炎土器の文様素として隆起線を生み出す粘土紐のみに注目したが、粘土紐と土器器面とに彫り込まれる沈線についても目配りが必要であろう。火炎土器では沈線でもC字状の単位を観察することができ、それが一定の秩序をもって挿入されているように見える。もう一つの文様素として注意しておきたい。

6. おわりに

火炎土器に限らず、縄文土器には二つと同じものは存在しない。縄文土器一般の造形は、作り手と土器とが一回性の関係にある点はもっと重視されなければならない。製作者と土器とが一回性の関係しか結ばないにもかかわらず、異同を含みながら類似した土器を製作し得る原理はもっと検討されてよいと思われる。

火炎土器における文様に厳密な文様素が存在するということは、見た目が同じであれば、過程を問わないのではなく、その過程が重視されていることをも示唆するものである。それは遺物の類似性を根拠として検討できる研究課題であれば、問題視されないことなのかもしれない。しかし、土器の類似性を生み出す背景を意識したとき、重要な意味を秘めているように思われる。それは土器とその製作に関わった身体とを具体的に仲介し、土器製作の流儀という観念の一端を認定する具体的な方法となる可能性を秘めている。

参考文献

今福　利恵　1990　「火炎土器様式の構造」『火炎土器様式文化圏の成立と展開』火炎土器研究会
今福　利恵　1996　「火炎土器の系譜」『縄文の美-火焔土器の系譜-』十日町市博物館編
小島　俊彰　2000　「粘土紐扱いの手馴たち-火焔型土器の作り手-」『新潟県立歴史博物館開館特別展ジョウモネスク・ジャパン図録』
寺崎　裕助　1990　「火炎土器様式の出現と展開」『火炎土器様式文化圏の成立と展開』火炎土器研究会
寺崎　裕助　1996　「火炎土器の成立・展開・終焉」『火焔土器研究の新視点』十日町市博物館編
宮尾　亨　2002　「火焔土器の文様素」『新潟県立歴史博物館研究紀要』第3号

第Ⅳ章　火炎土器様式の周辺

火炎土器様式はその特異な形態から縄文土器の代表として扱われることがあるため、実際には比較的狭い分布域の土器であったことが一般に知られていないようである．

　越後周辺の同時期の土器との交渉の様相が各県の共同研究員の複数回にわたる発表によって明確になってきた。火炎土器様式の情報は全方向へ向かって発信されたのではなく、その主たる流出口は阿賀野川沿い、または八十里越、六十里越といった会津方面であったことがわかる。なお、鈴木論文は研究会での発表をもとに『新潟県立歴史博物館紀要』4号に執筆された論文を再録したものである。

千曲川流域における火焔型土器および曲隆線文の系譜

寺内　隆夫

1. 数少ない火焔型土器、そして曲隆線文への視点

1）　信濃川―千曲川ルートと妙高・斑尾山麓ルート

　長野県北信地域は、火炎土器の中心地である信濃川中・上流域に接している（図1）。しかし、近距離にありながら、この地域では火焔型・王冠型土器が激減する傾向を示す。その要因の一つとして、信濃川が長野県側に入り千曲川と名称を変えてまもなく、川幅がひじょうに狭くなる（西大滝ダム付近）ことがあげられる（図1のa）。縄文時代においては、この地理的な要因によって交流関係が阻害されていた、とする見方である。

　しかし、火焔型・王冠型（A群）土器に伴う、B群と類似した装飾をもつ土器（唐草文系土器）や、C群とされる東北の大木式系統の土器（小林1988、寺崎1991）は、北信側にも安定的に存在している（綿田1989）。そのため、情報交換のルートを信濃川―千曲川沿いに限定した場合、単に組成率の低いA群土器の情報が入りにくかったにすぎないのか、あるいは何らかの理由で意図的に伝播しなかった可能性があるのか、などの疑問が生じる。一方、新潟県中頸城郡の山麓地域（頸南地域）と北信地域との交流関係の親密さ（後述）を考慮し、頸南地域からB・C群土器の搬入や影響が及んだと想定しよう。この場合、すでに頸南地域ではA群土器が減少しており、北信地域へ情報が伝わらなかったとしても不思議

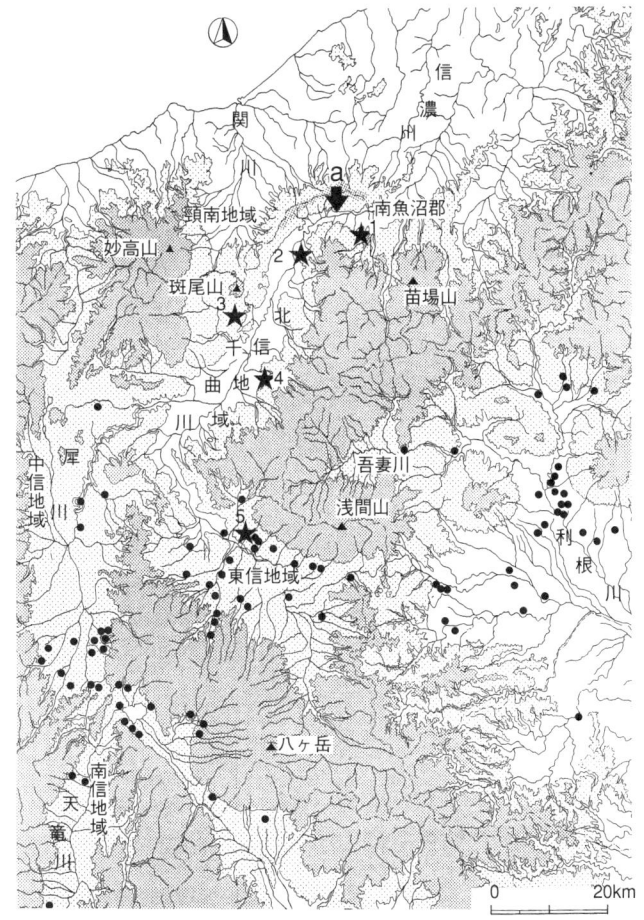

1：栄村長瀬新田　2：飯山市宮中　3：三水村東柏原
4：高山村八幡添　5：東部町大川

図1　長野県内の火焔型土器および焼町土器の分布
（★火焔型土器出土遺跡　●焼町土器出土遺跡）

124　第Ⅳ章　火炎土器様式の周辺

はない。いずれにしても、長野県域で火焔型・王冠型土器が激減する理由の解明は、今後の大きな課題の一つである。

現状では北信地域、とくに信越県境付近における縄文中期の遺跡調査事例がほとんどなく、議論を進めるための基礎資料が不足している。本稿では第一に、筆者が図化を進めてきた火焔型土器を紹介し、問題解決の糸口を探ることとしたい。

2）曲隆線文から千曲川流域の土器を見る

縄文中期中葉の長野県域では、分水嶺以北（日本海側に流れる河川流域）を中心に、連結部（突起等）を介して蛇行させた隆線をつなげ、装飾の基軸とする「曲隆線文」（野村 1984）が盛行する（図2）。通常、この曲隆線文には複列の沈線（半隆起線）文が沿う。その最盛期が焼町土器[1]にあたる。しかし、上記の装飾手法に見られる共通性を追っていくと、日本海側の各地に類似した装飾をもつ土器が広がっていたことがわかる。北陸の上山田式・古府式、新潟県域では五丁歩遺跡「隆Ⅰb系列」ほか（高橋 1992）の一群。そして火焔型・王冠型土器などである。もちろん、それぞれの土器型式（様式）間では、器面の分割方法や基軸隆線の展開方法といった装飾構造が異なっていたり、各個別装飾についても差異が認められる[2]（図2 上段）。しかし、曲隆線文とそれに沿う複列の沈線（半隆起線）文を多用し、装飾の基軸に使う点では、分水嶺以南（太平洋側に流れる河川流域）で盛行する勝坂式土器（図2 下段）やそれに後続する曽利式や加曽利E式、さらには東北の大木8a式、東海の北屋敷式などの装飾と大きな違いを見せている。

本稿では二つめの課題として、この日本海側の土器群との共通要素である曲隆線文に焦点をあて、長野県域の土器を中心に取り上げる。とくに、千曲川流域に分布する曲隆線文をもつ土器の変遷に

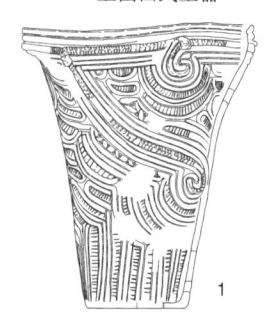

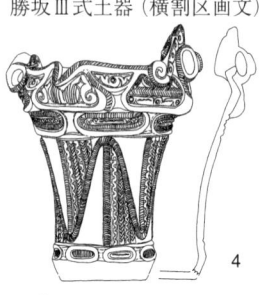

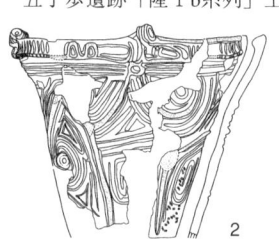

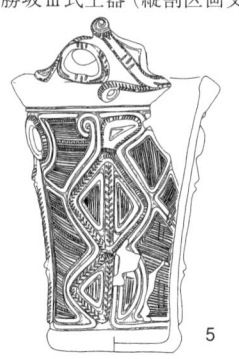

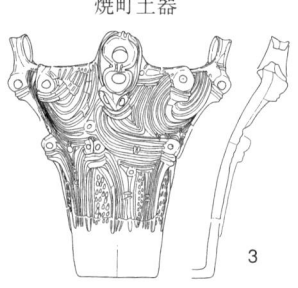

1：野沢狐幅（富山県立山町）
2：五丁歩（新潟県塩沢町）
3：川原田（長野県御代田町）
4：釈迦堂・野呂原地区（山梨県一宮町）
5：一の沢（山梨県境川村）

図2　分水嶺以北の土器（上段）と以南の土器（下段）

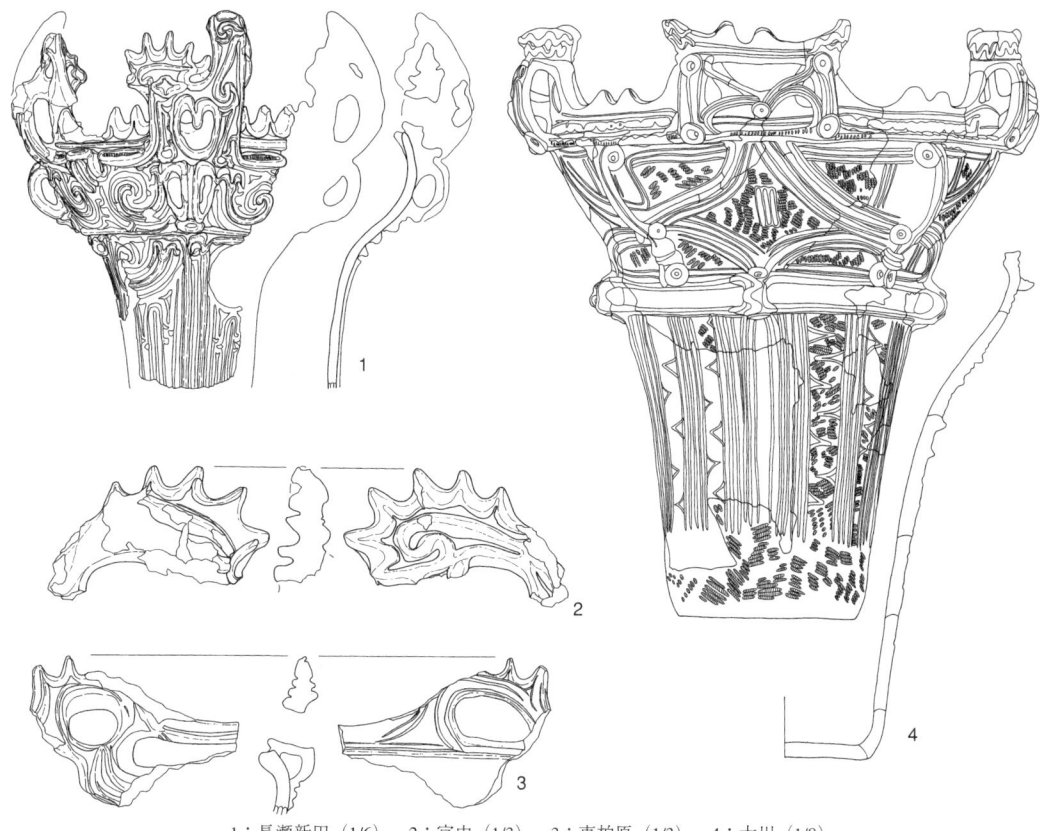

1：長瀬新田（1/6）　2：宮中（1/3）　3：東柏原（1/3）　4：大川（1/8）
図3　長野県内出土の火焔型土器（1〜3）と火焔形系土器（4）

ついて、新潟県の頸南地域をも含めて提示することとする。

2. 長野県内出土の火焔型土器と「火焔形系」土器

1）　火焔型土器の分布

　現在、管見に触れた火焔型土器の出土遺跡は北信地域の4遺跡にすぎない。王冠型土器は不明である。もっとも多くの出土量を誇る栄村長瀬新田遺跡（図3-1）は、火炎土器の本場、新潟県津南町と川を一本挟んだだけの対岸に位置しており、火焔型土器以外の資料も新潟県側との類似度が高くなっている[3]。この遺跡を除くと、飯山市宮中遺跡（図3-2）、三水村東柏原遺跡（図3-3）[4]で口縁部把手の一部が、高山村八幡添遺跡では鋸歯状小突起の一部（高山村教育委員会 1984）が出土しているにすぎない。また、北信地域南部より南側では皆無となる。

　このように、ひじょうに限られた資料ではあるが、その内容から火焔型土器の情報流入に関する特徴をうかがい知ることができる（図1）。復元可能で、しかも火焔型土器の規範に忠実な土器（図3-1）や、破片資料が豊富に採取されている長瀬新田遺跡は、千曲川狭小部（図1のa）より下流の新潟県境に位置している。一方、把手や突起部分が1点ずつしか見つかっていない3遺跡は狭小部の上流側に位置している。このように、川沿いの情報交換ルートを想定した場合、千曲川の狭小部

2)「火焔形系」土器について

火焔型土器の影響を受けて成立したとされる「火焔形系」土器（長谷川 2000）が、東御市大川遺跡で出土している（図3-4）。この地域は、焼町土器の分布（図1）に代表されるように、吾妻川を経由して群馬県側との結びつきが強い場所である。唯一の「火焔形系」土器もこのルートによってもち込まれた可能性が高い。

このように、長野県域においては、火焔型土器に関する情報が必ずしも直接新潟県側からもたらされるとは限らない。大きく変容を受けた土器や装飾の一部が群馬県域経由でもたらされる場合もあり、注意を要する点である。

3. 千曲川流域を中心とした曲隆線文土器の系譜

1) 曲隆線文に焦点をあてる

1935年、藤森栄一は日本海側の縄文中期中葉の土器を広義の勝坂式から分離する[5]ため、鳥居龍蔵の用いた「氷見式土器」の再提唱を行った。その中で氷見式aと類別された土器は、①隆起曲線による不規則な渦巻文と沈曲線による充填といった型式的特徴、②日本海側を中心に各河川の上流域にまで広がる分布状況、③分水嶺以南を分布の中心とする勝坂式との型式的差異、④上山田式や焼町土器、火炎土器の一部といった、現在われわれが使っている諸型式（様式）に相当する土器を包摂する概念である点、などの特徴をもつ。これは、筆者のいう曲隆線文を有する土器群とほぼ同一概念である。ただし、踊場式やそれに並行する土器群を同一型式（氷見式b）に含めている点など、当時の研究状況の限界も示している。

その後、土器型式研究はさらなる細分化へと向かっていった。そこでは、類似した装飾要素は並行関係を捉えるためや影響関係を考えるために利用される場合が多かった。そうした中で、北陸・飛騨北半部・越後・信濃北半部の諸型式（様式）を、共通する装飾によって捉え直そうという視点は必ずしも深化してこなかったといえよう[6]。今後、細部におよぶ型式・様式分析の方法が発展してきた現状を踏まえた上で、型式（様式）間を越えて存在する共通性の問題について考えてゆく必要があると感じている。

しかし、性急に共通性の要因を語るのではなく、ここではまず、資料の提示を行ってゆくこととする。長野県北半部の土器群は、曲隆線文の広がる日本海側の諸型式（様式）を抜きにして考えることができない。そこで、この地域を中心にして、曲隆線文の発生から展開を追ってゆき、周辺地域との関係について触れることとする[7]。

2) 曲隆線文の成立——中期前葉Ⅰ期

ここでいう前葉[8]Ⅰ期は、北陸の新保式の前半段階、関東の五領ヶ台Ⅰ～Ⅱa式、東北の大木7a式に並行する時期である。

Ⅰ期後半段階、北信地域～頸南地域で曲隆線文の初源と考えられる装飾が生まれる。「和泉A遺跡下層Ⅱ・Ⅲ期」（荒川 1999）、あるいは「松原式新段階」（上田 2000）の大半を占める土器の隆線装飾である（図4-2～4）。これらの土器では、横位分割線が崩れ、それを貫く形で装飾の基軸とな

る曲隆線文が配置される（図4-a）。曲隆線文は、蛇行隆線・橋状把手・半隆起線が連結した形をなしており、口唇部から体部下半までつながる。また、これに沈線（半隆起線）文が沿う。連結部に橋状把手を配する「継手文」の原形はこの時期に成立するのである。これ以後継手文は、この地域および千曲川上流域では土器装飾の基軸となり、多くの変容を伴いながらも中期後葉まで系譜が続くこととなる（図4-a～k）。

　一方、並行する新保式などの中にも、沈線による継手文が認められる。しかし、それはあくまで沈線表現であり、強調の度合が低いものにすぎない。在地の土器に見られるような、口唇部から体部下半部にまで連続する隆線装飾は成立していないのである。和泉A遺跡で出土した新保式土器の例（図4-1）を見ると、沈線による分帯や装飾が主体で、隆線装飾は貼付文に限られている。五領ヶ台Ⅰ・Ⅱa式や大木7a式、千曲川上流域（東信地域）の土器（図4-18）においても、隆線装飾の発達は部分的であり、存在したとしても直線的である。

　このように、曲隆線文の発生を考えると、長野県の北信地域北部から新潟県頸南地域が有力な発祥地と考えられる。

3）　継手文の継承——中期前葉Ⅱ期

　新保式後半段階、五領ヶ台式Ⅱ式～直後型式、大木7a式後半から7b式前半段階に並行する時期である。

　北信地域～頸南地域では、隆線による継手文（図4-b）に半隆起線が沿う「深沢遺跡2類・3類土器」（西沢1982）が広がる。前時期に比べ横位分帯が定着し、曲隆線文の基軸となる継手文も同一面内で垂下する傾向がある。また、その配置も体部か口縁部のいずれか一方の文様帯内で収まる傾向が強い。しかし、一部では、継手文から横流れした隆線が連結した装飾も見られる（図4-7）。前時期に比べ、全体としては横流れや曲流化が収まった状況ではあるが、このように横流れを好む傾向が表面化した例も存在している。

　前時期から次期にかけて、新保式や新崎式でも継手文に類似した装飾が存在する。しかし、上部の「し」字部分のみを短隆線で表現されるに留まり、下部は通常沈線文である（図4-9、c）。継手文全体を隆線で表現する例は稀である。一方、五領ヶ台Ⅱb式～五領ヶ台式直後型式、大木7a・7b式においては、垂下する隆線装飾は直線かクランク状に屈曲することを基本にしている。懸垂文の途中に眼鏡状突起を配し、曲線的に垂下する継手文は認められない（図4-20）。東信地域でも直線的な懸垂文の表現が一般的である（図4-19）。

　この時期においても、隆線による継手文（曲隆線文）は、北信地域～頸南地域独自の装飾であったといえよう。

4）　区画文の一時的な盛行から再び曲隆線文へ——中期中葉Ⅰ・Ⅱ期

　北陸の新崎Ⅰ式、西関東から中部高地南半部の勝坂Ⅰ・Ⅱ式、東北の大木7b式に並行する段階である。

　中葉Ⅰ期には、分水嶺以南の関東～長野県南部の影響が大きくなり区画文が発達する（図4-22）。しかし、そうした流れの中でも、北信地域では「継手文」が継承される（図4-11）。一方、区画文が主体となる東信地域において、「継手文」や阿玉台式の系譜をひく蛇行懸垂文が体部で定着しは

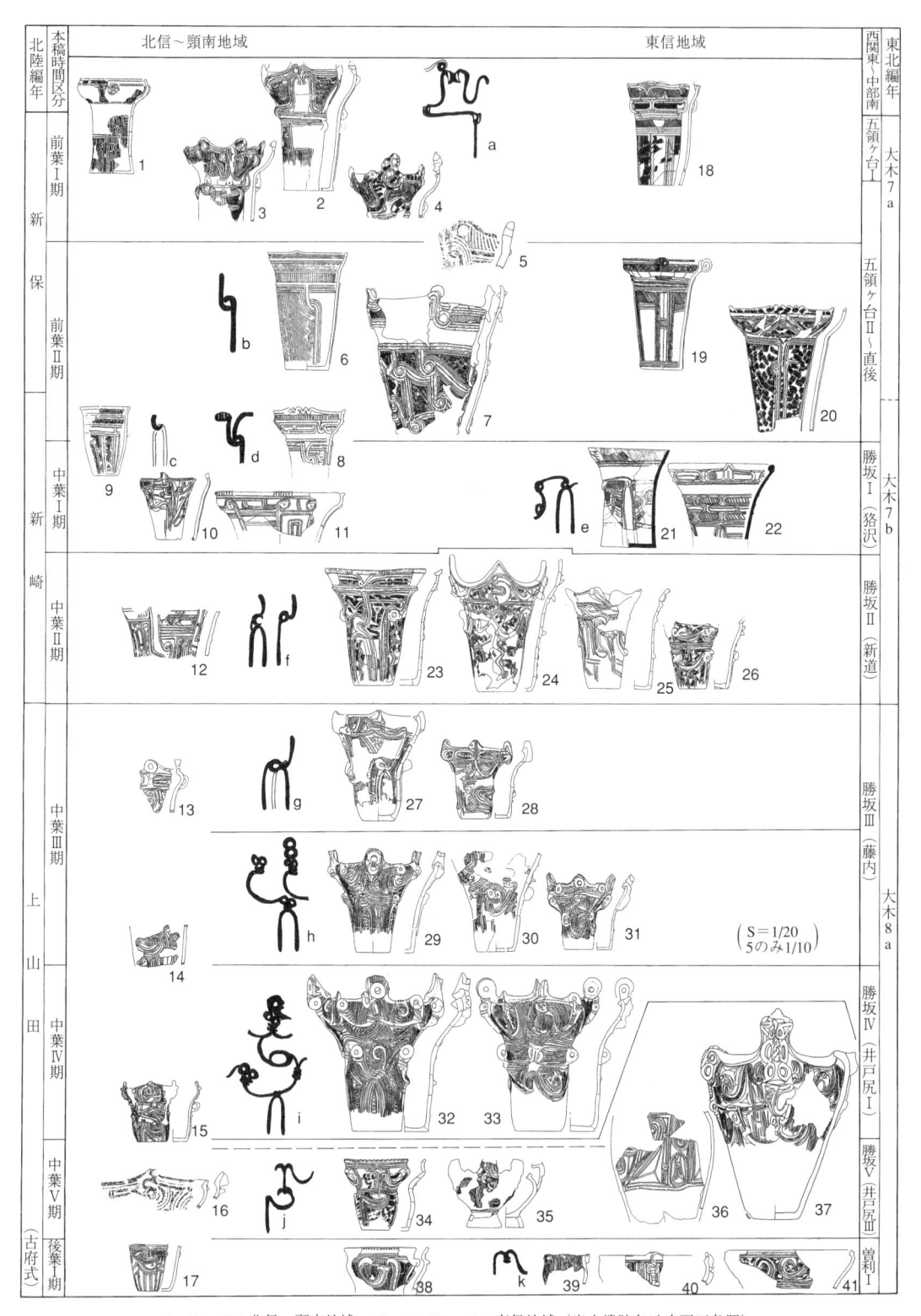

128　第Ⅳ章　火炎土器様式の周辺

1～17・20：北信～頸南地域　18・19・21～41：東信地域（出土遺跡名は次頁下参照）

図4　千曲川流域を中心とした曲隆線文の変遷

じめ（図4-21、e）、次期以降の曲隆線文発達の基盤ができあがる。

　中葉Ⅱ期に入ると、北信地域から頸南地域では、曲隆線文が再び装飾の基軸になる。さらにそうした傾向は周辺地域へも拡大する。東信地域では、隆線による区画文や分帯が減少し、曲隆線文がそれに変わって装飾の中心的な位置を占めるようになる。隆線の脇には複列の単沈線が配される（図4-23〜26）。焼町土器（古段階）の成立である（寺内1997）。新潟県魚沼郡域でも、曲隆線文を基軸とした五丁歩遺跡「隆Ⅰb系列」土器などが成立する（高橋1992）。一方、北陸の新崎Ⅱ式では、隆線の使用頻度は少ないものの、隆線や半隆起線（平行沈線）による垂下文が横流れし、曲隆線化の徴候を見せる。また、半隆起線（平行沈線）の多条化傾向は、むしろ新保・新崎式の方が伝統的に焼町土器などよりも強いようである。

　勝坂Ⅰ・Ⅱ式では、横位区画文をもつ土器が主流となり、蛇行する隆線装飾は、区画内や個別の文様帯内に収まる傾向が強い。とくに勝坂Ⅱ式段階では、分帯や区画よりも横流れする曲隆線文主体への動きを進める焼町土器との間で、差異がさらに明確となる。

5）　千曲川流域における曲隆線文の到達点──中期中葉Ⅲ・Ⅳ期

　北陸の上山田式、西関東から中部高地南半部の勝坂Ⅲ・Ⅳ式、東北の大木8a式に並行する段階である。北陸〜飛騨北半部、越後、信濃の東・北信地域で、複列沈線（半隆起線）文の沿う曲隆線文が盛行する時期である。

　北信地域の曲隆線文土器の特徴は、幅狭の口縁部文様帯と体部文様帯を明確に分帯する構成、大柄渦巻文の存在、交互刺突（三叉）文と刺突文が組み合わさる文様の多用、などである（図4-13〜15）。これらの点は、新潟県頸南地域や南魚沼郡地域との類似度が高い（図2-2）。ただし、火焰型・王冠型の把手類は採用されない。また、資料が少なく時期区分が確定できないのが現状である。

　一方、東信地域の曲隆線文土器を見ると、分帯線を排除するか蛇行させた焼町土器が最盛期を迎える（図4-27〜33）。曲隆線は複雑に連結し突起類が大型化する。また、隆線に沿う沈線も多条化する。竹管状工具のセ面を利用した浅くて幅広の単沈線が姿を消し、先端を鋭利に加工した工具や竹管状工具のハラ面を利用した半隆起線（平行沈線）へ変化する。それによって、多条・密集化の傾向が強まる。さらに、半隆起線の沈線部を二度引きし、立体感を強調するようになる。

　並行する上山田式に見られる曲隆線文の発達（図2-1）には、前時期からの名残が見られる。すなわち、焼町土器に比べ隆線の使用頻度や連結させる手法は少なく、隆線に沿う沈線文には細い区画状を呈するものが見られる。また、隆線上の刻みは焼町土器には稀である。

　この時期の勝坂式では区画文の崩れが進行するが、基本的な構造は横割区画文土器（図2-4）、縦割区画文土器(5)ともに、分割と区画である。また、充填装飾は隆線に沿う沈線が多重化するのではなく、独立した装飾で充填される傾向が強い。いずれの特徴も焼町土器や日本海側の土器群と

図4　掲載土器の出土遺跡名
1〜3：新潟県中郷村和泉A遺跡、4・5・10・12〜17：長野県三水村上赤塩遺跡、6・8：飯山市深沢遺跡、7・20：千曲市屋代遺跡群、9：豊田村風呂屋遺跡、11：豊野町明神前遺跡、18：武石村岩ノ口遺跡、19：望月町上吹上遺跡、21・22：望月町後沖遺跡、23・26〜34：御代田町川原田遺跡、24・25：東御市久保在家遺跡、35・38：小諸市郷土遺跡、36・37：佐久市寄山遺跡群、39〜41：東御市真行寺遺跡

は明確な違いを見せている。

6） 曲隆線文の衰退——中期中葉Ⅴ期〜後葉Ⅰ期

上山田式後半〜（古府式）、勝坂Ⅴ式〜曽利Ⅰ式、大木8a式後半段階に並行する。

北信地域はその南部を除いて、新潟県頸南地域や南魚沼郡域との関係が強く、類似した土器が見られる。しかし、資料が少なく、明確な土器組成の全貌を描ける状況にはない。

東信地域では中葉Ⅴ期に、分水嶺以南に中心をもつ勝坂式土器の影響が強まり、組成の大半を勝坂式が占めるようになる。焼町土器は急激に衰退し、勝坂式土器の部分装飾として継手文や突起、隆線に沿う複列沈線文が見られる程度になる（図4-36・37）。また、曲隆線文の系譜では、焼町土器の継手文の変容形（図4-j）に、越後方面からの影響を受けて成立したと見られる小波状文を口唇部に有する類型（図4-34）や台付き土器（35）だけになる。

後葉Ⅰ期に入ると、東・北信地域ともに関東の加曽利E式土器の影響が強まる。そして、長期間この地域の装飾の基本をなしてきた継手文などの曲隆線文は、装飾の一部分にその要素を残す（図4-39〜41）のみとなる。また、Ⅴ期に成立した口唇部小波状文の類型（図4-38）と台付き土器は継承される。

このように、新潟県域で火焔型・王冠型土器がもっとも発達する時期において、東信地域では、それらと共通する装飾手法（曲隆線文と併走する複列沈線文）をもっていた焼町土器が消滅してしまう。最大の要因は、曲隆線文の伝統をもたない勝坂式や加曽利E式といった、分水嶺以南の土器群の影響力が強まった点にある。一方、北信地域では資料が不足しており、はっきりしたことはいえないが、引き続き頸南地域や南魚沼郡域との関係が深く、類似した土器が存在すると見られる。

この後、長野県内では隆線に沿う複列沈線の手法がさらに廃れてゆく。しかし、継手文の意匠は、唐草文系土器において再び盛行を見ることとなる。曲隆線文の伝統は中期後葉まで継承されるのである。

4．まとめ

以上、長野県内出土の火焔型土器の資料報告を行い、次に日本海側の土器群との共通性がうかがえる曲隆線文について、長野県内における変遷と周辺地域との関係を概観した。そのことによって、以下の結果を得ることができた。

① 長野県域（とくに北信地域）は火炎土器の主要な分布域に隣接していながら、火焔型土器・王冠型土器が激減する。

② その要因としては、千曲川の狭小部が情報伝達を妨げていた可能性があること、北信地域との結びつきは信濃川流域よりも頸南地域の方が強かったこと、などが考えられる。

③ 曲隆線文の祖型は中期前葉Ⅰ期に、長野県北信地域の北部から新潟県頸南地域で発生した可能性が高い。

④ その基軸となる装飾は継手文などの曲隆線文であり、上記の地域では中期前葉・中葉、後葉を通して継承される。

⑤ その影響を受けて、中期中葉Ⅱ期には千曲川上流域（東信地域）で焼町土器が成立し、その

後急速に発展する。
⑥　沈線が複列沿う曲隆線文は、北陸や新潟県域での隆線装飾の発達に伴って、上山田式、五丁歩遺跡「隆Ⅰb系列」土器ほか、後続する火焔型・王冠型土器にも影響を与える。
⑦　焼町土器は中葉Ⅴ期以降、分水嶺南半部の勝坂式土器、後葉Ⅰ期には加曽利E式土器の影響下に入り、新潟県域で火焔型・王冠型土器が隆盛を誇る頃には衰退してしまう。

　長野県内では、北信地域での縄文中期遺跡の調査事例が少なく、火炎土器との関係を明確にするには至っていない。まずは、地元で表採・保管されている土器の資料化とその蓄積を進めてゆきたい。そうした中で、火焔型・王冠型土器が激減する要因解明のヒントが見つかると考えている。また、曲隆線文については、長野県北半部以外の土器群との類似度や差異について明確にし、交流関係を復元する材料としてゆきたい。
　最後に、数々のご教示をいただいた小林達雄先生をはじめとする火炎土器研究会の諸氏、表採資料の所蔵者確認や図化を快諾していただいた石沢巌、永野稲雄、保坂賢一、望月静男の各位に感謝の意を表したい。

註
（1）　焼町土器は、1984年、野村一寿が「焼町遺跡第1号住居址出土土器とその類例」の略称として提示した（野村1984）。その時点では、型式設定のための用件を満たしていなかったため略称にとどまった。その後、寺内は御代田町川原田遺跡の報告書（寺内1997a）の中で、良好な土器資料と出土遺跡の保存が可能な遺跡を型式名としてはどうかと提案した。その候補として「大仁反式」の名称を考えたこともあった。一方、同報告書をまとめた堤隆は、すでに認知されている「焼町」の名称を継承して「焼町式」とする案を提出した。現状では、焼町土器の名称が広く知れ渡るようになっており、「焼町式」として設定したいと考えている。
（2）　曲隆線文をもつ土器型式（様式）、たとえば火焔型・王冠型土器と焼町土器の装飾構造を比較すると、頸部と体部の分帯線が明瞭で、強調された把手から体部懸垂文まで垂直方向での型も決まっている前者と、明確な分帯線や直線的に垂下する装飾を避ける後者では大きな違いがある。また、時期的にも多少ずれが存在している。しかし、その一方で、複列の沈線（半隆起線）文の沿う曲隆線といった、装飾を描出してゆく時点での共通手法、さらにこの手法が装飾の主要部分を占める、という共通性が認められる。
（3）　長瀬新田遺跡からは、火炎土器のB群、C群とされた土器、さらには沖ノ原式などが多く出土している。現在、寺内が石沢巌氏所蔵の表採資料について資料化を進めている（寺内2003）。
（4）　この資料は、永野稲雄氏の表採資料であり、寺内が三水村上赤塩遺跡出土資料として公表した（寺内1992）。しかし、別箱に保管されていたこの1点のみが、同村東柏原遺跡出土であった。筆者の基本的な確認ミスであり、永野氏にはご迷惑をおかけした。
（5）　たとえば八幡一郎は、勝坂式に属する一地方型として越前から越後の土器をとらえており、その余波が飛騨・信濃の北辺に及ぶ、としている（八幡1935）。さらに1938年、火焔型土器の写真を勝坂式土器として掲載している（八幡1938）。このあたりの研究史は下総考古学の共同研究によった（下総考古学研究会1985）。
（6）　小島俊彰は「この藤森の見方をどうしてその後生かせなかったのか、不思議でもあり残念でもある」としている（小島1999）。型式細分に目の向いていた筆者自身も、小島氏の指摘を受けて藤森論文を再読し、「曲隆線文」土器群の概念との類似性を確認した。また、長野県内では、馬高式よりも時期的に先行する焼町土

器を、感覚的に「馬高系」・「馬高式的な」と捉えることから脱却するのに時間を要した。このあたりの経緯に関しては、野村論文（野村1984）に紹介されている。

(7) 千曲川流域の土器変遷については、「千曲川流域の縄文中期中葉の土器」と題した原稿を『国立歴史民俗博物館研究報告』に向け、2002年に提出ずみである。本稿も基本的には、この原稿に則している。東信・北信地域の土器の型式変遷などについての詳細は、そちらも参考にしていただきたい。

(8) 中期を前葉・中葉・後葉に区分する方法は、研究者や地域によってさまざまである。ここでは、関東から中部高地地域の土器の変化をもっともよく表し、これまで寺内が使用してきた区分、前葉＝五領ヶ台式併行期、中葉＝勝坂式併行期、後葉＝曽利・加曽利E式併行期に則った。また、並行関係にある諸型式については細分を行わずに使用した。

参考文献

荒川　隆史　1999　「土器」『上信越自動車道関係発掘調査報告書V　和泉A遺跡』新潟県教育委員会ほか

上田　典男　2000　「前期末葉～中期初頭の土器群について」『上信越自動車道埋蔵文化財調査報告書4　松原遺跡　縄文時代』長野県埋蔵文化財センターほか

小島　俊彰　1999　「北陸地方　中期」『縄文時代』10号第2分冊土器型式編年研究（2）　縄文時代文化研究会

小林　達雄　1988　「火炎土器様式」『縄文土器大観』中期2　小学館

佐藤　雅一　1998　「新潟県における中期中葉から後葉の諸様相」『中期中葉から後葉の諸様相』縄文セミナーの会

下総考古学研究会　1985　「勝坂式土器の研究」『下総考古学』第8号　下総考古学研究会

高橋　保　1992　「土器について」『五丁歩遺跡・十二ノ木遺跡』新潟県教育委員会

高山村教育委員会　1984　『八幡添遺跡』

寺内　隆夫　1992　「長野県上水内郡三水村上赤塩遺跡出土の縄文中期土器について」『長野県考古学会誌』61・62合併号　長野県考古学会

寺内　隆夫　1997a「川原田遺跡縄文時代中期中葉の土器群について」『川原田遺跡』御代田町教育委員会

寺内　隆夫　1997b「御代田町滝沢遺跡出土の縄文中期前葉（滝沢Ⅳ期）の土器について」『滝沢遺跡』御代田町教育委員会

寺内　隆夫　2003　「栄村・長瀬新田遺跡出土の縄文土器(1)―石沢巌氏所蔵資料の紹介」『長野県考古学会誌』103・104号　長野県考古学会

寺崎　裕助　1991　「火炎土器様式について」『新潟県考古学談話会誌』第8号　新潟県考古学談話会

寺崎　裕助　1999　「中部地方　中期（馬高式）」『縄文時代』10号第2分冊土器型式編年研究（2）　縄文時代文化研究会

西沢　隆治　1982　「深沢遺跡」『長野県史　考古資料編　全1-2』長野県史刊行会

野村　一寿　1984　「焼町遺跡第1号住居址出土土器とその類例」『中部高地の考古学』Ⅲ　長野県考古学会

長谷川福次　2001　「火焰形系土器について」『道訓前遺跡』北橘村教育委員会

藤森　栄一　1935　「北陸に於ける縄紋土器の一型式」『考古学』第六巻第一号　東京考古学会

八幡　一郎　1935　「日本石器時代文化」『日本民族』岩波書店

八幡　一郎　1938　『日本文化史体系1―原始文化―』誠文堂新光社

綿田　弘実　1988　「北信濃における縄文中期後葉土器群の概観」『長野県埋蔵文化財センター紀要』2　長野県埋蔵文化財センター

火焔形系土器と「三原田式土器」

長谷川　福次

1. ふたたび火焔形系土器について

1） 道訓前遺跡JP－11号土壙出土土器の発見

　筆者はすでに火焔形系土器について、「火焔系土器（群馬）について」「火焔形系土器について」として発表している。しかし、説明不足があること、当時終末とした時期以後の様相が明らかになったことから、改めてこの土器の問題を検討する。

　1996年10月2日、群馬県勢多郡北橘村大字上箱田字道訓前の発掘現場から、奇妙な土器が、その姿を現した。図1－2の土器である。発掘した調査担当者は「何なのか、わからない」と素直に述べた。土壙中位の出土ということもあって、しばらく取り上げずにおいた。見学にきた研究者の幾人かは胴部文様から、ちょっと変だけど「阿玉台式」の影響を受けた土器と捉えたようだ。しかし、口縁部の曲隆線文、4単位の突起形状がどこからくるのか明確に答える人はなかったと記憶している。

　この年の10月12日に、新潟県十日町市の「火焔土器フォーラム」に参加し、新潟県の火焔形土器を多く実見する機会を得た[1]。このとき、道訓前の土器はこの地の火焔形土器と関係をあるのではないかという考えをもった。記憶の曖昧さがあるが、4単位の突起の形状が似ていること、口縁部の曲隆線文も火焔形と親近感がある（あくまでも群馬から見て）。突起は変化しているが、鶏頭冠突起ではないかと強く考えた。十日町市から帰り、JP－11号土壙の土器をさらに観察した。2本のブリッジに支えられ、フリルをもち、尾を跳ね上げたような形状の突起上部（2本の併行するブリッジの間にX字状のブリッジが追加されているのは新潟県にはないが）から、間違いなく鶏頭冠突起と確信した（別の角度でいえば、勝坂式や阿玉台式の突起ではない）。胴部下位で表層が剥落し中の胎土が観察できる個所がある。それは白色に近く、新潟県を意識した素地土作り（いくら白い粘土を選んでも、こちらのものは鉄分含有量が多いため、結果は表層が酸化し、やや淡い赤褐色を呈してしまう。地元の土器の中では色白だが、1999年十日町市博物館で展示した際[2]、新潟県の火焔形と較べ赤黒いことが歴然とした）も火焔形を意識した土器と考えた根拠である。

2） 火焔形土器とは

　中村孝三郎氏は「火焔A式土器1号深鉢土器」の説明（中村1966）で「『火焔土器』の名は、この第1号だけに与えられた指呼名称で、他のもの、あるいは他遺跡出土のものは『火焔形土器』あるいは『火焔形式』と呼ばれ厳密に分離されている」としている。このことから、『火焔土器』は唯一1個体であること、それ以外に『火焔形土器』といったグループがあることが明確にされたわけである。さらに、上記の後半の記述やB式に関する記述（中村1966）[3]を要約すると、火焔形に

共通する要素は4箇の鶏頭冠、口辺の連続鋸歯状突起、口縁部上位の鶏頭冠の間に袋状突起または橋状把手、器壁全面の隆起線による直曲線の施文といえる。また、中村氏は時期により鶏頭冠の形状や器形が変化することを指摘しているのは注目に値する。

現在までの火焔形土器の特徴に関する記述は、おおむね上記の中村氏の記述に準じている。あえてつけ加えるならば、原則として縄文を用いないということ、頸部の1条または複数条の横位隆線により、口縁部文様帯と胴部文様帯に区分されるということだろう。

3） 火焔形土器と道訓前遺跡Ⅱ遺構外出土土器の比較

1997年、道訓前遺跡Ⅱの調査で図1-1の土器が出土した。この土器の特徴を述べる前に、本稿で扱う記号用語を整理する。鶏頭冠突起などの主突起をA（焼町土器の主突起もAと表記する）、袋状突起などの副突起をα、連続鋸歯状小突起をB帯、口端部文様帯をC帯、口縁部文様帯をD帯、頸部文様帯をE帯（1条の隆線はE'）、胴部文様帯をF帯、胴部下端の無文部をG帯とする。火焔形土器はA・α・B・C・D・E'（またはE）・F帯で構成される。

この土器は口縁部の比較的大きな破片である。Aの一部・α、B・C・D帯が残り、頸部以下は不明である。Aはブリッジが1本と上部の先端部が残る。ブリッジは印刻（粘土紐貼付けではない）で鉤爪状と菱形、それを縁取る2本の平行線を描く（図1-1A）。上部の先端部は内側にも明確な文様を描く。残欠部からの続き具合から、数は不明だが推定線のようなフリルがつくことが予想できる。αは瘤状の突起だが、表面文様の剥落がひどく、袋状突起になるかどうかはわからない。B帯は鋸歯状小突起で内面の抉りはあるが、外面にはない。これはイレギュラーであるが図2-2、笹山遺跡深鉢形土器41、野首遺跡にこの例があり[4]、火焔形土器の地元でも起こる小規模な変化である。C帯はやはり印刻で相対する連弧文を描く。A同様、印刻で浮彫りにされた文様に細かい楕円の押圧を連続して施す（図1-2C）。D帯は弧状の基隆線に沈線が沿い、隙間なく半隆起線が埋める。A中央直下（おそらく）に橋状把手が斜位に配される。ほかに双円環に「し」字状の細く短い隆線を結合したモチーフ（いわゆるケムンパス文）が貼付される。これは津南町道尻手遺跡に例がある。これらのことから、B帯がやや揺れるが、ほぼ火焔形土器の範疇にあると考える。時期は形状から寺崎編年のⅠB期に比定されよう。

4） 道訓前遺跡Ⅱ遺構外出土土器からJP-11号土壙出土土器へ（図1）

まず、JP-11号土壙出土土器の文様帯構成だがA・D・E・F・G帯構成（図1-2、図2-3）である。このことからも、JP-11号土壙出土土器は火焔形土器ではない。次に、前記の遺構外出土土器（この節では以後①）とJP-11号土壙出土土器（同様に②）を比較検討したい。まずAだが①の1本のブリッジの文様意匠が②のブリッジ全体に変化したことが見て取れる。②でも鉤爪状の文様が残されていることがその根拠となる。②のD帯には①のC帯にあった相対する連弧文の一連が降りる。これが降りたために①のD帯にあった沈線や三叉文は、連弧文に合わせ配置され、そのため①D帯とは印象の異なる文様となる。このことが「火焔形系」成立のメルクマールである（モチーフが文様帯を移動した）。次の段階では図1-3のように、D帯は相対する連弧文が文様の主体になり、地文は無文か縄文施文となる。①はE帯以下が欠損しているためダイレクトに比較できないが、②のE帯の横長の楕円区画は古式の火焔形や大木7b式の一部に見られる。また、F帯の垂下する逆U字

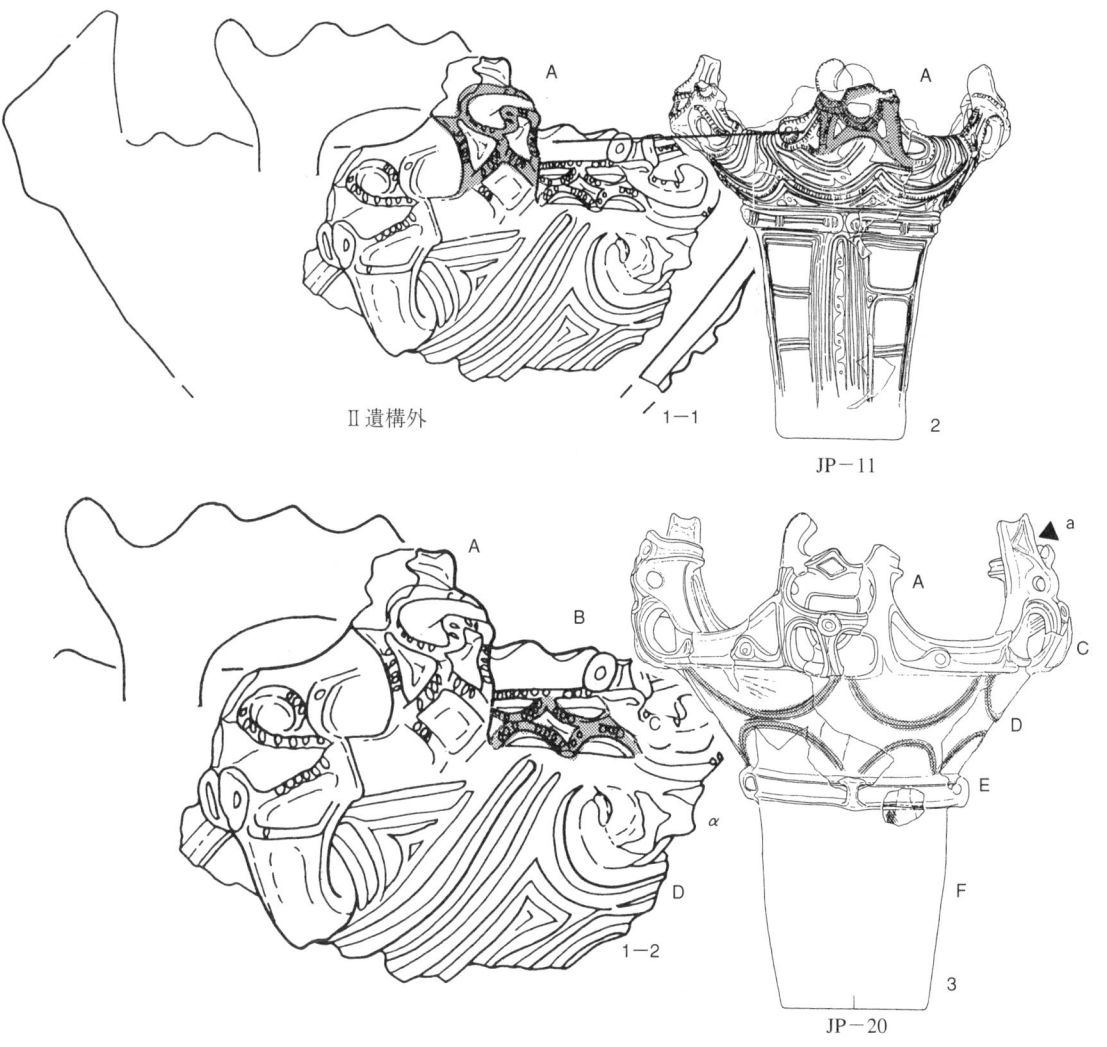

図1　文様造形の変容（1-1、1-2：縮尺不同　2・3：縮尺=1/8）

状隆線は火焔形によく見られる文様である。②F帯の方形区画をどのように解釈するかが問題である。房谷戸遺跡では縄文施文の土器に方形区画を志向する土器（513号土壙など）がある。また、清水上遺跡でも、縄文施文で86、305（?）、1357の方形区画やそれになり得る文様がある。津南町道尻手遺跡には無文地に方形区画の土器がある。また、図2-2の古式の火焔形土器のように、縦の沈線で画された区画に横Jや緩やかな弧状の3条の沈線を横に引く例がある。②の横位沈線が3条なのも興味深い一致点である。これらのことから、方形区画も火焔形やそれらの周辺にある大木式から形成される可能性が指摘できる。G帯の無文はこちらの土器の特徴である。

　以上、述べてきたように文様帯の移動はあるが、①の文様要素やE・F帯のように古式の火焔形や火焔形の周辺の文様を取り入れて（勝坂式や阿玉台式、火焔形の周辺にない大木式の文様ではない）成立した土器と考えたことから、「火焔形系土器」と命名した由縁である。

　5）　火焔形系土器の概観（図2・図3：この節ではこの図で使用した通し番号を用いる）

136　第Ⅳ章　火炎土器様式の周辺

1 三原田

2

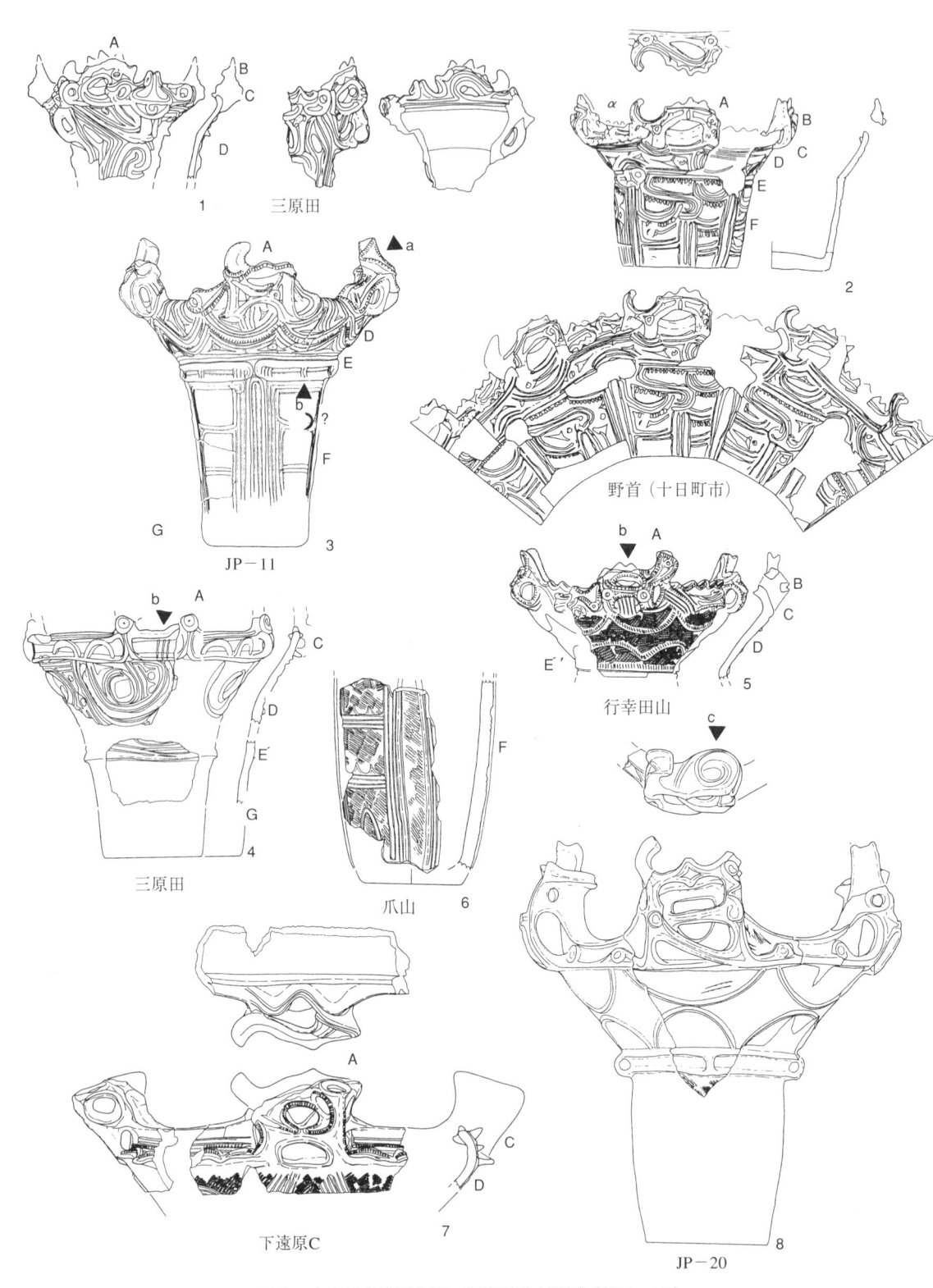

3 JP-11

野首（十日町市）

4 三原田

5 行幸田山

6 爪山

7 下遠原C

8 JP-20

図2　古式の火焔形土器・火焔形系土器(1)（縮尺＝1/8）

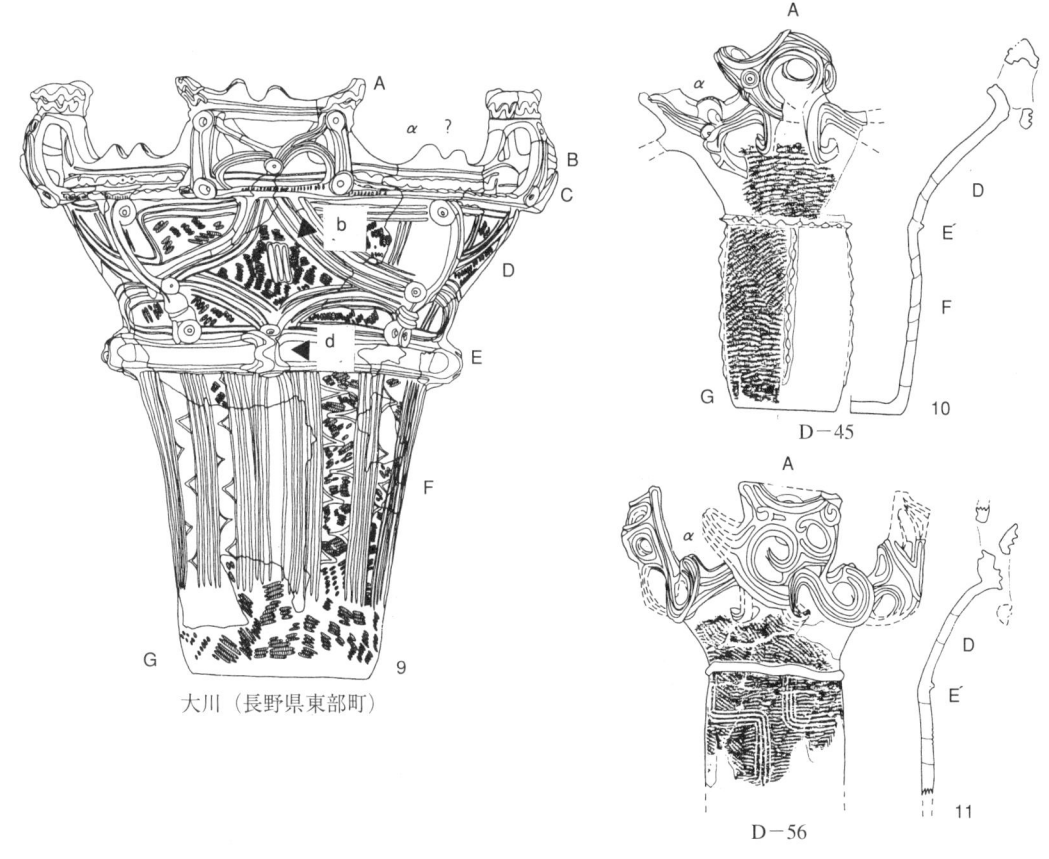

図3　火焔形系土器(2)・五代伊勢宮Ⅳ遺跡の土器　（縮尺＝1/8）

　火焔形系土器の完形個体はJP－11号土壙や大川遺跡例9のみだったが、近年、前橋市でほぼ完形品が出土したと聞いている。検討に耐える復元実測があるのが12、胴部が5個体前後である。前述のように火焔形系の成立をJP－11号土壙例（図1－2、3）とした。その後の変遷については既に述べており、今も大筋は変更しなくてよいと考える。
　群馬県内に沼南遺跡例のように大木7b式にS字状の突起をつけた個体や、1のようにフリルのあるS字状が直接口唇部につく古い様相を呈する土器が単発で入る時期がある。十日町市野首遺跡例2から、わずかに新しい時期に道訓前Ⅱ遺構外出土例が入るか作られ、それを規としながらも変容した3の土器が成立する。3ではB・C帯が消滅するが、以降の土器はC帯が復活すること、5や9のようにB帯をもつものがあり、3の段階でB・C帯をもつ個体があって、いくつかの小系統の変遷をするのか、または、その後の新潟県の情報からB・C帯が復活したと想定される。3の後に、火焔形系は縄文を施文されるようになる。この現象が、なぜ起きるのかわからない。前述の房谷戸遺跡例の影響や、器面調整としての縦方向の縄文施文が顕在化した可能性、また、野首遺跡例や岩野原遺跡第3地点出土土器[5]との関連も検討する必要がある。重要な問題だが、いずれにしても現時点では明確な根拠はなく不明である。
　7から大型化の傾向が見られる。以前の筆者は、極限まで大型化した9をもって火焔形系は終末

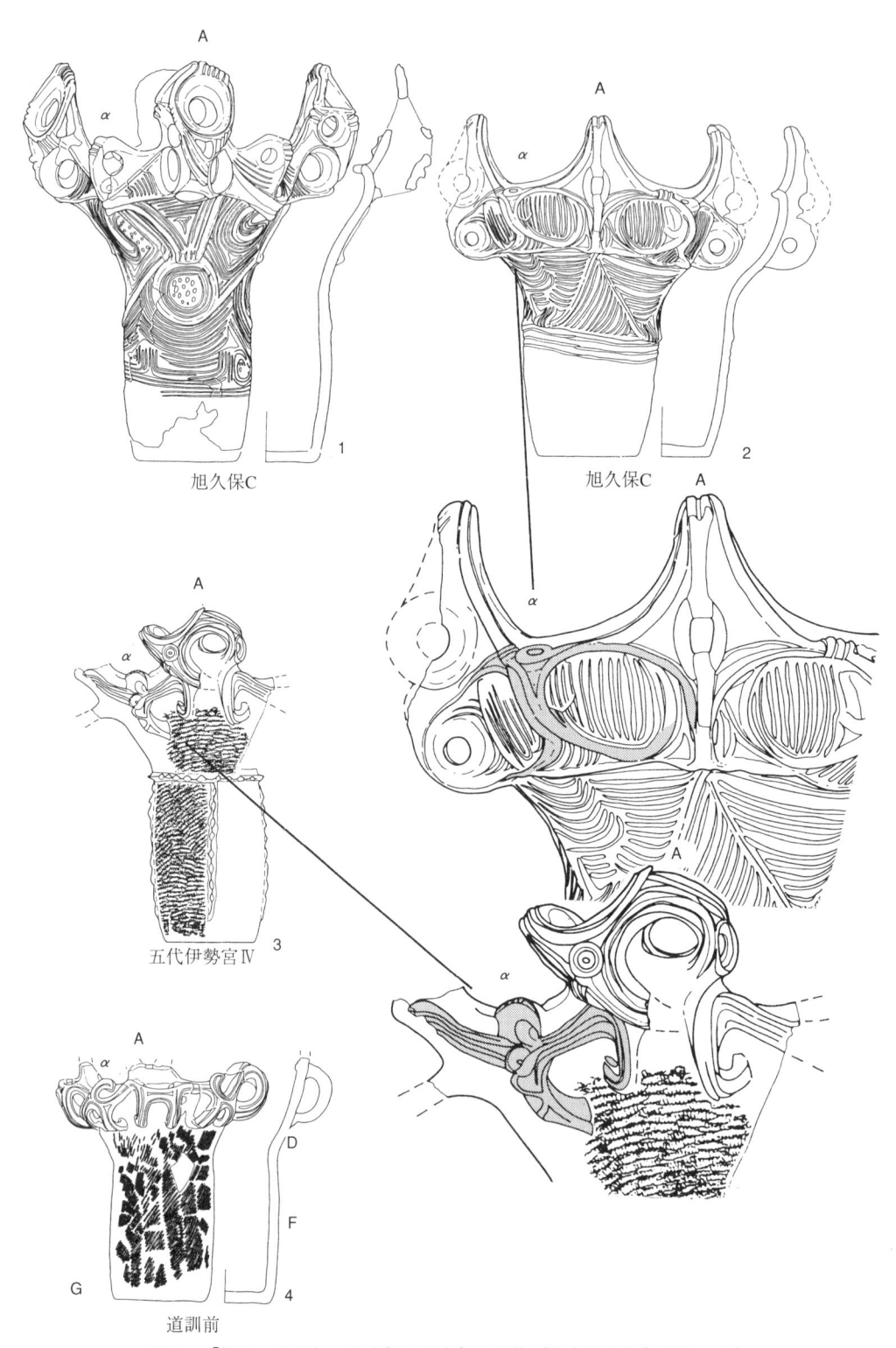

138 第Ⅳ章 火炎土器様式の周辺

1 旭久保C

2 旭久保C

3 五代伊勢宮Ⅳ

4 道訓前

図4 「抱きつき文」・主突起と副突起の連絡(拡大図を除き縮尺=1/8)

を迎え、その後の土器に続かないと考えた。しかし、近年の出土例で9の後に続く火焔形系があることが判明し、さらにその後の土器に大きな影響を与えることがわかった。このことは、次節以後で述べる。

図1-3aや図2-3aは4単位の鶏頭冠突起上部尾部の1単位だけに「く」字（または蛇行）状の細い隆線を貼付する例である。これは古段階の火焔形に見られる。また8cのように上部先端が渦巻くのは馬高遺跡の火焔形にその例がある。火焔形と火焔形系は形態や文様は大分異なってしまったが、情報が交換されているようで、一部の文様の変化が連動する。また、3b、4b、5b、9bに見られる縦の集合短沈線は文様帯を変えながらも受け継がれていく、彼らにとっては重要な意味をもつ文様であろう。

2. 五代伊勢宮Ⅳ遺跡の土器（図3・図4）

図3-9は口縁部で主突起間の中間にあたるところに橋状把手をつける。成立から火焔形系は火焔形とは異なり副突起αをつけなかったが、ここにきてその兆しが現れる。

五代伊勢宮Ⅳ遺跡（前橋市埋蔵文化財発掘調査団2001）は標高130mの赤城山南西麓に所在する。道訓前から南南東10kmの位置にある。図3-10・11がこの遺跡から出土した土器である。これらは勝坂3式に伴い、遺跡からは三角柱形土製品が出土している。これらの直前、図3-9の後にαをもつ火焔形系が現れる。また、図4-2のようにαを「抱きつき文」とする焼町土器が同じ地域にある。これらの中で第9図9dの蛇行隆線を貼付した「抱きつき文」が波底部に上がったと考える（図4-3）。これにより、口端部全体をS字や曲線の隆帯で連続して造形するという流儀が生まれる。S字を組み合わせるαは石生前遺跡の3単位の鶏頭冠をもつ土器にもあり、共鳴現象が指摘できる。五代伊勢宮Ⅳ遺跡では図3-10・11のほかにAが円環状のものがある。このような土器は、三原田や道訓前遺跡でも出土していたが、全体がわからず検討の対象にならなかった。

3.「三原田式」への移行（図4）

前節で火焔形系の末裔が口端部全体に立体突起を巡らせる流儀を身につけたことを述べた。この土器を基調に図4-4の土器が成立し、その後、焼町土器の文様の一部や大木系統の突起文様が組み込まれ、「カッパ」と呼ばれる連続中空突起をもつ典型的な三原田式土器になる。この詳細については紙幅の関係もあり、別稿を予定している。三原田式の成立に火焔形系土器の流れが大きく影響したことを強調しておきたい。筆者は図4-4を三原田式とするが、図3-10・11は火焔形系ともいい切れず、微妙である。どう捉えるのかは今後の課題としたい。

註
(1) 1996年10月12・13日の両日、十日町地域地場産業振興センターで開催された。
(2) 国宝指定記念特別展「縄文の美パートⅡ－火焔型土器の世界」1999年8月21日～10月10日十日町市博物館
(3) 　この深鉢№102（中村1958による）は鶏頭冠突起上部の先端が渦を巻いていること（図2-8cで示す火焔形系も渦を巻く）、頸部の橋状突起が「抱きつき文」、副突起が袋状ではなく橋状であり、そこから口縁部文

様帯に派生するJ字状の基隆線をこの橋状突起と結合させるとS字状になるなど、火焔形系土器を考える上での示唆に富む個体である。

(4) 笹山遺跡例はAが鶏頭冠ではなく、火焔形ではない。野首遺跡例はF帯が縄文施文である。純粋な火焔形から逸脱する（十日町市博物館2000、p36）。

(5) 中村1966、p116、図版第36図。D帯が縄文地文に相対する連弧文、E'帯、F帯縄文施文火焔形系土器に近い文様をもつ。

参考文献

寺崎　裕助　1999　「中部地方　中期（馬高式）」『縄文時代』第10号　縄文時代文化研究会

十日町市博物館　1996　『火焔土器研究の新視点』

十日町市博物館　2000　『火焔型土器をめぐる諸問題』

中村孝三郎　1958　『馬高№1』長岡市立科学博物館

中村孝三郎　1966　「縄文中期の遺跡（21）馬高」『先史時代と長岡の遺跡』長岡市立科学博物館

長谷川福次　2001a「火焔系土器（群馬）について」『考古聚英』梅澤重昭先生退官記念論文集

長谷川福次　2001b「火焔形系土器について」『道訓前遺跡』北橘村教育委員会

前橋市埋蔵文化財発掘調査団　2001　『五代伊勢宮Ⅲ遺跡・五代深堀Ⅰ遺跡・五代中原Ⅰ遺跡・五代伊勢宮Ⅳ遺跡』

栃木県域における火炎系土器研究の到達点と課題

塚本　師也

1. はじめに

　栃木県域において、火炎土器に類似する土器が報告され（青木 1964、中村 1964）、北陸地方の土器との関係が指摘されてから（中村 前掲）、既に40年近くの年月が経っている。この地域の火炎系土器[1]および中期縄文土器の研究史については、既に記しているため（塚本 1990・1997）、ここでは詳細には触れないが、1970年代後半〜80年代前半を中心とした海老原郁雄の一連の研究により、その大綱が決したことは特筆される（海老原 1973・1979・1980a・1980b・1981a・1981b）。海老原は、湯坂遺跡、槻沢遺跡、浄法寺遺跡などの袋状土坑出土の一括資料を基準として、大木式系土器を中心とする当該地域の中期縄文土器編年を確立させた。火炎系土器およびそれに類する土器も、その編年の中に位置づけられ、さらに会津地方や越後地方との関連も指摘された。筆者は、海老原とは土器の系統観を異にするが、その成果を土台とし、中期縄文土器の研究を続けてきた。火炎土器については、分布、編年的位置づけ、会津地方の土器との濃厚な関係、越後地方の土器との違いなど、海老原がおおむね指摘したことを再確認するに留まっている。越後地方と栃木県域との、土器を介した交渉関係の本質に迫るには至っていない。ここでは、そうしたことを踏まえ、これまでの研究で把握できたことを確認し、今後の研究の方向性を探ることとする。

2. 研究の方向性

　栃木県域を含む関東地方北東部に、越後地方の火炎土器に類似する土器が分布することは、広く知られるようになった。時代や時期を問わず、会津地方を介して両地域は頻繁に物資の交換を行っている。新潟県糸魚川産の硬玉製大珠が関東地方北東部から比較的多く出土するのは、その一例である。しかし、土器文様がこれほどまで類似するのは、この縄文時代中期中葉に限られる。この現象の背景を探ることは、東日本の中期縄文社会を考える上で非常に興味深い問題である。そのためには、両地域およびその中間にあたる福島県の会津、中通り地方の土器を詳細に比較し、各地域の土器相互の関係を明らかにする必要がある。具体的に、以下のような分析手順を考えてみた。

① 関東地方北東部における火炎土器に類似する土器の分布
② 関東地方北東部における中期縄文土器の編年と火炎系土器の編年的位置づけ
③ 関東地方北東部の大木式系土器の変遷
④ 関東地方北東部における火炎土器に類似する土器の分類
⑤ 関東地方北東部における大木式系土器と火炎系土器の交渉関係
⑥ 関東地方北東部の火炎系土器と越後地方の火炎土器の異同

⑦　関東地方北東部と会津・中通り地方の火炎系土器の異同
⑧　関東地方北東部の火炎系土器と越後地方の火炎土器の交渉関係
⑨　関東地方北東部の火炎系土器と会津・中通り地方の火炎系土器の交渉関係
⑩　関東地方北東部の火炎系土器と越後、会津・中通り地方の大木式系土器の異同
⑪　関東地方北東部の火炎系土器と越後、会津・中通り地方の大木式系土器の交渉関係

3．研究の到達点

　上記分析手順のうち、①②③⑥の四つについては、すでにある程度の成果が出ている。

1）　関東地方北東部における火炎土器に類似する土器の分布

　関東地方北東部における火炎系土器の分布については、分布図を示して栃木県北部の那珂川、鬼怒川流域に分布することを指摘した（塚本1990）。その後、出土遺跡数は増えたが、分布の傾向は大筋では変わっていない。ただこのときは、茨城県域では北部の久慈川や那珂川の下流域には分布せず、鬼怒川、小貝川流域にわずかに分布することを指摘した。その後、大宮町坪井上遺跡（久慈川流域）や水戸市塙東遺跡[2]（那珂川下流域）で火炎系土器が出土していることが指摘された（鈴木1999・2003）。しかし、おおむね現在の県境（八溝山地の尾根部）を境に、茨城県側では極端に出土数を減らすことには変わりがない。遺跡出土土器の破片を見れば、栃木県側の中期中葉の大規模遺跡では、必ずといってよいほど火炎系土器の破片が一定量含まれるのに対し、茨城県側では上記報告例以外にはなかなか見出せないといった状況である。また、坪井上遺跡の土器が信濃川中流域の長岡市周辺ではなく、新潟県の魚野川上流域の塩沢町、湯沢町周辺の土器に類似することが指摘されているが（寺崎2003）、この種の土器は、現在栃木県域では出土していない。また、塙東遺跡に見るような、体部上位の狭い楕円形区画内を加飾する手法も、栃木県域では見られない。一方、鬼怒川流域の茨城県関城町西原遺跡例は、頸部と体部の両方に縦位の粗い沈線を施しており、栃木県域のもの[3]と類似している。茨城県北部の火炎系土器は、久慈川を介した福島県中通り地方との関係を考慮する必要がある。将来、⑦や⑨とした関東地方北東部と会津・中通り地方の火炎系土器の異同や交渉関係の分析が進めば、この辺の事情も明らかになるであろう。図1に現在把握している遺跡分布を示す。

2）　関東地方北東部における中期縄文土器の編年と火炎系土器の編年的位置づけ

　関東地方北東部の火炎系土器の編年的位置づけについては、先学による研究の蓄積がある。

　海老原郁雄は、自身が示した大木8a式3期区分のうちの大木8a式1期（阿玉台式終末期）に火炎系土器が存在し、大木8a式2～3期に火炎系土器の影響下に成立した在地の「浄法寺タイプ」の土器が存在するとした（海老原1981b等）。

　小薬一夫・小島正裕・丹野雅人は、栃木県北部から福島県東部に分布する「擬馬高」土器を大木8a①～②期に、複弧文土器（海老原の浄法寺タイプ）を大木8a②期末～③期に位置づけた（小薬・小島・丹野1987）。

　筆者も、これらの見解に近い考え方を示した。「火炎土器様式圏の成立と展開」のシンポジュー

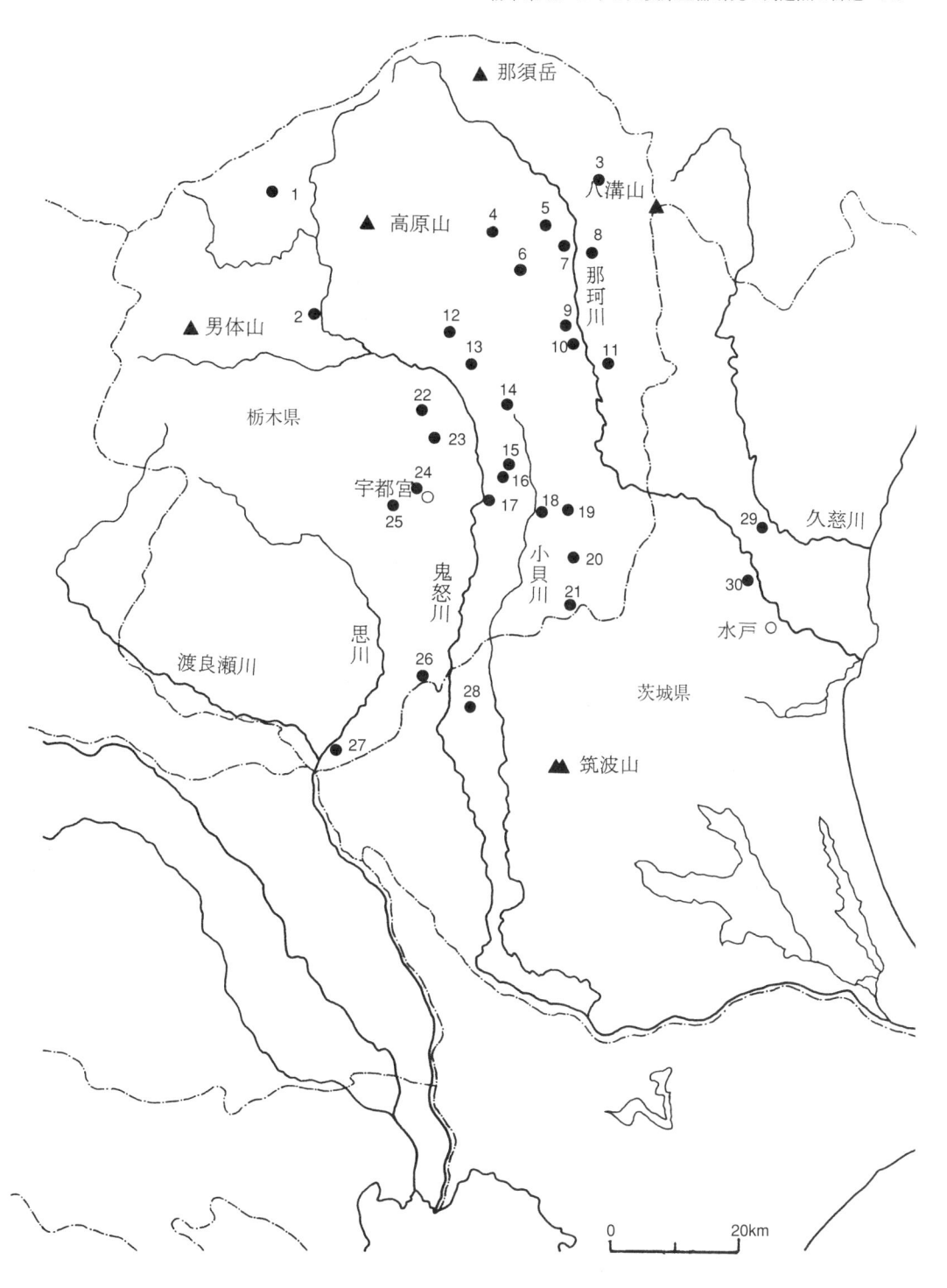

栃木県域における火炎系土器研究の到達点と課題　143

1：仲内遺跡　2：小佐越遺跡　3：何耕地遺跡　4：槻沢遺跡　5：長者平遺跡　6：平林西遺跡　7：川西小学校遺跡　8：浅香内遺跡　9：浄法寺遺跡　10：三輪仲町遺跡　11：古館遺跡　12：高塩遺跡　13：坊山遺跡　14：ハットヤ遺跡　15：上の原遺跡　16：金井台遺跡　17：竹下遺跡　18：弁天池遺跡　19：添野遺跡　20：御霊前遺跡　21：柿平遺跡　22：梨木平遺跡　23：大志白遺跡　24：御城田遺跡　25：高尾神遺跡　26：寺野東遺跡　27：松原北遺跡　（茨城県）28：西原遺跡　29：坪井上遺跡　30：塙東遺跡

図1　関東地方北東部火炎系土器分布図

144　第Ⅳ章　火炎土器様式の周辺

ムでは、阿玉台Ⅲ式並行期から加曽利EⅠ式並行期（海老原の大木8a式1～2期）に栃木県域の火炎系土器を位置づけ、加曽利EⅠ式期に複弧文土器が存在するとした（塚本 1990）。浄法寺遺跡報文でも、同様の編年的位置づけを与えた（塚本 1997）。しかし、福島県郡山市妙音寺遺跡75号土坑での加曽利EⅠ式古段階の土器（図2-1～3）との共伴例や古館遺跡出土の波状口縁深鉢形土器（図2-4）に見られる口縁部文様帯のあり方から、加曽利EⅠ式の中～新段階にも火炎系土器が存続した可能性が高いことを指摘した。

　また、複弧文土器を「浄法寺類型」と命名し[4]、その定義づけおよび編年的位置づけを行った。その後三輪仲町遺跡が報告され、SK-050で加曽利EⅠ式古段階の土器、SK-145で加曽利EⅠ式中～新段階の土器と火炎系土器との共伴が確認された（図2-5～17）。これにより、火炎系土器が加曽利EⅠ式新段階まで存続することが明らかとなった。つまり、越後地方の火炎土器の終末と栃木県域の火炎系土器の終末がほぼ同じであることもわかってきたのである。

3）関東地方北東部の大木式系土器の変遷

　筆者は、浄法寺遺跡の報文で関東地方北東部の大木式系土器の変遷案を示した（塚本前掲）。概略を示したにすぎず、不備も多い。今後訂正の必要があることはいうまでもない。前記したとおり、

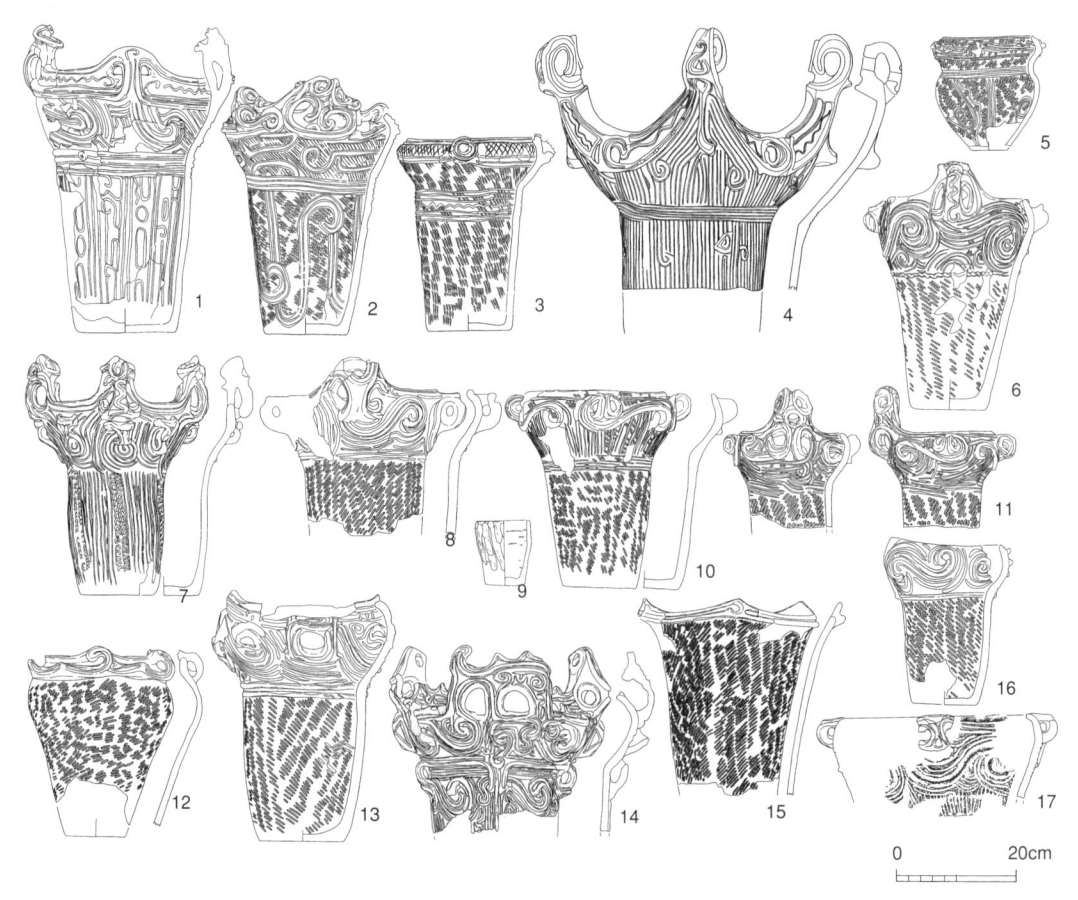

1～3：妙音寺遺跡75号土坑　4：古館遺跡　5～13：三輪仲町遺跡SK-050　14～17：三輪仲町遺跡SK-145

図2　火炎系土器およびその一括資料

該地域の中期中葉の土器編年は、海老原郁雄によって大綱が築き上げられた。海老原の編年は、各時期を代表する特徴的な土器群の交替によって、土器の変遷を捉えたものであった。これは、栃木県北部域の土器変遷の実態をよく捉えていた。海老原編年が呈示されたことにより、複雑で漠然としていた当該地域の中期中葉の土器に一定の秩序が与えられ、土器群に対する理解も深まった。このため、海老原編年は周辺地域の土器編年にも大きな影響を与えた。

　海老原が特徴的な土器群の交替を土器編年の基準としたのに対し、筆者は土器の系統を抽出し、系統ごとの土器の変化を追うという方法をとった。土器の段階区分については、ほぼ同じ見解となっている。しかし、土器の系統観については大きな違いがある。海老原は、阿玉台Ⅲ式段階（海老原の大木8a式1段階）[5] に、在地の阿玉台式に東北地方の大木式が影響を与え、縄文地に有節沈線を施文する「合いの子」土器（海老原による湯坂タイプ、諏訪タイプ）が生成すると考えている。筆者は、縄文地に有節沈線を施す土器を、もっとも良好な出土例が見られる福島県石川町七郎内C遺跡を標式として「七郎内Ⅱ群土器」と呼び、五領ケ台式終末の縄文地に有節沈線を施す土器（西村正衛による雷七類の一部、今村啓爾による神谷原式の一部）を祖型とし、以後阿玉台式と並存してその終末段階まで存続すると考えている。筆者は浄法寺遺跡報文において、この七郎内Ⅱ群土器を含む大木式系土器に対して、概略15の系統を抽出し、その消長を示した。ここで再び詳述することは避けるが、基準となるいくつかの土器群およびその変遷の概略について触れてみる。

　七郎内Ⅱ群土器（図3）は、多くは地文を縄文とし、有節沈線を中心として細い隆帯、沈線、原体圧痕などで文様を施す。口縁部に狭い区画文や押捺を加えた隆帯を配す。全体として口縁部文様帯を簡素化する傾向が強い。キャリパー形深鉢（図3－1～11）は、頸部の施文域を広くとり、ここに弧線や渦巻文、あるいはこれらの崩れたモチーフなどを施す。器形の屈曲部を体部と頸部の境とする。体部には懸垂文を配すものが多い。体部のモチーフも、弧線と渦巻を基調としたものが多い。なお、弧線文は、上下に対向させるものと同方向に重畳させるものとがある。体部と頸部の境は、数条の有節沈線を巡らす。うち1条は小波状を呈することが多い。懸垂文があるものについては、懸垂文の上部を連繋する形で施される。一方、樽形深鉢（図3－12～19）では頸部の施文域が狭く、この部分の文様帯が省略または簡素化されることが多い。体部文様帯は、渦巻と弧線を基調とする点でキャリパー形深鉢と同じである。文様としては渦巻文の方が多い。懸垂文は発達せず、渦巻文の下端から隆帯を垂下させるものがやや目立つ（図3－12～15）。七郎内Ⅱ群土器は、阿玉台Ⅰa、Ⅰb式段階の例は少ないが、阿玉台Ⅱ式新段階からⅢ式にかけて多くなり、阿玉台Ⅳ式段階にもわずかに存在する。主に福島県南半部から栃木・茨城両県の北半部に分布する。後述するように新潟県魚沼地方からも出土している。

　阿玉台Ⅲ・Ⅳ式段階には、槻沢遺跡で注目された特徴的な土器群が存在する（図4－1～13・16・17）。口縁部には、押捺やキザミを加えた隆帯とそこから派生する中空の把手を配す。口縁部文様帯の簡略化傾向は七郎内Ⅱ群土器より進み、楕円形区画文が配されることはほとんどない。頸部は施文域を広くとり、弧線を重ねたモチーフ、向きを変えて「コ」の字を連繋したモチーフ（曲折文）、渦巻文などを、主に沈線、まれに隆帯で施す。頸部と体部の境は器形の屈曲部にとり、2～3条の沈線を巡らす。体部にも頸部と同様のモチーフを施す。南会津の福島県田島町上の台遺跡か

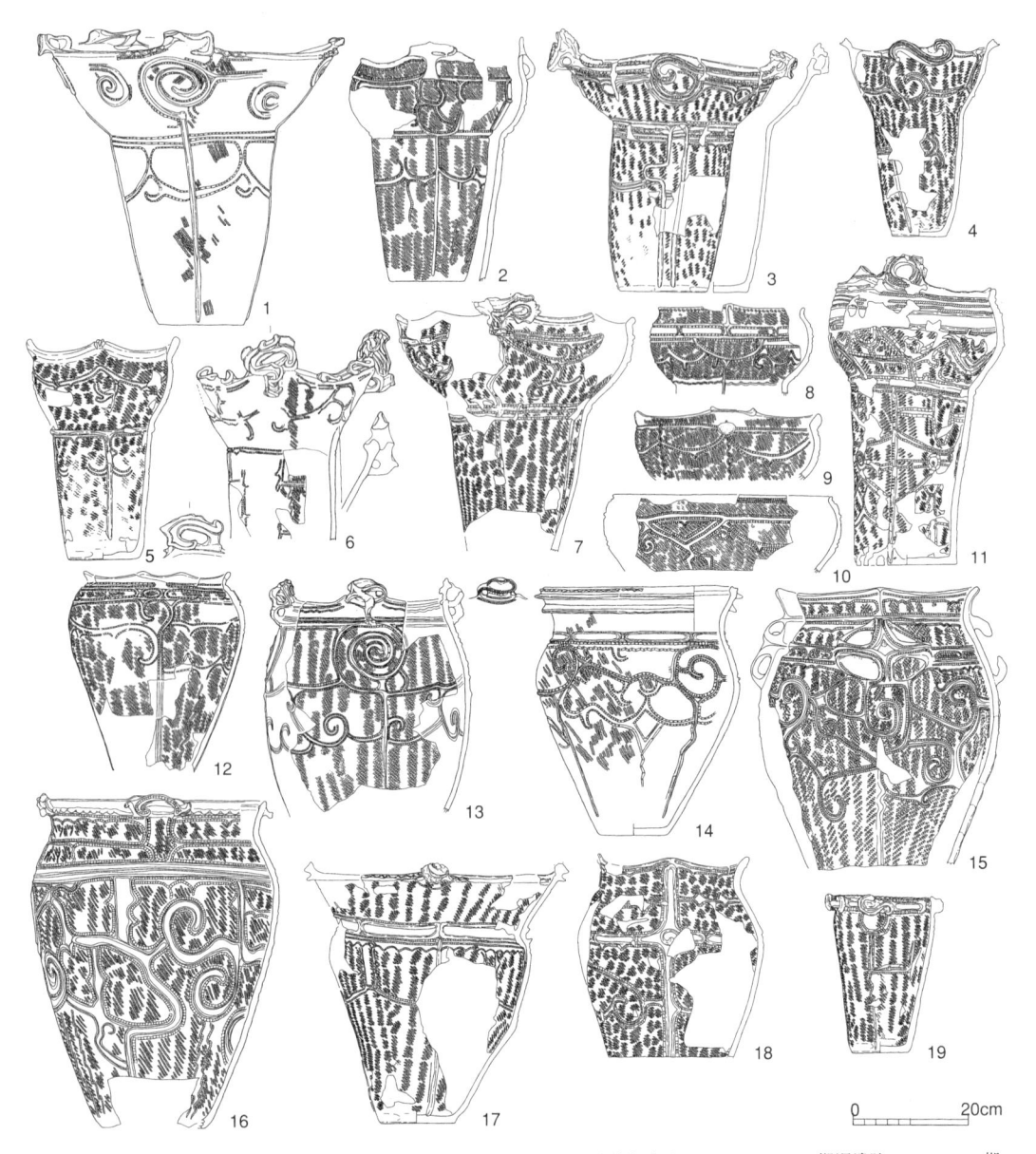

146　第Ⅳ章　火炎土器様式の周辺

1・6・14：南堀切遺跡5号住居跡　2・8～10・12・13：七郎内C遺跡第1遺物包含層　3～5・17・19：槻沢遺跡SK-393　7：槻沢遺跡SK-392　11：槻沢遺跡SK-371　15：桑名邸遺跡78号土坑　16：桑名邸遺跡42号土坑　18：槻沢遺跡SK-74

図3　七郎内Ⅱ群土器

ら、この種の土器がまとまって出土した（図4-6～11）。栃木県北部域では、阿玉台式とともに終焉を迎える。しかし、猪苗代町法正尻遺跡第429号土坑出土土器や郡山市妙音寺遺跡第90号土坑出土土器など（図4-12～21）から、福島県域では、加曽利EⅠ式段階にも存続することが明らかである。筆者は今のところ、この種の土器が七郎内Ⅱ群土器を祖型として生成すると考えている。施文域のとり方は七郎内Ⅱ群土器とほぼ同じである。体部の懸垂文を消失させる。これにより、縦方向の区画の中に収まっていた文様（とくに体部文様）が横方向に自由に展開するようになる。懸垂文が関連しない頸部の文様も同様に変化する。また、懸垂文上端を連繋していた数条の有節沈線は、

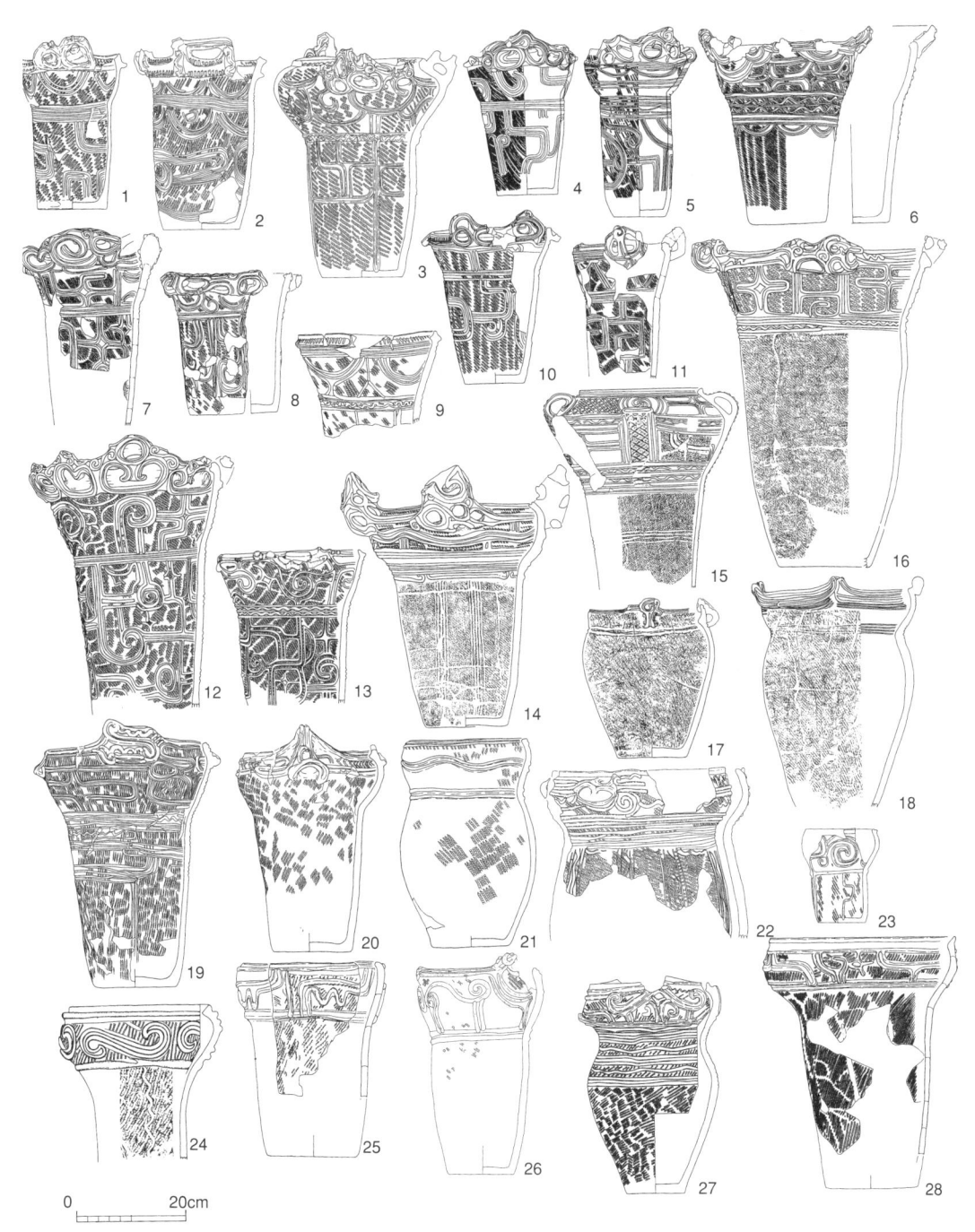

1：槻沢遺跡SK-393　2・3・23・26：槻沢遺跡14H-P₂　4・5：槻沢遺跡P87　6〜11：田島上ノ台遺跡　12〜18：法正尻遺跡第429号土坑　19〜21：妙音寺遺跡第90号土坑　22：浄法寺遺跡第18号土坑　24：梨木平遺跡第4次P18　25：御城田遺跡第476号土坑　27：高尾神遺跡第3号住居址　28：御城田遺跡第364号土坑

図4　関東地方北東部・福島県南部域の大木式系土器

懸垂文の消失により独立して横位に連繋し、頸部と体部の区分がより明瞭となる。弧線、渦巻以外に「コ」の字状連繋文など直線的なモチーフが出現する。これは七郎内Ⅱ群ではなく、福島県北部の大木7b式段階の土器からの系譜ではないかと考えている。文様を有節沈線ではなく、沈線で表現するようになる。

　加曽利EⅠ式古段階には、これまで取り上げた土器群が消失し、新たな土器群が登場する。

　頸部と体部の境の屈曲部より上を幅広い施文域とし、ここに隆帯による「S」字やクランクを基調としたモチーフを配す土器群がある（図4－22～28）。これは加曽利E式と共通する施文域のとり方である。本地域だけではなく、汎東日本的な傾向といえよう。この段階では、隆帯の脇に沈線を沿わせないが、次の段階になって沈線を沿わせるようになると、S字文等が上下の区画と接し、やがて地文部分が区画文として独立するようになり、関東地方東部や南西部の加曽利EⅠ式とほぼ同じものとなる。さらに次の段階では、渦巻と楕円形区画を交互に配す定形的な口縁部文様帯が形成される。一方、「S」字の末端に剣先文をつけ、区画文形成の方向に進まない東北的な土器（いわゆる大木8b式土器）も並行して存続する。これらの土器の体部は、縄文のみのものや縦位の懸垂文を配す加曽利E式的なものもあるが、曲折文、弧線文、渦巻文を配す東北的なものも存在する。また、前段階の系譜を引いて、口縁に中空の把手をつけるものもある。この種の土器群の成立については、当該地域の前段階の土器からだけでは説明できない。口頸部の幅広い施文域への文様の集約現象という、汎東日本的な動きの中で考える必要がある。この問題については、かつて谷井彪が扱った（谷井1987）。なお、口縁部文様帯にある「S」字状モチーフは、七郎内Ⅱ群土器など福島県域に見られる大木7b式期の土器の口縁部につく突起が、この位置まで下降したと指摘され、筆者もその考え方を支持している。

　上記の加曽利E式的施文域をとる土器群と並存するのが「浄法寺類型」の土器（図5－1～図6－3・5～8）である。浄法寺類型の土器は、口頸部が内彎するキャリパー形を呈す。文様は、口頸部と体部の二帯構成で、口頸部には基隆帯によって「S」字文や渦巻文を描き、その空白部を半肉彫的な沈線で充填する。体部は縄文を施し、数条の沈線で懸垂文を施すものもある。ほとんどの個体は口縁に中空の把手をつける。浄法寺類型の土器は、加曽利EⅠ式古段階に突如として完成された形で出現し、栃木県北部域で土器組成の主体を占めるようになる。海老原郁雄は、その系譜について会津地方との関係を示唆した。小薬・小島・丹野等は、自身等が「会津タイプ」と命名した、会津地方に分布する火炎系土器に系譜を求めた。筆者は、中通り地方から栃木県北部域に、浄法寺類型出現以前に存在した火炎系土器（小薬・小島・丹野が「擬馬高」と命名した土器）に系譜を求めた（塚本1990・1997）。浄法寺報文では具体的な土器を示して、その成立過程を説明した。まず、槻沢遺跡P87出土の土器（図6－4）を祖型と考えた。この土器は、口縁部に基隆帯で渦巻文を描き、体部に縦位の密な沈線を施すが、地文に縄文が見られる。この土器の胴部の縦位沈線が疎らとなったものが、梨木平遺跡第4次調査1号土器ブロック出土土器（図6－6）で、さらに胴部の縦位沈線が疎らとなり、縦位の懸垂文的な表現となって、浄法寺類型が成立すると考えた。その後報告された長者平遺跡SK-4出土土器（図6－5）も梨木平例と同様の土器である。御霊前遺跡SK-435出土の浄法寺類型の土器2個体（図6－7・8）は、大きさ、土器の作りなどが非常に類似しており、廃

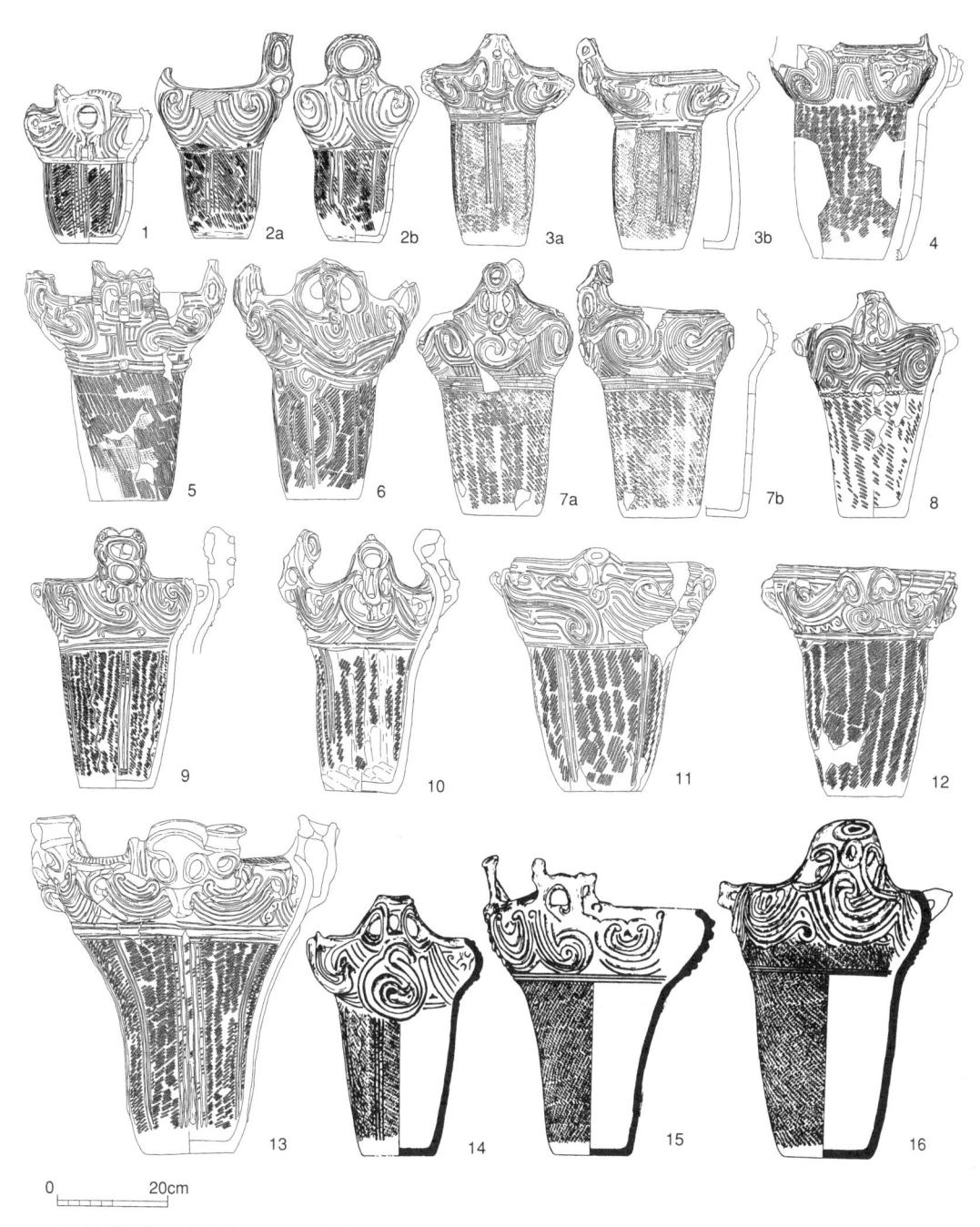

栃木県域における火炎系土器研究の到達点と課題　149

1・2：御城田遺跡第186号土坑　3・4：浄法寺遺跡第18号土坑　5・6・11・12：長者平遺跡SK-4　7：浄法寺遺跡第16号土坑
8：三輪仲町遺跡SK-050　9：三輪仲町遺跡SK-260　10：三輪仲町遺跡SK-265　13：三輪仲町遺跡SK-086　14〜16：平林西遺跡

図5　栃木県北部域の浄法寺類型の土器(1)

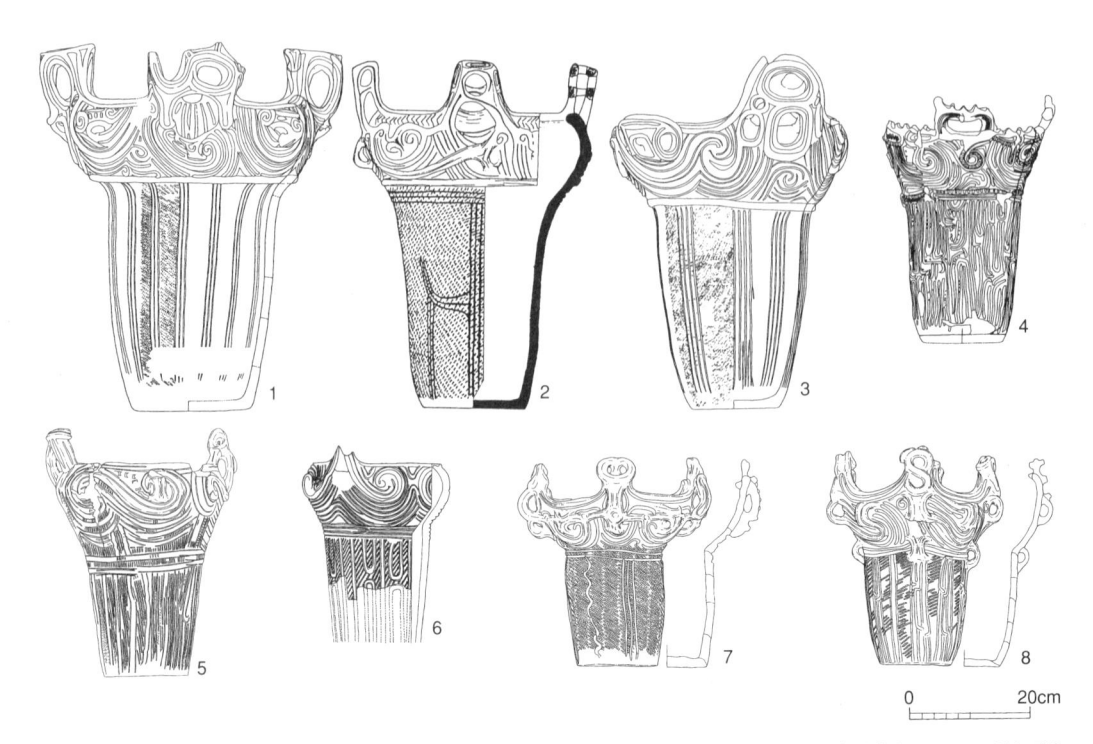

1：竹下遺跡　2：長者平遺跡　3：何耕地遺跡トレンチL-2aの袋状ピット　4：槻沢遺跡P87　5：長者平遺跡SK-4　6：梨木平遺跡4次1号土器ブロック　7・8：御霊前遺跡SK-435

図6　栃木県北部域の浄法寺類型の土器(2)

棄の同時性ばかりでなく、製作時において共通の意識が働いていたことがうかがえる。この2個体の土器は、一方（図6-7）が浄法寺類型に特徴的な懸垂文で、他方が火炎系土器との関係がうかがえる縦位の密な沈線を施している。この2個体の土器の関係は、縄文地に縦位の密な沈線を施す体部文様の土器を介して、火炎系土器と浄法寺類型の土器を結びつけるという筆者の考え方を支持するかのようである。ただし、問題点もある。御霊前遺跡SK-435が示すように、縄文地に縦位の密な沈線を施す体部文様の土器は、いずれも浄法寺類型出現時のものである。したがって、槻沢P87出土土器（図6-4）から段階を追って変遷したという状況は確認できていない。浄法寺類型の祖型と考えられる縄文地に縦位の密な沈線を施す体部文様の土器は、現段階では浄法寺類型より確実に古い例は見られない。浄法寺類型の成立を解明するために、今後は阿玉台Ⅳ式期に縄文地に縦位の密な沈線を施す体部文様の土器が存在するかどうかが検討課題となろう。

このほかにも多くの土器群が存在するが、変遷の基幹となるのは以上取り上げたものである。

海老原が土器群の劇的な交替によって説明したことを不自然と感じ、土器の系統ごとの変遷を捉えようとした。しかし、栃木県北部域の加曽利EⅠ式出現期においては、海老原が明らかにしたとおり、土器群が大きく交替したことを確認する結果となった。

本地域の大木式系土器は緩慢に変遷しており、阿玉台式や加曽利E式のように、形態・装飾の具体的な示標をもって、土器変化の階梯を捉えることが難しい。したがって、抽出した土器群が阿玉台式や加曽利E式の編年区分の中でどの時期に存在するか、その消長を示したにすぎない。今後は、

これらの具体的な変遷過程を把握することに努めなければならない。

現時点での筆者の栃木県北部域の土器変遷案を図7に示す。

4）関東地方北東部の火炎系土器と越後地方の火炎土器の異同

越後地方の火炎土器と関東地方北東部の火炎系土器（図8）は、実見すれば識別することは容易である。越後地方の火炎土器は北陸地方特有の灰白色を呈し、沈線による充填もシャープで肉彫的な感じがする。赤味を帯び、洗練された感じのしない沈線が充填された栃木県域の土器との違いは一目瞭然である。このような胎土や文様描出技法以外にも、両者の間には大きな違いがある。なお、この違いについては「火炎土器様式圏の成立と展開」のシンポジュームで触れたことがある（塚本前掲）。

まず、関東地方北東部においても、越後地方で鶏頭冠型（図8-1～8）、王冠型（図8-9～12）と呼ばれているものが存在する。越後地方でこれらと共伴する他の土器群（小林達雄によるB群、C群、D群）は、関東北東部では見られない。

鶏頭冠型土器を比較するといくつかの違いが見られる。越後地方の土器は、口頸部に基隆帯で渦巻文、「S」字文、弧線文などを描き、それに沿うように半肉彫り的な沈線を充填する。一方、体部は縦方向の沈線を充填し、上部に「S」字文や渦巻文等を配するものもある。栃木県域の土器にも、越後地方の土器の基本的な特徴を備えたものもある。しかし、それから逸脱したものも多い。全体的にモチーフが崩れたものが見られる。中には、口頸部・体部とも縦位の粗い沈線のみを施すものもある（図8-16～19）。栃木県域では、体部上位に単位文を配するものは三輪仲町遺跡例（図8-6・7）を除くと、ほとんど見られない。越後地方に特徴的な、口縁部に鋸歯状の小突起を付するものも、少数例（図8-2・6・13）を除くとほとんどない。また、越後の土器の頸部に見られる袋状突起も存在しない。鶏頭冠把手は、細い橋状の脚部によって高くもち上げられたものはなく、大木式的な環状粘土を組み合わせた中空把手の上部につけられることが多い。越後地方の鶏頭冠型土器や王冠型土器は、前半期はプロポーションが寸詰まりのものが多く、後半期（加曽利EⅠ式並行期）はとくに体部が細くなり、全体的なスマートな器形となる。しかし栃木県域の土器は、すべてにおいて寸詰まりな器形である。そのほか、火炎土器の要素や雰囲気を一部取り入れただけの土器も存在する。槻沢遺跡P67出土土器（図8-26）は、鶏頭冠把手的なものをつけた在地の土器である。槻沢遺跡14H-P₂からは、沈線を密に充填することのみによって火炎系土器の雰囲気を出した土器（図8-25）が出土している。一方、近年報告された長者平遺跡SK-4からは、王冠型土器のプロポーションを模した縄文地文の土器（図8-22・23）が出土している。この2点の土器は、これまで栃木県域では見られなかった土器である。

4．今後の課題

関東地方北東部における火炎系土器の研究にあたって、11の分析手順が考えられ、そのうちの四つについて、ある程度の成果があがったことを記してきた。しかし、残りの七つについては、ほとんど未着手の状態である。

関東地方北東部における火炎系土器の分布、編年的位置づけはおおよそ把握できた。しかし、そ

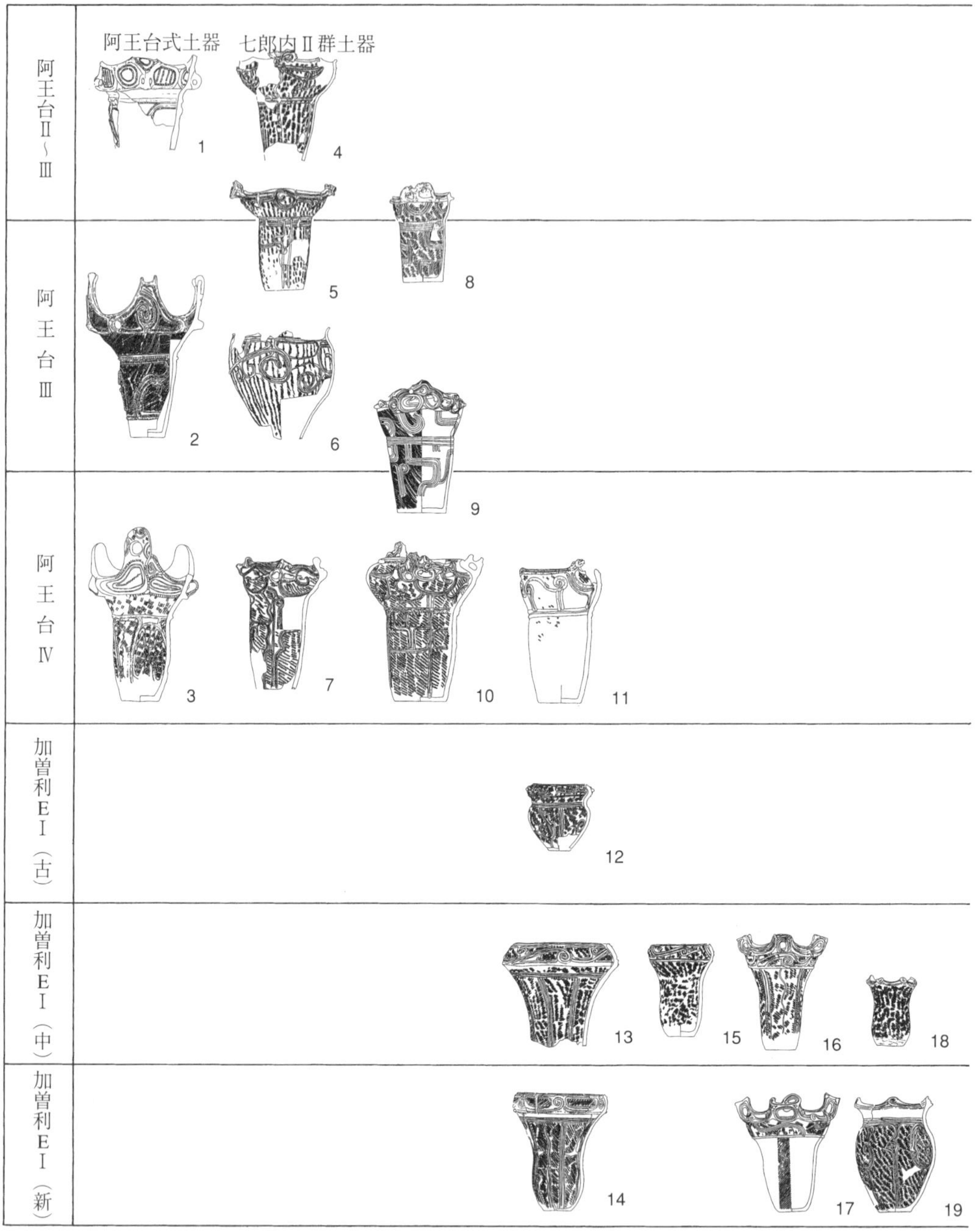

152 第Ⅳ章 火炎土器様式の周辺

	阿玉台式土器 七郎内Ⅱ群土器
阿玉台Ⅱ～Ⅲ	1　4
阿玉台Ⅲ	2　5　6　8　9
阿玉台Ⅳ	3　7　10　11
加曽利EⅠ（古）	12
加曽利EⅠ（中）	13　15　16　18
加曽利EⅠ（新）	14　17　19

1・4：槻沢遺跡SK-392　5・8：槻沢遺跡SK-393　2・6：湯坂遺跡T₁-Ⅴ区土壙　3・7・10・11・30・31：槻沢遺跡14H-P₂　9・24・28：槻沢遺跡P87　12・29：三輪仲町遺跡SK-050　13・18：三輪仲町遺跡SK-111　14：三輪仲町遺跡SK-073　15：三輪仲町遺跡SK-093　16：三輪仲町遺跡SK-083　17・22：竹下遺跡袋状土壙　19：槻沢遺跡SK-154

図7　栃木県北部域

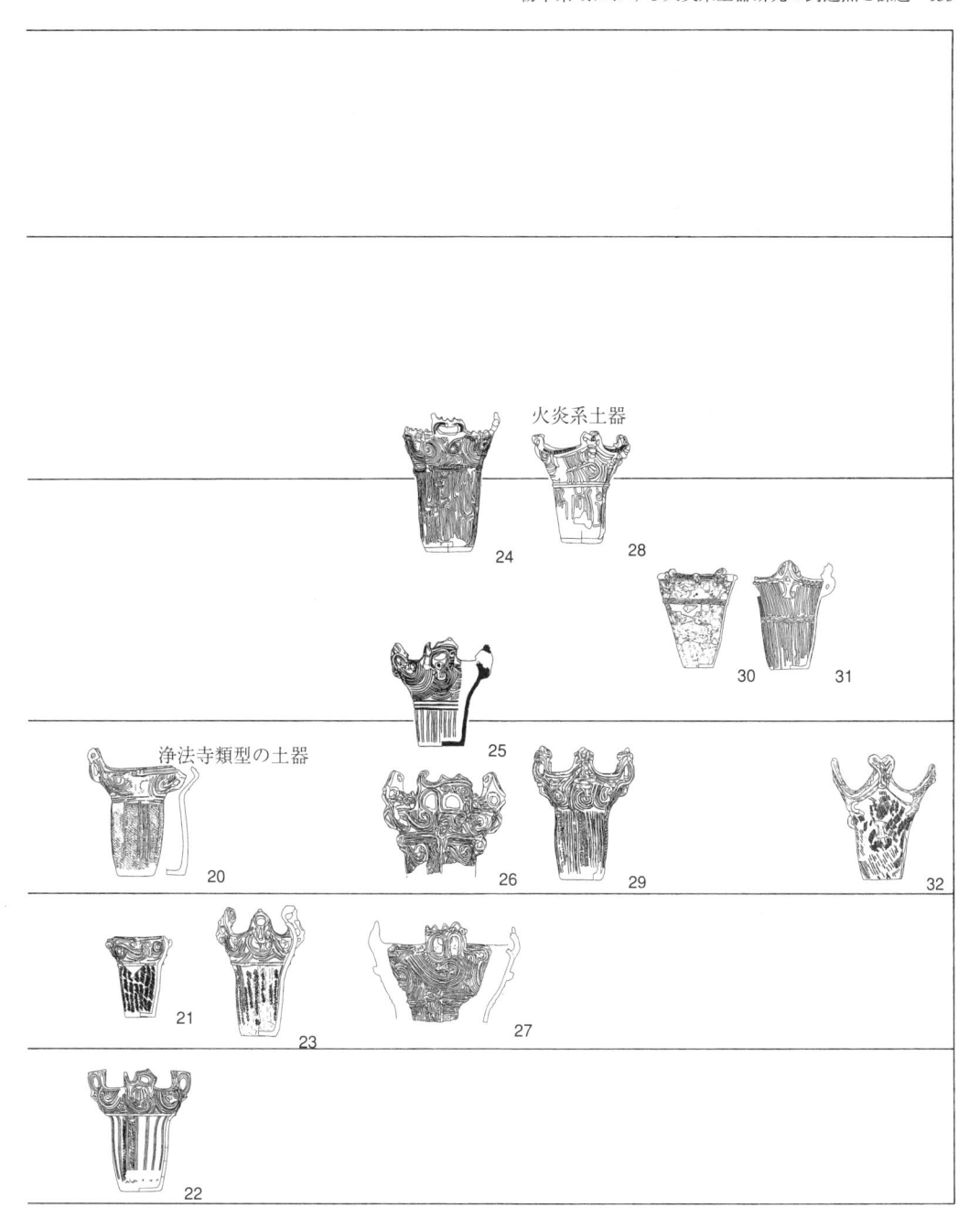

20：浄法寺遺跡第18号土坑　21：三輪仲町遺跡SK-293　23：三輪仲町遺跡SK-265　25：金井台遺跡G254F　26：三輪仲町遺跡SK-145　27：三輪仲町遺跡SK-263a　32：長者平遺跡SK-4

中期中葉土器群の変遷

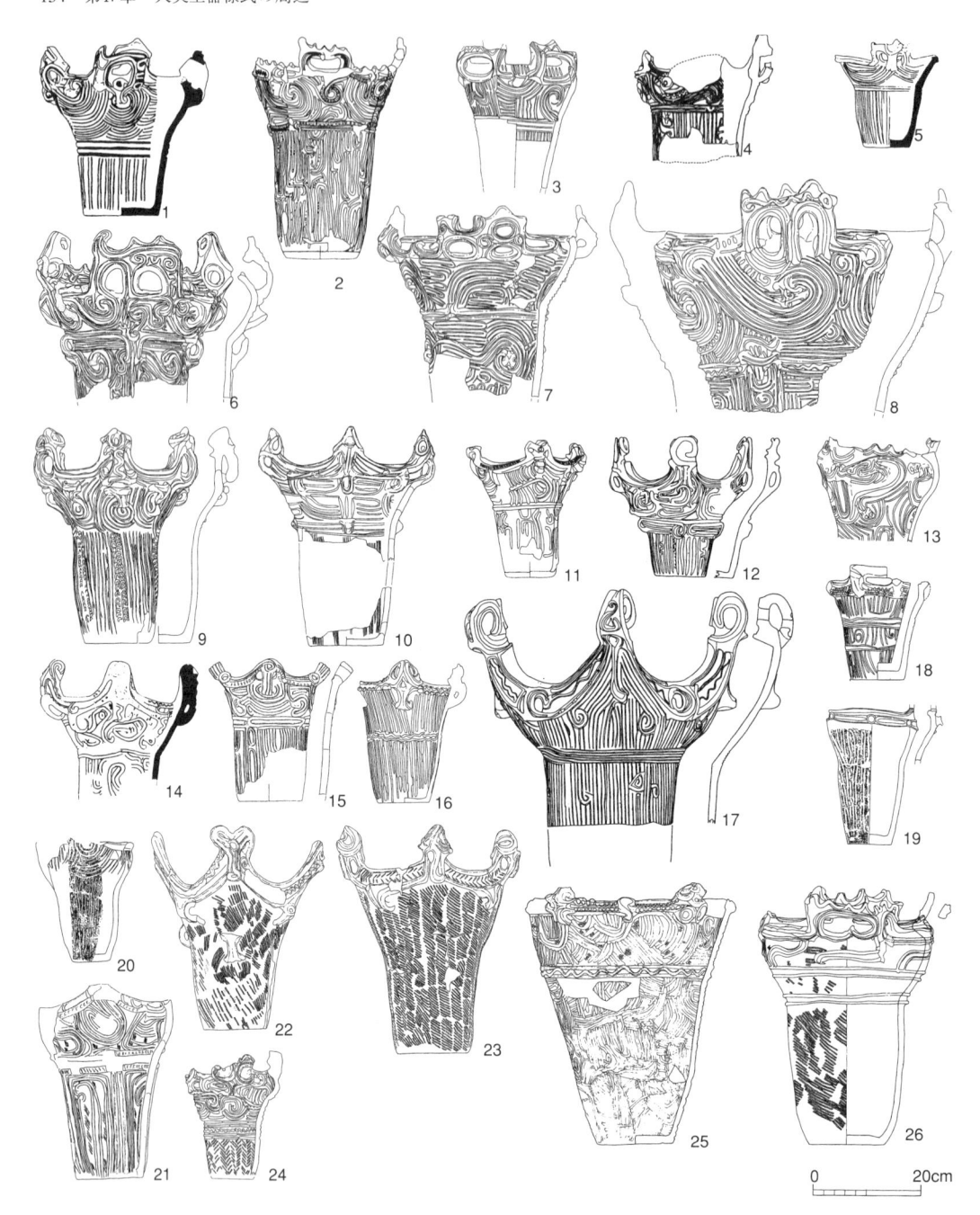

154 第Ⅳ章 火炎土器様式の周辺

1：金井台遺跡G254袋状土壙　2・11：槻沢遺跡P87　3・20：上の原遺跡JD12　4：ハットヤ遺跡　5・14：弁天池遺跡P3　6：三輪仲町遺跡SK-145　7：三輪仲町遺跡SK-454　8：三輪仲町遺跡SK-263　9：三輪仲町遺跡SK-050　10：御城田遺跡第56号住居址　12：金井台遺跡　13：柿平遺跡　15：坊山遺跡　16・25：槻沢遺跡14H-P₂　17：古館遺跡　18：高尾神遺跡第3号住居址　19：上の原遺跡JD-12　21：高塩遺跡　22・23：長者平遺跡SK-4　24：槻沢遺跡14H-P₂　26：槻沢遺跡P67

図8　栃木県北部域の火炎系土器

の前提になる土器の分類は、鶏頭冠型土器の変容したもの、王冠型土器の変容したもの、越後地方の土器に直接対比できないが、器面を隆帯や沈線で充填することで火炎土器の雰囲気を醸し出すものの3分類である。すなわち、越後地方の土器との類似度を基準とした分類である。本来は、形態や装飾によって分類をした上で越後地方の土器と比較すべきである。出土点数が少ない段階ではやむを得なかったが、そろそろ土器自身の特徴に基づく分類を行うべきである。そして、この分類基準を用いて各種の比較を行う必要がある。④とした「関東地方北東部における火炎土器に類似する土器の分類」はまず着手しなければならない課題である。

　資料数が増え、上記した形態・装飾を基準とした分類が行われれば、系統ごとの変遷を把握することができるであろう。この変遷が火炎系土器独自の変遷なのか、他の大木式系土器と同調した変遷なのかを把握しなければならない。筆者は、浄法寺類型の土器の口縁部につく中空の把手と基隆帯によるモチーフ先端につく小突起の型式学的変遷を示した（塚本1990・1997）。この把手の変遷は、大木式系土器につく把手・突起の変化と同調する。火炎系土器では把手の種類が異なるため一概にはいえないが、中空把手の大形化傾向は同じと思われる。

　そして、関東地方北東部の火炎系土器と福島県中通り・会津地方の火炎系土器、越後の火炎土器およびその周辺の土器とを比較し、その異同を明らかにすれば、地域間の交渉関係の変化を探ることができるであろう。すなわち、ある時期に越後地方の火炎土器が会津、中通り、関東地方北東部に影響を与え、その後各地域間の土器文様レベルの交渉が途絶え、それぞれの地域で土器が独自の変化を遂げたのか、あるいは常に交渉をもちながら同じ変遷過程をたどったのかを、ある程度明らかにすることができよう。さらに、上記地域間の大木式系土器についても同様に比較し、また各地域ごとに火炎系土器と大木式系土器との比較が行われるべきである。

　なお、今まで便宜的に地域を設定して土器の比較をするべきと記してきた。しかし、資料が増加し研究が進めば、形態や装飾によって分類された土器群の分布によって、地域を設定するのが本来の姿であろう。

5. 栃木県域と新潟県魚沼地方の大木式系土器の比較

　火炎土器および大木式系土器の地域間の比較が、今後の大きな課題である旨記してきた。ここでは試みに、越後地方と栃木県北部域の大木7b式土器の比較を試みる。

　火炎系土器の異同については、既にいくつかの指摘があるが、大木式系土器については、単に「大木式土器が伴う」との表現ですまされる場合が多かった。地文縄文を基調とする大木式系土器と、隆帯と沈線のみで器面を飾る火炎土器や火炎系土器との違いは明白である。大木7b式段階、大木8a式段階、大木8b式段階とも、地域を越えて施文域のとり方や文様モチーフに共通性が見られ、「大木式系土器」であると認めることは比較的容易である。しかし、これらを地域間で詳細に比較することはほとんど行われなかった。筆者は、東北地方南部から関東地方北東部にかけての中期大木式土器が強い共通性をもちながらも、小地域ごとに違った土器群が並立することを明らかにしてきた（塚本1990・1997・2003等）。こうした視点から、当然、越後地方と栃木県北部域の大木式系土器にも違った特徴が見られるであろうと考えた。そこで手はじめとして、越後魚沼地方の清

156 第Ⅳ章 火炎土器様式の周辺

　水上遺跡から出土した大木7b式段階の土器を栃木県北部域の土器と比較してみた。
　清水上遺跡から出土した大木7b式段階の土器の中に、口縁部に狭い楕円形区画を配し、以下幅広い頸部に小さな連続弧線文（下弦）を横位にめぐらすものがある（図9-1〜3）。器形の屈曲部を頸部と体部の境とし、ここに数条の沈線や蛇行沈線を巡らす。体部は地文のみであったり、縦方向の沈線を施したりする。このような土器は、今のところ関東地方北東部には見られない。この時期の関東地方北東部には、七郎内Ⅱ群土器が分布する。両者を比較すると、文様描出技法が沈線と有節沈線という点で異なっている。口縁部、頸部、体部の施文域のとり方は共通する。ただし、七郎内Ⅱ群土器では、口縁部の区画文の形骸化傾向が強く、押捺隆帯等に転化したものが多い。七郎内Ⅱ群土器は頸部を装飾する傾向が強いが、清水上例は簡素である。また、七郎内Ⅱ群土器の頸部には同様に弧線文を配すものもあるが、弧線の幅が広く、上弦もしくは対向する弧線である。七郎

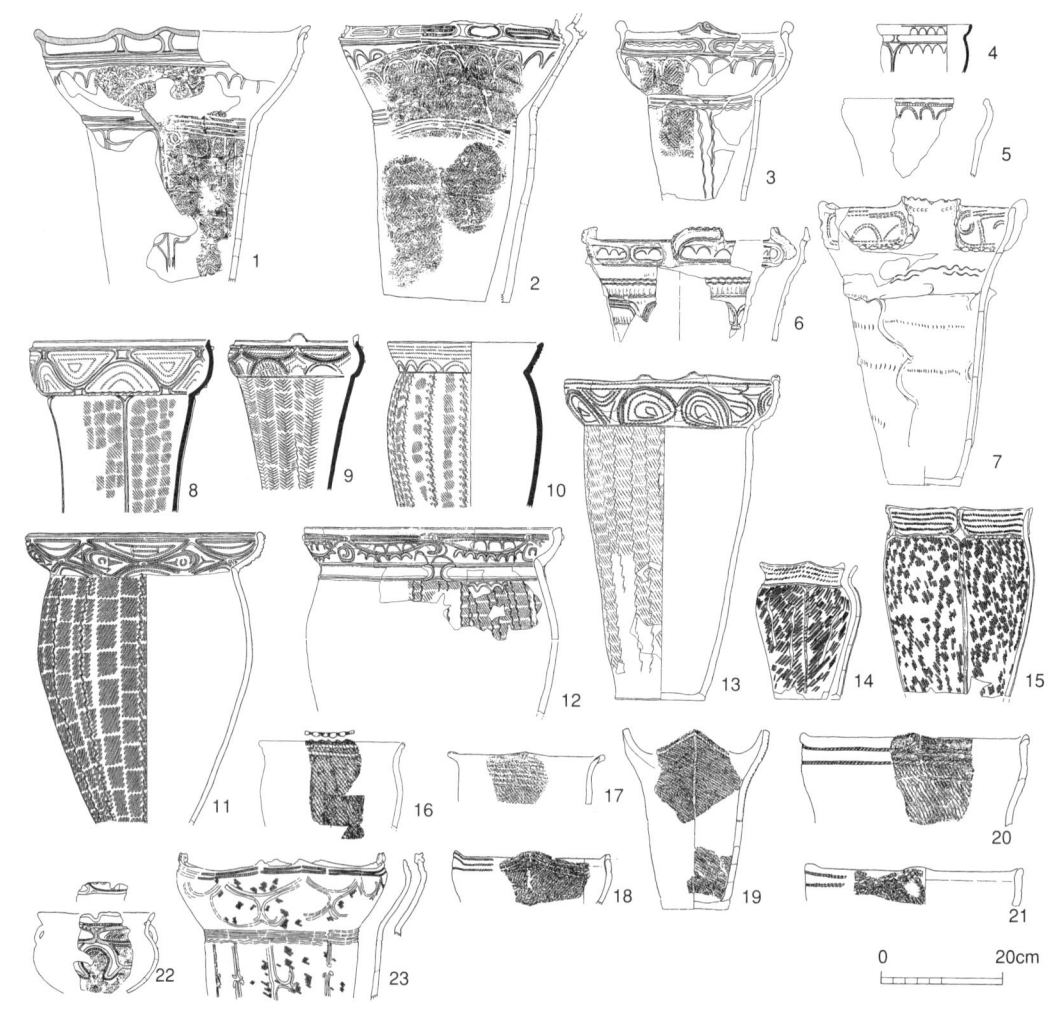

1〜3・17〜23：清水上遺跡　4：白井雷貝塚　5：山野遺跡　6：中山新田Ⅰ遺跡091号住居跡　7：房谷戸遺跡21号住居址　8：八景腰巻遺跡　9・10：八景腰巻遺跡5号土壙　11〜13：小梁川遺跡　14：竹下遺跡第110号土坑　15：三輪仲町遺跡SK-136　16：品川台遺跡

図9　大木7b式期の土器

内Ⅱ群土器の体部は、細い隆帯による懸垂文、有節沈線による弧線文や渦巻文などが見られるが、清水上例では縦方向の沈線文となっている。清水上例に見られる小さな連続弧線文は越後地方の特徴的な文様で、他地域には見られないかというと、そうではない。この文様の祖型は、五領ケ台式期に広域的に見られる。関東地方東部〜北部にかけては、この文様が阿玉台式直前期に有節沈線で表出され（図9－4）、阿玉台Ⅰa式期（図9－5）を経て、阿玉台Ⅰb式期には口縁部の楕円形区画文内部に取り込まれ（図9－6）、阿玉台Ⅱ式期まで存在する（図9－7）。また、原体圧痕で文様を描く大木7b式土器にも、このモチーフが見られる（図9－10・12）。東日本一帯に潜在的に存在する文様で、そのうち東関東の阿玉台土器や越後魚沼地方の大木7b式土器が、これを積極的に用いたと考えられる。

大木7b式のもっとも代表的な文様は、縄文原体の側面を押捺した原体圧痕文である。仙台湾から福島県北部では、この原体圧痕文で弧線文等を描いたものがある（図9－8〜13）。しかし、福島県南半から関東地方北東部にかけては、原体圧痕文でモチーフを描くものはなく、七郎内Ⅱ群土器の有節沈線の一部を置換したり、全面縄文の土器の口縁に原体圧痕文を沿わせたりする（図9－14〜16）。この全面縄文で口縁に原体圧痕文を沿わせた土器は、ある程度の量が清水之上遺跡などからも出土した（図9－17〜21）。関東地方北東部と越後魚沼地方で共通する土器といえよう。

清水上遺跡からは、わずかながら七郎内Ⅱ群土器が出土している（図9－22・23）。清水上遺跡は、奥会津の只見町から「六十里越え」と呼ばれる峠道への登り口付近にあたり、会津地方との交流が盛んであったことが予想される。ここの七郎内Ⅱ群土器と、関東地方北東部から中通り地方南部の土器とを比較してみる。図示したキャリパー形深鉢（図9－23）は、有節沈線で文様を表出し、頸部に幅広い弧線文（上弦）を配する点で共通する。しかし、体部には懸垂文を欠き、縦方向の有節沈線を配す点では異なっている。この縦方向の有節沈線は、先に触れた同じ清水上遺跡の大木7b式期の土器（頸部に小さな連続弧線文を配す土器）と共通するモチーフといえよう。

越後地方の大木式系土器のうち、わずか数例を抜き出して比較を試みたにすぎないが、共通する部分があるものの、明確な差異を認めることができた。

6. おわりに

関東地方北東部における火炎系土器研究の分析手順を考え、これまでに把握されたことを確認し、今後の研究の方向性を示してみた。そして、今後の研究を有意義な方向に導くためには、まず最初に各地域ごとに土器の分類を行い、これに基づいて相互の比較をし、土器文様レベルでの地域間交渉の実態を把握すべきことを記してきた。

これまで触れてきたように、縄文時代中期中葉は、越後地方と関東地方北東部でもっとも土器文様が類似する時期である。今後は、土器の形態・装飾における各地域の関係を把握し、さらに遺構、土器以外の遺物などの比較を行っていきたい。そうすることによって、両地域において土器文様（土器をキャンバスとして投影する世界観）のみの関係が深まったのか、物資の交換を含めた地域同士の関係そのものが深まったのかがわかるであろう。東日本縄文社会における日本海側と太平洋側の集団関係の一端が解明されるともいえよう。

註

（1） 福島県の会津・中通り地方や関東地方北東部には、本場越後地方のものとは異なるが、火炎土器に類似する土器が分布する。これらを越後地方の火炎土器と区別するため、本稿では便宜的に「火炎系土器」と呼ぶ。

（2） 塙東遺跡の報告書は1978年に刊行され、筆者も茨城県の中期縄文土器の集成にあたって何度も目を通している。1990年の『シンポジューム 火炎土器様式文化圏の成立と展開』で基調報告を担当した際には、見落としてしまった。

（3） 馬頭町古館遺跡例（図8－17）、槻沢遺跡14H-P$_2$例（図8－16）などは、器形や把手などは異なるが、頸部と体部でともに縦位の粗い沈線を施す点で類似している。

（4） 海老原が「浄法寺タイプ」とした土器に対し、筆者は浄法寺遺跡の報告書において「浄法寺類型」と命名した。日本考古学において「タイプ（型式）」は二つの意味で用いられる。一つは「地方差、年代差を示す年代学的な単位」（山内 1932）で、ある地方のある時期の存在する土器群を指す。もう一つは「範型の表現形態としての型式」（小林 1977等）である。これは、ある時期ある地域において、通常複数の型式が存在する。「浄法寺タイプ」の土器は、どちらにも該当しない。範型の表現形態としての「型式」を複数内在する。そこで、近年縄文土器研究で盛んに用いられている「類型」の用語を用いた。詳細は浄法寺報文に記した（塚本 1997）。

（5） 筆者は、浄法寺遺跡の報文で栃木県の中期縄文土器研究の研究史を繙き、加曽利E式前半並行期として提唱された「大木8a式」が、阿玉台Ⅲ・Ⅳ式に並行する段階まで「大木8a式」に含まれるようになった経緯を記した。現在は、阿玉台Ⅲ・Ⅳ式段階から大木8a式とする考え方が広まっているが、筆者は設定当初の定義を重視し、阿玉台Ⅲ・Ⅳ式段階については「大木8a式」と呼ばない立場をとっている。

参考文献

青木 義脩　1964　「栃木県大田原市平林西遺跡の中期縄文土器」『考古学手帖』21

海老原郁雄　1973　「栃木県北部にみる縄文中期土器の変遷」『研究集録 きざし』3号　栃木県立宇都宮中央女子高等学校

海老原郁雄　1979　『湯坂遺跡』大田原市教育委員会

海老原郁雄　1980a「加曽利EⅠ式の変遷について（栃木県）」『奈和』第18号　奈和同人会

海老原郁雄　1980b『槻沢（つきのきざわ）遺跡』栃木県教育委員会

海老原郁雄　1981a「第二章 縄文時代　三 縄文土器　4 中期の土器」『栃木県史』通史編1・原始　古代1　栃木県

海老原郁雄　1981b「北関東の大木式土器」『縄文文化の研究』4　縄文土器Ⅱ　雄山閣出版

小薬一夫・小島正裕・丹野正人　1987　「馬高系土器群の系譜―土器型式の伝播と情報の流れ―」『東京都埋蔵文化財センター 研究論集』Ⅴ

鈴木 素行　1999　「越の旅人 望郷篇―坪井上遺跡第182号土坑の土器について―」『茨城県考古学協会誌』第11号

鈴木 素行　2003　「越の旅人 自立篇―茨城県水戸市塙東遺跡の「火炎土器」について―」『新潟県立歴史博物館研究紀要』第4号　新潟県立歴史博物館

塚本 師也　1990　「関東地方の火炎土器様式」『火炎土器様式文化圏の成立と展開』火炎土器研究会

塚本 師也　1997　『浄法寺遺跡 県営圃場整備事業小川西部地区に係わる埋蔵文化財発掘調査』栃木県教育委員会

塚本 師也　2003　「茨城県北部域に於ける縄文時代中期中葉の土器の一様相―宮後遺跡の調査成果から―」『領

域の研究─阿久津久先生還暦記念論集─』阿久津久先生還暦記念事業実行委員会

寺崎　裕助　2003　「茨城県水戸市塙東遺跡の『火炎土器』について」『新潟県立歴史博物館研究紀要』第 4 号　新潟県立歴史博物館

中村　紀男　1964　「益子町境A遺跡出土の縄文中期土器について」『栃木考古学研究』No.5　栃木考古学研究会

越 の 旅 人　自立篇
―茨城県水戸市塙東遺跡の「火炎土器」について―

鈴木　素行

1. はじめに

　1950年前後、太平洋戦争後に高等学校の史学部等がクラブ活動として発掘調査を実施したことは、全国的な動向なのであろう。茨城県北部においては、貝塚と古墳が主な対象であった。その報告は、各校が刊行した謄写版刷りの機関誌に掲載されている。いくつもの重要な遺跡が含まれていたが、現在では遺物の行方を知ることができない。

　1970年代のいわゆる「考古学ブーム」には、1972年の高松塚古墳壁画の発見報道を端緒とした説明もある。茨城県北部においては、勝田市の市史編纂事業に伴い1971年から東中根遺跡の発掘調査が継続されており、1973年には虎塚古墳の壁画が発見されることになった。水戸市と大洗町では、開発に伴う事前の発掘調査も実施されるようになる。このような時期、独り茨城高等学校の史学部だけが学術調査を実施し得た。中心となる生徒の行動力と教諭および先輩の支援という環境が、発掘調査の実現から報告書の刊行までを牽引したのであろう。

　塙東遺跡は、茨城高等学校の史学部が発掘調査を実施した遺跡の一つであり、この報告書の中に「火炎土器」が掲載されていた。簡単な解説と写真のみであることから、実物を観察したく同校を訪れた。案内された資料室で、木製ガラス蓋の標本箱の中に「火炎土器」はあった。その後に観察の必要が生じた土器も棚にすべて揃っている。四半世紀も前に出土した土器を厳重に保管し、観察と実測に便宜を与えられた同校の尽力があって、本稿は成立が叶った。

　本稿において検討の対象とするように、現在の視点からは調査および報告に拙さを見出すことはできる。しかし、この報告書は、真摯な態度で取り組み、しかも発掘調査の楽しさと喜びに満ちた記録であった。

2. 塙東遺跡の位置と環境

　塙東遺跡は、茨城県水戸市飯富町塙東に所在する（図1A）。那珂川右岸の台地上にあり、東側に那珂川、北側にはその支流の藤井川を望む。那珂川は栃木県の那須岳を上流端として、八溝山地を横断しながら茨城県へと流れ太平洋に注いでいる。水戸市飯富町付近が山地形と台地形の変換点に相当し、那珂川流域を中流域と下流域とに分ける。現在までの調査では、縄文時代中期「阿玉台式」の時期の遺跡が下流域にはごく少なく、中流域に分布することが認められる。

　塙東遺跡の付近では、那珂川に久慈川の流路がもっとも接近する。久慈川は福島県の八溝山麓を上流端として、八溝山地と阿武隈山地の間を茨城県へと流れ太平洋に注ぐ。久慈川流域を中流域と下流域とに分ける位置に相当するのが、右岸では大宮町である。ここに所在する坪井上遺跡（千種

1999）からは、表採を含めて8点もの翡翠製大珠が出土しており（瓦吹1998）、また、「阿玉台Ⅲ式」に共伴して「馬高式」の鉢形土器が検出されたことも既に報告してある（鈴木1999・2001）。塙東遺跡と坪井上遺跡は直線距離で9kmほどにすぎない。

3.「火炎土器」の検出

　塙東遺跡の発掘調査は、川崎純徳を担当者として進藤敏一を顧問とする茨城高等学校の史学部により実施されたものである。「春の予備調査でボーリングを行ない確認しておいた住居跡」について、1976年8月、つまり夏休みに第1次調査があり、1977年3月、つまり春休みに不足分を補う第2次調査が行われた。調査区は、8m四方に設定され、一辺4mのグリッドで区分されている。調査区内から検出された遺構は、「今まで住居跡だと思っていたのが、ピット群である」ことになり、1〜5ピットとして報告されている。1ピットのAがいわゆる「小竪穴」、他はフラスコ状の土坑である。「調査区全測図」を見ると、未調査のピットが1基あり、3基の小ピットもあるらしい（図1B）。報告された土器には、「阿玉台Ⅰb式」から「加曽利EⅠ式新段階」までの時期に相当するものが含まれる。

　本稿が対象とする土器はすべて第1次調査で検出されたものである。そのうち土器1の「火炎土器」は、2グリッドの「夕地点3層」から出土したことが報告されている。「G2-3層」、つまり同一グリッド同一層位からの出土が報告されたのは、土器2の1点のみである。しかしながら、報告を検討することで、このほかにも共伴を想定することができた土器がある。その想定の根拠を提示しておく。

　土層断面図によると、土器1が出土した付近は単純な水平の土層堆積ではなく、特徴を異にする複数の小さな土層に分割されていて、「3層」は「ローム」の直上に堆積した「暗褐色土」である。この「3層」は、ローム層を掘り込んだ小ピット内にも堆積が連続するように見える。また、土器1から1.6mほど離れて、5ピットの開口部の北側に浅い掘り込みがあり、「焼土層の上に数個の石組が発見された。その内部の多くは焼けた礫であった」ことが報告されている（図1C）。「5ピットと石組は同時期のものと考えられる」と記述されてはいるが、5ピットは「地表からピットの最底部まで、2m30㎝と相当深い」フラスコ状の土坑であり、焼土と石組は、これに重複した別の遺構として捉えるべきものである。焼土と石組は炉址の痕跡であろう。壁が検出されなかったことから、規模と形態は明らかでないものの、これが住居跡に付属したものであるならば、小ピットは柱穴に相当し、「ローム」より上部に堆積する複数の小さな土層は覆土に相当するものと理解できる。つまり、予備調査における推定の根拠は記述されなかったが、調査区には、当初の目論見のとおりに住居跡が存在していたと考えるのである。

　「ワ地点4層」と報告された土器3は、土器内面に「2G」すなわち2グリッド出土の注記があり、「4層」は、「3層」に隣接して「ローム」の直上に堆積する。石組の南側で5ピットの開口部の平面位置から出土した土器4およびその「下部より出土」した土器5は、「ローム」の直上、「3層」相当の垂直位置にある（図1D）。これらの土器3〜5は、土器1に共伴して、同じ住居跡の床面付近から出土したものと想定されることになる。

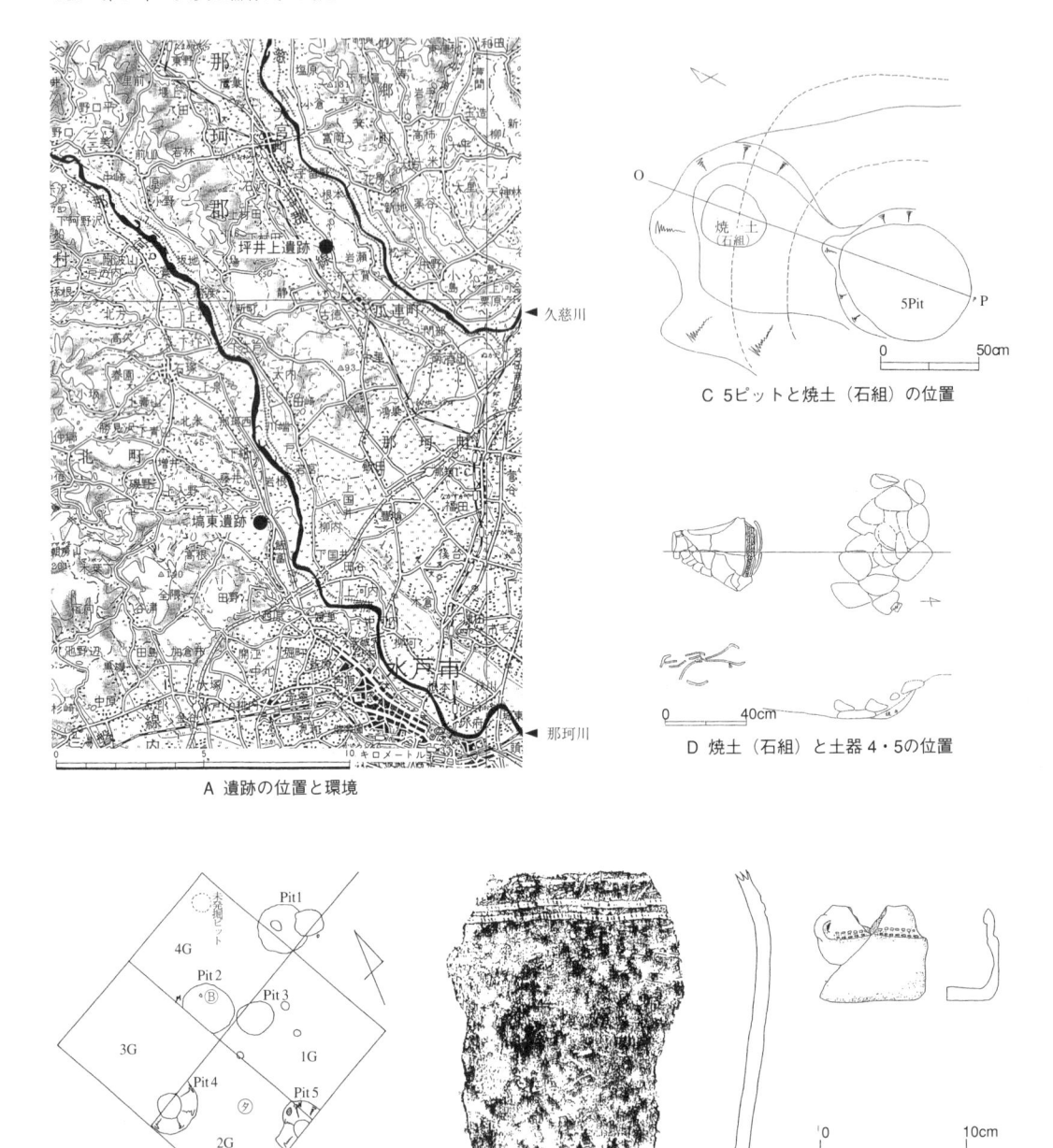

162　第Ⅳ章　火炎土器様式の周辺

図1　塙東遺跡の調査（B～E：小宅他1978より引用）

　この想定は、土器1および土器2～5がすべて縄文時代の中期中葉に位置づけられるものであり、住居跡よりも古く構築されたことになる5ピットが中期前葉の「阿玉台Ⅱ式」の時期に位置づけられることとも矛盾しない（図1E）。なお住居跡の規模によっては、これと重複することになる2～4ピットについては、出土した土器群から2ピットが「加曽利EⅠ式新段階」、3ピットが「阿玉台Ⅱ式」、4ピットが「阿玉台Ⅰb式」の時期に位置づけられる。これらはすべて住居跡とは異なる時期に形成されたものである。

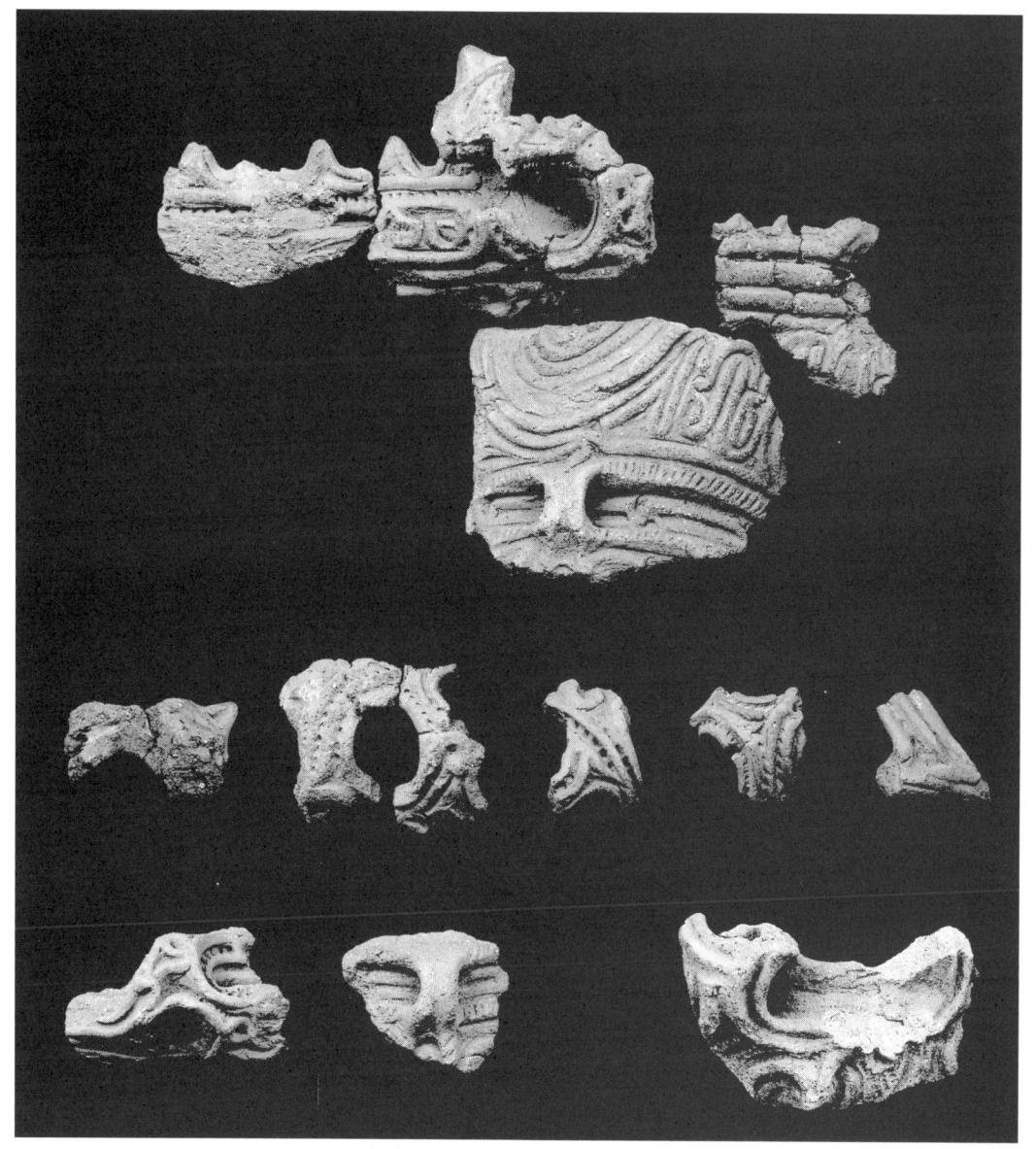

写真1　塙東遺跡の土器（1・6）

4.「火炎土器」の観察

1）　土器1（図2・図3）

　塙東遺跡2グリッドの「夕地点3層」から出土した「火炎土器」については、保管されていた破片のうち、細片を含めて70〜80点の破片を同一個体と識別した。注記のある破片とない破片とがあり、注記は遺跡名称記号とグリッド番号に相当する「HH　G2」が共通し、次に遺物番号と考えられる数字が記入されている。12種の数字が判読でき、判読できない1点を加えても13種の注記しかないことから、破片は10余のまとまりごとに取り上げられたと考えられる。破片のほとんどは接合しなかったが、大破片を中心とする接合により、別個体として報告されていた2点が、同一個体である

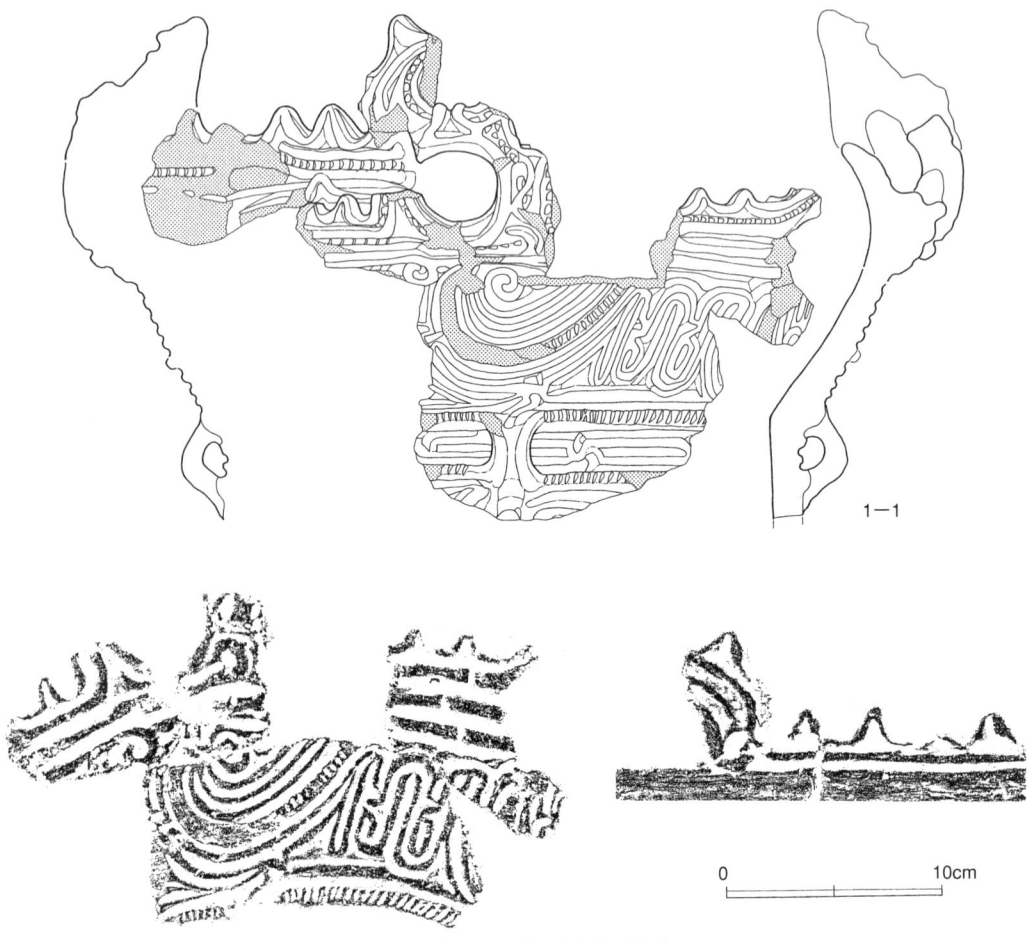

164　第Ⅳ章　火炎土器様式の周辺

図2　塙東遺跡の土器(1)（土器1）

ことを確認できた。頸部より上位は、接合した大破片から法量と形態を推定復元により図化（図2）し、その他の主要な破片については個別に図化（図3）した。

　器種は深鉢形土器である。法量は器内面の屈曲部を基準に推定した。接合した大破片の残存高は230㎜。他の破片を含めると330㎜までが復元され、底部を加算すると器高は400㎜を越えると想定される。口唇部での口縁部直径は305㎜で、接合した大破片のみの残存率は20％、全体では53％ほどである。把手の突出を含めた口縁部の最大径は420㎜ほどになる。頸部の屈曲部直径は把手を含めずに270㎜で、接合した大破片のみの残存率は16％、全体では25％ほどである。形態は、底部から胴部が直線的に立ち上がり、頸部で屈曲して開いた口縁部がいわゆる「キャリパー状」に内湾する。

　口縁部には把手が付属する。大型把手は、口縁部直径に対する残存部分の状態、残存する把手破片（1・2・4〜6）から、4単位と推定される。把手は太い粘土紐を軸とし、その側面に細い粘土紐を貼付して成形されている。口縁部に並列した橋状把手が上部を連結させて環状となり、さらに上方へと続く。上方の器内面では、横位のS字状を呈するものと推定される。把手の最上部には、鋸歯状突起が貼付されている（1・2）。把手には隆帯・沈線・押引き状の刺突による有節沈線で文様が構成され、最上部は器内面側にも文様がある。大型把手の中間位置には小型把手が付属する。これは

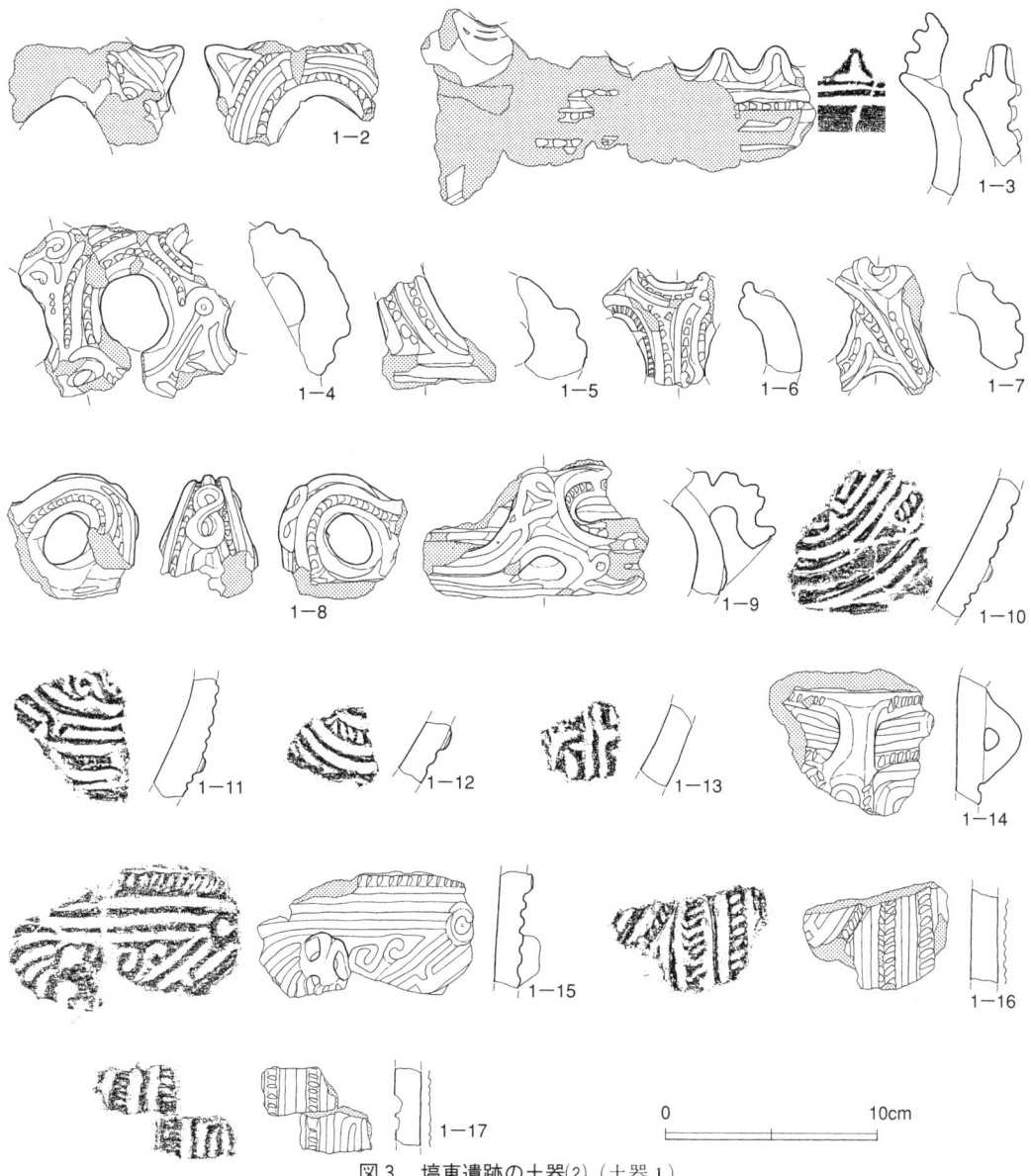

図3 塙東遺跡の土器(2)（土器1）

橋状を基本とする（7・9）が、横位の環状と推定されるもの（8）もある。大型把手の裏側に位置する口縁部には貼付がなく、平縁・無文のまま調整される。口唇部には2条の沈線が施文されている（1・2）。大型把手間の口縁部は、上下の2段に鋸歯状突起が貼付されている。鋸歯状突起の内外面には、三叉状あるいは三角形に抉るような沈線が施され、鋸歯が窪む部分の上面にも抉るような沈線がある。把手間の口縁部には、隆帯の貼付と押引き状の刺突による有節沈線が横位に施文されている。この押引き状の刺突による有節沈線は、口縁部から把手にかけてのみ施文され、頸部から胴部には見られない。

　頸部には、隆帯の貼付を中心として斜行する渦状文（1・10・11）が構成される。この隆帯は把手間に配置されることから、8単位と推定される。隆帯上には箆状工具による刻みが施されている。

剥落痕からは、隆帯の左側末端に胴部の隆帯末端と同様な突起が貼付されていたことが推定される。隆帯以外の部分には沈線が施文され、隆帯に沿って渦状文を構成する沈線と渦状文の間を埋める沈線とがある。渦状文の間は、縦方向を基本とした文様が構成されている（1・13）。頸部の括れ部には橋状把手（1・14）が付属し、連結する上下を隆帯で区画している。この把手は口縁部大型把手の下位にあって、4単位と推定される。隆帯間には沈線による横方向の文様が施されている。隆帯上には篦状工具による刻みが施されており、この隆帯は胴部へと連続する。

胴部は、橋状把手から連続する隆帯により、縦位に区画されている（14・16・17）。これも、4単位と推定される。隆帯上には、篦状工具による刻みが施されており、この刻みには綾杉状を呈する部分（16）がある。縦横の隆帯の交点部分から左側に隆帯が派生し、胴上部には、斜行する渦状文が構成される（15・16）。この隆帯の左側末端には突起が付属し、突起には3方向から刺突が施されている（15）。胴下部には、逆U字状など縦方向を基本とした文様の構成が推定される（17）。

口縁部から胴部まで、沈線は棒状工具により施文されたものである。

胎土には、白色から灰色を呈した軟質の岩石片を多量に含むことに特徴が認められる。焼成は不良ではないが、脆弱な部分もある。色調は器外面の上部が暗褐色、下部が赤褐色を呈する。器内面は上部が暗褐色、下部が黒褐色を呈する。

5.「火炎土器」の時期

1） 土器2 （図4）

「G2－3層」、つまり2グリッドの3層から出土したことが報告されている。注記は「HH G3 13」。器種は深鉢形土器である。法量は残存高126㎜、口縁部直径160㎜（残存率17％）と計測され、小型である。形態は、器外面ではほぼ円筒状を呈するが、器内面では稜を有して口縁部が内湾する。口縁は平縁である。口縁部には1条の隆帯が巡り、指頭による押圧が加えられる。単節斜縄文RLが、口唇部直下および隆帯上には横回転で、胴部には縦回転で施文されている。棒状工具による沈線で、渦状文等の文様が構成されている。胎土には赤色粒子を含む。焼成はよい。色調は器外面の上部が暗褐色、下部が褐色～赤褐色を呈する。器内面は褐色を呈する。

2） 土器3 （図4）

「ワ地点4層」という報告、「塙東　2G」という注記があり、2グリッドの4層から出土したことがわかる。器種は深鉢形土器である。法量は残存高167㎜、口縁部直径291㎜（残存率61％）、胴部最大径288㎜と計測される。把手の突出を含めた口縁部の最大径は342㎜になる。形態は、胴上部から口縁部にかけて内湾し、口縁部がやや外反する。口唇部は20㎜ほどの幅で平坦になる。口縁部には4単位で橋状把手が付属し、そのうち3ヵ所が残存する。口縁部には、縄文の上に棒状工具による沈線で、直状文に上下を区画された中に波状文の文様が施されている。この文様は、把手に隠れる部分にも施文されていることから、文様の施文後に把手が貼付されたことが明らかである。胴部には、単節斜縄文LRが縦回転で施文されている。胴上部には、棒状工具による沈線で波状文と直状文が施されるが、これは全周せずに右側の把手の下位で途切れて鉤状文となる。胎土には赤色粒子を含む。焼成はよい。色調は器外面が褐色～赤褐色、器内面が褐色～暗褐色を呈する。

図4　塙東遺跡の土器(3)（土器2〜5）

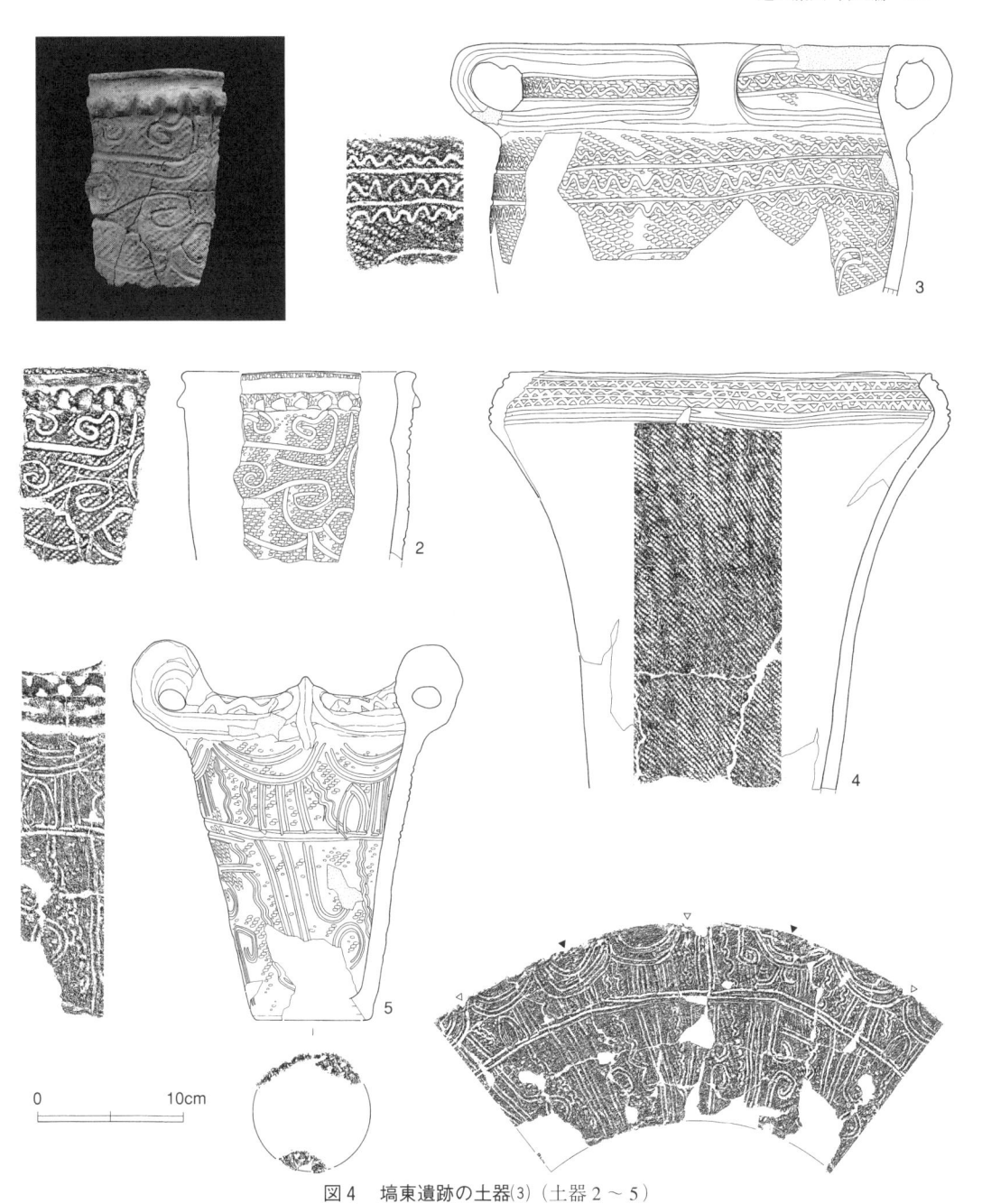

3）　土器4（図4）

　接合復元され、欠損部に石膏が充填された状態にある。注記は「塙東」と墨書されている。器種は深鉢形土器である。法量は残存高277㎜、口縁部直径289㎜（残存率55％）と計測される。最大径は口縁下部にあり、315㎜である。形態は、胴部から口縁部へと緩やかに開き、口縁部はいわゆる「キャリパー状」に内湾する。残存部分の口縁は平縁であるが、口縁部が欠損する断面の付近において口唇部が突出するような歪みがあり、口縁部の文様にもこれに合致して上方へ向かうように観察される。把手が付属していたことはほぼ確実であり、それは1単位であったと考えられる。口縁部に

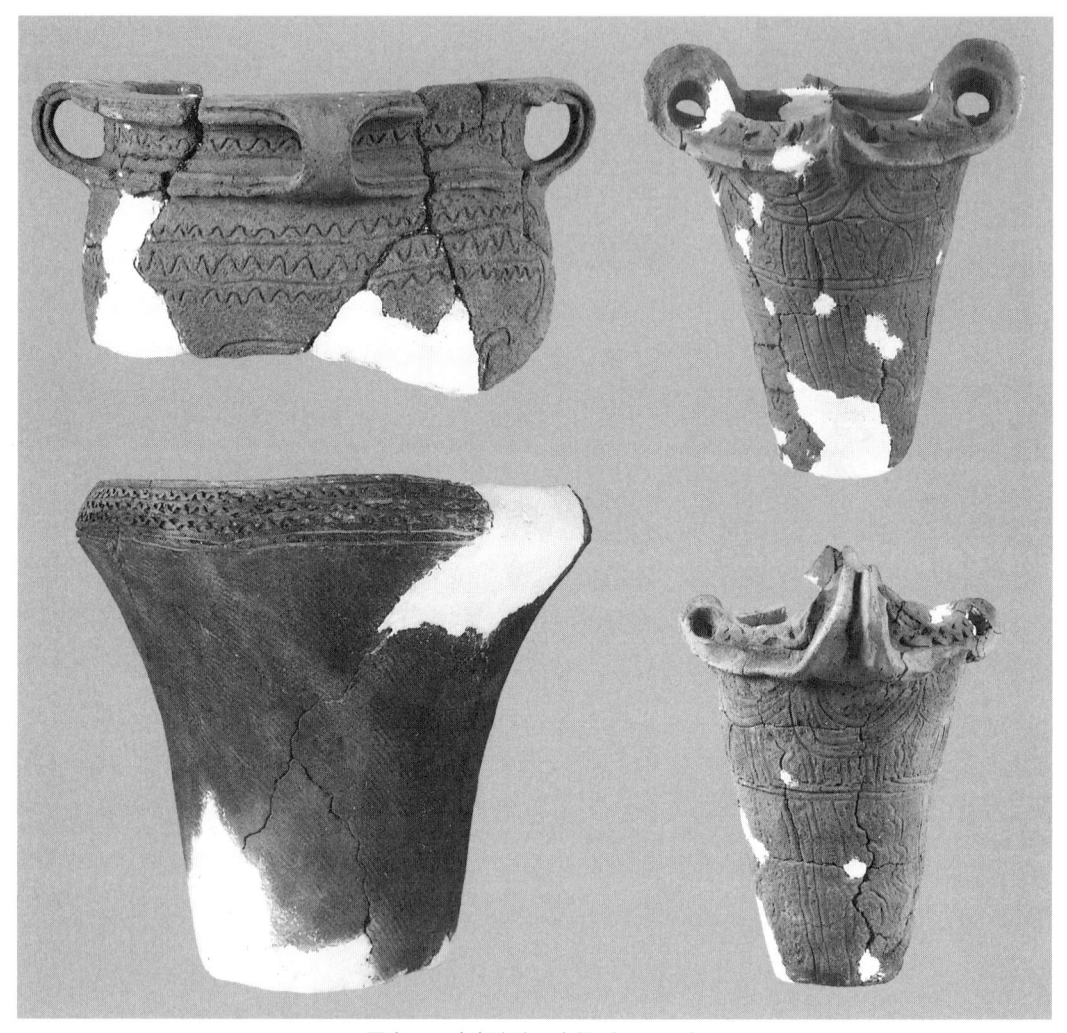

168　第Ⅳ章　火炎土器様式の周辺

写真2　塙東遺跡の土器（3・4・5）

は直状と波状の細い粘土紐が交互に貼付され、3段の波状文が構成される。胴部には、口縁部の粘土紐貼付後、単節斜縄文LRが縦回転で施文される。口縁部と胴部を区画する2条の沈線の施文は、縄文の施文後である。胎土には大粒の砂粒が少なく、比較的緻密である。金雲母を少量含む。焼成はよい。色調は器外面の上部が暗褐色、下部が褐色～赤褐色を呈する。器内面は褐色、暗褐色、黒褐色を呈する。

4）　土器5（図4）

　接合復元され、欠損部に石膏が充填された状態にある。注記は「塙東」と墨書されている。器種は深鉢形土器である。法量は把手上端までの器高252㎜、口縁部直径140㎜（残存率92％）、底部直径80㎜（残存率46％）と計測され、小型である。把手の突出を含めた口縁部の最大径は227㎜になる。形態は、胴部から口縁部へと緩やかに開き、口縁部が内湾する。口縁部には大型把手が2単位で付属し、これらは環状を呈する。この器内面側には縦位の波状文が施されている。大型把手の中間位置には小型把手が付属する。小型把手の一方は橋状を呈するが、もう一方は孔が貫通しておらず、

厳密には突起である。各把手の間には、隆帯が波状に貼付されている。胴部は、単節斜縄文RLの施文後、横位の直状文で上下に区画される。胴上部には、上向きの弧状文と縦位の直状文の組合わせを基本とする文様が構成され、この文様の間には縦位の波状文、渦状文、逆U字状文などが施されている。胴下部は、直状文により5区画に分割される。区画内は、上下に対向する渦状文と縦位の波状文の組合わせを基本とするが、1区画は波状文のみである。これらの文様は、半截竹管状工具による平行沈線によるものである。底面には網代の痕跡が残る。胎土には赤色粒子を含む。焼成はよい。色調は器外面の上部が暗褐色、下部が褐色～赤褐色を呈する。器内面は黒褐色を呈する。

　さて、これらの土器2～5は、土器2・3・5が「大木式」の系統であり、土器4には「中峠式」の系統を認める。関東地方北部から東北地方南部における縄文時代中期中葉の土器群については、「阿玉台式」の細分を基軸として編年が検討されているが、塙東遺跡では、現在のところ住居跡を想定した範囲内での「阿玉台式」の共伴について明らかでない。栃木県において標準とされる土器群との比較では、槻沢遺跡14H-P₂土坑（海老原1980）に類似を認める。これには「阿玉台Ⅳ式」が共伴しており、塙東遺跡の「火炎土器」についても当該期のものと捉えておきたい。

6. 栃木県と福島県における研究

　塙東遺跡の報告書には、「珍しい所では勝坂式、馬高式、曽利式などの中部山岳地帯からの影響が見られる土器がある」と記述があり、土器1の解説に「鶏冠状の突起装飾」という表現もあることから、1978年には既に「火炎土器」の系統と考えられていたのであろう。1983年、進藤敏一は、これを「馬高式のテクニックが波及して来たもの」と捉え、「会津地方のテクニックとよく似ている」一方で、「会津地方の土器とも相違している」[1]ことから、「会津系の影響が槻沢などで一たん変質し、その上で塙東に波及してきたテクニックで、この土器は作られた」ものと記述した。その参考文献には『槻沢遺跡』（海老原他1980）が掲げられている。

　海老原郁雄は、1979年から1981年までの間に、縄文時代中期中葉の土器群に関する多くの論考を発表しており、『槻沢遺跡』もその一つであった。海老原は、1979年、栃木県の「火炎土器」の系統について、「北陸的な土器で、既に前段階の時期から同じテリトリーに属していたため、会津に起った"異変"に同調して生じた現象であろう。その"異変"とは馬高式の浸潤と土着化である」と記述するとともに、「口頸部に巨大化した把手と渦巻文をモチーフとし彫刻的な重弧文や曲線文で文様部分を隙間なく装飾した土器」に「『浄法寺』タイプ」を設定した。1981年には、「阿玉台式末の土器と共伴する大木8a式には、……馬高式系の土器を含んでいる。それはすでに大木8a式の送り手である会津地方において受容されていた馬高式土器が大木8a式の組成のひとつとなり、そのセットが伝播したためと考えられる。器面全体を彫刻的な刻線で充填する個性的なこのタイプは浄法寺タイプの成立に関与」したと記述し、福島県会津地方の「馬高式系」、栃木県の「馬高式系」、「浄法寺タイプ」の時間および系統の関係を説明している。進藤は、この地理的な延長上に塙東遺跡の「火炎土器」を位置づけたのであった。

　1984年、上野修一は「浄法寺タイプ」相当の土器群に「複弧文土器」という名称を付与する。上の原遺跡JD－12号土坑の土器群に「馬高系統の土器」と「複弧文系統」が含まれることを記述し、これら

には「本県でも県北部を中心に県東部にかけて、馬高式を摸倣した土器がみられます」、「在地的な複弧文系統の土器」とのわずかな説明が加えられている[2]。

1987年、小薬一夫・小島正裕・丹野雅人は、会津地方の松戸ヶ原遺跡および寺前遺跡の土器群を基礎資料として、「会津タイプ」を設定する。「馬高式」との相違について、法量は「大木式にみられる大きさのバラエティーに類似」すること、形態は「『王冠型』はほとんどみられず、いずれも平口縁になる」、「口縁部の湾曲度が強く、胴部が円筒状」を呈するものが見られないこと、文様と施文方法は「馬高式では基本的に半截竹管状工具を用いているのに対して、馬高系では棒状沈線によって文様を描出している」、「馬高系では施文後隆帯の上にナデを加えており、全体的に肉彫的表現が半減している」、「馬高系では、対向斜行渦文はほとんどみられず横位S字文と連続の斜行渦文の2種を単位文としている」、「単位文は基本的に基隆帯を用いて表現されることが多く、基隆帯上には刻み目を有する」、「これら単位文は小突起等の配置によって4単位に区画構成されている」、「馬高式にみられるような胴部上端での逆U字状になる沈線の施文法はとられない」ことなどが指摘され、何よりも「馬高系ではいわゆる鶏頭冠把手や鋸歯状文がまったくみられず、口唇部文様帯が存在しない」ことに「大きな特徴」を認めている。このような「福島西部（会津地方）」の「馬高式の特徴」に対して、「会津地方に隣接する福島県東部（中通り地方）から栃木県北部に分布する馬高系土器」については、「会津タイプ」とは異なる「大別して2種類の土器」と捉えている。その一つは、「本場の馬高式を摸倣したと考えられる土器」であり、これを「擬馬高」と呼称した。もう一つは、「その系譜を馬高式に求めることができる在地化した土器」であり、これには「複弧文土器」が相当する。「複弧文土器」ついては、「会津タイプ」や「『擬馬高』土器の影響により成立した」ことが説明された。

1990年、塚本師也は関東地方の「火炎系土器群」を集成した。土器群は「火炎土器を摸倣した土器群」と「複弧文土器」に大別され、「火炎土器を摸倣した土器群」はおおむね「阿玉台Ⅲ式並行の段階」から「加曽利EⅠ式古段階」まで、「複弧文土器」は「加曽利EⅠ式古段階」から「加曽利EⅠ式新段階」に存在すると捉えられた。小薬等の分類に準拠することから「本場越後地方の火炎土器を摸倣した土器群」という記述も見られはするが、「火炎土器を摸倣した土器群」は「搬入や偶発的な摸倣ではなく」、「会津地方で、大木8a式の組成として取り込まれ、大木8a式とともに関東に伝播し、受容されたものである。さらにこれらの土器群から、在地的な複弧文土器が派生する」とまとめられており、海老原の見解を踏襲することになった。なお塚本は、1997年、「浄法寺タイプ」「複弧文土器」の土器群に「浄法寺類型」という新たな名称を付与している。

このように、「浄法寺タイプ」「複弧文土器」「浄法寺類型」と呼称されてきた土器群の系統を、会津地方を中心とした福島県域の土器群に認めることは大方に一致を見ている。しかし、その福島県域の土器群については、小薬等が、「馬高式」が在地化した「会津タイプ」と「馬高式」の摸倣にとどまる「擬馬高」に分けるのに対して、海老原および塚本は「鶏頭冠把手や鋸歯状文」の「火炎土器」も含めて在地化した土器群と捉えたのである。

7.「火炎土器」の系統

塙東遺跡の土器1について、①～⑤の五つの属性を抽出して少しの検討を加えておきたい。

① 「口縁部下段鋸歯状突起」：大型把手間の口縁部には、上下の 2 段に鋸歯状突起が貼付されている。「馬高式」の鋸歯状突起は上段のみであり、「鋸歯状口縁」と呼称される。下段の鋸歯状突起は、部分的ながら妙音寺遺跡259号土坑の土器（図 5−13）にあり、上下の 2 段に鋸歯状突起が構成されているように見える。七郎内 C 遺跡の土器（図 6−22）には、下段にのみ鋸歯状突起がある。

② 「口縁部鋸歯状突起上面沈線」：鋸歯状突起の鋸歯が窪む部分の上面には、抉るような沈線が施文されている。「馬高式」の鋸歯状突起には、これが施文されない。鋸歯状突起上面の沈線は、法正尻遺跡333号土坑の土器（図 5−1・5）、妙音寺遺跡259号土坑の土器（図 5−13）、桑名邸遺跡381号土坑の土器（図 6−18）、境（柿平）遺跡の土器（図 6−24）などにある。

③ 「口縁部有節沈線」：口縁部から把手にかけては、押し引くような刺突による有節沈線が施文されている。「馬高式」には、これが施文されない。現在のところ、口縁部に有節沈線が施文されたものは、他に見られない。槻沢遺跡14H-P₂の土器には、頸部および胴部に「沈線の代わりに有節沈線によるモチーフを充填」されており、「有節沈線は『諏訪式』等と呼ばれる北関東地方の土器の影響」（塚本 1990）と解説されている。

④ 「頸部斜行渦状刻目隆帯」：頸部には斜行渦状の隆帯が貼付され、隆帯上には刻みが施文されている。これは、小薬等による「会津タイプ」の特徴として指摘されており、「馬高式の中でも古い段階の様相を示すものとして特徴付けられているもの」と解説されている。斜行渦状の刻目隆帯は、妙音寺遺跡259号土坑の土器（図 5−13）、寺前遺跡の土器（図 6−23）などにある。槻沢遺跡第18号土坑の土器の「複弧文土器」にも刻目隆帯があり、これは「加曽利 E I 式古段階」に位置づけられている。

⑤ 「頸部橋状把手連結区画隆帯」：頸部の括れ部には橋状把手が付属し、連結する上下の隆帯で区画されている。隆帯上には刻みが施文されている。「馬高式」には「古い段階では 2 条の隆帯間に 4 単位の橋状もしくは小眼鏡状把手を付すものが見られるが、新しい段階では 1 条の隆帯のものが多い」（小薬他 1987）と解説されている。橋状把手で連結された区画隆帯は、法正尻遺跡333号土坑の土器（図 5−1・3）、鴨打 A 遺跡370号土坑の土器（図 5−9）、妙音寺遺跡259号土坑の土器（図 5−13・14）、桑名邸遺跡381号土坑の土器（図 6−17）にある。寺前遺跡の土器（図 6−23）には、橋状把手でなく小眼鏡状把手が付属する。上下の隆帯に刻みが施文されているのは、鴨打 A 遺跡と寺前遺跡であり、これは「頸部斜行渦状刻目隆帯」に伴う属性であるらしい。上下の隆帯区画の間に横方向の文様が見られるのは、法正尻遺跡と鴨内 A 遺跡であり、とくに法正尻遺跡が類似する。

これら①〜⑤の五つの属性のうち、③の属性は現在のところ塙東遺跡のみに見られるが、これは他系統の属性が組み込まれたものと捉えられる。①・②・④・⑤の属性には類例があり、これら四つの属性の具有は妙音寺遺跡に認められた。妙音寺遺跡は、共伴する土器から「大木 8a 式新段階」に位置づけられており、「加曽利 E I 式古段階」に並行すると考えられるものである。

②と⑤の属性は類例が多く、福島県の会津地方から中通り地方、栃木県北部に分布が認められる。共伴する土器には、「大木 8a 式中段階」すなわち「阿玉台 Ⅳ 式並行の段階」から、「大木 8a 式新段階」

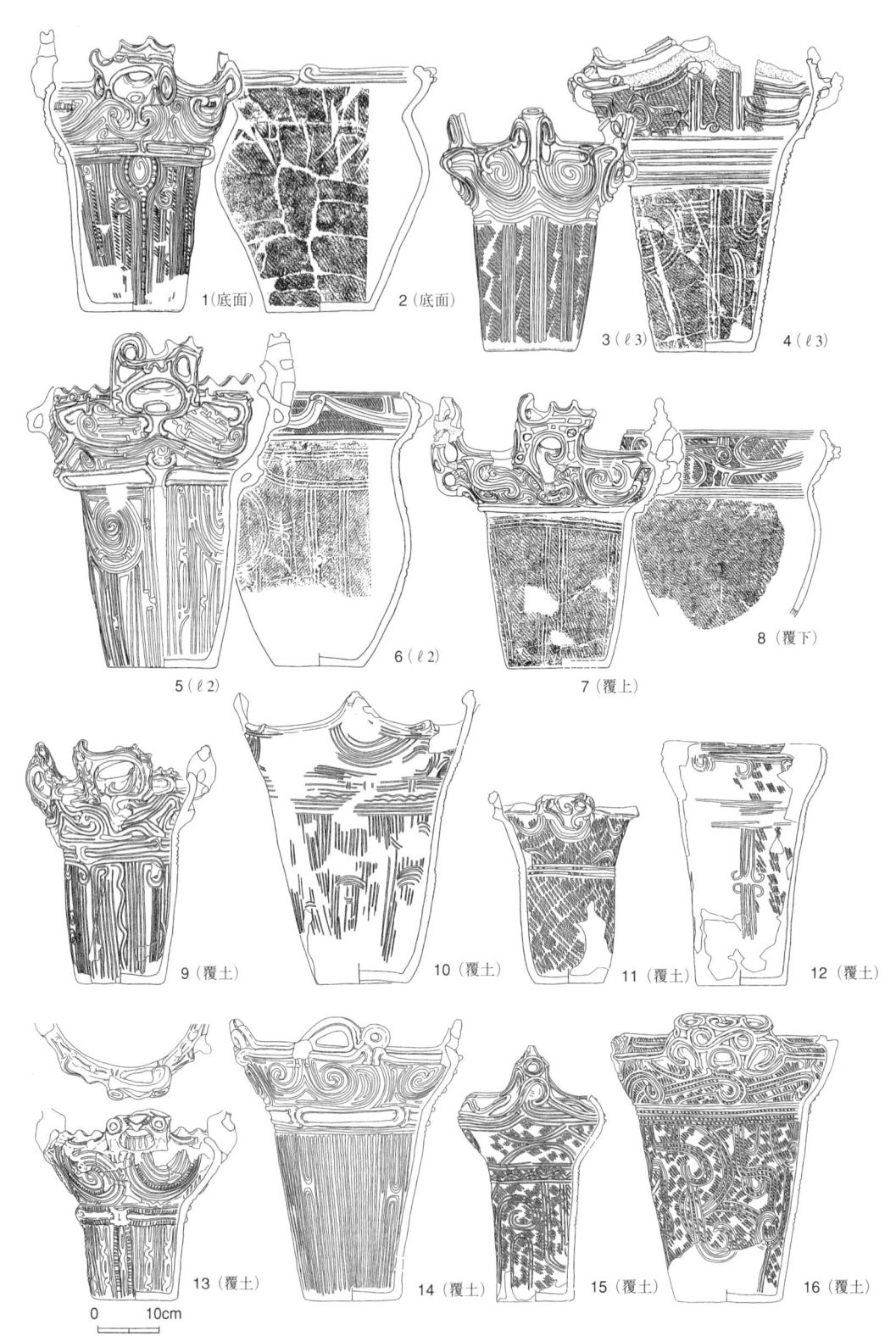

172　第Ⅳ章　火炎土器様式の周辺

1（底面）　2（底面）　3（ℓ3）　4（ℓ3）
5（ℓ2）　6（ℓ2）　7（覆上）　8（覆下）
9（覆土）　10（覆土）　11（覆土）　12（覆土）
13（覆土）　14（覆土）　15（覆土）　16（覆土）

0　10cm

1～6：法正尻遺跡SK333　7・8：法正尻遺跡SK404　9～12：鴨打A遺跡SK370　13～16：妙音寺遺跡SK259（各報告書より引用）

図5　参考資料(1)

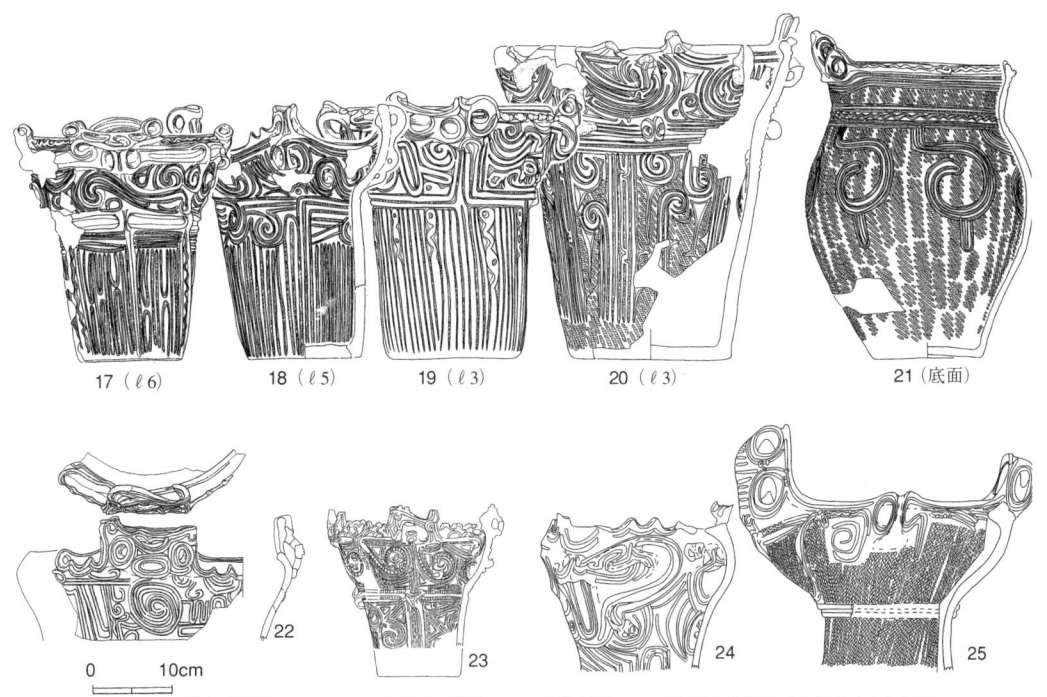

17 (ℓ6)　18 (ℓ5)　19 (ℓ3)　20 (ℓ3)　21 (底面)

0　10cm

22　23　24　25

17～21：桑名邸遺跡SK381　22：七郎内C遺跡　23：寺前遺跡　24：境(柿平)遺跡　(各報告書より引用)
図6　参考資料(2)

すなわち「加曽利EⅠ式古段階」まであり、②の属性については法正尻遺跡404号土坑の土器(図5-7)から、「大木8b式」でも「加曽利EⅠ式中段階」に並行する時期の鶏頭冠把手の鋸歯状突起にも見られる。この土器は「複弧文土器」として捉えられるものであろう。

「馬高式」では「古い段階」に見られた④・⑤の属性が、会津地方を中心とした福島県および栃木県北部においては、「大木8a式新段階」、さらには「大木8b式」の時期の「複弧文土器」へと継承されている。また、「馬高式」には見られない②の属性が付加されて、ほぼ同じ時間と空間に起承する。これらの属性の展開は、この地域において「馬高式」「火炎土器」の系統の上に、独自の「火炎土器」の系統が成立したと考えることを支持している。「会津タイプ」設定以後に報告された多くの資料が、これを示すことになった。将来に遺跡名称を冠した用語が整備されることを考慮しながら、暫定的に「会津型火炎土器」とでも呼称しておきたい。

8. おわりに

土器6（図7）

深鉢形土器の口縁部破片である。注記は、「HHUS-4」とあるが、この記号は解読できず、出土位置が明らかでない。口縁部は、いわゆる「キャリパー状」に内湾する。口縁部には把手が付属し、把手上には沈線で文様が施されている。頸部には、隆帯の貼付を中心として、沈線とともに渦状文が構成される。隆帯の末端は突起となる。沈線の施文以前に、単節斜縄文LRが縦回転で施文されている。胎土には、白色から灰色を呈した軟質の岩石片を含むことに特徴が認められる。焼成はよい。

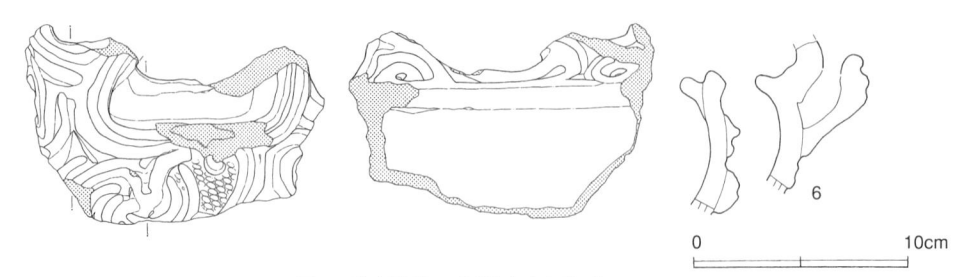

図7　塙東遺跡の土器(4)（土器6）

色調は器外面が暗褐色、器内面が褐色〜暗褐色を呈する。

　部分的ではあっても、隆帯に刻みが施文されないこと、隆帯末端の突起に刺突が施文されないこと、口縁部に縄文が施文されることなどが土器1とは異なるが、これもまた「火炎土器」の系統にある。那珂川流域の茨城県域においても「火炎土器」の系統の土器が分布し、狭い範囲の調査にもかかわらず、そこに2個体が出土していることを追加で報告しておきたい[3]。2個体の土器は、胎土の特徴が共通し、しかも遺跡の主体となる「大木8a式」の胎土とは異なるものである。塙東遺跡へは、これらが搬入されたことを推定している。

　塙東遺跡への搬入には、久慈川流域と那珂川流域のそれぞれ上流から二つの経路がある。久慈川流域の坪井上遺跡において、このような「火炎土器」が見られなかったことからは、那珂川流域の経路へと想定が傾くが、これには周辺地域の土器群について胎土の観察と分析を待たなければならない。いずれにしても、「会津型火炎土器」の周縁部に位置することになる。

　「馬高式」「火炎土器」から「会津型火炎土器」への経路は、「魚野川をさかのぼり、越後川口から只見へと抜ける通称『六十里越え』や『八十里越え』と呼ばれる道筋と、阿賀野川をさかのぼり西会津にいたる道筋の2つがある」（上野1999）。④・⑤の属性からは、魚沼地方と会津地方をつなぐ「六十里越え」の方を考えてみたい。それは、「望郷篇」がたどり「再起篇」がたどることにもなる「越の旅人」の道筋であった。

　最後に、今回の実測と掲載の許可をいただいた茨城高等学校の大内光氏（校長）・大窪範光氏（教頭）・進藤敏一氏、関連資料の観察と文献の提供・助言等でお世話いただいた川崎純徳氏・塚本師也氏・中村信博氏・宮内良隆氏・宮尾亨氏に、心より感謝申し上げる。

註
(1)　ただし進藤敏一氏は、「隆起線の沈線列などは勝坂式からの影響でこの点で会津地方の土器とも相違している」（進藤1983）と考えている。
(2)　上野修一氏の記述は、論文でなく展示図録の解説に掲載されたものである。
(3)　本稿の検討の対象は報告書掲載の土器に限定していたが、進藤敏一氏から土器6を類似の資料として教示いただいた。

引用・参考文献
石本　弘他　1990　『国営総合農地開発事業矢吹地区遺跡発掘調査報告6　桑名邸遺跡（第2次）』福島県文化財

調査報告書第226集　福島県教育委員会・財団法人福島県文化センター

岩上照朗他　1987　「柿平遺跡」『益子町史』第1巻考古資料編　益子町

上野　修一　1984　「栃木県の縄文時代中期中葉の土器素描」『第7回企画展　はなひらく縄文文化』栃木県立博物館

上野　修一　1999　「内陸の道　峠の旅人」『海を渡った縄文人　縄文時代の交流と交易』小学館

海老原郁雄他　1979　『湯坂遺跡』栃木県考古学会

海老原郁雄　1980　「加曽利EⅠ式の変遷について（栃木県）」『奈和』第18号　奈和同人会

海老原郁雄他　1980　『槻沢遺跡』栃木県埋蔵文化財調査報告第34集　栃木県考古学会

海老原郁雄　1981　「中期の土器」『栃木県史』通史編1　原始古代1　栃木県

海老原郁雄　1981　「栃木県縄文中期10段階区分図（説明）」『北関東を中心とする縄文中期の諸問題＜資料＞』日本考古学協会昭和56年度大会シンポジウムⅠ

海老原郁雄　1981　「北関東の大木式土器」『縄文文化の研究』4　縄文土器Ⅱ　雄山閣出版

海老原郁雄　1981　「上の原遺跡の縄文式土器について」『芳賀高根沢工業団地内上の原遺跡発掘調査報告書』栃木県企業局

小宅泰郎他　1978　『塙東遺跡』茨城高等学校史学部

加藤　緑　1995　『特別展　火炎土器　燃えあがる造形美と土器文化の謎』大田区立郷土博物館

瓦吹　堅　1998　「茨城県の大珠」『列島の考古学』渡辺誠先生還暦記念論集刊行会

工藤健吾他　1996　『郡山東部19　妙音寺遺跡（第2次）』郡山市教育委員会

小薬一夫他　1987　「馬高系土器群の系譜―土器型式の伝播と情報の流れ―」『研究論集』Ⅴ　財団法人東京都埋蔵文化財センター

進藤　敏一　1983　「塙東遺跡の土器について」『茨高紀要』第6号　茨城高校『茨高紀要』編集委員会

菅沼　亘　1996　『縄文の美―火焔土器の系譜―』十日町市博物館

鈴木　素行　1998　「部室貝塚の土器―栃木県における縄文時代中期中葉土器群の研究を学ぶ―」『玉里村立史料館報』第3号　玉里村立史料館

鈴木　素行　1999　「越の旅人　望郷篇―坪井上遺跡第182号土坑の土器について―」『茨城県考古学協会誌』第11号　茨城県考古学協会

鈴木　素行　2001　「坪井上遺跡の伝言―久慈川下流域における縄文時代中期中葉の土器群―」『婆良岐考古』第23号　婆良岐考古同人会

鈴木　素行　2003　「越の旅人　再起篇―新潟県広神村南谷地遺跡の石棒について―」『領域の研究―阿久津久先生還暦記念論集―』阿久津久先生還暦記念事業実行委員会

田部秀男他　1992　『会津田島　寺前遺跡』田島町文化財調査報告10集　田島町教育委員会

千種　重樹　1999　『坪井上遺跡　大宮ショッピングセンター建設に伴う埋蔵文化財発掘調査報告書』坪井上遺跡発掘調査会・大宮町教育委員会

塚本　師也　1989　「北関東における阿玉台式土器の様相―那珂川・鬼怒川流域を中心として―」『縄文中期の諸問題』第3回縄文セミナー　群馬県考古学研究所

塚本　師也　1990　「関東地方の火炎土器様式」『火炎土器様式文化圏の成立と展開』柳津町教育委員会

塚本　師也　1997　『浄法寺遺跡　県営圃場整備事業小川北西部地区に係わる埋蔵文化財発掘調査』栃木県埋蔵文化財調査報告第196集　栃木県教育委員会・財団法人栃木県文化振興事業団

中村　紀男　1964　「益子町境遺跡出土の縄文中期土器について」『栃木考古学研究』No5　栃木県考古学研究会

松本　茂他　1982　「七郎内C遺跡」『国営総合農地開発事業母畑地区遺跡発掘調査報告Ⅹ　七郎内C遺跡　七郎内

D遺跡』福島県文化財調査報告書第108集　福島県教育委員会・財団法人福島県文化センター
松本　　茂　1990　「福島県の火焔土器」『火炎土器様式文化圏の成立と展開』柳津町教育委員会
松本　茂他　1991　『東北横断自動車道遺跡調査報告11 法正尻遺跡』福島県文化財調査報告書第243集　福島県
　教育委員会他
柳田和久他　1994　『国営総合農地開発事業　鴨打A遺跡　第1冊（遺構編）』郡山市教育委員会

（新潟県立歴史博物館研究紀要3号より掲載）

南東北地域における火炎系土器の諸様相
—福島県を中心として—

佐藤光義・長尾　修

1. はじめに

　福島県内における縄文時代中期初頭から縄文時代中期中葉にかけての土器群の諸様相は、仙台湾の大木囲貝塚出土の土器を標識とする大木式系土器を主体としながらも、関東系の五領ケ台式系土器、阿玉台式系土器、加曽利E式系土器、中峠式系土器[1]、北陸系の新保・新崎式系土器、信濃川流域を中心に隆盛をとげた火炎系土器、あるいは複数型式の土器の要素を備えた折衷的な土器などが、器形や文様構成および施文方法などから看取することができる。

　南会津郡田島町寺前遺跡からは、長野県方面の勝坂式系土器の出土が少量ではあるが確認されており注目される。勝坂式系土器は、他に中通りの白河方面にもわずかに類例が知られている。阿玉台式系土器では、縄文施文復活以前の前半期に相当する土器が会津地方と県南方面、いわき方面などにも分布が認められる。また阿玉台式系土器で、縄文施文復活後の後半期頃の土器は、南会津地方にわずかに分布が認められるほか、今のところ出土は確認されていない。

　縄文時代後期初頭においては、関東系の堀之内式系土器を中心に、いわき方面の綱取式系土器、北陸系の三十稲場式系土器などの出土が知られている。

　このように、東北南部に位置する福島県は各土器文化圏の狭間といった様相を呈している。とりわけ現時点においては、会津地方西部地域における新保・新崎式系土器、および火炎系土器の出土量は福島県内他地域に比べ、圧倒的な出土量であり特筆される。また、縄文時代中期前葉から縄文時代中期中葉、および縄文時代後期初頭に顕著に看取される北陸甲信越方面との土器施文技術および造形に見られる相互の影響と融合は、これらの地域と会津方面の土器文化交流を示すものであり、人々の移動範囲等を物語るものと理解している。火炎系土器の分布状況を俯瞰すると、西会津方面の阿賀川流域を北陸方面と会津方面の主たる文化伝播経路としながらも、南会津方面の六十里越・八十里越・尾瀬ルートなど、山岳ルートも含めた文化の交流を垣間見ることができ、興味深い。

　福島県域では、近年まで火炎系文様施文をもつ縄文土器が出土すると、「北陸系」あるいは「馬高系」などの呼称で簡単に報告され、当該土器について、施文や器形などからの新潟県方面との系統的な比較検討や段階設定などを試みる論考が僅少であった。近年、会津地方を中心として未刊であった報告書の相次ぐ刊行や土器資料の増加によって、ようやく縄文中期の火炎系土器をはじめ、新保・新崎式系土器、縄文後期の三十稲場式土器などが注目され、福島県内や近県の研究者によって種々の論考がなされるようになってきた。とりわけ福島県域の火炎系土器の論考中で、「会津タイプ」（小薬他 1987）とか「会津に発達した火炎系亜流の土器」（小林 1994）といわれる土器の実態に迫るには、会津地方における縄文中期の土器編年確立[2]が急務であることを痛感している。

したがって、ここでは福島県内中通り地方および会津地方出土の火炎系土器関連の資料を中心に、現時点での縄文中期土器の諸様相と火炎系土器の関係および火炎系土器の分布状況などを、福島県から出土した火炎系土器関係の研究史をまとめることで確認し、当地方における火炎系土器の変遷過程や諸様相を把握することを目的としたい。

2. 福島県における火炎系土器の分布

福島県は、地理的な要因から大きく3地方に区分されている。すなわち、越後山脈と奥羽山脈に囲まれ新潟県と接する「会津地方」、奥羽山脈と阿武隈山地の間を流れる阿武隈川両岸の「中通り地方」、太平洋岸の「浜通地方」である。これらの3地方における縄文中期の土器群のあり方は、微妙に地域差が認められる。福島県内でも、とくに会津地方における縄文時代中期の土器群は、土器整理作業をするとき、標識遺跡出土の土器を念頭において分類しようとする者を大いに悩ませ困惑させる内容を包含している。たとえば、火炎系土器が出土する大木7b式期末～大木8a式期（会津地方ではこの時期、新保・新崎式系土器も出土する遺跡が多い）・大木8a式期・大木8a式期～大木8b式期・大木8b式期の各土器群は、標識遺跡出土の土器に比べ器形や文様構成、施文方法など、さまざまな要素が絡み合って部分的に折衷的かつ融合的な変化を現出させているものが多く、一概に何々式とか何々式併行とかいい切れない土器が多く目につくからである。たとえば、土器の頸部から上の口縁部文様帯は、半肉彫的な火炎系土器の施文テクニックで構成されているのに、頸部から下は、地文が縄文施文が中心で大木式土器の要素が濃厚な施文であったりする。器形はどう見ても大木式系土器であるのに、施文が火炎系の場合もある。もっとも、これに類する土器は、福島県中通りの郡山市野中遺跡出土例や大信村町屋遺跡出土例、隣県の栃木県方面にも類例が報告されており、会津地方に限ったことではない。しかし、体部文様が大木8a式と思われる施文の中に、縦位「C字状」の連続半截竹管文を施文している土器など、会津地方独特と考えられる特徴的な土器が散見できる。これは、基本的には大木系の土器の伝統を基盤としながらも、周辺地域の土器と相互に影響し合い、独自性を堅持しつつ縄文土器を作製していたことを物語るものと推考している。

福島県も他県と同様、縄文時代中期の遺跡数がもっとも多い。中でも会津地方の火炎系土器を出土した遺跡は、県内他地域を圧倒している。

会津地方の主な当該遺跡としては、河沼郡柳津町石生前遺跡、耶麻郡山都町上林遺跡、同西会津町芝草・小屋田遺跡、同上小島A遺跡、同上小島C遺跡、南会津郡田島町上の台遺跡、同寺前遺跡、同じく南会津郡舘岩村松戸ケ原遺跡、同金山町寺岡遺跡、磐梯町と猪苗代町に跨る法正尻遺跡、大沼郡会津高田町油田遺跡、同町十五壇遺跡、大沼郡三島町大石田居平遺跡、耶麻郡塩川町大原遺跡、喜多方市治里遺跡、同寺内遺跡、会津若松市本能原遺跡などから、火炎系土器の出土が知られている。このほかにも破片資料など、少量の火炎系土器出土例が散見できる遺跡が多数あるが、ここでは省略する。

中通り地方において火炎系土器を出土した主な遺跡としては、郡山市野中遺跡、妙音寺遺跡、鴨打遺跡、長沼町塚越遺跡、大信村町屋遺跡、天栄村桑名邸遺跡、石川町七郎内遺跡などがあり、ほかにも中通り地方南部方面に火炎系土器を出土する遺跡が知られている。

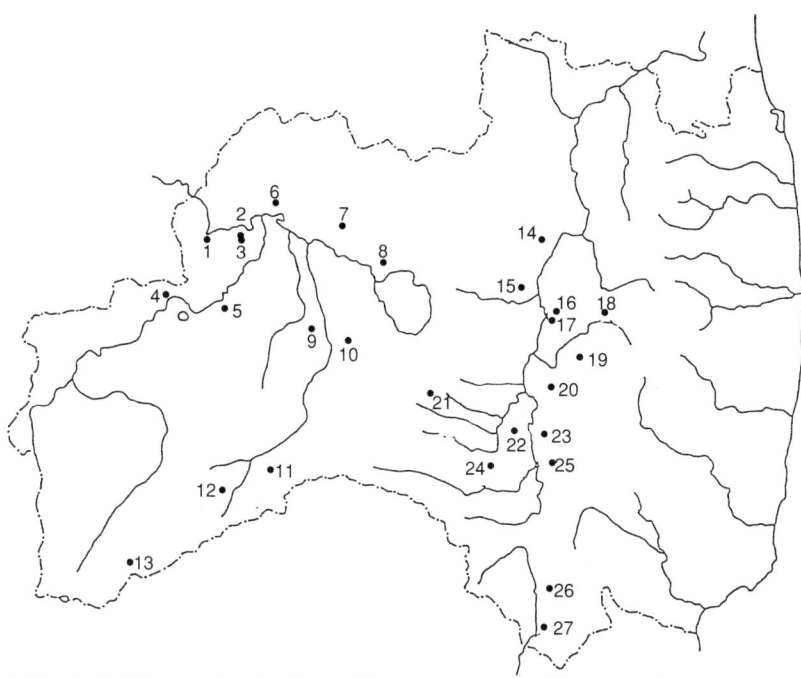

1：芝草・小屋田遺跡（会津西部）　2：上小島C遺跡（会津西部）　3：上小島A遺跡（会津西部）　4：大石田居平遺跡（会津西部）　5：石生前遺跡（会津西部）　6：上林遺跡（会津西部）　7：大原遺跡（会津東部）　8：法正尻遺跡（会津東部）　9：油田遺跡（会津東部）　10：本能原遺跡（会津東部）　11：寺前遺跡（南会津）　12：上ノ台遺跡（南会津）　13：松戸ヶ原遺跡（南会津）　14：山崎後遺跡（中通り中部）　15：山王館遺跡（中通り中部）　16：野中遺跡（中通り中部）　17：妙音寺遺跡（中通り中部）　18：八幡（和尚壇）遺跡（中通り中部）　19：仲平遺跡（中通り中部）　20：鴨打遺跡（中通り中部）　21：桑名邸遺跡（中通り中部）　22：成田陣ヶ岡遺跡（中通り中部）　23：堂平B遺跡（中通り中部）　24：町屋遺跡（中通り中部）　25：七郎内遺跡（中通り中部）　26：羽原遺跡（中通り中部）　27：中子遺跡（中通り中部）

図1　福島県の火炎系土器出土遺跡

　現時点において、火炎系土器を出土した福島県内の主な遺跡（図1）を概観すると、中通り地方北部や浜通地方からは火炎系土器の出土が報じられていない。

3. 福島県の火炎系土器に関する研究小史

　福島県内の遺跡から出土した火炎系土器に関する主な研究としては、小薬一夫氏等が『東京都埋蔵文化財センター研究論集V』「馬高系土器群の系譜―土器形式の伝播と情報の流れ―」の中で、南会津郡舘岩村松戸ヶ原遺跡および南会津郡田島町の寺前遺跡出土の火炎系土器群を基礎資料として研究した業績をあげることができる（小薬ほか1987）。小薬氏等は、地方色の強いこれらの土器群を地域差の一種として「仮称・会津タイプ」を設定した。おそらくこの論考が福島県の火炎土器を総合的に分析した最初のものであろう。この中で注目すべき研究は、「会津タイプ」（馬高系土器）と本場の「馬高式土器」とを比較検討し、詳細な分析を行っていることである。小薬氏等は、「会津タイプ」の特徴として次のように記している。「①王冠型に属する土器がほとんど見られない。②口縁部の形状については、いずれも平口縁になる。③馬高式では、半截竹管状工具を用いているのに対して、馬高系では、棒状沈線によって施文している。④対向斜行渦巻文はほとんど看取できず、横位のS字文と連続の斜行渦文の2種を単位文としている。⑤単位文を形成する基隆帯上に刻

み目を施文する土器がある。⑥単位文は、小突起等の配置によって4単位に区画構成されている。⑦隆帯施文後、隆帯施文上をナデ調整しているため、全体的に半肉彫的表現が半減している。⑧口縁部の湾曲度が強く、胴部が円筒状を呈するものがみられない。⑨胴部上端で逆さU字状の沈線施文法はとられないこと。⑩鶏頭冠把手や鋸歯状文がまったくみられないこと。⑪口唇部文様帯が存在しない」など多くの特徴を指摘している。

さらに、会津に隣接する「福島県中通り地方東部から栃木県北部にかけての馬高系土器」を「会津タイプとは異なる2種類の馬高系土器」と捉えた。一種は、「本場の馬高式を模倣したと考えられる土器を擬馬高」と呼称し、他の一種は、「その系譜を馬高式に求めることができる在地化した土器を複弧文土器」として抽出した。また、「複弧文土器は会津タイプと擬馬高土器の影響により成立した」とした。さらに、「大木7b式を2期、大木8a式を4期に区分し、擬馬高土器は、大木8a②期から③期」に、「複弧文土器を大木8a②期末から③期以降に位置づけ」、複弧文土器の変遷を4階梯の変遷を提起した[3]。

「複弧文土器」とは「浄法寺タイプ相当の土器群に付与された名称」(上野1984)で、「浄法寺タイプ」とは栃木県の火炎系土器で、「口頸部に巨大化した把手と渦巻文をモチーフとし、彫刻的な重弧文や曲線文で文様部分を隙間なく装飾した土器」(海老原1979)に設定された呼称である。海老原は、「浄法寺タイプの土器の成立」について、「北陸的な土器で、既に前段階の時期から同じテリトリーに属していたため、会津に起こった異変に同調して生じた現象であろう。その異変とは、馬高式の浸潤と土着化である」(海老原1979)としている。

また栃木県の塚本師也は、「火炎土器を模倣した土器群」は「会津地方で、大木8a式の組成として取り込まれ、大木8a式とともに関東に伝播し、受容されたものである。さらにこれらの土器群から在地的な複弧文土器が派生する」とし、さらに「浄法寺タイプ」・「複弧文土器」の土器群に「浄法寺類型」という新名称を与えた(塚本1990)。

小薬等が「会津タイプ」と「擬馬高式」に区分したのに対し、海老原や塚本等は「鶏頭冠把手や鋸歯状文の火炎土器」も含めて「在地化した土器群」として捉えたのである。

福島県内の研究者で火炎系土器について本格的な論考を加えたのは、佐藤光義・松本茂等が最初と思われる。1990年9月に福島県河沼郡柳津町で開催されたイベント「縄文フォーラム」時に、「火炎土器研究会」が『火炎土器様式文化圏の成立と展開』と題する研究発表要旨をまとめた論考集を発行した。その論考集中の「石生前遺跡の火焔土器様式」(佐藤光義1990)、「福島県の火炎土器様式」(松本茂1990)と題した論考がおそらく文献に見える初現のものと思われる。

佐藤光義は、自らが発掘担当者として昭和62年に調査した、福島県河沼郡柳津町石生前遺跡出土の土器を分析し、大木7b式期の土器および大木8a式期の土器に施文される「S字状文」に着目、「S字状文」から「鶏頭冠把手への一連の変化」を捉え、大木8a式期の土器に移行する過程を考察した。すなわち、「S字状文がみられるのは、大木7b式期の土器の交互刺突文、縄側面圧痕文、有節沈線文を施文している土器類である」とし、「口唇部と口縁部に縦位と横位にS字状文を施文するタイプがある」としている。さらに「縦位にS字状文が施文されている類例は、資料中1例と少なく、横位にS字状文を施文した類例は、5例までが刺突文、刻目文、沈線文、有節沈線文などが施されて

南東北地域における火炎系土器の諸様相　181

大木7b式

大木8a式

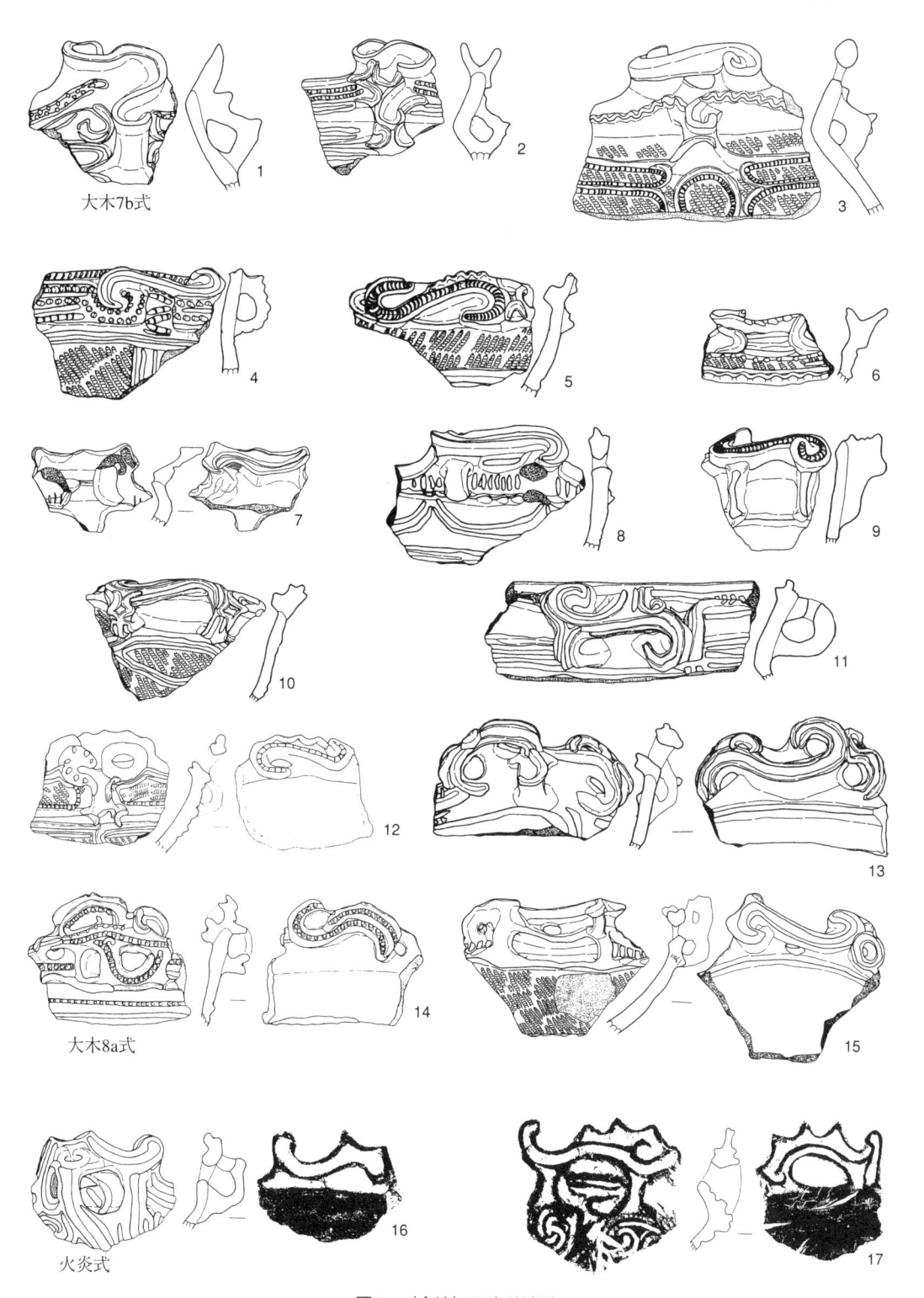

火炎式

図2　〈会津〉石生前遺跡

いる土器である」と論じ、橋状把手については、「縦位S字状文施文土器と横位S字状施文土器双方にみられる」が、「一本の橋状把手が多く、横位S字状施文土器に僅かに1例2本の橋状把手風施文がみられたが、未発達であり、橋状把手までにはいたらない施文」との見解を示している。

また、「横位S字状文頂部に刻目文、鋸歯状の小突起を施した土器は2例と少なく、この時期は、火炎系土器成立の序曲とも言うべき時期であろう」との述べている。大木8a式の「S字状文」については、「前段階の大木7b式から継承したS字状文は、急激に変化することなく、口唇部、口縁部に貼付したままの単純な形のものもある。縦位のS字状文は1例と資料的には少ないが、立体的な立ち上がり方を示し、内側に造形されるようになる。口縁部横S字状文のようにS字の頂部に鋸歯状の小突起の発達した例もみられるが数は少ない。橋状把手の一部として変化していくタイプと中空把手になり、口縁部外側に造形されるタイプがある」とし、さらに「口唇部と口縁部の横S字状文が発達をしながら小型の鶏頭冠として変化しはじめたタイプがある」と指摘し、「鶏頭冠がS字状文から発達した施文である」ことを示唆している。そして、「口縁部の横S字状文は、先端と末端部を中空把手の内側に捻り込みやがて複雑な変化を示しながらハート形に移行すると考えられる」とし、「他方ハート形に変化せずに横S字状文を先端と末端部を中央で交錯し、横8の字状文に変化して、4単位の縦位8の字状文が独立し、大木8b式に移行すると考えられるタイプがある」と説明している。この佐藤の論考の末尾には、「石生前遺跡において鶏頭冠把手が確立されたと考えられる土器がある。口唇部と口縁部の横S字状文がS字頂部で接続され、尻尾の立ち上がりも大きく変化し、より鶏頭冠が確立される段階を示すもの」と図示して説明しており、説得力がある論考を行っている。

松本茂は、先述の佐藤と同じ論考集の中で、福島県における火炎系土器研究の現状・分布、会津地方の火炎系土器、中通り地方の火炎系土器等についての項目を設け、福島県域の火炎系土器について総括的にまとめ論考を加えている。この中でとくに注目されるのは、「福島県の火炎土器については、従来、鶏頭冠状の把手が付けられた平口縁の深鉢が注目されている。しかし、会津地方では小屋田遺跡例のような波状口縁の深鉢形土器も少なからず存在している。これらの土器のプロポーションは、大木7b式土器の影響が強く残っているものと考えられる。法正尻遺跡からは、大木7b式と考えられる土器とともに波状口縁の火炎土器が出土している。今後、福島県における火炎土器の成立、発展を考えていく上で従来見落とされがちであった波状口縁の土器に注目していく必要があるのではないかと考えている」と述べおり、さらに中江聖ノ宮遺跡出土の大木7b式古期の時期の土器施文を観察し、「地文に縄文を施さず、隆線で描かれた文様の隙間に渦巻文を主体とする沈線文を密に施している点は、火炎土器の要素と共通するものと考えられる」としていることは注目される。佐藤論文の「横S字状文からの鶏頭冠の発達論」、松本論文の「法正尻遺跡出土時の波状口縁火炎土器と大木7b式期の土器との共伴報告」は、両者の視点が異なっていても大木7b式期の土器がキーワードになっている点で一致しており、火炎土器発生の初源的メカニズムが大木7b式期から大木8a式期にかけて確立していくことを想起させる点で、その後の研究の指針を示した先駆的な論といえる。

森幸彦は、『中期中葉から後葉の諸相』（森1998）の中で、福島県内の大木8a式土器について論

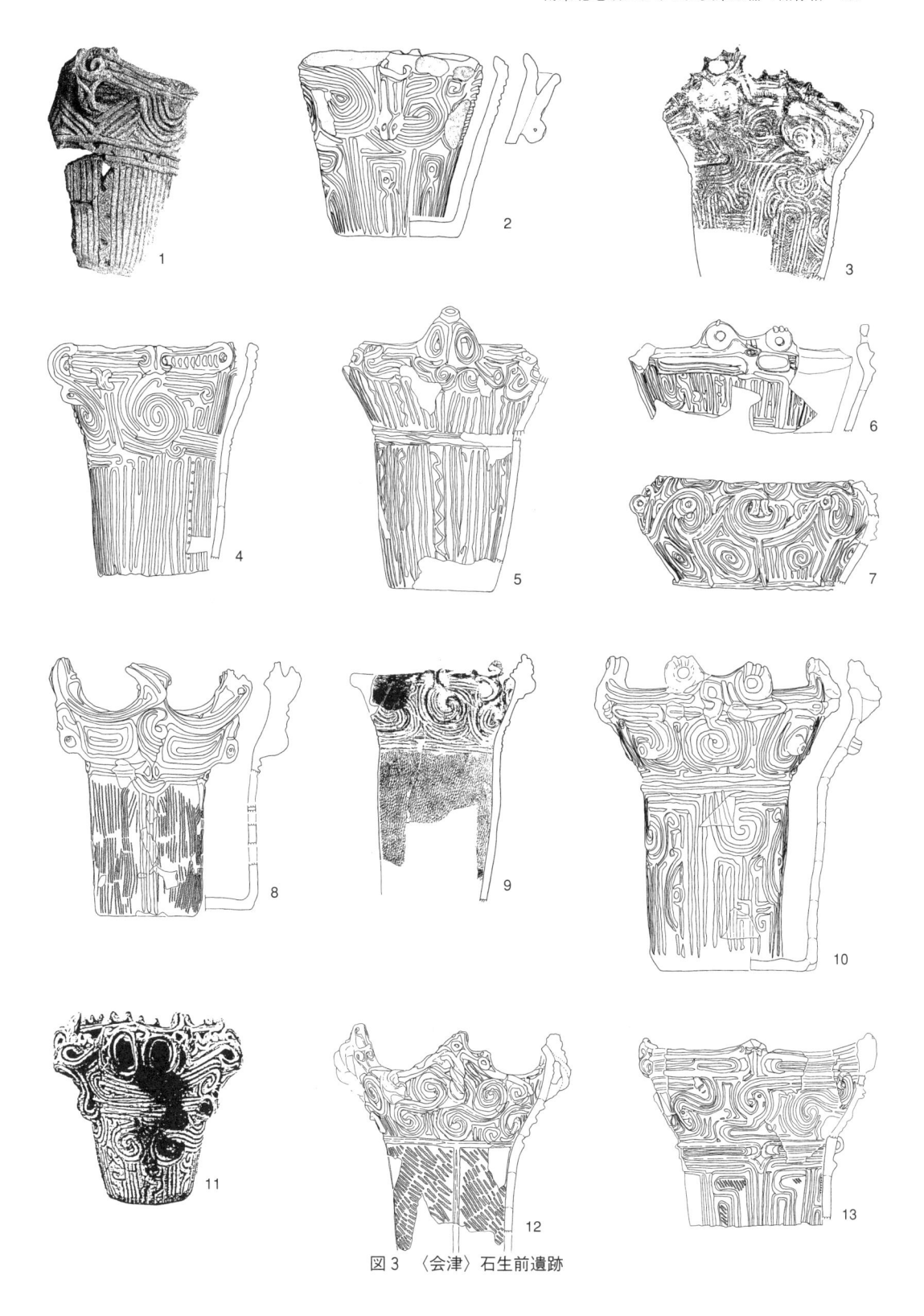

南東北地域における火炎系土器の諸様相　183

図3　〈会津〉石生前遺跡

じ、「北陸系の土器は会津全域に多く認められ、特に馬高系土器の影響は範囲を広げて県中地域までみられる」と分布圏を指摘した。さらに大木7b式後半段階～大木8b式期前半段階の土器群を阿玉台Ⅰb式～Ⅳ式系土器・加曽利EⅠ式土器との伴出関係から対比させて併行関係を把握し、6期の土器群に区分した。そして、これらの土器群との伴出関係から火炎系土器の位置づけを明らかにした。以下に森論文の段階設定を要約してみる。

　Ⅰ期は、「大木7b式後半段階（阿玉台Ⅰb式併行期）法正尻遺跡SK415出土土器を指標とする。さらにSK415では、阿玉台Ⅰa式と考えられる浅鉢が出土している」とし、この時期の土器は「口唇部施文として獣面、円形、棒状突起、等が見られ、口唇直下には、無文帯、交互刺突文帯が設けられる他、楕円形区画文も多用される。他に沈線施文が多用されるが、縄圧痕文、有節沈線文も一部見られる。胴部文様帯は、Y字状隆線が特徴的」と説明している

　Ⅱ期は、「大木7b式末から大木8a式過渡期（阿玉台Ⅱ式併行期）法正尻遺跡SI30、SK327を指標とする。法正尻遺跡SK327、SK566では、馬高系の土器が伴っている」、「法正尻遺跡SK327や南堀切遺跡で阿玉台Ⅱ式が搬出している」として、馬高系土器の出現に言及している。また、「口縁部突起は消失するものあり、口唇部下の文様帯には交互刺突文が退化、列点文、有節沈線、縦位の短沈線などが充填される。さらに胴部『Y』字状隆線は複数化とともに少なくなる」などの特徴を述べ当該土器を説明している。

　Ⅲ期は、「大木8a式古段階（阿玉台Ⅲ式併行期）法正尻遺跡SK326、SK669を指標とする」。この段階の土器に伴出する馬高系土器は、今のところ福島県内では見あたらず、森論文では「栃木県の三輪仲町遺跡のⅢ期土器、湯坂遺跡T-1Ⅴ区土坑土器、御城田遺跡Ⅲ期土器が相当しよう。三輪仲町遺跡ではこの段階で馬高系の土器が伴っている」として、隣県の当該土器と比較して論じている。この段階の大木8a式土器の特徴としては、「口縁部突起は、S字を基調としたものに横方向に貼り付くようになる。口縁下の区画隆線は上下からの押捺で波状を呈するものが多くなる。口唇直下の文様帯には引き続き有節沈線、縦位の縄圧痕文、短沈線が充填される。文様モチーフを3本1組の沈線で描くものが出てくる。胴部文様の『Y』字状隆線は少なくなる。文様を描く2本の沈線文間を無文帯が主モチーフとなる」とし、さらに福島県の「七郎内タイプの胴部文様は渦巻モチーフが多用され、文様が横方向に展開するようになる。県南部以外では有節沈線が沈線化するものもでてくる。諏訪タイプと称される土器に特徴的なX字状のモチーフを胴部に施すものもみられる」と、この時期の土器の特徴を説明している。

　Ⅳ期は、「大木8a式中段階（阿玉台Ⅳ式併行期）法正尻遺跡SK552を指標とする。馬高系の土器は、法正尻遺跡で、土坑一括の資料の中に含まれないものの量的には多く、桑名邸SK381ではまとまって出土している」。この時期の土器の特徴として、「口縁部文様帯文様描出手法に隆線が多用される段階であること」、器形に関する考察から「直線的な胴部と大きく開くか、開きながら内湾する口縁部を併せ持つ深鉢（A類・B類）にこの手法が採られる」、「突起は横方向に大型化して全周するものもある。橋状把手と呼べるものも出てくる」、「口縁部から胴部の区画文は、上下に幅を持ち、隆線を多様し、横位の直線と波状文が多段に施される」、「口縁部、胴部とも文様モチーフは渦巻とクランク文を組み合わせた複雑なものが多く、文様を描く線は、3本1組が基本である」、「胴

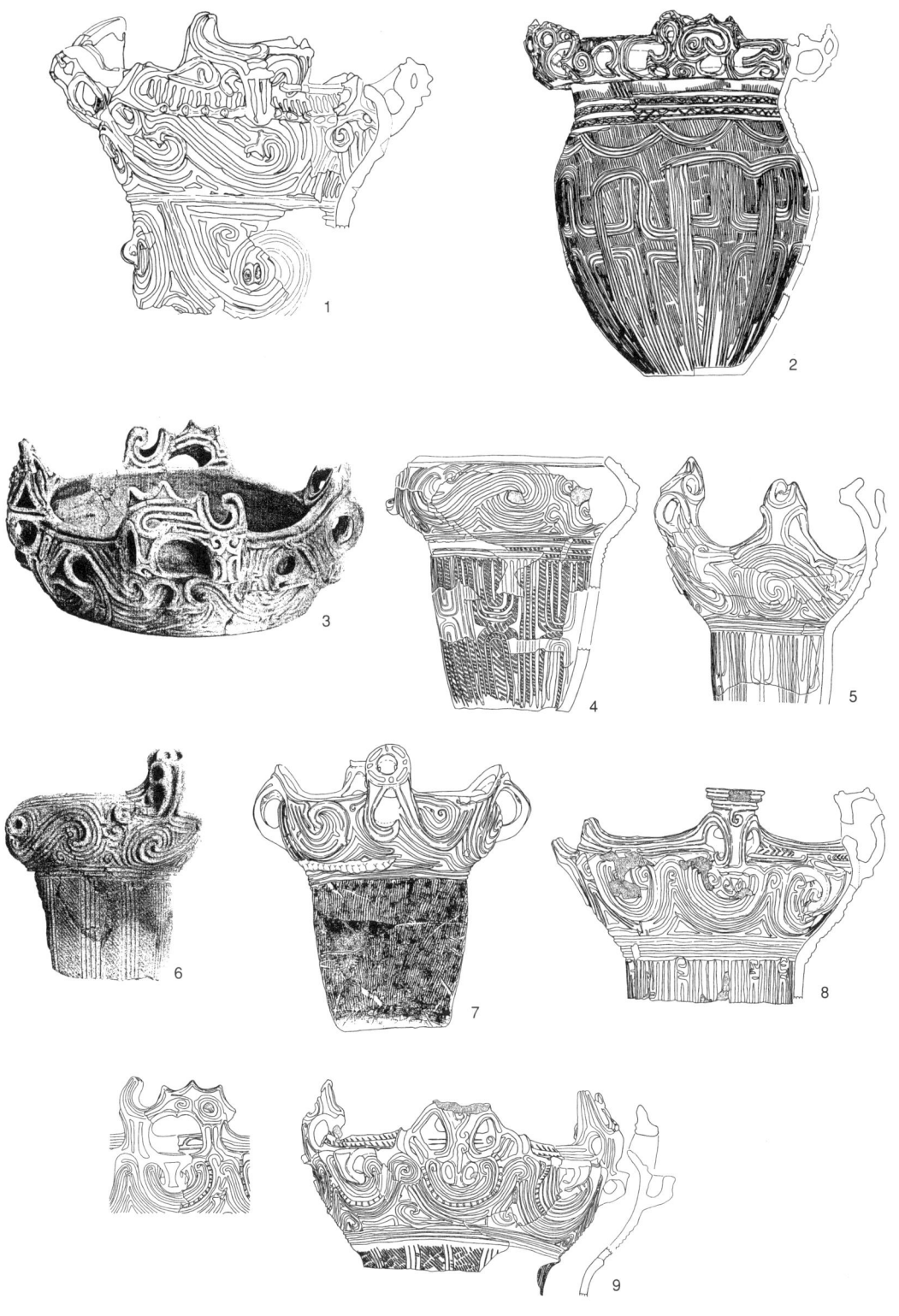

南東北地域における火炎系土器の諸様相　185

図4　〈会津〉石生前遺跡

部文様は隆線で描出するものと沈線のものがあるため、胴部沈線文様だけでは時期の土器との区別は困難」、「隆起線文多様の土器は、地域性もあるため、全県域あるいは他地域に当てはめ適用するには無理があるかもしれない」とした。さらに、当該土器の出土した栃木県三輪仲町Ⅳ期土器、槻沢遺跡17H炉下土坑・14H-P$_2$土器、添野遺跡SK34、御城田遺跡Ⅳ期土器等の紹介を行い、添野遺跡、御城田遺跡では、この段階に中峠式土器が伴っていることを指摘している。

Ⅴ期は、「大木8a式新段階（加曽利EⅠ式併行期）妙音寺遺跡SK259土坑出土の31個体からなる土器一括を指標とし、大木8b式へ移行していく時期」とした。「SK259出土土器は、口縁部文様帯のクランク文などの描出に隆線表現が極端に少なくなる特徴があり、Ⅳ期と大きく相違する点である」、一方、「法正尻遺跡などの大木8a式の新段階とされる土器には多く大木8b的要素が垣間みられるが、妙音寺SK259ではこの特徴が希薄である」。Ⅴ期とした妙音寺遺跡土器群の口唇部および口縁部文様の表現手法に注目して、「a類：口縁部文様帯の文様表現が沈線主体のもの（妙音寺遺跡SK259、SK140、SK187、SK239、SK14、SK67、SK75、鴨打A遺跡SK442、法正尻遺跡SK313、SK365、SK420、SK429、桑名邸遺跡SK500）」、「b類：口唇・口縁部文様帯の文様表現に隆沈線がみられるが、その両側を調整しないもの（妙音寺遺跡SK48、SK50、SK90、SK229、SK277、野中遺跡SK01、法正尻遺跡SK472）」、「c類：口唇・口縁部文様帯の文様表現に、両側に沈線を沿わせた隆沈線がみられるもの（妙音寺遺跡SK87、SK211、SK255、法正尻遺跡SK333）」の3分類ができるとした。さらに「基本的時間的推移としてはa→b→cと考えられるが、ここでは、この3分類に他の遺跡の資料を対応させておくにとどめ、1段階と捉えておきたい」と述べている。さらに「口唇部を全周する突起はなくなり、大型化した把手が顕著になる」、「口縁部文様は退化傾向を示し、単純なクランク文や連弧文、波状文が多くなる」、「口縁部〜胴部区画文は幅が狭くなり、b類やc類には狭い無文帯を形成するものが僅かながらある」「胴部文様は渦巻とクランク文を組み合わせた前段階を引き継ぐものもあるが、縦位の単純な文様や垂下沈線文あるいは全く施文されないものなどが多くみられる」、「渦巻と剣先状のモチーフを組み合わせる大木8b的な文様の萌芽がみられる」、「鶏頭冠把手のついた火炎形土器や大波状の馬高系土器が多く伴う。また、主にb・c類に伴って複弧文系の土器がみられる。栃木県では加曽利EⅠ式古段階とされる三輪仲町遺跡Ⅴ期土器や御城田遺跡Ⅴ期土器、上の原遺跡JD－12土器などが相当すると考えられるが、今後これらに含まれる大木系土器が上記a・b・cいずれの特徴を有しているかを検討しながら関東との対比を進めていく必要がある」、「三輪仲町遺跡ではこの段階で中峠式土器が現れる。福島県内においては南会津の寺前遺跡や上ノ台遺跡で中峠式土器が確認されるが、明確な伴出土器を特定するには至っていない。三輪仲町遺跡同様福島県域に影響がみられるのは、栃木県中央部より1段階遅れるのかもしれない」とした。

Ⅵ期は、「大木8b式前半段階（加曽利EⅠ式中段階併行期）法正尻遺跡SK332を指標とし、SK347、SK395、SK489、SK606、SK687も同時期」と捉えた。「深鉢B類は箱状の把手が顕著である」、「口唇から口縁部文様に両側を沈線で調整した隆沈線が盛んに用いられる」、「口縁部文様は剣先状のアクセントを伴う渦巻文が多くみられる」、「深鉢F類の割合が増加し、口縁部の弧状の区画文内には縄圧痕文を添わせる」、「空間部に無文帯をもうけるものが顕著である」、「深鉢Gの口縁部文様は単

図5 〈会津〉法正尻遺跡

純化して対弧文となる」、「鶏頭冠を有する火炎形土器や退化傾向の見える複弧文系土器が伴う」と多くの特徴を指摘している。

このように森論文では、大木系土器と阿玉台式土器との関係を6段階に把握し、その上でⅡ期（大木7b式末～大木8a式過渡期〈阿玉台Ⅱ式併行期〉）から火炎系土器が伴うことを実証した。また、鶏頭冠や退化した複弧文系土器の位置づけなども明示した。大木7b式～大木8b式土器を段階設定し、阿玉台式系土器・加曽利EⅠ式土器との併行関係等を考察して、その中に火炎系土器を位置づけるなど、これまでの研究を大幅に前進させており、画期的な研究といえよう[4]。

4. 福島県における火炎系土器の発生と終末

福島県内の火炎系土器は、会津地域・中通りの県中・県南地域にかけて、かなりの数が確認されているのに、王冠形土器と断定できる土器は今のところ確認されていない。小突起や波状口縁の大木式系深鉢形土器に火炎様式の施文がなされている土器は、比較的多く確認されている。

ここでは、多量の火炎系土器を出土した河沼郡柳津町石生前遺跡、耶麻郡西会津町上小島C遺跡、同芝草・小屋田遺跡、同上小島A遺跡資料を中心に南会津郡田島町寺前遺跡や磐梯町と猪苗代町に跨る法正尻遺跡など、会津各地の土器等を加味し比較検討を加えたい。

なお型式学的に観察しての段階設定をしているので、明確な切合い関係から発掘調査現場において新旧関係を確認したものではない。遺構からの一括資料としては、土坑などからの一括資料として把握されている磐梯町・猪苗代町に跨る法正尻遺跡（松本茂他 1991）出土例が、今のところ福島県内における第一級資料と考えられ、当該土器の新旧関係や大木式土器との関係を考える上で重要な資料となっている。

松本茂は、福島県耶麻郡磐梯町・猪苗代町に跨る法正尻遺跡報告書の出土遺物の分類で「Ⅱ群4類にSK327・SK566出土土器を大木7b式から大木8a式の古い段階に比定出来るとすれば、火炎型系統の土器（図5-1）がこの段階で存在している事が確認できる」（松本 1991）と記している。

森幸彦は、「第11回縄文セミナー 中期中葉から後葉の諸様相」で、先述の法正尻遺跡SK327・SK566出土土器を福島県中通り地域の遺物と比較し、「大木7b式期から大木8a式期への過渡期の土器」（森 1998）と位置づけている。

時期の判断できる法正尻SK327出土の深鉢形土器（図5－1）は、胴部より頸部で緩やかに外反し口唇部でさらに内湾する器形で、平口縁部に4個の小さな山形状突起がつく。対面する突起と一対をなしている。また、突起下には袋状把手を造出し、さらに左右の把手下には眼鏡状文を造出している。隆帯文上に刻み目をもつ基隆帯は、渦巻文や斜行渦巻文・懸垂文等で区画し、区画文内部を沈線文によって、渦巻や斜行渦巻文などで充填しており、縄文は施文されていない。この土器（図5－1）のように頸部に明確なくびれをもたず外反し、施文も頸部から胴部にかけて斜行渦巻き文や「S字状文」などの施文や器形の類似する土器は、今のところ南会津郡田島町の寺前遺跡（図8－4）、同町上ノ台遺跡（図9－1・2）、会津若松市本能原遺跡、（図9－11）耶麻郡山都町上林遺跡（図9－7）、耶麻郡西会津町芝草小屋田遺跡（図7－2）、河沼郡柳津町の石生前遺跡（図3－3）などで確認されており、図3－3・図7－2・図9－2などは小さなくびれが観察され、図8－4はキャリパー

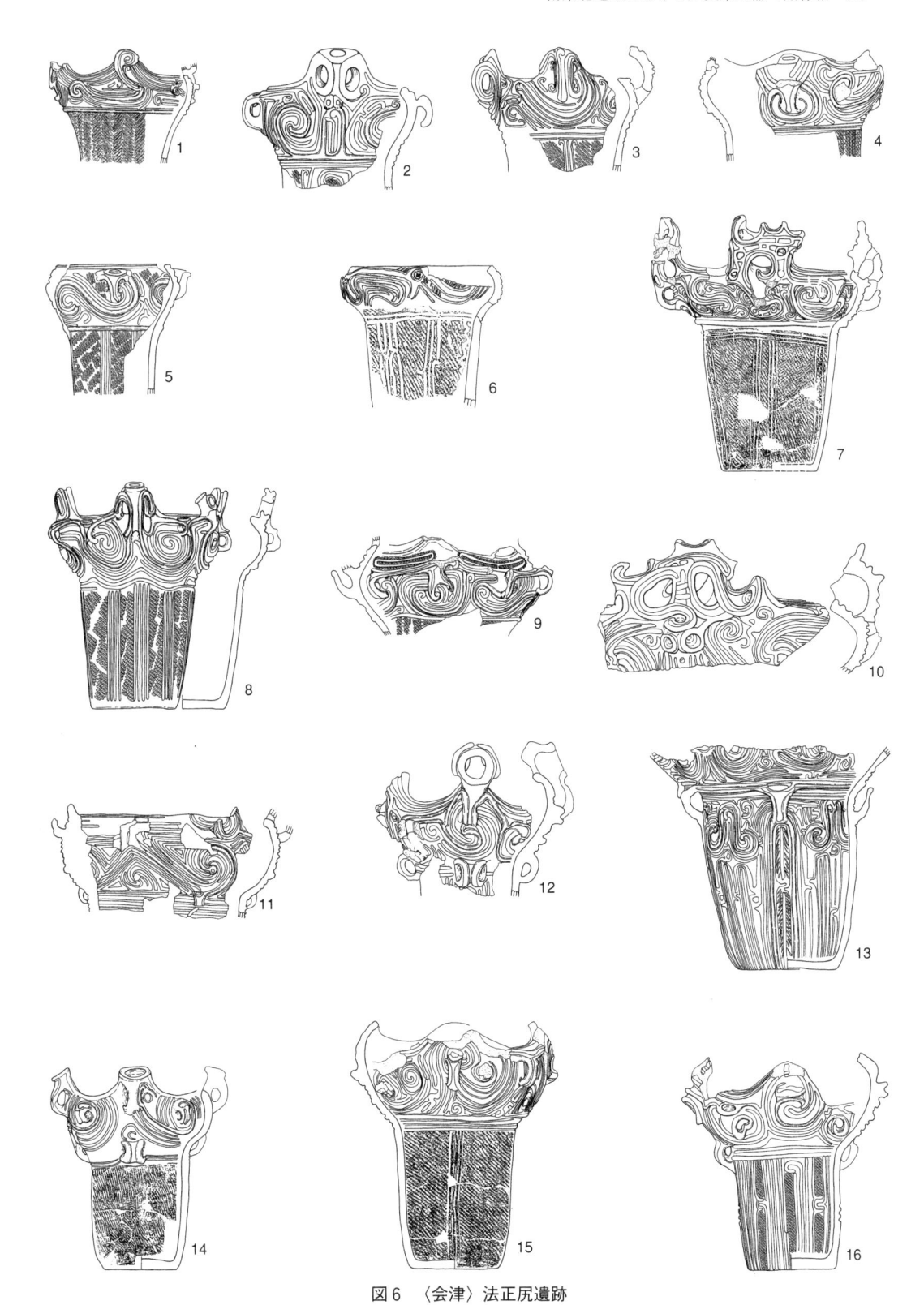

南東北地域における火炎系土器の諸様相　189

図6　〈会津〉法正尻遺跡

190　第Ⅳ章　火炎土器様式の周辺

図7　〈会津〉芝草・小屋田遺跡

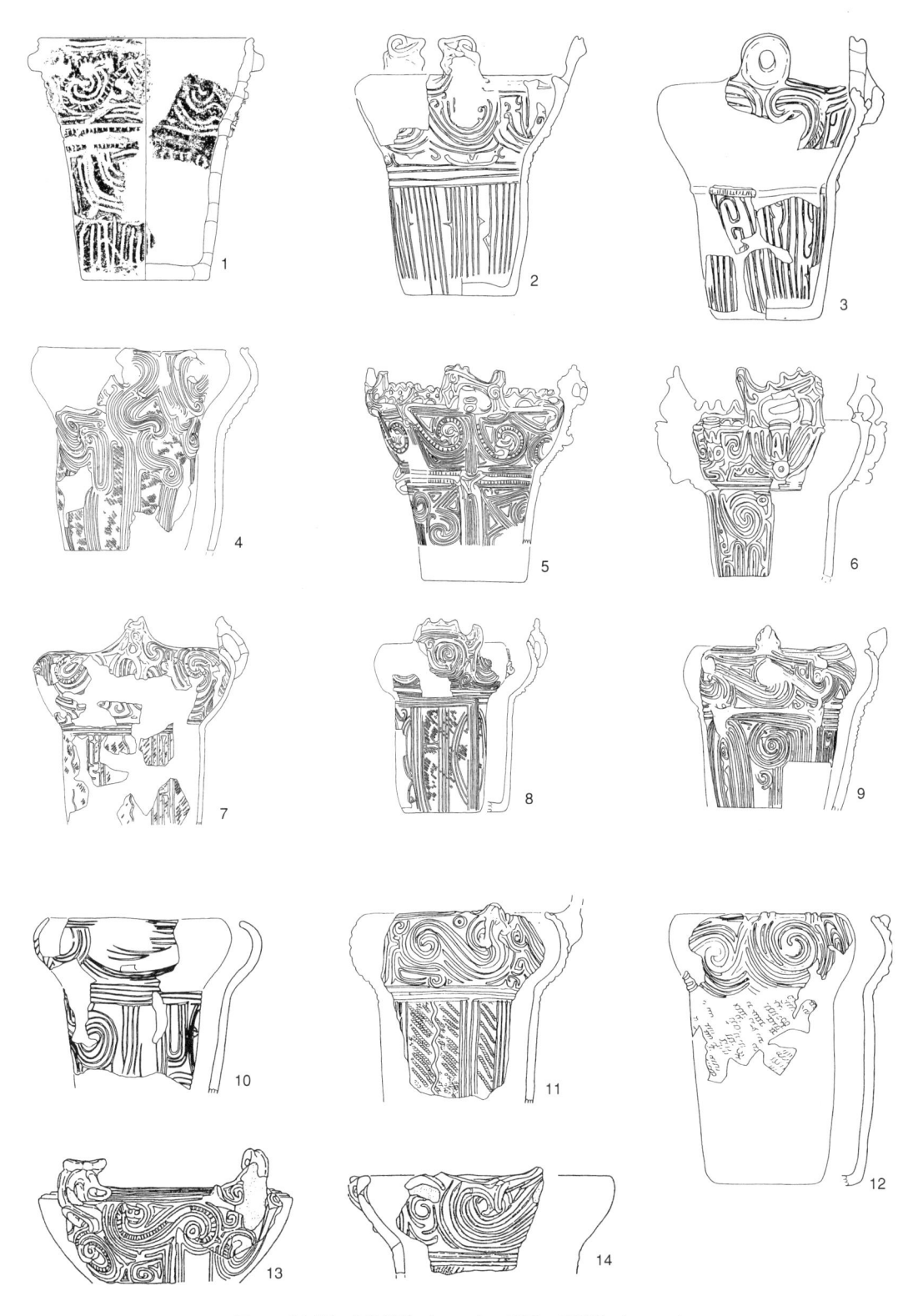

図8 〈会津〉寺前遺跡（1〜12）・松戸ヶ原遺跡（13・14）

形を呈す違いがある。これらの土器を出土した遺跡分布から見ると、会津地域の只見川流域沿いとそれに繋がる阿賀川流域沿いに限定して出土している。

　会津地方の縄文時代中期の各遺跡出土の土器を観察すると、東北大木式系土器が主流であり、関東・中部・北陸の縄文文化を受容している時期であり、とくに会津地域における新崎式系土器の分布は、会津盆地西部地域を中心に分布している。また、耶麻郡西会津町上小島C遺跡の新崎式土器は、新潟県の新崎式土器よりも石川県や富山県の新崎式土器に器形や施文がきわめて似ており、これらの施文の観察から、会津地方の火炎土器における基隆帯上の刻み目施文は新崎式の影響を色濃く反映している証と見ることもできる。一方、主流の大木式系土器は、大木7b式期に頸部や口縁部に「S字状文」を貼付し、上部を沈線文等で施文するようになり、片方を半転さすものや半転した中間を折り曲げる施文を施したりして多様な文様を造形し、「S字状文」の片方に短い沈線文を施文し鋸歯状の施文から鋸歯状文へ、さらに口縁上の「S字状文」の倒伏を防止する役割と考えられる橋状把手への変化をうかがうことができ、鶏頭冠発生のプロローグとして捉えることが可能と考えられる。さらに前述の橋状把手施文の変化を観察すると、「横S字状文」の大型化に伴い、1、2ヵ所の細い粘土紐であった橋状把手も次第に幅広くなり、把手間を「楕円文」や「ハート形の窓」を造出し、把手上にも「S字状文」を施文するようになる。この「窓」は、ただ装飾用の空間としての機能ではなく、複数の粘土紐を接合し、橋状把手作成過程に裏側部分や上面の裏側部分を指で密着させるために、絶対に必要不可欠とされた空間であろう。これらの「S字状文」と福島県内の初期火炎形土器として特徴のわかる法正尻遺跡の土器がどのようにして鶏頭冠を伴う火炎土器として成立したのか、あるいは各々に成立をしたのかを知る資料もないが、鶏頭冠の発生を考えた場合、「火炎様式口縁部の小突起に鋸歯状文が貼付して鶏頭冠へと変化する」考えと、「大木7b式期土器の口縁部に貼付されたS字状文が立体化し、さらに『S字状文』に沈線文や細い粘土紐の貼付文によって鋸歯状文が施文され、これを支える橋状把手が備えられて、鶏頭冠が発生した」との考え方もできる。「S字状文」から鶏頭冠への過程をうかがえる良好な資料（図2）が石生前遺跡にある。初期の器形は、頸部より緩やかに外反していたものが、口縁部でやや内湾する器形に変化し、大木8a式後半から大木8b式期には頸部で強く外反し、口縁部で内湾することなどから、器形の形態や文様の変遷等を追究することにより段階設定をすることが可能と考えられる。会津地方の火炎土器は、大木式の土器の口縁部に鶏頭冠だけがつくものや口縁部が火炎形施文を施し、鶏頭冠は対面と2ヵ所設けられ左右に大木式の把手がつく土器、胴部・口縁部まで火炎形土器の施文を施しながら、把手は大木式系土器の把手、胴部は縄文と沈線文の施文が観察できる土器など、この時期の会津地域は複数の土器文化圏が重なり合う地理的な要因を反映して、複雑な様相を呈する土器が多く見られる。土器も大型化してゆくにもかかわらず、鶏頭冠把手は高くせり上がることなく、横長の会津色の濃い形態を最後まで維持し続ける。福島県内の火炎土器の施文を観察し、特徴を分類すると次の4タイプに大別できる。

① 器形において、口縁部と胴部の区分ならびに口縁部文様帯と胴部文様帯を区分できる土器は少なく、基隆帯施文、渦巻文、斜行渦巻文、沈線文、眼鏡状文、袋状把手の有する土器と有しない土器などを抽出でき、火炎系土器でも初現的土器として捉えることができる。

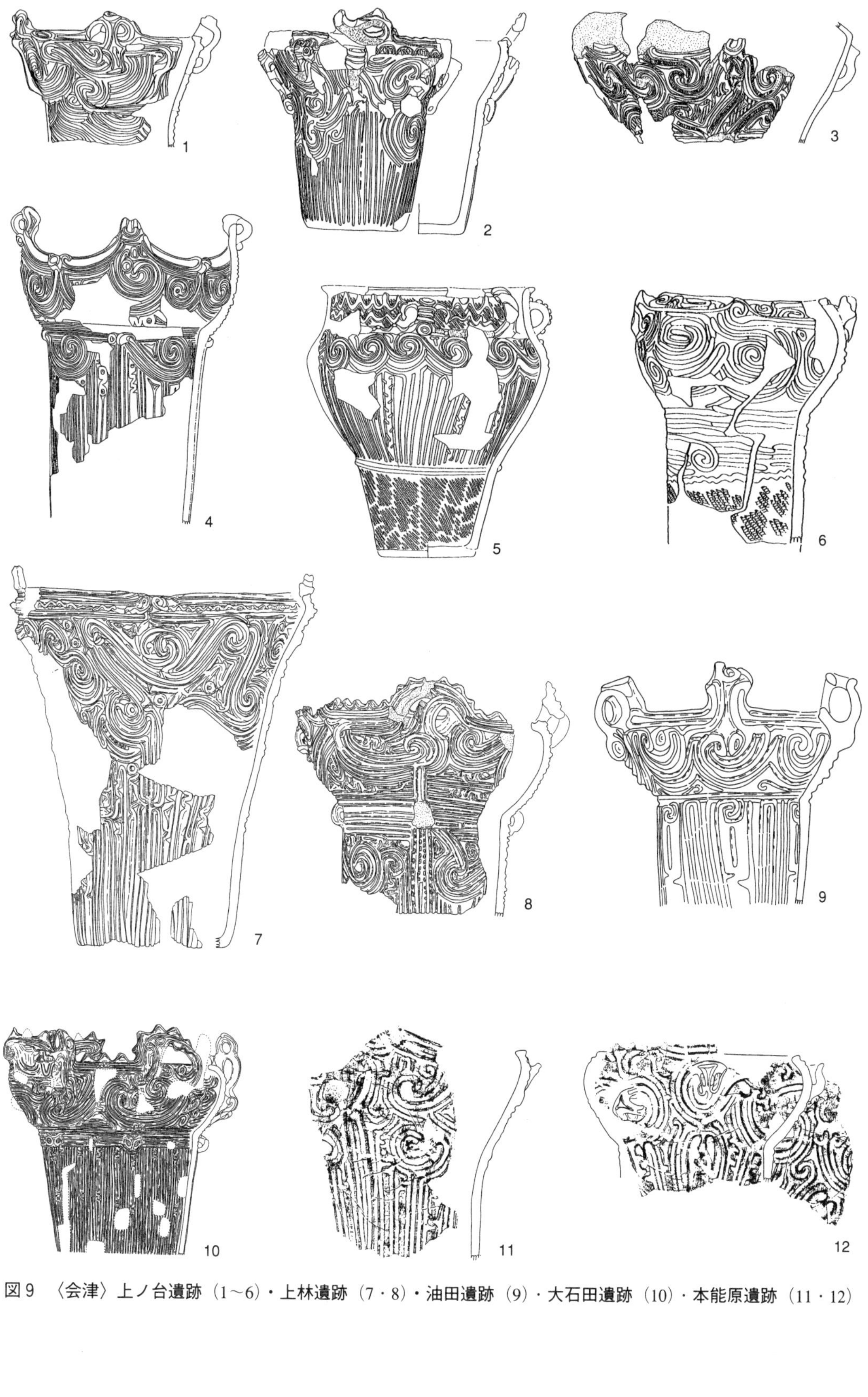

図9 〈会津〉上ノ台遺跡（1〜6）・上林遺跡（7・8）・油田遺跡（9）・大石田遺跡（10）・本能原遺跡（11・12）

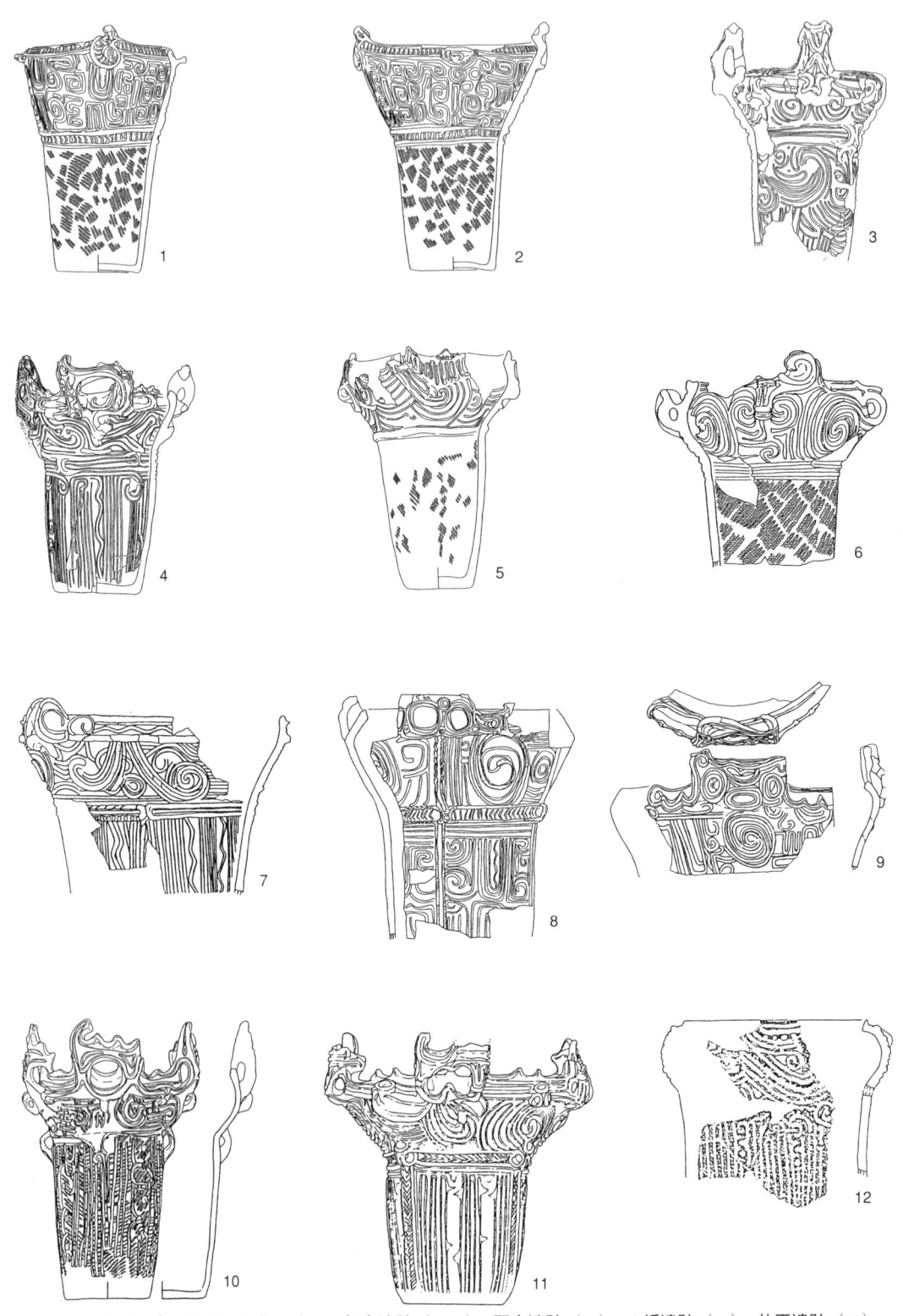

194　第Ⅳ章　火炎土器様式の周辺

図10　〈中通り〉鴨打遺跡（1〜6）・七郎内遺跡（7〜9）・野中遺跡（10）・八幡遺跡（11）・仲平遺跡（12）

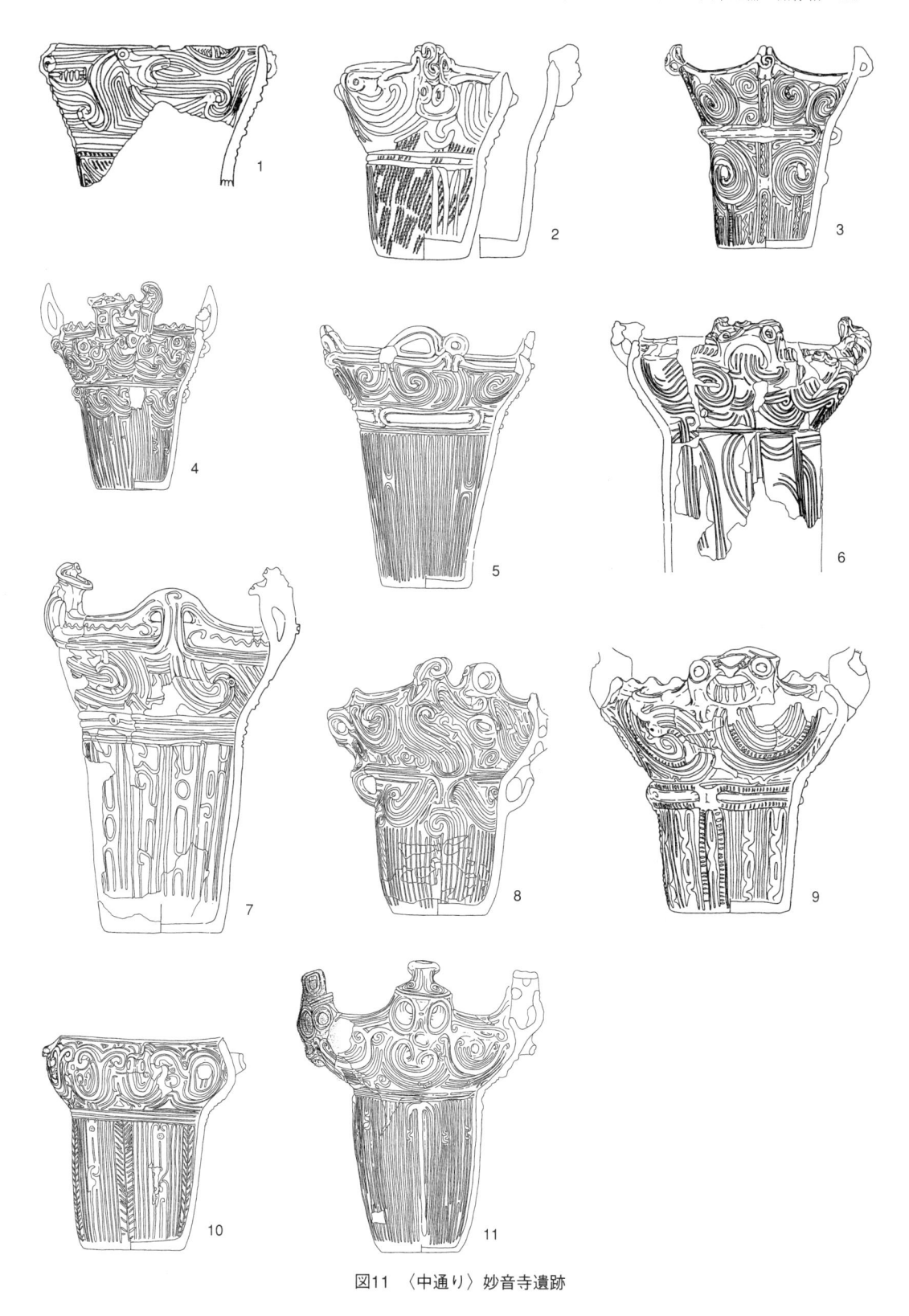

南東北地域における火炎系土器の諸様相　195

図11　〈中通り〉妙音寺遺跡

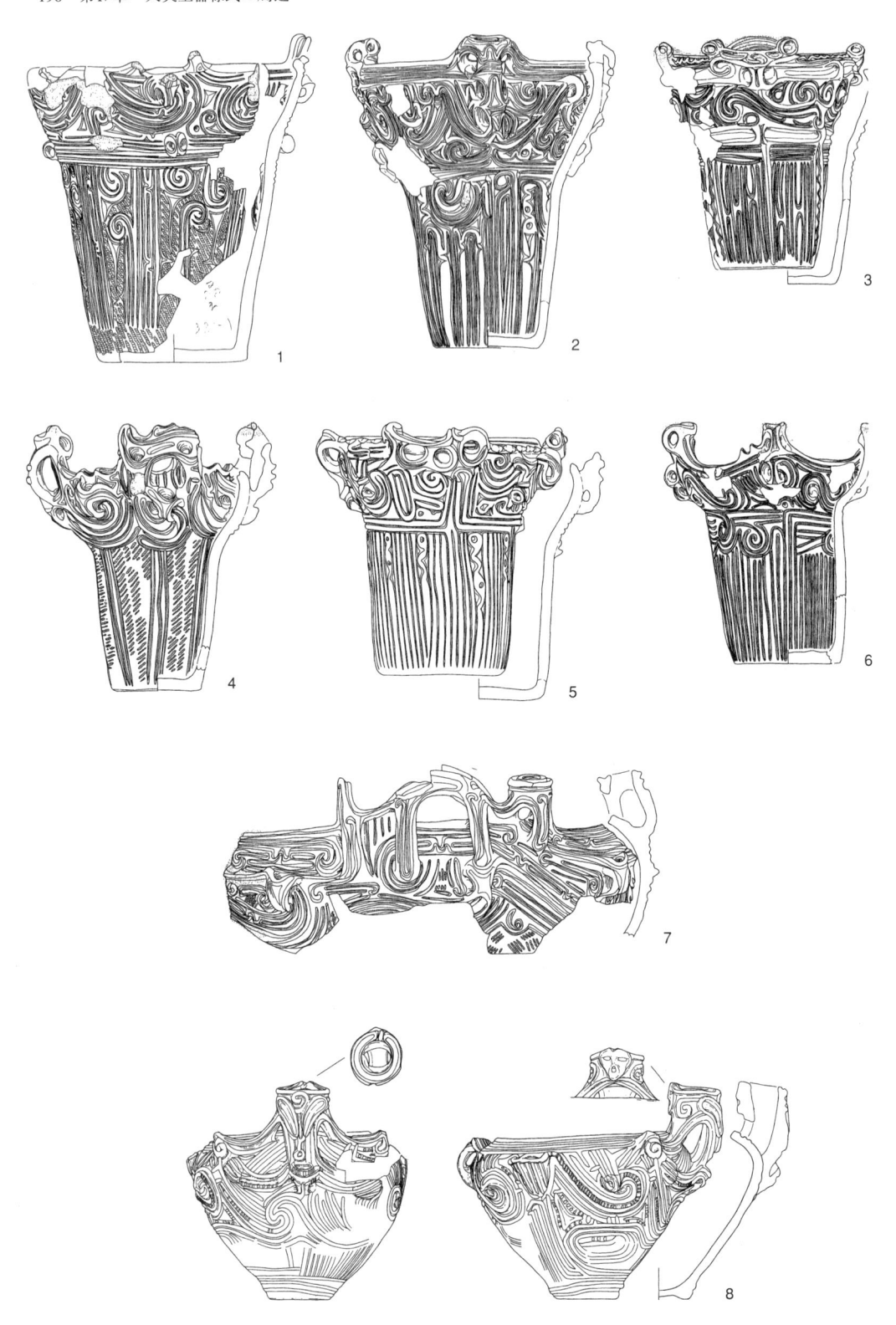

196 第Ⅳ章 火炎土器様式の周辺

図12 〈中通り〉桑名邸遺跡（1〜7）・塚越遺跡（8）

②　器形において、口縁部と胴部の区分ならびに口縁部文様帯と胴部文様帯を区分するようになり、口縁部に縦位の沈線文を施文した土器（図3−4・5・6）や鋸歯状文、基隆帯、渦巻文、横S字状渦巻文、眼鏡状文、袋状把手を有する土器と有しない土器などを抽出できる。頸部に眼鏡状文が多く観察できる。また、胴部文様帯は、基隆帯、斜行渦巻文、沈線文などが施文されている（さらに細分が可能）。

③　大型器形が出現する。頸部と胴部を区分する器形となる。②段階でも大型口縁部に太い粘土紐の貼付文が見られるが、貼付文を調整した後、左右を沈線文で施文している。鋸歯状文を造出するものとしないものがある。

④　器形キャリパー形を呈し、把手間の口唇部には鋸歯状文は見られなくなる。また、把手が対面する一対と左右が違う土器や大木式の把手がつく土器が現れる。把手から4単位に渦巻文を施文する土器と、把手と把手間の眼鏡状文を中心として8単位の渦巻文を施す土器がある。胴部は、縄文施文のみの土器と沈線文・縄文と数条の半截竹管の腹で施文した隆線、縦位の沈線文、基隆帯状に沈線間を幅広にして上部を調整し、他は沈線で渦巻文を施文し、区画内に綾杉文を施文する土器など、火炎系土器も終末期頃になると大木8b式土器の施文と互いに影響し合い、器形や文様構成も複雑な様相を呈してくる。

　以上、福島県の火炎土器について、火炎系土器出現期の初期タイプ土器から終末期の土器について、紙幅の関係もあり簡単に述べてきた。今まで考えられてきたように初期の火炎系土器には、頸部と胴部のくびれが少ない器形で施文も口縁部と胴部の区分がなされない点などは、法正尻遺跡の土器（図5−1）によって明らかであり、裏づけられたと思われる。また終末期の土器についても、把手あるいは口縁部の眼鏡状文などを中心に、4単位あるいは8単位の渦巻文が施文される時期が終末期と考えられる。なお、この時期の土器には頸部と胴部の間に眼鏡状文が施文される土器が少ないことや、鶏頭冠を繋ぐ口縁部に鋸歯状文が見られないという特徴がある。さらに大木8a式期隆盛期の火炎系土器については、過去の発掘資料をさまざまな角度から検討し、加えて新資料の増加を待って検討し、福島県における各火炎形土器の段階設定を行うことが今後の研究課題であろう。

5．おわりに

　火焔土器は、昭和11年（1936）12月31日、近藤篤三郎氏によって、新潟県長岡市の馬高遺跡で発見された一つの土器につけられた名称で、燃え上がる焔に似ていることからつけられた呼称である。その後の発掘等で、口唇部に鶏頭冠把手や鋸歯状の施文を施した「火焔土器」と似た特徴をもつ土器が発見されるようになって、「火焔型土器」あるいは「火焔形土器」とも呼称されるようになった。最近では、「火焔形土器」と「王冠形土器」を合わせて「馬高式土器」と呼んだり、これらの土器と共通の雰囲気をもつ土器を含めて「火炎土器様式」と捉えるなど「火炎土器」の用語も広く使用されるようになった。福島県では、報告書を見る限り広く「馬高式」・「馬高式系土器」・「北陸系土器」などの呼称で記述されており、火炎土器様式の用語を使用した例は見あたらない。しかし、火炎土器様式の用語は、福島県中通り地方、会津地方の当該土器を呼称するには的を射ており、今後、「火炎系土器」「火炎土器様式」などの呼称が一般的に使用されるものと考え、本稿の土器呼称

として用いた。耶麻郡西会津町の芝草・小屋田遺跡出土の鉢形土器について、昨年度の新潟県立歴史博物館主催の「火炎土器研究会」の実物鑑定において、天神山式土器の存在が小島俊彰氏・寺崎裕助氏等のいわゆる当該土器本場の研究者によって確認された。筆者等は、会津の火炎系土器の中に、上山田・天神山様式の広義の火炎系土器が含まれている可能性を指摘していた（佐藤・長尾1991）が、裏づけられた形となった。また、耶麻郡山都町日照田遺跡出土の新崎式系土器資料の中に、報告書（吉田1985）でも指摘されているとおり、新保式系のいわゆる蓮華文が再確認された。今まで会津地方では、北陸系土器などの呼称で大まかに分類し報告してきた土器群を再吟味する必要に迫られてきたといえる。それにしても、この時期の会津の土器を理解するには難問山積である。たとえば、鶏頭冠装飾が会津の大木系土器様式から誕生したとする論は、本稿掲載の図からも説得力があるが、では火炎系土器の3単位の把手や高さの低い鶏頭冠を有する土器など、大木系土器をベースとした火炎系の文様を施文した多くの土器をどのように系統立て理解したらよいのであろうかということである。さらには現時点において、王冠型と呼ばれる土器の存在が、福島県内はもとより新潟県と境を接する会津地方にも、完形品はもとより土器破片さえも未確認であり、出土例は皆無である。これは何を物語っているのであろうか。今後の研究課題である。

　筆者等は、石生前遺跡や上小島C遺跡等の遺物を分類し整理を進めていく過程で、鶏頭冠施文の発生を大木7b式期～大木8b式期の土器からの発達を示唆するような資料を認め、また器形も平口縁の火炎系土器のほか、波状口縁の火炎系土器が存在することを確認し、王冠形土器が存在しないことも確認した（佐藤・長尾他1991）。

　今後の課題として、森論文をベースとしながら当面会津地方の縄文中期初頭から縄文後期初頭までの土器の諸相を把握し、器形と文様を考慮して編年に着手する必要性を痛感している。

　本稿をまとめるにあたり、鈴鹿良一・森幸彦・松本茂・鈴鹿八重子・石郷岡誠一・五十嵐稔・渡邉満・濱田千俊の各氏には資料の提供や種々のご教示などを頂戴した。記して感謝申し上げる。なお、本稿執筆は、1・2・3が長尾修、4が佐藤光義、5が佐藤光義・長尾修、図版作成は佐藤光義が行った。引用文献の内容や要旨のまとめについての文責は筆者にあり、出典からの引用や解釈上、文意の誤りがあればお詫び申し上げる次第である。

註
（1）南会津地方・会津西部には、中峠式系土器の報告例が少数ながら知られている。
（2）『石生前遺跡発掘調査報告書』（佐藤・長尾他1991）の中で、口縁部破片をもとに文様施文の細分化を試みているが、土器の新旧関係を完形品から追究する作業が未了となっている。
（3）鈴木（2003）に詳しい。
（4）県外の研究者の論文としては、小林達雄・小島俊彰・寺崎裕助・宮尾亨・金子拓男氏等をはじめとする優れた論文が多数発表されているが、多くの研究誌等に引用掲載されており論旨は周知されていると思量する。また、紙幅も限られているので、本研究小史では福島県や会津地方を中心に据えた論文要旨のみを掲載し、他は割愛した。

参考文献

五十嵐稔他　2003　『大石田居平遺跡Ⅰ』福島県大沼郡三島町教育委員会

石田明夫他　2001　『本能原遺跡』会津若松市教育委員会・福島県農林事務所

石本　弘他　1990　『福島県文化財調査報告書第226集　矢吹地区遺跡発掘調査報告6　桑名邸遺跡第2次』福島県教育委員会・財団法人福島県文化センター

伊藤玄三他　1992　『寺前遺跡』会津田島町文化財調査報告書第十集　法政大学考古学研究室

伊藤信雄・長尾修　1985　『会津の美　1考古編』歴史春秋社

海老原郁雄　1980　『槻沢遺跡』栃木県埋蔵文化財調査報告書第34集　栃木県教育委員会

小木　町　1983　『長者ケ平遺跡Ⅲ』新潟県佐渡郡小木町教育委員会

木本元治・古川利意　2003　『上小島A遺跡』福島県耶麻郡西会津町教育委員会

木本元治・古川利意　2003　『芝草・小屋田遺跡』福島県耶麻郡西会津町教育委員会

工藤健吾他　1996　『郡山東19妙音寺遺跡第2次』福島県郡山市教育委員会・郡山市埋蔵文化財発掘調査事業団

小薬一夫他　1987　「馬高系土器群の系譜―土器形式の伝播と情報の流れ―」『東京都埋蔵文化財センター研究論集Ⅴ』

小島俊彰他　1972　『富山県史　考古編』富山県

小島俊彰他　1979　『新潟県埋蔵文化財図録集1　火焔型土器』新潟県教育委員会

小滝利意他　1967　『会津若松市史　第1巻』会津若松市

小林　達雄　1988　「火炎土器様式」『縄文土器大観』3　小学館

小林　達雄　1991　「縄文中期的世界の形成と火炎土器様式」『火炎土器様式文化圏の成立と展開』火炎土器研究会・福島県柳津町教育委員会

小林　達雄　1994　『縄文土器の研究』小学館

佐藤雅一・富樫雅彦　1985　「信濃川中流域を中心とした縄文中期土器群の様相について（上）」『三条考古学研究会機関誌』3

佐藤光義他　1991　『石生前遺跡発掘調査報告書』福島県河沼郡柳津町教育委員会

佐藤　光義　1991　「石生前遺跡の火炎土器様式」『火炎土器様式文化圏の成立と展開』火炎土器研究会・福島県柳津町教育委員会

鈴木　素行　2003　「越の旅人　自立編―茨城県水戸市塙東遺跡の『火炎土器』について」『新潟県立歴史博物館研究紀要』第4号

塚本　師也　1991　「関東地方の火炎土器様式」『火炎土器様式文化圏の成立と展開』火炎土器研究会・福島県柳津町教育委員会

寺崎　裕助　1991　「火炎土器様式の出現と展開」『火炎土器様式文化圏の成立と展開』火炎土器研究会・福島県柳津町教育委員会

富樫　泰時　1984　「秋田県における北陸系の土器について」『本庄市史研究』第4号

長尾　修他　1985　『上小島C遺跡調査概報』福島県耶麻郡西会津町教育委員会

長尾　修他　1991　『十五壇遺跡発掘調査報告書』福島県大沼郡会津高田町教育委員会

長島雄一他　1992　『上ノ台遺跡発掘調査報告書』福島県立博物館

古川　利意　1999　『上林遺跡』第3次山都町文化財調査報告書第13集　福島県耶麻郡山都町教育委員会

本間　宏　1996　「塚越遺跡」『長沼町史』第2巻　資料編Ⅰ　長沼町史編纂委員会

松本　茂他　1982　「七郎内C遺跡」『国営総合農地開発事業母畑地区遺跡発掘調査報告Ⅹ』文化財調査報告書第108集　福島県教育委員会・財団法人福島県文化センター

松本　茂他　1991　『東北横断自動車道遺跡調査報告書Ⅱ　法正尻遺跡』福島県教育委員会・財団法人福島県文化センター・日本道路公団

松本　茂　1991　「福島県の火炎土器様式」『火炎土器様式文化圏の成立と展開』火炎土器研究会・福島県柳津町教育委員会

宮尾　亨　2002　「火炎土器の文様素」『新潟県立歴史博物館研究紀要』第3号

宮尾　亨　2003　コメント②「茨城県水戸市塙東遺跡の『会津型火炎土器』について」『新潟県立歴史博物館研究紀要』第4号

目黒義明他　1964　『福島県史』第6巻　福島県

目黒義明他　1967　『福島県史』第1巻　通史編　福島県

森幸彦ほか　1991　『企画展　縄文絵巻』福島県立博物館

森　幸彦　1998　「福島県内の大木8a式土器について」『中期中葉から後葉の諸様相』第11回縄文セミナー　縄文セミナーの会

柳田和久他　1994　『国営総合農地開発事業関連鴨打A遺跡　第1冊　遺構編』農林水産省東北農政局・福島県郡山市教育委員会

吉田　博行　1985　『日照田遺跡』福島県耶麻郡山都町教育委員会

渡邉一雄他　1975　「八景腰巻遺跡」『福島県文化財調査報告書第47集　東北自動車道遺跡調査報告』日本道路公団・福島県教育委員会

渡邉一雄他　1980　『東北新幹線関連遺跡発掘調査報告書Ⅰ・Ⅱ』福島県教育委員会

渡邉　満他　2000　『高田中央地区遺跡試掘調査報告書　油田遺跡Ⅰ　油田遺跡Ⅱ』福島県大沼郡会津高田町教育委員会

越中の火焔型土器
―加越能には入りづらかった―

小島　俊彰

はじめに

「北陸地方の火炎土器様式」で紹介した火焔型土器は2点であった（小島1990）が、関連資料を含め今回提示できるのもわずか5点に止まる。火焔型土器の分布域は、新潟県に隣接する長野県や群馬県にも大きく踏み出すことがないように狭く、加越能[1]が火焔型土器の本場信濃川中流域から遠距離にあること、これが少ない理由であることは明らかだ。しかしその一方で、会津地方経由で遠く関東方面に強い影響を与えている加越能へとは違う動きがあることは気がかりである。先の発表の後段に「新崎様式から火炎様式へ」の項を設け、鶏頭冠把手は新崎様式土器の口縁部につく動物顔突起を取り込んで生まれたのではと、火焔型土器の成立に新崎式土器が大きく関わると述べた見通しは、今も火焔型土器が希薄な加越能の状況では撤回しなければならないようである。

火焔型土器を紹介した後に、加越能飛と長野県における新崎式土器の事情を明らかにして、前説からの一部撤退の道を作る。

1. 越中の火焔型土器

加越能で火焔型土器の出土が知られているのは、越中だけである。

1）魚津市大光寺遺跡の資料（図1-2）

越中で最初に発見された火焔型土器である。1966年に鶏頭冠把手を含む口縁部片が採集され、翌年の発掘で口縁部片や胴部片が出土した。一部は接合したが一周しなかった。現在4個の鶏頭冠把手がつく姿に復元されているが、把手はブリッジ状部分を欠く1個のみの出土であった。器形や文様の配置、口縁部の鶏頭冠把手と鋸歯状小突起、眼鏡状突起、剥落があり不明瞭だが袋状突起、このような仕上がりは火焔型土器の決まりごとをよく踏まえたものである。しかし、馬高遺跡出土の火焔土器と比較すると、口縁部と胴部に配される渦文同士の組合わせの不十分さ（とくに胴部で顕著）、頸部の横区切り線や渦文の一部に刻みが加えられること、眼鏡状把手がきわめて小さくて口辺部文様の4区分がやや不鮮明になっていること、胴部の4区画切り縦線の表示も弱いことなどが違いとして挙げられ、そこから「新潟と北陸の折衷様式」説が生まれる。器面を飾る半隆起線が台形状であることや、大光寺遺跡出土資料中では胎土が異質であることなどからは、「遠く越後の地」や上越あたりの「近い越後」から運ばれたとも考えられる。

2）朝日町不動堂遺跡の口縁部資料（図1-1）

第16号住居跡の一部掘下げ調査で、在地の天神山式土器とともに覆土上面から出土した（小島1980）。横長で低い鶏頭冠把手を配し、幅広の2段の上部口縁を向き合った連弧文で飾る。また、

眼鏡状突起が鶏頭冠把手の下部ではなく間に配されるので袋状突起がつかないことなども、火焔型土器B型と呼ばれる糸魚川市長者ヶ原遺跡出土のものと酷似する。このような火焔型土器は、上越市山屋敷遺跡・青海町寺地遺跡にもある。

3） 上市町永代遺跡の口縁部資料（図1－4）

2号住居跡から出土した深鉢で、頸部以下は欠損している。内湾する口縁部を2段に別け貼りつけ隆帯で弧線を作り飾っているのは、上記の不動堂遺跡資料と共通する。「馬高式土器の系譜を持つ土器」と報告者は考えている（高慶 1985）。口縁部に鋸歯状小突起がつかないし、厳密には火焔型土器とはいえないが、器形や文様に火焔型土器構成要素の一部を取り込んだ資料として紹介しておく。

4） 小矢部市桜町遺跡の口縁部片（図1-3）

鋸歯状の小さな突起がついた内湾する口縁部片を、火焔型土器の分布範囲を広げた資料として発表している（久々 2002）。内面の突起が弱いこと、鋸歯状小突起の窪み部に沈線が施されることや半截竹管で文様が引かれることなどを考え合わせて、当地で作られたものだろうかと解説している。この破片の口縁が直線に見えないこと（鋸歯状小突起の下の横線からもそれが見て取れる）、その横線の下にこの土器のような横の平行線を複数引くことに火焔型土器とすることに躊躇いを私はもっている。しかし、たとえば馬高遺跡からほど近い与板町上稲場遺跡の火焔型土器などにも鋸歯状小突起に沈線を加えたものがあることや、加越能の在地土器には鋸歯状小突起は基本的にはないことから、火焔型土器の仲間としておく。

5） 朝日町境A遺跡の口縁把手（図1-5）

鶏頭冠把手に類似した突起と報告した資料である（狩野 1991・1992）。新潟県に接し火焔型土器隆盛期の土器資料が大量出土した大遺跡なのに「火炎型土器はほとんど認められず、分布・交流に関連して問題が残る」と疑念を表わしている。似た資料が長野県三水村上赤塩遺跡にあり、火焔型土器の中に入れる見方と入れない見方があることを紹介している（寺内 1991）。糸魚川市長者ヶ原遺跡にも類似品がある(2)。三角形小突起を連続するものではないが、この境Aや赤塩遺跡の把手から似た物として思い浮かぶものに、朝日貝塚のバスケット型土器を飾る環状飾把手がある（図1－6）。

2. 上越の火焔型土器情勢

火焔型土器が少ない加越能の情勢を見定めるため、親不知を東に越えた上越地方の、火焔型土器出土の様子を簡単に見る。

青海町寺地遺跡では、第5号住居跡から出土した火焔型土器の要素を部分的にもつ把手つき深鉢と、火焔型土器B型の鶏頭冠把手に似た破片、それに口辺部片の計3点が報告されている（阿部 1987）。糸魚川市長者ヶ原遺跡では、従前から知られていた火焔型土器（B型）のほかに、7次調査で「火焔式土器の口縁部破片」が出土し（木島 1993）、ようやく複数個になった。

能生町十二平遺跡では、王冠型土器と火焔型土器の破片が出土している（寺崎ほか 1990）。上越市山屋敷Ⅰ遺跡では、火焔型土器の破片が6個体以上出土している。中越エリア以外からはあまり出土しない新式の火焔型土器の出土が評価されている（寺崎 2003）。さらに東の柏崎市域では、火

越中の火焔型土器　203

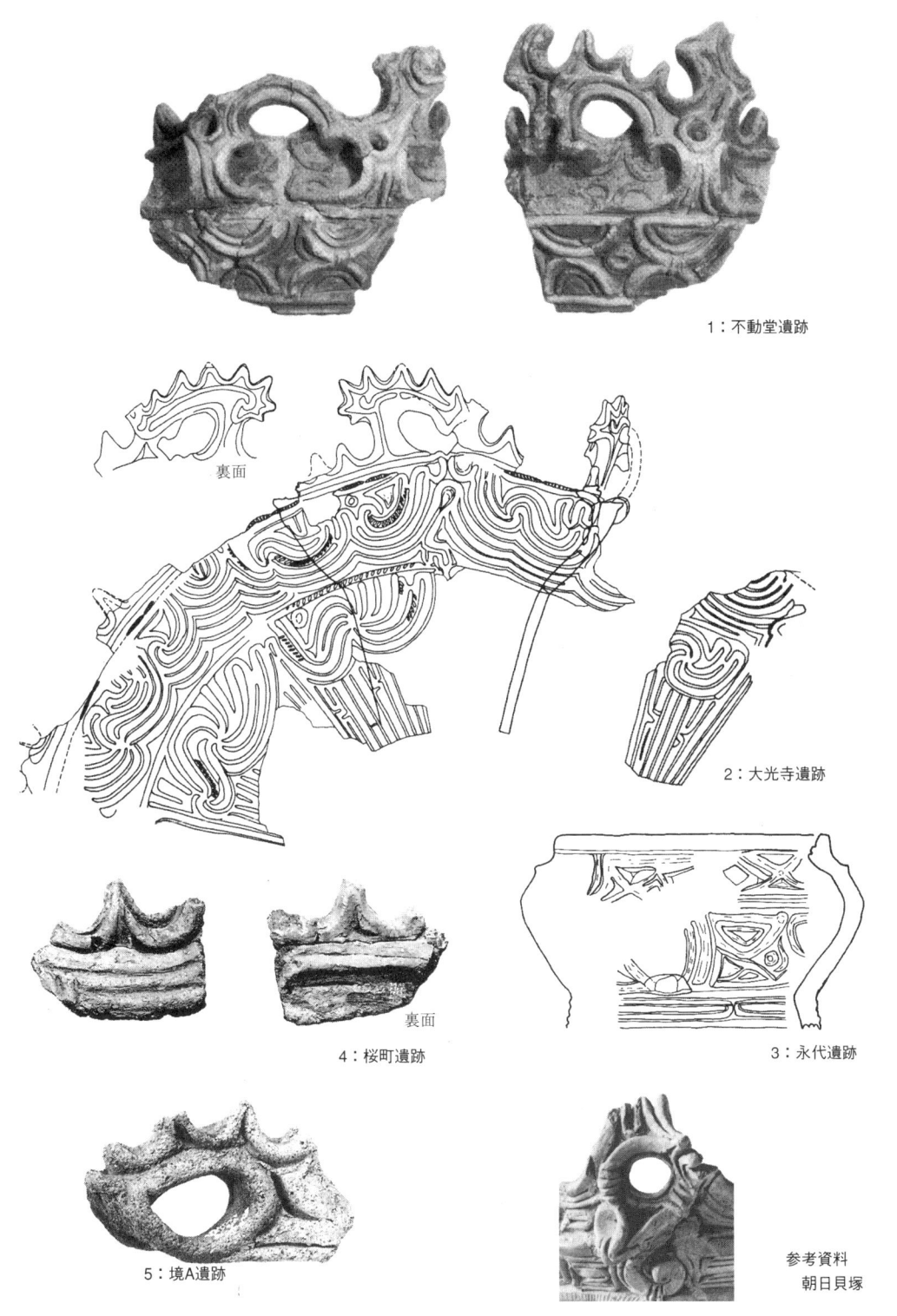

1：不動堂遺跡

裏面

2：大光寺遺跡

裏面

4：桜町遺跡

3：永代遺跡

5：境A遺跡

参考資料
朝日貝塚

図1　富山県の火焔型土器（1〜2：1/3、4・5：1/2）

焔型土器や王冠型土器出土の遺跡や出土量の多いことが市史資料編からうかがえる（柏崎市史編さん委員会 1987）。米山山塊以西を「北陸系の文化から強い影響を受け、正統な馬高式土器がほとんど認められない地域」（品田 1987）と述べているように、火焔型土器群の基本的な分布域は柏崎市から上越市辺りで大きな区切りがつくようである。

このような上越の状況からは、さらに西に離れた加越能での火焔型土器の少なさは当然のこととなろう。

3. 飛騨・信州に広がる新崎式土器

柳津シンポの基調報告文最後にある「新保・新崎式土器様式の基本を共有しながら、火炎土器様式圏からはずれてゆく北陸」との一文（小林 1990）に触発されて、その新崎式の飛騨・信州への広がりを以下に概観する。火焔型土器誕生前夜の新崎式の広がり方に、火炎土器様式圏から加越能が離れていく姿が、既に見えそうだからである。また、越後の新崎式土器は北陸の新崎式とは違うという発言がある（寺崎 2003）。越後の土器を新崎式に包括することを認めながら、違いが明瞭になれば小様式としての式名を立てるということと私は理解しているが、この違いを明らかにすることの作業の一つでもある。

1） 飛騨の新崎式土器

飛騨に新崎式土器が広く分布することは、飛騨では周知のことである（岐阜県博 1992）。新崎式が日本海沿いに拡散することに眼が向きそのことを等閑視していた私が、急遽出土遺跡を拾い集めたのが、図2に●で示す16遺跡である。新崎式土器の本場と目される加越能に比すれば少ないが、飛騨東半部はかなりの密度である。宮川村杉原瑞穂遺跡や河合村下田遺跡などは出土資料も多く、新崎式の複数型式が出土している。上記の2遺跡は富山湾に流れ込む神通川の上流域に立地する遺跡だが、分水嶺を越え太平洋に下る飛騨川沿いでも小坂町南垣内遺跡では新崎式土器の複数型式を出土している。

2） 信州の新崎式土器

信州に新崎式土器が広がっていることを周知させたのは、数野氏であった（数野 1986）。氏の集成作業を踏まえながら、諸報告などから新崎式の範疇に無理なく入れておけると小島が判断した資料の出土は9遺跡に止まる。豊田村風呂屋遺跡では複数の資料を見るものの、飛騨の南垣内遺跡のような量と複数型式を出土することはなく単体の場合がほとんどであること、北部地域に発見遺跡数が少ないことが指摘できる。以下に、出土新崎式土器と在地土器との編年関係の記述を報告文から引き出しておく。

豊田村風呂屋遺跡（図2-17）　「深沢タイプ」の考察を行う中で新崎式との関係を問い、出土の新崎式土器についても相違点を探っている（石原 1998）。

松本市塩辛遺跡（図2-15）　狢沢式期の41号住居址から、胴部が出土している（松本市教委 1993）。

岡谷市梨久保遺跡（図2-14）　小竪穴から出土した3個中の1個が新崎Ⅱ式土器で、もう1個が狢沢式で併行関係を補足する資料になろうという（寺内 1986）。

原村大石遺跡（図2-13）　2点の新崎式土器を、上山田貝塚第Ⅲ様式第4型式と対比している。狢

越中の火焔型土器　205

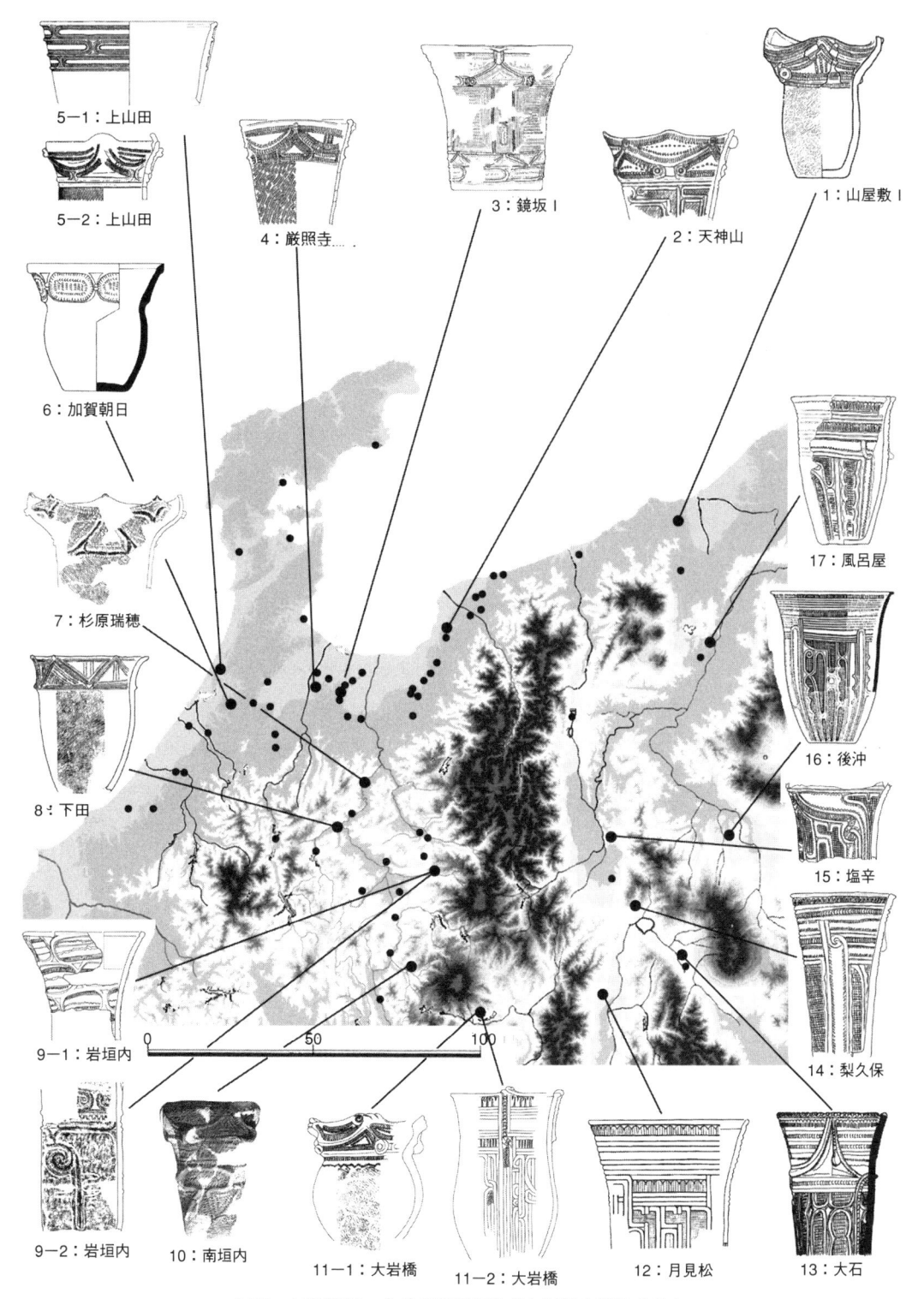

5-1：上山田
5-2：上山田
4：巌照寺
3：鏡坂Ⅰ
2：天神山
1：山屋敷Ⅰ
6：加賀朝日
7：杉原瑞穂
8：下田
17：風呂屋
16：後沖
15：塩辛
14：梨久保
9-1：岩垣内
9-2：岩垣内
10：南垣内
11-1：大岩橋
11-2：大岩橋
12：月見松
13：大石

図2　加越能飛・上越の狢沢新道式と信州の新崎式分布

沢式から新道式への移行期の住居からの出土で、同じ狢沢式期の月見松遺跡65号住出土新崎式土器と器形も同一と記す（伴 1976）。

茅野市頭殿沢遺跡　大石遺跡や月見松遺跡の出土例から、狢沢式期の終末から新道式への移行期に中信地方は北陸からの相当強い影響を受け、半隆起線による施文手法を模倣するようになったと北陸の影響を評価している（伴 1981）。

大滝村大岩橋遺跡（図2-11）　御嶽山の東南麓の遺跡で新崎式の復元図があり、飛騨を経由してきた北陸の新保・新崎式土器という（神村 2000）。

4. 飛騨・加越能・上越の狢沢式・新道式土器

信州の新崎式土器とは逆に、加越能飛の狢沢・新道式系土器[3]の広がりを追う。

1） 飛騨の新道式系土器

口縁部の隆帯区画などに新道式土器との類似点を認めるが、胴部に縄文を転がすことが多いのは在地化されている判断材料になる。しかし、南垣内や岩垣内遺跡（図2-9・10）のような狢沢式や新道式土器に近いと判断できるものや、宮川村杉原瑞穂遺跡（図2-7）のように隆帯文に変化をつけるものが加越能よりは多いようである。図示していないが、河合村下田遺跡では波状口縁内面に動物顔を配したものもある。

2） 加越能の新道式系土器

図2に●で示した加越能の新崎式期遺跡の多くで新道式系土器の出土を見ているが、新崎式初期の遺跡では出土しない。それは婦中町長山遺跡では新道式系土器はなく、五領ケ台Ⅱ式が出土している（島田 1985）ことと符合する。新崎式新期の遺跡に限れば、北陸ではほとんどの遺跡で出土があるといってよい。半截竹管で引いた半隆起線で施文する新崎式土器群の中に、隆帯を貼り文様区画を作る異なる流儀の新道式系土器が立場を保ってセット関係を作っている。胴部に縄文を転がすものがほとんどだが、まれに図2の2・3・5のようなものも混ざる。

3） 上越の新道式系土器

上越市の山屋敷Ⅰ遺跡に、波状口縁作りの好資料が1点出土している（図2-1）。寺内は勝坂Ⅱ（新道）式・新崎式期に置き、「北陸地方で製作されたと考えられる勝坂式系土器」と記述している（寺内 2003）。しかし他遺跡では、糸魚川市長者ケ原遺跡でも報告書などに該当資料はないようだし、新道式併行期の資料が多い柏崎市十三仏塚遺跡（柏崎市史編さん委 1987）でも拾うことはできない。

まとめ

加越能地域に火焔型土器の出土が少ない理由を求め、脇道数本へ入り込んでしまった。以下、それらを結びつけてまとめとする。

1.では、加越能の火焔型土器の出土例は2例に止まり、また、火焔型土器装飾の一部を取り込むこともまれであることを見た。

2.では、上越でも火焔型土器が希薄な様子が見て取れるので、加越能は火焔型土器圏からは分離

しているとの結論をもった。

　3.・4.・5.では、火焔型土器誕生前夜の加越能飛の新崎式土器と、信州の狢沢式・新道式とが相互に交流する様子を見た。信州と飛騨の両様式土器は、3,000m級の山々が続く飛騨山脈の峠を越えて運び込まれたり情報交換が行われ[4]、それぞれ在地化も図られた。上越や中越における狢沢式・新道式土器の少なさは、この地域の南部に後沖式や焼町土器圏が構えていて北上を阻んだことによるのだろう。上越や中越からの新崎式土器の南下力は、これを乗り越えて信州深く影響を及ぼす力はなかったと私は見定めておきたい[5]。

　飛騨を通して信州との結びつきを高めた加越能の新崎式土器は、その後半期に文様割付を2単位へ転換するなど新しい様式に向け大きく変動する。新様式では口縁に載せていた動物顔の新崎式のシンボルは潜み、円環を中心にした円環装飾把手（図1参考資料）を新たに聳え立たせる。一方、東北地方との関係を強めた中越でも、新たな彼らの思いを鶏頭冠に込め、火焔型土器や王冠型土器を誕生させた。

　土器以外のもの、たとえば石棒でも緊密な情報交換があり、その土器でも部分部分では相互の関連を十分に見て取れるのであるが、それぞれの思いが込められたシンボル、円環装飾把手と火焔型把手・王冠型把手は互いに譲れず受け取りもできず、上越を境にして混ざり合うことは難しかったのである。

註
(1) 北陸は新潟・富山・石川・福井の4県を指す場合と、新潟県を除く3県の場合があり混同するので、本稿では使わない。また本稿では、富山県と石川県を合わせて加越能と、これに岐阜県北部を加えた場合は加越能飛、新潟県は上越・中越・下越・佐渡の四区に分け、長野県は信州と呼ぶことがある。
(2) 筆者の卒論（1964）資料写真中にあり、機会を得て紹介したい。
(3) 1966年に「新崎期には、ときおり新道式と思われる土器が混ざっている」や「新崎式の新しい部分（新道式併行期）」と記したのが、加越能のこの手の土器についての私の最初の記述である（小島1966）。1964年春提出の卒論では新崎をⅠとⅡに分け、Ⅱは新道並行で勝坂古式期と結論づけていた。今は当該土器を狢沢式と新道式土器とに区分することを筆者はできないので、本稿ではまとめて新道式系土器と記す。
(4) アルプス越えについては、新保・新崎様式土器が飛騨を経由して長野県の木曽、松本、諏訪地方に入り、山梨県でも発見されていると記している（神村2000）。
(5) 三水村風呂屋遺跡や赤塩遺跡資料などきわめて上越に近いものを問い直さねばならないが。

参考・引用文献
阿部　朝衛　1987　「第4章第2節　5 第5号住居址」『史跡　寺地遺跡』青海町　pp.224～235
石原　州一　1998　「第5章　風呂屋遺跡」『上信越自動車道埋蔵文化財発掘調査報告書14』長野県教育委員会　pp.85～165
青海町　1987　『史跡寺地遺跡』
小坂町教育委員会　1984　『南垣内遺跡』
柏崎市史編さん委員会編　1987　『柏崎市史資料集』考古篇1
数野　雅彦　1986　「北陸系土器研究序説―縄文時代中期前葉の編年対比を中心として―」『山梨考古学論集』

Ⅰ　山梨県考古学協会　pp.57〜81

神村　　透　1997　『大岩橋』王滝村教育委員会

神村　　透　2000　「木曽出土の筒型波状口縁土器―木曽と南関東を結ぶ土器　そのルートは山梨にもあるのでは？―」『山梨縣考古學協會誌』第11号　pp.239〜240

狩野　　睦　1991　「Ⅳ 1 縄文時代中期中葉の土器」『北陸自動車道遺跡調査報告―朝日町編 7 ―』境A遺跡　総括編

狩野　　睦　1992　「Ⅲ　土器各節 2 中期」『北陸自動車道遺跡調査報告―朝日町編 6 ―』境A遺跡　土器編　pp.15〜19

河合村教育委員会　1987　『奥飛騨の縄文遺跡 下田遺跡』

木島　　勉　1993　「Ⅴ 3. 縄文土器」『国指定史跡　長者ヶ原遺跡― 7 次調査概報―』糸魚川市教育委員会

岐阜県博物館　1992　『特別展 飛騨のあけぼの 展示図録』

久々　忠義　2002　「火炎土器が出土」『さくらまち NEWS』桜町遺跡発掘調査団　p.1

高慶　　孝　1985　『富山県上市町永代遺跡緊急発掘調査概要』上市町教育委員会

小島　俊彰　1966　「富山・石川両県地方の鍔付有孔土器」『信濃』第18巻第 1 号　pp.31〜37

小島　俊彰　1980　『富山県朝日町不動堂遺跡第 3 次発掘調査概報』朝日町教育委員会

小島　俊彰　1990　「北陸地方の火炎土器様式」『火炎土器様式文化圏の成立と展開』火炎土器研究会　pp.18〜22

小林　達雄　1990　「縄文中期世界の形成と火炎土器様式」『火炎土器様式文化圏の成立と展開』火炎土器研究会　p.1

品田　高志　1987　「『王冠型土器』考―形態分類とその分布を中心に―」『柏崎市立博物館 館報』No 2　柏崎市立博物館　pp.91〜104

島田　修一　1985　「Ⅳ 2 縄文時代中期前葉の土器群について」『富山県八尾町長山遺跡発掘調査報告』八尾町教育委員会　pp.38〜39

遮那藤麻呂・小平和夫ほか　1973　「Ⅲ 4 月見松遺跡」『長野県中央道埋蔵文化財包蔵地発掘調査報告書―伊那市内その 2 ―』長野県教育委員会　pp.49〜101

上越　市　2003　『上越市史』資料編 2 考古

高橋　　保　1992　「Ⅳ章 6 B 1 各系列の土器」『関越自動車道関係発掘調査報告書』五丁歩遺跡　十二木遺跡（本文編）

寺内　隆夫　1986　「第Ⅴ章 第 1 節 4. 縄文時代中期中葉土器の分類と検討」」『梨久保遺跡』岡谷市教育委員会　pp.451〜461

寺内　隆夫　1991　「長野県上水内郡三水村・上赤塩遺跡出土の縄文中期土器について」『長野県考古学会誌』61・62号　pp.1〜26

寺内　隆夫　2003　「特論 山屋敷Ⅰ遺跡出土土器に見る中部高地地域・関東地方との交流関係」『上越市史』資料編 2 考古　上越市　pp.721〜735

寺崎　裕助　1980　『火焔型土器研究の現状』火焔型土器展講演会発表（ 2 月）

新潟県美術博物館　1980　『火焔型土器』

寺崎裕助・秦繁治　1990　「第Ⅴ章 出土遺物」『十二平遺跡発掘調査報告書』能生町教育委員会　pp.15〜23

寺崎　裕助 1996　「第Ⅳ章 2 B土器」『関越自動車道 堀之内インターチェンジ関連発掘調査報告書』清水上遺跡Ⅱ　新潟県教育委員会　pp.34〜56

寺崎　裕助　1996　「第Ⅶ章 1 A縄文時代中期前・中葉の土器について」『清水上遺跡Ⅱ』新潟県教育委員会

pp.261〜266
寺崎　裕助　2003　「第2章　第2節　17山屋敷Ⅰ遺跡」『上越市史』資料編2　考古　上越市　　pp.72〜194
長野県考古学会　1966　『松本諏訪地区新産都市地域内埋蔵文化財緊急分布調査報告』長野県考古学会
永峯光一編　1981　『縄文土器大成』2　グラビア図版284
伴　　信夫　1976　「Ⅲ 6. 大石遺跡（SOIB）」『長野県中央道埋蔵文化財包蔵地発掘調査報告書―茅野市・原村その1、富士見町その2―』長野県教育委員会
伴　　信夫　1981　「第Ⅱ章　第1節　4 2（3）縄文時代中期中葉」『長野県中央道埋蔵文化財包蔵地発掘調査報告書―茅野市その4・富士見町その3―』昭和51・53年度　長野県教育委員会　p.38
福島　邦男　1983　『後沖遺跡』望月町教育委員会
松本市教育委員会　1993　『松本市 塩辛遺跡Ⅱ・Ⅲ 矢作遺跡 松蔭寺遺跡』
宮川村教育委員会　1996　『岐阜県吉城郡宮川村 杉原瑞穂遺跡発掘調査報告書』

図版引用文献

図1−1：朝日町教育委員会　1980　『富山県朝日町不動堂遺跡第3次発掘調査概報』
　　2：山本　正敏　1982　「第一編 考古」『魚津市史』史料編　魚津市
　　3：久々　忠義　2002　「火炎土器が出土」『さくらまちNEWS』桜町遺跡発掘調査団
　　4：上市町教育委員会　1985　『富山県上市町永代遺跡緊急発掘調査概要』
　　5：富山県教育委員会　1991　『北陸自動車道遺跡調査報告』朝日町編6　境A遺跡土器編
図2−1：上　越　市　2003　『上越市史』資料編2　考古
　　2：小島　俊彰　1974　「北陸の縄文時代中期の編年」『大境』第5号　富山考古学会
　　3：婦中町教育委員会　2000　『富山県婦中町外輪野Ⅰ遺跡・鏡坂Ⅰ遺跡発掘調査報告』
　　4：富山県教育委員会　1977　『富山県砺波市厳照寺遺跡緊急発掘調査概要』
　　5−1・2：宇ノ気町教育委員会　1979　『上山田貝塚』
　　6：筆者卒論（1964年）資料から
　　7：宮川村教育委員会　1996　『岐阜県吉城郡宮川村 杉原瑞穂遺跡発掘調査報告書』
　　8：河合村教育委員会　1987　『奥飛騨の縄文遺跡 下田遺跡』
　　9−1・2：財団法人岐阜県文化財保護センター　2000/03　『岩垣内遺跡』
　　10：小坂町教育委員会　1984　『南垣内遺跡Ⅰ』
　　11−1・2：王滝村教育委員会　1997　『大岩橋』王滝村教育委員会
　　12：長野県教育委員会　1973　『長野県中央道埋蔵文化財包蔵地発掘調査報告書―伊那市内その2―』
　　13：長野県教育委員会　1976　『長野県中央道埋蔵文化財包蔵地発掘調査報告書―茅野市・原村その1、富士見町その2―』
　　14：岡谷市教育委員会　1986　『梨久保遺跡―中部山岳地の縄文時代集落址―』
　　15：松本市教育委員会　1993　『松本市 塩辛遺跡Ⅱ・Ⅲ 矢作遺跡 松蔭寺遺跡』
　　16：望月町教育委員会　1983　『後沖遺跡』
　　17：財団法人長野県埋蔵文化財センター　1998　『上信越自動車道埋蔵文化財発掘調査報告書14』

第Ⅴ章　火炎土器様式の流儀

自ら縄文土器の作成を試みる人々の中では、火焔土器の製作を目標とする場合が多いと聞く。火焔土器がどのように作られていたのかも、この研究会で取り上げたテーマの一つで、平成13年11月には新潟県立歴史博物館において「火炎土器はどのように作られたか」と題するシンポジウムを開催した。ここでは胎土に関する論考2篇と文様施文方法に関する論考1篇を収録し、またシンポジウムにゲストとして参加された後藤氏・小林氏の2名から研究ノートを寄せていただいた。いずれも土器研究のさまざまな視点を示すものである。

火焔型土器などの胎土分析

Mark E. Hall・西田泰民

1. はじめに

　新潟県内の中期中葉の遺跡からは火焔型土器、王冠型土器とともに大木系、北陸系、関東系、在地系の土器が混在して出土する。これらを任意に各少数サンプリングして胎土を比較しても意味のある分析とはならないため、今回は、火焔型・王冠型と在地系の縄文のみの土器に胎土の差が見られるのかを検証することに分析目的を絞ることとした。在地系の土器にどれだけの胎土のバリエーションがあるのかをまず押さえることが、土器の供給システムの理解の第一歩と考えられるからである。ホールが元素分析を、西田がマクロ観察を行った[1]。

2. 試料と方法

　試料は平成11年度に長岡市教育委員会によって行われた馬高遺跡発掘調査出土土器のうち、集中出土が見られたXI-G区27トレンチとVI-J区34トレンチから火焔・王冠型と縄文のみの土器片、ほぼ半数ずつ計42点を任意に抽出した。

　蛍光X線分析はホールが国立歴史民俗博物館にて行い、RhX線管、0.1mmアルミニウムフィルター、EDAX DX4 X線アナライザーによって構成されたPhilips社製PV9550 エネルギー分散型蛍光X線分析装置を用いた。X線源は50kV、75μAの条件で約1cm径のビームを発生させ、カルシウム（Ca）、銅（Cu）、ガリウム（Ga）、鉄（Fe）、鉛（Pb）、マンガン（Mn）、ニッケル（Ni）、ニオブ（Nb）、ルビジウム（Rb）、ストロンチウム（Sr）、トリウム（Th）、チタン（Ti）、イットリウム（Y）、亜鉛（Zn）、ジルコニウム（Zr）の元素について、ライブタイム200秒でKαとLα強度を測定した。その後、コンプトン散乱マトリックス補正と地質調査所の標準試料15点の線形回帰分析により、各試料の元素濃度を得た。Lucas-Tooth, Price補正によりマトリックス効果について補正した。上記の方法はDavis他（1998）に近い。

　検出限界とX線計測値の最小二乗近似誤差を付表1左に示す。また装置の動作を監視するために成分が既知の試料と未知の試料を同時に分析した。その結果が付表1右である。正確度は20%以下であり、精密度は10%以下である。

　測定前に試料の側面の一部をまず#180の炭化ケイ素研磨紙で磨き、最終的に600ミクロンで仕上げ、脱イオン化水で洗浄し風乾させた。

　測定面を平滑化することで、表面形状の計測結果への影響を最小限にとどめている。試料の埋没時の化学的変化であるが、鉄とマンガンに関してはあまり考慮する必要はないが（Hedges & McLellan 1976）、ガリウム、ニオブ、トリウム、チタン、イットリウム、ジルコンは強い変成作用

の働く環境下では移動することが知られている（Winchester & Floyd 1977）。

このほか、実体顕微鏡により各試料の表面の観察を行い、砂粒や混入物の記述を西田が行った。

3. 統計的方法

元素濃度は対数をとり主成分分析を行った。対数化はこれによって少量元素と微量元素の濃度の桁の違いを解消できるので、土器の化学成分の統計処理にはよく用いられている。検出できなかった元素については検出限界の1/2の値を用いた。

さらに最尤分類法によるモデルベース・クラスター分析を行い主成分分析値のグループ数を決定することを試みた。モデルベース・クラスター分析ではデータを多変量正規クラスターの集合と見なす。つまりクラスターの大きさ・形・方向を識別したり検定できると考えるのである。このような最尤法によるモデルベース・クラスター分析の数学的扱いについてはBanfield & Raftery（1993）、Fraley（1998）、Fraley & Raftery（1998a, 1998b）がある。これらの論考ではモデルベース・クラスター分析のメリットとデメリットの双方が論じられている。また地球化学データへの応用例はHall（2001）、Hall & Minyaev（2002）、Papageorgiou他（2000）を参照されたい。

モデルベース・クラスター分析はコンピュータを用いて次のような手順で行われる。はじめのグループは分析者もしくは階層凝集的クラスター法によって求められる。これらはEMアルゴリズムにより下記のモデルを満足させるように再配置を行う。この再配置は与えられた数のグループの中で、あるデータがまさしくそのグループに属するという条件的蓋然性を最大にするように行われる。ベイズ因子の一つである、ベイズ情報量基準（Bayesian Information Criterion, BIC）をすべての考え得るグループについて計算し、どの分類モデルがそしていくつに分類するのが有効であるのかを検討するのである（Kass & Raftery 1995）。もしBIC値が大きければそれだけそのモデルの正しさの証左として有効であるということになる。2～6の違いは弱い証左であり、6～10ならば強力な、また10以上ならば非常に強力な証左とされる（Kass & Raftery 1995）。

この分析では「R」用パッケージMCLUSTを用いた（Fraley 1999、R Development Team 2002）。このMCLUSTプログラムはBanfieldとRaftery（1993）で開発された方法により、共分散行列を分解した固有値をもとに多変量正規モデルを生成する。このアルゴリズムについてはFraley（1998）で公表されている。MCLUSTでは次のような条件で正規モデルを設定できる。①同じ大きさと形の球状分布（EI）、②同じ形で大きさの異なる球状分布（VI）、③方向・形・大きさとも同じ楕円体分布（EEE）、④方向・形・大きさすべてが異なる楕円体分布（VVV）、⑤方向のみが異なる楕円体分布（EEV）、⑥形が一定で他は異なる楕円体分布（VEV）。

比較のためにカーネル密度推定を用いての主成分分析値のグルーピングも行った。この方法はデータの中からグループを見つけ出すノンパラメトリックな方法であり、「R」の中のSMパッケージを用いた。より詳しい理論についてはBaxter他（1997）、Bowman & Azzalini（1997a）、Silverman（1986）を参照されたい。

さらに分類の妥当性について相互検証法による線形判別分析を行った。相互検証法を用いるのはより強固な分類基準を得るためである（Baxter 1994）。この計算には「R」用MASSパッケージを用いた。

表1　各土器片の測定値

主成分	固有値	寄与率(%)	累積寄与率(%)
1	9.03	39.04	39.04
2	5.32	22.99	62.03
3	3.77	16.32	78.35
4	2.26	9.76	88.11
5	1.24	5.35	93.46

表2

モデル	グループ数	BIC
EEE	2	-46.63
EEE	3	-49.33
EI	3	-50.43

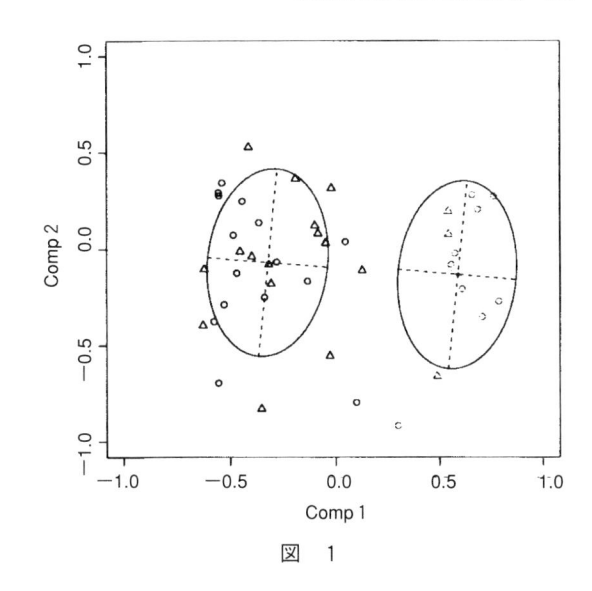

図 1

4. データ値の分析

各土器片の測定値を表1に示す。半数以上の試料で検出限界以下であったため銅とニオブは表から省いてある。これらの常用対数値の共分散行列から主成分分析値を求めた結果、最初の二つの主成分分析値で60％以上の寄与率であった。固有値は表1に示した。

モデルベース・クラスター分析は図式図法（Baxter 1999）によりはずれ値を求め、付表2の5点のはずれ値を示す試料を除外した上で行った[2]。

モデルベース・クラスター分析で用いたのは主成分分析値の中の上位五つの値である。当初1から10のクラスターが見出せたが、五つ以上のグループとなるものでは構成要素が一つしかないグループが必ず生じていた。そこで五つ以下のグループを見出すよう再計算したのが表2である。わずかな差ではあるが、もっともよく適合するというモデルは形・大きさ・方向とも同じ二つの楕円体（EEEモデル）を想定するものであった。このモデルに関しての不確かさは1％以下であった。

図1に示したのは上位二つの主成分分析値と各グループの95％信頼区間である。どの試料がどちらのグループに属するかは付表2に記した。

続いてSheather-Jonesのプラグイン法によってガウス分布のカーネルとバンド幅を求め、カーネル密度推定を行った[3]。1番目の主成分分析値のhは0.136、また2番目の主成分分析値のhは0.157であった。図2、3に密度推定の結果を示す。試料の75％が二つのグループのどちらかに属する結果となり、モデルベース・クラスター分析の結果とよく一致する。クラスター分析で得られたグループについて対数化した元素濃度を用いて、さらに相互検証法による線形判別分析を行ったところ、すべての試料について正しく判別が行われた。

付表3に示したのは各グループの平均元素濃度である。95％の有意確率（$\alpha=0.05$）、検出力β=0.8としてこの2グループの両側t検定を行うと、鉄・鉛・トリウム・亜鉛の濃度に有意な差があることがわかった。

図 2

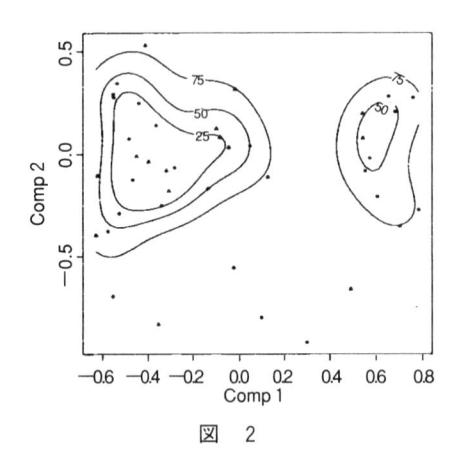

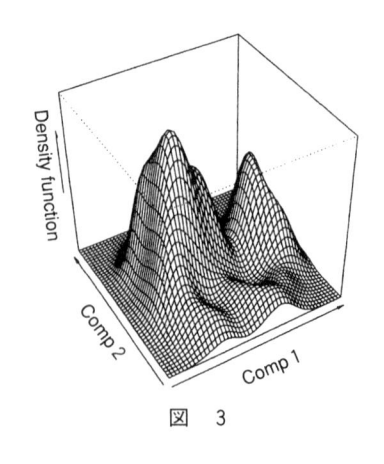

図 3

5. 胎土のマクロ観察

　双眼実体顕微鏡で土器表面を20倍から40倍で観察した結果、おおまかではあるが、次のような傾向が認められた。火焔型土器・王冠型土器では径0.5mm程度の砂粒が多量に含まれるものが多い。また雲母、海綿骨針などが特徴的な個体も認められた。一方で、縄文のみの土器では砂粒が目立たず、より粒度が細かいものが多く、雲母を含む個体も少ない。また、これまでも泥岩などと記述されてきたが、爪で傷がつくほど軟質で白色もしくは灰色を呈し角張った混和材が含まれた個体も多い。実体顕微鏡での観察ではこの含有物の構成は土器胎土自体とほとんど変わらず、色のみが異なっている。この混和材については次の「混和材としての土器片の利用について」で詳しく取り上げる。

6. 考　察

　元素分析では土器試料は大きく2群に分類され、それぞれの群に火焔型・王冠型と縄文のみの土器がふくまれていたが、マクロ観察では前節で述べたように、1群2群の差というよりは、火焔型・王冠型土器と縄文のみの土器両者に混和材の差が認められる。ただし、色調の面では元素分析で第1群とされたものは赤色系の発色であり、第2群は白色系の発色である。両者には鉄の濃度に2ポイントほどの差があり、前者の方が鉄含有量が多いことから、これが器面の色調と関連していると考えることもできるであろう。また後者が多数を占めており、常識的に考えるならば、白色系の色調を示す土器が遺跡周辺で作られた土器と見なすことができる。三十稲場遺跡で発見された粘土採掘坑の粘土を焼成して見たところ、白色系の発色となったとのことであり傍証となろう。なお残念ながら両者の差は相対的なものであり、色調のみで在地と外来を弁別するところまでは期待できず、肉眼観察だけでは大まかな傾向をつかむというところが限界ではないかと思われる。

　元素分析の結果が主として粘土部分の元素組成を反映しているという前提に立てば、マクロ観察で得られた鉱物やその他の含有物の特徴は胎土調整の差を示しているということになるであろう。より粗い混和材が火焔型・王冠型土器に使われているのは、大きく外へ広がる把手・頸部を支えるために腰の強い素地を得る必要があったためという解釈も成り立つかもしれない。これも周辺の土器作りに適した粘土を使って、追試をする必要がある。

今回の分析方法では胎土の違いを指摘することはできても、産地をより具体的に推定することは難しい。たとえば雲母の混入が多く見られる土器の素材の採取地は県内では魚野川流域東部あるいは加治川中・上流域などが候補となろうが、混和材を粘土の調整時にまぜることが行われたならば、必ずしも土器の製作地の証左とはならない。むしろ海綿骨針、珪藻のような粘土の堆積時に混入する生物遺体を標識とするべきであり、粘土の成因とあわせて考察しなければならない。

註

(1) 本稿のうち、2から4節はホールが英文で執筆したものを西田が翻訳した。
(2) はずれ値とされたK19はK6、K18と同一個体であることが後に判明した。測定した研磨断面に比較的大きな砂粒があったために、その影響を受けたものであろう。非破壊分析の際の留意点である。
(3) プラグイン法の利点はデータの正規分布を前提としないことにあり、データのばらつきにあまり影響を受けない（Bowman and Azzalini 1997a, 34-35頁、Hermann et al. 1995, 171頁 参照）。

参考文献

Banfield, J. and Raftery, A.　1993　Model-based Gaussian and non-Gaussian clustering, *Biometrics* 49, pp.803-821

Baxter, M.J.　1999　Detecting multivariate outliers in artefact compositional data, *Archaeometry* 41, pp.321-338

Baxter, M.J., Beardah, C.C. and Wright, R.V.S.　1997　Some Archaeological Applications of kernel density estimates, *Journal of Archaeological Science* 24, pp.347-354

Bowman, A. and Azzalini, A.　1997a　*Applied Smoothing Techniques for Data Analysis*, Clarendon Press

Bowman, A. and Azzalini, A.　1997b　sm, http://www.lib.stat.cmu.edu/R

Davis, M.K., Jackson, T.L., Shackley, M.S., Teague, T., and Hampel, J.　1998　Factors affecting the energy-dispersive x-ray fluorescence （EDXRF） analysis of archaeological obsidian, in M.S. Shackley ed., *Archaeological Obsidian Studies*, pp.159-180, Plenum

Fraley, C.　1998　Algorithms for model-based Gaussian hierarchial clustering, SIAM *Journal on Scientific Computing* 20, pp.270-281

Fraley, C.　1999　MCLUST, http://www.stat.washington.edu/fraley/mclust/home.html

Fraley, C. and Raftery, A.　1998a　*How many clusters? Which clustering method? Answers via model-based cluster analysis*, University of Washington, Department of Statistics Technical Report No. 329, Seattle, University of Washington, http://www.stat.washington.edu/fraley/mclust/home.html

Fraley, C. and Raftery, A.　1998b　*MCLUST: Software for model-based cluster and discriminant analysis*, University of Washington, Department of Statistics Technical Report No. 342, Seattle, University of Washington, http://www.stat.washington.edu/fraley/mclust/home.html

Fraley, C. and Raftery, A.　2000　*Model-based clustering, discriminant analysis, and density estimation*, University of Washington, Department of Statistics Technical Report No. 380, Seattle, University of Washington, http://www.stat.washington.edu/raftery

Hall, M. and Minyaev, S.　2002　Chemical Analysis of Xiong-nu Pottery: Perspectives on Exchange and Trade on the Inner Asian Steppes, *Journal of Archaeological Science* 29(2), pp.135-144

Hedges, R.E.M., and McLellan, M.　1976　On the cation exchange capacity of fired clays and its effect on the chemical and radiometric analysis of pottery, *Archaeometry* 18, pp.203-207

Herrmann, E., Wand, M. P., Engel, J., Gasser, T.　1995　A bandwidth selector for bivariate kernel regression, *Journal of* the *Royal Statistical Society* B, 57, pp.171-180.

Kass, R. and Raftery, A.　1995　Bayes factors, *Journal of the American Statistical association* 90, pp.773-795

Papageorgiou, I., Baxter, M., and Cau, M.　2000　Model-based cluster analysis of artefact compositional data, *Research Report of the Department of Mathematics, Statistics and Operational Research of Nottingham Trent University*, No. 15/00

R Development Team　2002　R, http://lib.stat.cmu.edu/R

Silverman, B.W.　1986　*Density Estimation*, London, Chapman and Hall

Venables, B. and Ripley, B.　2002　MASS, http://www.lib.stat.cmu.edu/R

Whitbread, I.K.　1986　The characterisation of argillaceous inclusions in ceramic thin sections, *Archaeometry* 28, pp.79-88

Winchester, J.A. and Floyd, P.A.　1977　Geochemical discrimination of different magma series and their differentiation products using immobile elements, *Chemical Geology* 20, pp.325-343

付表1

元素	検出限界	近似誤差	JB3測定値	JB3標準値	正確度（％）
Ca	5000	4500	76816	70000	9.7
Ti	660	490	9678	8600	12.5
Mn	220	144	1530	1370	11.7
Fe	6800	5300	92041	82700	11.3
Ni	25	14	43	36	19.4
Cu	29	9	192	194	1.0
Zn	30	10	96	100	4.0
Ga	15	1	20	20	0
Pb	19	8	n.d.	6	―
Th	5	3	n.d.	1.27	―
Rb	15	11	17	15	13.3
Sr	25	16	430	403	6.7
Y	17	6	24	27	11.1
Zr	20	4	92	98	6.1
Nb	10	3	n.d.	2	―

付表2　各個体の元素濃度　（単位はppm、outlier: はずれ値、nd: 検出限界以下）

ID		Group	Ti	Mn	Fe	Ni	Zn	Ga	Pb	Th	Rb	Sr	Y	Zr
0001		1	3999	994	35586	nd	119	18	43	nd	94	60	27	243
0005		2	2884	504	13210	62	74	17	21	23	62	82	23	200
0007		2	6575	805	30151	71	99	17	27	10	59	78	33	259
0008		1	5071	1081	33355	104	136	19	44	nd	102	58	33	251
0012		2	7427	866	23690	62	95	18	25	13	54	26	nd	202
0013	縄文のみ	2	3738	473	20896	68	89	19	19	16	91	94	35	254
0014		1	5179	672	36750	82	168	18	35	nd	104	49	28	198
0017		2	5703	891	18304	50	84	18	24	19	70	71	24	233
0018		2	2955	583	26210	74	103	18	27	10	43	26	8.5	162
0022		2	3476	1089	23012	191	95	18	nd	14	83	66	26	263
0027		2	6763	901	25535	41	83	18	19	15	100	88	28	231
0029		outlier	4513	281	20603	nd	90	17	24	16	86	123	8.5	88

ID		Group	Ti	Mn	Fe	Ni	Zn	Ga	Pb	Th	Rb	Sr	Y	Zr
0034	縄文のみ	2	5910	1232	27970	nd	97	17	31	9	74	74	23	276
0035		2	4425	755	30629	53	121	18	34	6	36	67	27	264
0038		2	1687	576	12262	31	87	18	24	24	47	58	27	175
0040		2	4532	605	23883	45	83	17	30	17	49	69	23	162
0041		2	7105	956	34953	114	92	19	28	10	47	55	25	260
0120		outlier	6647	1694	22001	106	92	19	19	15	17	26	nd	182
K01	火焔・王冠型	2	5009	780	18957	39	88	17	37	18	39	104	22	205
K02		1	5624	700	38279	60	147	19	44	nd	74	71	20	242
K03		2	3323	641	13382	30	80	17	24	24	52	82	22	142
K04		1	9377	865	46704	126	128	19	48	nd	48	26	nd	78
K06		2	2619	617	20858	35	89	18	nd	17	30	75	nd	170
K07		1	3505	911	41267	73	158	18	45	nd	95	68	20	193
K08		2	6453	653	34430	70	106	19	33	8	80	86	27	265
K09		2	5616	687	19036	139	55	18	25	24	80	130	32	210
K11		outlier	4227	511	25827	56	100	18	27	11	68	98	nd	141
K12		1	3456	686	31881	nd	120	18	27	5	37	157	21	172
K13		outlier	6720	944	49667	35	132	16	66	nd	95	114	nd	108
K14		1	1748	281	33392	nd	91	17	32	nd	61	76	22	167
K15		2	5977	1457	22108	45	87	18	26	16	64	97	22	201
K16		2	6473	745	23748	64	60	18	17	21	74	76	28	206
K18		outlier	6011	876	44115	38	170	19	72	nd	17	26	nd	98
K19		1	3178	994	54213	135	195	18	42	nd	114	43	24	177
K20		2	2628	413	21212	110	90	17	25	15	127	66	36	236
K21		2	5953	972	17657	104	73	19	nd	19	54	49	19	268
K26		2	2519	928	22245	108	93	20	nd	14	86	72	18	237

付表3 各グループの元素濃度（ppm）

元 素	グループ1（11個体）	グループ2（25個体）
Ti	4845±2063	4611±1779
Mn	800±225	770±247
Fe	39972±7278	22415±6036
Ni	70±45	68±41
Zn	143±28.4	88±13.6
Ga	18±0.9	18±0.8
Pb	41±8.7	23±7.7
Th	3±0.8	16±5.3
Rb	80±24.5	66±22.2
Sr	70±42	75±23
Y	22±7.8	24±7.3
Zr	178±58.5	217±40.2

混和材としての土器片の利用について

西田　泰民

1. 混和材としての土器片

　シャモット（仏語）やグロッグ（英語）と呼ばれる破砕土器片もしくは破砕焼成粘土を利用した混和材の存在はこれまで海外においては知られており、たとえばヨーロッパ北部新石器時代や青銅器時代、ローマ帝政期フランス、タイ、マヤなど各地で報告がある。また東南アジアやアフリカの土器づくりで民族例としても記録されている。その混和材としての使用の理由については、在地に適当な混和材がないため、均一な乾燥をさせるため、素地と収縮率が近いため、熱伝導率の平均化など理論的には説明されている。しかし、そうした推測とは逆の使用例も民族例には見られることもあって、まったく実利的効用とは異なり、アフリカでは土器に霊力を込めるために使用すると報告された例もあり、先史土器についてもそのように解釈している研究者さえある(Hulthen 1983)。実利的効用のみでないらしいことは、どの地域でも使用期間が限られていたり、狭い地域のみで見られ拡散しない場合があることからも推測できるであろう。

　縄文土器については、これまでこの混和材の積極的使用は一部で気づかれていたものの多くの研究者の注意するところとはならなかった（安岡ほか 1981、高橋ほか 1990、西脇ほか 2003）[1]。吉備型器台や埴輪、また弥生土器の一部でもそのように表現されているものがあるが、確実な根拠は示されてはいない（狐塚ほか 1985）。また、その認識については胎土分析を行っている研究者の間でもまちまちであった。たとえば、清水芳裕氏は土器片とされているのはクサリ礫を誤認したものだとしている[2]。ただし、これは土器中にしばしば見られる赤色粒をさしたものである。

2. 破砕土器片と粘土質堆積岩との区別

　多くの事例が知られているのにも関わらず、破砕土器片と粘土質堆積岩との厳密な識別については一定の基準が得られていない実状がある。このテーマに正面から取り組んだ研究例としてはWhittbread（1986）とCumo di Caprioほか（1993）がある。ウィットブレッドはギリシア・コリントのアンフォラに見られる混和材が土器片であるのか粘土質堆積岩であるのかを確認するためにモデルを作り、土壌学的見地を加えて、境界線の見え方、密度、形状、円磨度、構成物など九つの観察ポイントを設定し、破砕土器片、粘土質堆積岩、粘土粒を区別しようとした。

　しかし結論として、粘土粒を他2者から弁別することはできても、破砕土器片と粘土質堆積岩の厳密な区別はできないと述べている。なお、この事例では石灰質の粘土が使用されているために素地に化石が含まれており、これが土器片を用いた根拠となっている。もちろん一般化できない特徴である。

表1 観察のポイント

	粘土質岩片	破砕土器片	粘土粒
境　　界	くっきり〜明瞭	くっきり〜明瞭	くっきり〜不明瞭
円 磨 度	鋭角〜やや鋭角 円磨の場合あり	鋭角〜やや鋭角 軟質の場合円磨	円磨〜よく円磨
形　　状	長形〜等辺形	長形〜等辺形	等辺形〜円形
見かけ密度	通常密	同質の場合同様	高率で密
内 部 構 造	無・並列・帯状・層状	無・並列および空隙	無・乱雑・弱い整列
外　　部	無関係・長形の場合は並列	無関係・長形の場合は並列	無関係
構 成 物	石英・雲母・不透明鉱物・その他	同質の胎土ならば同様	通常同様
色　　調	マトリックスとは異質	同質の胎土ならば同様	暗いことが多い
識　　別	明確〜区別可	明確〜不明瞭	明確〜不明瞭

　クーモディカプリオらは破砕土器片や粘土質堆積岩を混入させた試験片を作成して、実際の土器片との比較を行った。その上で、両者の弁別に有効な指標として、土器片内の構成物や空隙の配置が列をなすこと、土器片の場合には亀裂が長辺に平行に生じるのに対し、堆積岩類では多角形となること、土器片混和の場合には混和材がより均一に胎土中に分布することを挙げた。しかし、この研究で示された弁別基準も、それぞれの土器製作技法や周辺地質の特性に強く関連するものが多く、必ずしも一般化できるとはかぎらない。混和に用いられた土器はろくろ成形によるものであるために、構成物や空隙が列をなしたり、均質な分布になったりする可能性が高い。

　ジョーンズによるマヤ低地の前古典期の土器細粒混和材についての識別法も方解石や火山灰の混和材を含む土器が材料となっていることから可能になっているようである（Jones 1986）。

　なお、混和材が岩石でないとしても、土器片を砕いたのか、焼成粘土塊を砕いたのかの判断はさらに困難である。

3. 土器片混和材とする根拠

　今回取り上げる縄文時代中期の土器についても、類似する堆積岩との比較を行い、その上で土器片であることを示す必要がある。ヨーロッパで見られるグロッグは肉眼では視認できないほど細粒であるらしく、実体顕微鏡レベルの観察は行われていないが、今回の資料ではそれが十分可能である。今回観察した津南町および長岡市出土土器の土器片と見られる混和材は、新潟県内の信濃川中流域を中心に縄文時代中期前半の土器に認められることの多い白色・灰色・淡褐色などの色調を示す軟質の混入物である。大きいものは一辺4〜5 mm程度の不整形の角張った形状を示し、爪やブラシで表面に傷がつくほど軟らかい。また、これとは異なり赤褐色で白色粒を多く含む混和材もあり、長岡周辺よりも魚沼地域に目立つ。これらの混和材については、これまで特徴的混和材として認識されてはいたが、発掘報告書では統一された記述はなされておらず、粘土粒・凝灰岩・土器状粒子などと記載されてきた。

　まず、マクロな観察から混和材の特徴を挙げると、①素地と混和材の色調・構成物が非常に似通っている、②明色部分と暗色部分の2層になっているものがある、③平滑面があり土器表面の調整

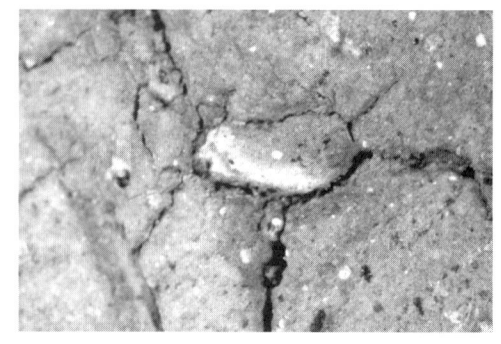

222　第Ⅴ章　火炎土器様式の流儀

2層が確認される土器片混和材（道尻手遺跡）

調整痕が確認される土器片混和材（道尻手遺跡）

凹凸のある土器片混和材（道尻手遺跡）

土器片混和状況（岩野原遺跡）　　　　　縄文のある土器片混和材（イヨマイ6遺跡）

図　1

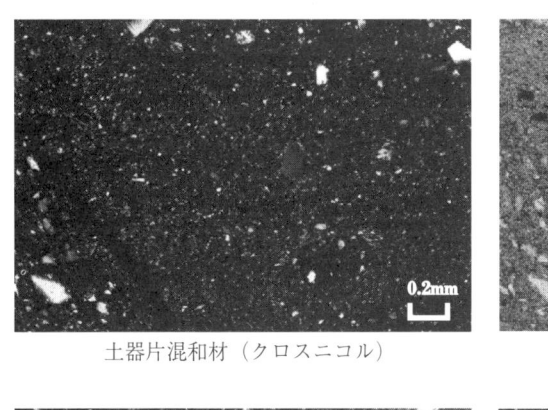

混和材としての土器片の利用について 223

土器片混和材（クロスニコル） 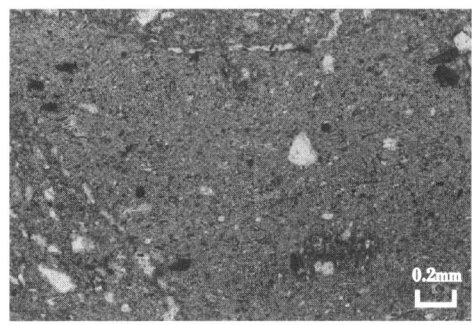　　　　　土器片混和材（平行ニコル）

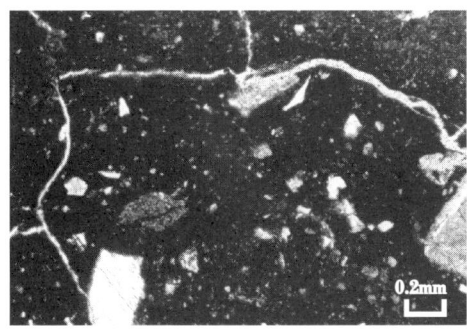

土器片混和材（平行ニコル） 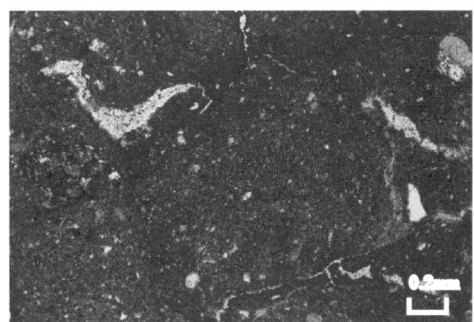　　　　　土器片混和材（平行ニコル）

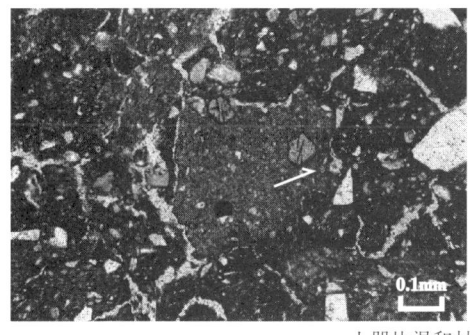

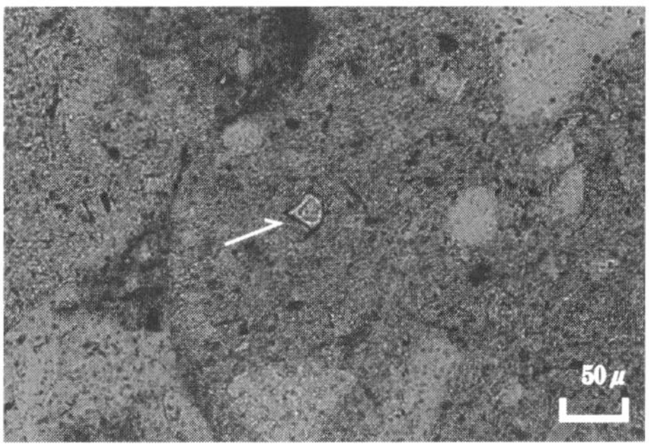

土器片混和材中の植物珪酸体

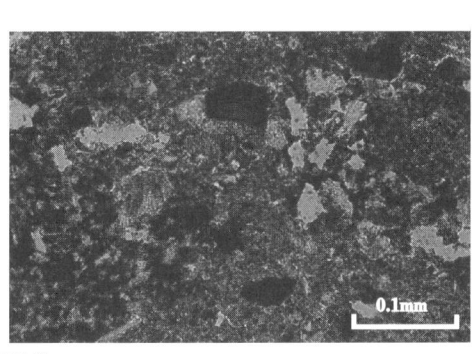

泥質堆積岩

図　2

痕に類似した擦痕や文様の一部と考えられる部分が見られることがある、④一つの土器個体中に質が似ているが色調の異なる混和材が含まれている、という4点がある。とくに第2点は縄文土器断面の特徴そのものであり、第3点も土器片が素材となっていることを強く示唆する特徴といえる。文様のついた面があればもっとも確実であるが、混和材自体が小さいためか縄文圧痕と見られる凹凸がある例を津南町道尻手遺跡で1点確認できたのみである。そのほか、調整痕の残る面が露出している破片は道尻手遺跡で3点確認している。たとえば、注意深く土器片を破砕すれば、器表面の残る粒子をより多く抽出することができるであろうが、実現していない。褐色を呈する場合は石英・長石・角閃石と思われる粒子を含んでいるものがあり、白色〜淡黄色の場合は鉱物粒を含むことが少ない傾向がある。新潟県長岡市周辺では東山丘陵に泥岩層があり、露頭や河原で軟質の泥質堆積岩を採取することができる。硬さは土器中に見られる混和材と同じように爪で傷がつくほどであるのでモース硬度は2以下である。実体顕微鏡の観察では細粒の石英粒が目立ち、表面が比較的粗く混和材とは外見が異なっている。

長岡市の馬高遺跡および山下遺跡出土土器片については薄片観察も行った。顕微鏡下では土器片混和材と見られるものは堆積岩によく似ているが、層状構造が認められる例はなく、凝灰岩でないことは特有な火山ガラスや火山噴出物からなる構造が見られないことから明らかである。マクロ観察と同様、素地部分と類似性が高い場合が多い。粘土の起源を示す生物化石が素地と混和材双方に含まれていれば、同一素材であることの根拠となりうるが、見出すことはできなかった。ただし、混和材中に植物珪酸体や海綿骨針が含まれているものがあり、泥岩とは異なるので、これを弁別の基準とすることができるであろう。またクサリ礫の場合はマトリックス部分の密度が高く素地部分と明確な差をもつという特徴があり、この混和材とは明らかに異なる。

4. まとめ

分　布

これまで同種の混和材を確認できたのは津南町、川口町、十日町市、長岡市、小千谷市、柏崎市の各遺跡である。上越市でも少量ながら見られるとのことである[3]。朝日村前田遺跡にも同種の混和材を含む土器が存在するもののまれであり、可能性があると見られた個体は大木8b段階であった。中越の土器混和材の場合は形状が角張っていることが多いが、前田遺跡では円磨したような形状であり、すべて土器片混和材であるのか疑問が残る。新発田市内では石田遺跡など火炎土器が多量に出土している遺跡があるが、実見できた範囲内では土器片と見られる混和材は見られなかった。なお、この地域では前期末の東北系土器に、断定はできないが粘土粒と見られる径1mmほどの粒子が特徴的に含まれている個体がある。

今のところ新潟県内では中越地域に特徴的であるといえそうである。

時　期

これまでのところ中期前半に目立つことがわかっており、その中でも新崎－大木7b式併行期の竹管文を多用する土器に多い傾向があり、地域によっては中葉の大木8a期以降も使われている。新潟県下で北陸系と称される一群に多いのだが、富山以西の土器にはこのような混和材はないらしい。

また、少なくとも中越地域では、中期後葉大木9・10式の土器に再び用いられることが多くなるようで、在地系・磨消縄文系双方にある。そして三十稲場式が下限となるらしく、南三十稲場式以降は確認できていない。

課　題

　土器製作時に指で粘土紐を巻き上げたり接着する都合から考えると、かなり粗い混和材であるため、硬質の角張った破片では不適当である。軟質の仕上がりの土器があるからこそ、こうした混和材としての使用法があり得たとも考えられる。より堅い土器片を使用するならば、かなり細かく粉砕してからということになり、肉眼でそれとわかるようなことはないのかもしれない。肉眼で判別できる特徴的混和材であるので、時期と使用地域が限定できる見通しがさらに明らかになれば、遺跡ごとの土器の搬入状況や影響範囲を比較的簡便に明らかにすることができるであろう。それには同定のための基準が必要であるが、まずは実体顕微鏡レベルでの観察が必須である。さらに、遺跡内あるいは周辺で見た目に近似する堆積岩が存在しないか確認しなければならない。また存在するならば、偏光顕微鏡による比較観察で確認を取るという手順が必要である。その上で、できればマクロな観察で可能な弁別基準を確立することができよう。

　また縄文土器にこのような混和材が存在することは一般的認識となっていないが、他の地域でも再発見される可能性があるので、研究者の注意を喚起したい。

　資料実見にあたって、小熊博史・品田高志・石原正敏・佐藤雅一・富樫秀之・田中耕作・西脇対名夫、田村俊之各氏のご配慮をいただいた。記して感謝申し上げます。

註

(1) ママチ遺跡でも類似の混和材が認められ、北海道石狩低地周辺では晩期末から続縄文初頭にかけて、この種の混和材を使用した可能性がある。
(2) 清水芳裕氏のご教示による。
(3) 寺崎裕助氏のご教示による。

参考文献

Cuomo Di Caprio N. & S.J.Vaughan　1993　An experimental study in distinguishing grog (chamotte) from argillaceous inclusions in ceramic thin sections, *Archaematerials* 7-1, pp.21-40

Jones L.D.　1986　*Lowland Maya Pottery, BAR International series* 288

Whittbread I. K. 1986 The characterisation of argillaceous inclusions in ceramic thin sections, *Archaeometry* 28-1, pp.79-88

狐塚省三・奥田尚　1985　「吉備型『器台・壷』胎土中の含有物—砂礫とシャモットをめぐって—」『古代学研究』109　36-47頁

高橋理ほか　1990　『イヨマイ6遺跡における考古学的調査(2)』千歳市教育委員会

西脇対名夫ほか　2003　『江別市対雁2遺跡(4)』財団法人北海道埋蔵文化財センター

安岡路洋ほか　1981　『東北原遺跡』大宮市遺跡調査会

マイクロフォーカスＸ線ＣＴ装置を利用した火焔型土器の隆起線文様施文手法の検討

吉田邦夫・小島俊彰・西田泰民・宮尾　亨

1. はじめに

　博物館や埋蔵文化財センターの講座や催しの目玉の一つに土器作りがある。かつて千葉市加曾利貝塚博物館で精力的に追求された縄文土器の復元に関する実験の成果（新井1975、後藤1975）によるところが大きい。そして、同様の復元実験はその後も加曾利貝塚博物館をはじめ、全国各地の博物館などで実施され、製作した土器による使用実験なども繰り返し実施されているようである。

　しかしながら、その一方で縄文土器の製作技術に関して提出された考古学的証拠は決して多くない。発掘調査で大量に発見される縄文土器の報告は編年や地域性の検討に、より大きく注がれる傾向にあり、製作技術に関する観察所見は等閑視されがちである。また、縄文土器の復元実験や使用実験によって得られたデータを考古資料の観察にうまく適用できていない可能性もある。いずれも縄文土器の研究において製作技術への関心が必ずしも高くないという事情が作用しているものと思われる。

　縄文土器の中でも比較的高い知名度を誇る火焔型土器に関しても事情はさしてかわらない。その知名度から博物館で展示するために模造される場面が多々あったにもかかわらず、製作技術の考古学的検討は不問に付されてきた。かつて火焔型土器の復元制作を手がけた小島俊彰が、火焔型土器を成形する粘土紐の硬さを強調し、火焔型土器最大の特徴ともいえる鶏頭冠と呼ばれる突起を粘土紐で形作っている点に注目（小島2000）している程度である。

　ところで、縄文土器の製作技術に関する考古学的証拠がまったく蓄積されなかったわけではない。群馬県道訓前遺跡の発掘調査報告書では、焼町類型と呼称される出土土器のＸ線ＣＴスキャン画像の所見から、隆起線施文に際して器面に粘土をかけるような手法が推定されている（北橘村教育委員会2001）。縄文土器の特徴の一つである器表面を覆う文様の施文手法という製作技術に関する観察所見として注目される。そもそも縄文土器に付された文様の施文手法のような製作技術は、縄目文様の正体を解明した山内清男の体系的な研究に象徴される具体的な蓄積のある分野である。しかし、こうした縄文土器の文様の中で、沈線や隆線と呼んでいる器表面の凹凸で構成される文様の具体的な製作技術はほとんどわかっていないのが実情である。事実、先に触れた焼町類型の文様は、粘土紐を貼りつけた隆起線と竹管などを利用して器表面を抉った沈線とによって生み出されると考えられていた。しかし、Ｘ線ＣＴスキャン画像の所見は別の文様施文手法を想定させるものであった。

　火焔型土器の文様も例外ではない。全面を覆う半肉彫りの隆起線文様の多くは、土器の表面を半截竹管で削り出していると考えられている。しかし、その一方で火焔型土器の特徴的な文様であるＳ字状の隆起文様の中には、明確に粘土紐を貼りつけているものが認められる（宮尾2002）。また、

火焔型土器の中には器表面の文様の大きく剥落したものが認められる。このような資料の存在は、半肉彫りの隆起線を表現するにあたって器表面を半截竹管で削り出すだけではない手法を予想させる。

そこで群馬県道訓前遺跡の発掘調査報告書の成果を踏まえ、マイクロフォーカスX線CT装置を利用して火焔型土器を観察し、文様施文における器面処理の仕方や文様施文を検討してみることとしたい。

2. 方　　法

火焔型土器の半肉彫りの隆起線文様が半截竹管による削り出しと判断されたのは、考古資料の外形を観察した所見に基づいている。すなわち、土器の全面を覆う隆起線の大部分はカマボコ状の断面形を呈し、それらがほぼ器表面全体に均等の厚みを占めているという所見である。カマボコ状の断面形をなす隆起線は半截竹管による文様施文で再現できる特徴であり、同一の半截竹管を使用すれば、確かに器表面にほぼ均等の隆起線を復元できる。しかし、火焔型土器の全面を覆う隆起線文様は、多くの場合に不均質な隆起線で構成され、隆起線の断面形状もカマボコ状のものから角張ったウドン状のものまであり、必ずしも従来推定されている施文手法を支持するものばかりではない。それでもこれまで半截竹管による削り出しという施文手法が支持されてきたのは、文様施文の再現性が高く評価されていると思われる。

目視できない特徴を観察することを可能とするX線CT装置の利用であるが、その所見のみでは文様施文における器面処理の仕方を推測することは困難である。そこで今回の検討では考古資料だけではなく、実験的にいくつかの手法で文様を再現した土器のサンプルモデルについても、X線CT装置を利用して観察し比較することにした。

1）使用機器

東京大学総合研究博物館のマイクロフォーカスX線CT装置（TXS225-ACTIS II テスコ株式会社/BIR）を用いて連続断面画像を作製し、それらをもとに画像解析ソフトAnalyze4.0（Mayo clinic）を利用して三次元形状を再現した。

東京大学総合研究博物館のマイクロフォーカスX線CT装置は、10ミクロン未満の微細なX線源をもち、高解像度の入力画像が得られる。本来は産業用CT装置として、部品検査などのために開発されたもので、資料を回転しながら固定されたイメージインテンシファイア・カメラでX線吸収像を入力する。なお、装置にかけられる資料はおおむね高さ50cm、径20cm程度を限度とする。

断層撮影時には、X線吸収像を一定間隔でカメラ信号として入力する。120kv、200μA（0.5mmフィルターを使用）の条件下で合計342〜519ビューのX線像を得て、それらから各断面画像を再構築した。一断面の厚さは300（または360、500）ミクロンに設定し、1回の撮影で同時に連続3枚の断面画像を作製した。次にステージごと、標本を上下方向にその分だけずらし、次の連続3枚を撮影した。この過程を繰り返すことにより、土器の全高にわたる合計342〜519枚以上の連続断面画像を作成した。各断面画像のピクセルサイズは、300ミクロンと設定し、スライス厚さ・間隔と同じにした。したがって、このデータセットでは三次元ボリュームデータとして取り扱う場合、300ミクロンボクセルが基本となる。三次元ボリューム表示では、空気と土器のCT値の中間値を閾値

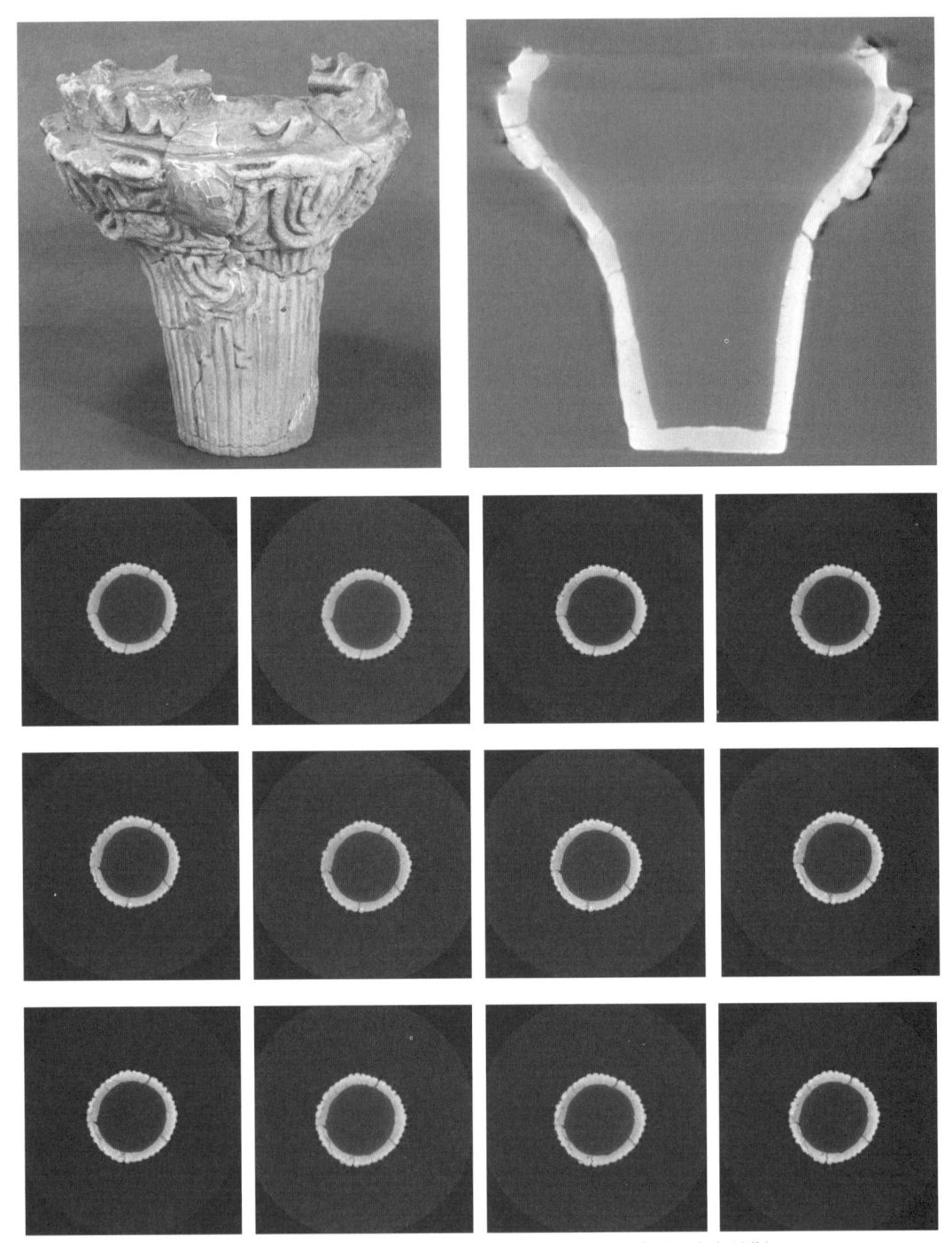

228　第Ⅴ章　火炎土器様式の流儀

写真1　長岡市馬高遺跡出土土器（東京大学文学部考古学研究室所蔵）

として土器の表面形状を可視化した。X線吸収量が大きな部分は白く、小さい部分は黒く表示される。したがって空気は黒く、鉱物粒は白く見える。

2）　考古資料

考古資料は以下の2点である。東京大学総合研究博物館のマイクロフォーカスX線CT装置で分析

可能なサイズであり、かつ典型的な火焔型土器の隆起線文様を有するものを選定した。
① 長岡市馬高遺跡出土土器（東京大学文学部考古学研究室所蔵）。高さ22cm、口径20cm。4単位の鶏頭冠をすべて欠損しているが、典型的な火焔型土器の文様を有する。
② 小千谷市俣沢遺跡出土土器（新潟県立歴史博物館所蔵、神林昭一氏寄贈）。高さ17cm、口径15cm。器表面は火焔型土器と共通した文様であるが鶏頭冠をもたない。突起部分を欠損する。

3） 文様再現サンプルモデル

文様再現サンプルモデルは以下の3点である。典型的な火焔型土器の胴部下半について、文様施文における器面処理の仕方を変えながら文様を再現し、小島俊彰が制作した。高さ13〜15cm、径12〜14cm。なお、この文様再現サンプルモデルの制作では、前提条件として器体成形をいわゆる輪積みによって行われていることとした。

Ⅰ 含水率調整による硬質粘土（混和材なし）の紐で器形成形。成形した器体表面に半截竹管で直接に隆起線文様を削り出す。その結果、隆起線の文様は器体を成形した粘土体自体で形成される。

Ⅱ 含水率調整による硬質粘土（混和材なし）の紐で器形成形。そのうえで軟質粘土の紐で器面を覆い、軟らかい器表面を作り出してから半截竹管で隆起線文様を削り出す。器体成形のために積み上げていった粘土紐と文様施文のために器体を覆った粘土紐は同一方向であり、器体を構成する粘土体と文様施文のための粘土壁の二重構造となる。そのため、隆起線の文様は粘土壁の面に施文される。

Ⅲ 含水率調整による硬質粘土（混和材なし）の紐で器形成形。軟質粘土の紐を貼りつけて隆起線を作り、半截竹管で沈線を調整しながら文様を完成させる。器体成形のために積み上げていった粘土紐と文様施文のために器体を覆った隆起線を生み出す粘土紐は、火焔型土器の文様構成上、直交する関係となる。そのため、隆起線の文様は器体を作り出す粘土体に隆起線を生み出す粘土紐の貼りついている状態となる。

なお、文様再現サンプルモルは、Ⅰ→Ⅱ→Ⅲの順序で制作した。また、それぞれの制作に要した時間は、Ⅰで90分弱、Ⅱで90分強、Ⅲで120分弱である。三つの文様再現サンプルモデルそれぞれの制作に費やした労力や時間には格段の差を認められない。また、制作者の感想として、三つの文様再現サンプルモデルで制作の手間はさほど変らない。

3. 結　果

考古資料2点、文様再現サンプルモデル3点ともに器体全体の垂直断面と水平断面とを作成し、それぞれ連続的に観察した。

1） 考古資料

2点の考古資料には、垂直断面と水平断面ともに器体内の随所で粘土と粘土との間隙と考えられる部分を観察できる。間隙の大きさや多寡は2点の考古資料で格差が認められるものの、両者ともにこの間隙は存在する。垂直断面では、とくに文様を構成する隆起線付近に多く認められるようである。一方、土器の口縁部から底部に向かって水平断面を連続的に観察すると、器体内で外面側から内面側に向かって間隙の推移するようすが認められる。同時に外面付近でほとんど位置が変らな

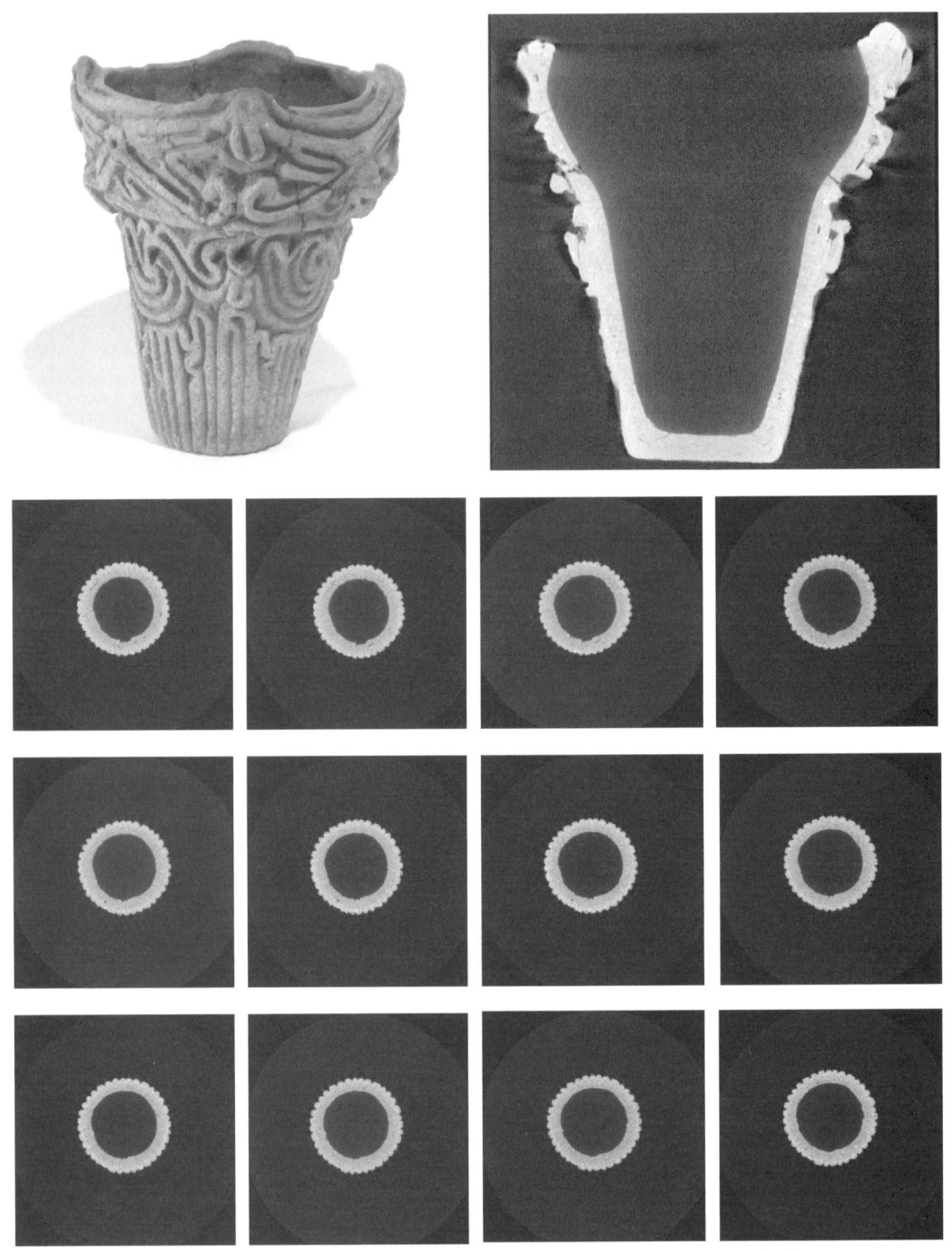

230　第Ⅴ章　火炎土器様式の流儀

写真2　小千谷市俣沢遺跡出土土器（新潟県立博物館所蔵、神林昭一氏寄贈）

い間隙がところどころに存在している。なお、器体表面付近には白く輝いている部分がところどころ見られる。

2）文様再現サンプルモデル

　制作手法の明確な文様再現サンプルモデルのX線CTでは、観察される内容と制作手法とを対応さ

せることができる。結果、器体表面付近の白く輝いている部分が隆起線に対応する沈線部分の反射であり、文様施文手法には関係しないことが明確となった。また、内部で点々と白く輝く部分があるが、混和材を混ぜていない粘土を使用しているので、偶発的な混入物に対応していると思われる。

以下、制作手法と関連させながら、X線CT像に認められる特徴を挙げてみよう。

文様再現サンプルモデルⅠでは、文様である隆起線を制作するためには粘土の貼付けを行っていないので、器体内で確認できる間隙と思われる部分は、いずれも器体成形のために粘土紐を接合した際に生じた間隙と考えることができる。サンプルモデルⅠで観察される間隙は、垂直断面ではモザイク状に確認でき、水平断面を連続的に見ると器体内で外面側から内面側に向かって推移する。

文様再現サンプルモデルⅡは、器体成形の粘土紐と平行して貼りつけられた粘土紐で作られた壁となる粘土面の二重構造となっている。文様である隆起線は器表面を覆う壁状の粘土面に半截竹管によって施文されているので、器体内に確認できる間隙と思われる部分は器体成形のための粘土紐の接合に由来する場合と、器体と文様施文を企図して器体に対して水平に積み上げ圧着された粘土紐の形成した壁との間に生じる場合とが考えられる。サンプルモデルⅡで観察される間隙は、垂直断面ではモザイク状に確認でき、水平断面を連続的に見ると器体内で外面側から内面側に向かって推移する。同時に垂直断面では、器体成形のための粘土体と文様施文のための粘土壁の二重構造が明瞭な間隙となって観察できる。しかし、その一方で水平断面では、器体成形のための粘土体と文様施文のための粘土壁の二重構造は不明瞭である。

文様再現サンプルモデルⅢは文様である隆起線を制作するためには粘土紐を貼りつけている。それゆえに、器体内で確認できる間隙と思われる部分は、器体成形のために粘土紐を接合した際に生じた間隙と、隆起線となった粘土紐を器体に対して直交して貼りつけた際に生じた間隙と、両方の場合が考えられる。サンプルモデルⅢで観察される間隙は、垂直断面ではモザイク状に確認でき、水平断面を連続的に見ると器体内で外面側から内面側に向かって推移する。同時に水平断面では、器表面の隆起線に沿って部分的に明瞭な間隙の続くことがわかる。

4. 比　　較

考古資料のX線CT像所見は、器形成形と文様施文手法が判然とした文様再現サンプルモデルのそれと比較してはじめて適切に判断できる。この研究では予想される範囲の土器製作技術を用い、3通りの文様施文にかかわる器面処理を施した文様再現サンプルモデルを制作した。器形成形と文様施文手法の判然とした文様再現サンプルモデルのX線CT像に基づいて、火焔型土器の隆起線文様施文にかかわる器面処理のあり方を検討してみよう。

まず、2点の考古資料で器体表面付近に白く輝いている部分がところどころ見られるが、この発光は隆起線の生み出す陰影であり、文様施文にかかわる器面処理とは何ら関係がないものである。問題となるのは粘土紐と粘土紐とを圧着した際に生じたと思われる間隙の由来である。間隙と思われる器体内の陰影は、大きさや多寡に相違があるものの考古資料2点のいずれも確認できる。ここで注目されるのは、文様再現サンプルモデルⅠで判断される器体成形のための粘土紐圧着にかかわる間隙の見え方である。この器体成形のための粘土紐積み上げにかかわる間隙は、垂直断面と水平

232　第Ⅴ章　火炎土器様式の流儀

写真3　文様再現サンプルモデルⅠ

写真4　文様再現サンプルモデルⅡ

写真5　文様再現サンプルモデルⅢ

断面のいずれでも1カット1カットで見ると、モザイク状にしか確認できないが、土器の口縁部から底部に向かって水平断面を連続的に観察すると、器体内で外面側から内面側に向かって推移する点に特徴がある。垂直断面では明確ではないものの、ちょうど粘土紐の積み上げによって生じる接合に相当する。

このような間隙の見え方は土器の器体成形にかかわるものので、明確に隆起線文様の施文手法にかかわるそれとは区別される。それはX線CT像を1カット1カット個別に見ても判断できないが、連続して観察してはじめて理解できる特徴なのである。土器の器体成形にかかる粘土紐圧着に伴う間隙を読み取る根拠を得たことは、この研究の大きな成果といえよう。

ただし、この器体成形にかかわる粘土紐積み上げによって生じる間隙は、すべての場合に観察できないようである。粘土紐積み上げにあたって、うまく粘土紐と粘土紐とが密着した場合にはまったく痕跡をとどめない。容器であり煮沸具である土器では器体成形にあたって、当然のことながら粘土紐と粘土紐とは密着度が高く、隙間のない方が優良な製品である。痕跡をたよりに分析を重ねる考古学の特質と限界を改めて感じる結果である。

さて、本論の主題である隆起線文様の施文にかかわって、器表面に粘土の貼りつけはあったのであろうか。文様再現サンプルモデルⅡもしくはⅢに見られる特徴と共通して、考古資料でも認められれば、確乎とした結論を得られるわけである。

文様再現サンプルモデルⅡの垂直断面と水平断面とを連続して見た場合に確認される器表面付近の明らかな一連の間隙は、考古資料にはない。この点を重視すれば、器表面に文様施文のために粘土を別に貼りつけたり塗ったりする手法は否定されよう。また、器体成形の痕跡である間隙の残り方を考慮したうえで、容器として煮沸具としての土器製作を推定すれば、粘土を別に貼りつけたり塗ったりする手法の蓋然性は相当に低いと思われる。少なくともこの研究で観察した2点の考古資料では否定的な所見しか得られない。

一方、文様再現サンプルモデルⅢの垂直断面と水平断面とを連続して見た場合に確認される器表面付近の断片的な間隙は、考古資料でも認められる。しかしながら、この所見をもって隆起線すべてが粘土紐の貼りつけによって成り立っていると断言できまい。加えて観察所見は個人の思惑などによって見え方の左右する場合が多く、思い込みの入る余地を多分に残している。この研究で観察した2点の考古資料では、火焔型土器の隆起線が粘土紐で形成されている蓋然性を指摘できるものの、あくまでも消去法的思考の結果である。結果、残念ながら隆起線文様の施文にあたって器表面にどのような処理を施したかを結論づけるには、X線CT像だけでは明瞭な証拠を欠いていると考えざるを得ない。

5. おわりに

マイクロフォーカスX線CT装置を利用して、火焔型土器の隆起線文様施文手法を検討した。その結果、X線CT装置によって観察できる土器の垂直断面と水平断面とを連続的に観察することによって、土器の器体成形にかかわる粘土紐圧着に際して生じる間隙を見極めることができた。

火焔型土器の隆起線文様施文に関しては、器表面に粘土を貼ったり塗ったりしてから半截竹管に

234 第Ⅴ章 火炎土器様式の流儀

写真6 文様再現サンプルⅠ（CT画像）

写真7 文様再現サンプルⅡ（CT画像）

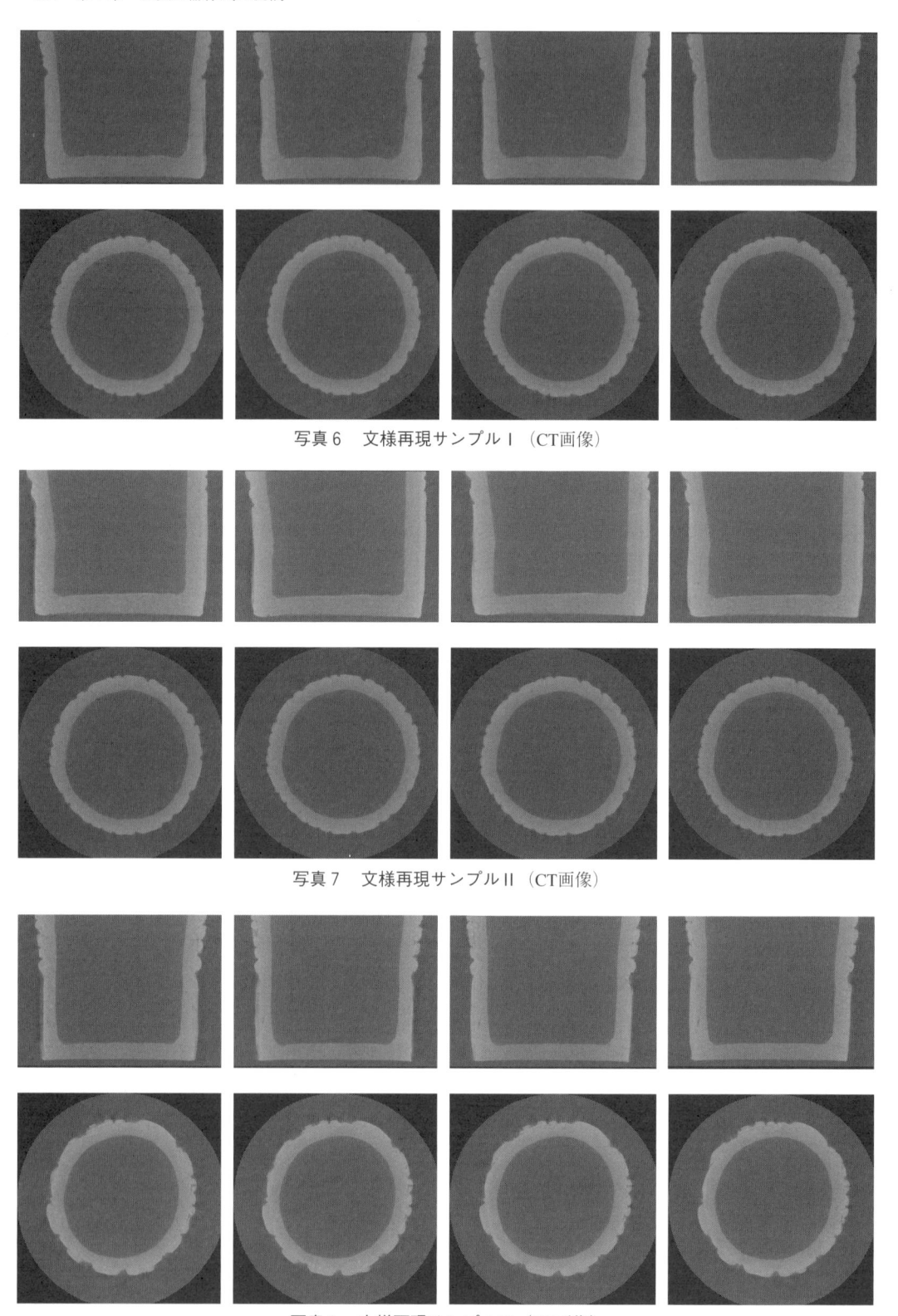

写真8 文様再現サンプルⅢ（CT画像）

よって隆起線文様を削り出すという手法はほぼ否定されたといえよう。しかし、器体成形した表面から直接に半截竹管で削り出しているのか、粘土紐を貼りつけて半截竹管で隆起線を形成しているのか、断定するには至っていない。X線CT装置によって観察できる土器の垂直断面と水平断面とには、後者の特徴を読み取ることも可能なことを指摘するにとどめておきたい。

なお、外形の観察では、考古資料である火焔型土器の文様を構成する隆起線の断面形状は、カマボコ状に見える部分とともにウドン状の部分がある。一つの個体であってもその両者は入り交じる場合が圧倒的に多い。

一方、文様再現サンプルモデルでは、ⅠやⅡの隆起線の断面形状はカマボコ状であるのに対して、Ⅲのそれはウドン状で、部分的にカマボコ状を呈している。

考古資料である火焔型土器では、隆起線の調整や隆起線にそって描かれる沈線の施文具、その施文方法によって隆起線の断面形状は変化すると思われる。器体表面に対して隆起線をいかに作り出したか、単に粘土紐の扱いの問題としてだけ考えるよりも、隆起線に伴う沈線の施文具や施文方法との関係で考察すべき内容を含んでいる。

今回の文様再現サンプルモデルの制作では、器表面における粘土処理の仕方を観察することを前提としていたので、基本的に隆起線の調整にかかる沈線の施文は、すべて同等の半截竹管で行った。X線CT装置によって観察できる土器の垂直断面と水平断面の特徴とともに、改めて外形的な特徴を判別の視点に加えることで、隆起線文様の施文手法を明らかにできるものと思われる。

また、火焔型土器の破片の中には、隆起線がはがれた器体やはがれた隆起線が多く含まれている。文様施文手法を含む土器製作技術の解明のためには、完形個体や完形に近い復元個体だけでなく、無数にある破片を研究対象として注意すべきであろう。

〈謝辞〉 X線CT装置の利用・解析にあたっては東京大学総合研究博物館諏訪元助教授の手を煩わせた。末筆ながら記して感謝の意を表したい。

引用・参考文献
新井 司郎 1975 『縄文土器の技術』中央公論美術出版
小島 俊彰 2000 「粘土紐扱いの手馴たち―火焔型土器の作り手」『ジョウモネスク・ジャパン』新潟県立歴史博物館開館特別展図録
後藤 和民 1975 『縄文土器をつくる』中公新書
西野嘉章他 2001 「断層の画像で真贋がわかる」『真贋のはざま』東京大学総合研究博物館
北橘村教育委員会 2001 「縄文土器のX線CTスキャナー」『北橘村埋蔵文化財発掘調査報告書第30集 県央第二水道関連埋蔵文化財発掘調査報告書Ⅱ 道訓前遺跡―県央第二水道浄水場建設に伴う埋蔵文化財発掘調査報告書―』
宮尾 亨 2002 「火焔土器の文様素」『新潟県立歴史博物館研究紀要』第3号

岩野原遺跡の煮炊き用土器の使用痕

小林　正史

1．目的と方法

本稿では、岩野原遺跡から出土した火焔型土器、王冠型土器、在地系有文土器のススとコゲのつき方を比べることにより、これら3種類の煮炊き用土器の使い方の違いを明らかにする。

スス・コゲの分析では、胴下部付近まで残存しており、胴下部のコゲの有無がわかる土器を対象とした。これは、後述するように「煮込む調理を経験したかどうか」を示す胴下部のコゲの有無を判定する必要があるためである。ただし、胴下半部が欠失している火焔型土器4と6は、①上半部にコゲがまったくない、②外面胴下半部のスス酸化が弱い（土器4）などの点から胴下部にコゲがない可能性が高いため、対象に含めた。なお、この時期の煮炊き用土器は、上述の3類型に加えて単位文様がつかない粗製土器（縄文のみ）が存在する。これらの粗製土器は深鉢全体の7～8割を占めると考えられるが、①縄文中期全体にわたって型式変化が顕著でない、②岩野原遺跡を含めて、火焔型土器を伴う土器群は特定の遺構に伴わず、他の時期の土器とともに捨場に捨てられているなどの理由から、火焔型土器に伴うものを型式学的に抽出できなかったため分析から除外した。

以上の基準により火焔型土器10個、王冠型土器8個、在地系有文土器5個が選択された。時間的変化については、火焔型土器は古段階（A類）と新段階（B類）に、王冠型土器はA類（古段階）、B類（古段階の新相）、C・D類（新段階）に区分される（図1、小熊2003）。

2．観察属性

外面のスス付着とスス酸化　スス酸化部は強い加熱を受けた部分でススが酸化消失したものなので、この範囲が幅広い（上部までのびる）ほど強い加熱を受けたことを示す。岩野原遺跡の深鉢は、頸部の橋状突起の内側や上部、および口唇部のみにしか断片的なススが残らない例も目立つ（2、6、8、11、14、16、17、18）。このように、縄文中期土器は一般的にススの残りが悪い傾向があるが、これは、バケツ形やキャリパー形の土器では口頸部まで炎にさらされてスス層が薄いか酸化消失するためと考えられる。よって、断片的・痕跡的なススの範囲から使用時のスス付着範囲（図1の外周の矢印）を推定する必要があった。

胴部のスス酸化部の中で赤く変色した部分が存在することがある（図1のジグザグ線）。岩野原資料の赤変の範囲には、①頸部と胴部の全体が赤変する（2、14、16などの小型で浅めの土器。ただし、16は内面も橙色のため、外面の地色が赤みが強かったといえる）、②胴下部の全周に赤変がある（Ⅰ11）、③胴部の一部の側面のみに赤変がある（7、18）、④赤変がない、の4種類がある。頸部と胴部の全体に赤変がある①は、土器2を除いて胴下部にコゲバンドが巡る。また、②の土器I-11は赤変部の上端ラ

表1　岩野原遺跡の土器のスス・コゲ属性表

小熊図面No.	C14資料No.	時期	相対的深さ器高/最大径×100	容量(ℓ)	口径	頸部径	胴部径	最大径	底径	高さ	コゲ類型	頸部コゲ	胴下部コゲ	スス酸化
②	I-4	火焔古	83.3	1.39	170	999	140	180	104	150	BP	バンド(層状)	パッチ	全体赤変
③	I-5	火焔古	87.2	1.59	172	999	140	172	118	150	BP	バンド(層状)	パッチ	スス残る
④	I-3	火焔古	80.7	4.61	270	999	168	270		218	NN	なし	なし	スス残る
⑤		火焔古	96.6	7.76	290	999	212	290	158	280	NN	なし	なし	パッチ状赤変
⑥		火焔古	101.6	12.05	310	999	237	305		310	NN	なし	なし	ススなし
⑦	I-2	火焔古	89.0	4.88	255	999	184	255	148	227	PP	パッチ(層状)	パッチ	スス残る。パッチ状赤変
⑧		火焔新	110.2	5.28	245	999	202	245		270	BP	バンド(層状)	パッチ(水面上?)	ススなし
⑨		火焔新	112.0	2.81	225	999	154	225	95	252	BN	パッチ	なし	スス残る
⑩		火焔新	91.9	3.16	235	999	147	235	98	216	PN	パッチ	なし	スス残る
⑪		火焔新	95.1	2.89	225	999	132	225	87	214	NN	なし	なし	ススなし
⑬		王冠B	80.7	0.34	119	999	81	119	64	96	NN	なし	なし	?
⑭	I-21	王冠A	60.0	1.95	215	999	164	215	129	129	BB	バンド(層状)	バンド	全体赤変
⑮	I-9	王冠B	88.2	1.06	170	999	122	170	77	150	BP	バンド(層状)	パッチ	ススなし
⑯	I-10	王冠A	68.2	0.93	170	119	120	170	89	116	BB	バンド(層状)	バンド	全体赤変
⑰		王冠B	95.5	1.94	200	999	140	200	80	191	BB	バンド(層状)	バンド	ススなし
⑱	I-8	王冠B	80.6	0.86	160	999	115	160	84	129	BP	バンド(層状)	パッチ	パッチ状赤変
⑲		王冠CD	89.7	1.75	195	999	150	195	101	175	NN	なし	なし	ススなし
⑳	I-7	王冠CD	88.8	4.6	260	999	176	260	130	231	BP	バンド(層状)	パッチ	ススなし
No.なし	I-18	在地系	88.1	1.2	185	104	130	185	65	163	BB	バンド(層状)	バンド	ススなし
No.なし	I-12	在地系	101.8	1.39	165	999	123	165	65	168	BP	バンド(層状)	パッチ	ススなし
No.なし	I-17	在地系	125.0	2.05	160	126	141	160	87	200	BB	パッチ(層状)	バンド	ススなし
No.なし	I-16	在地系	97.0	2.11	200	999	126	200	84	194	PN	パッチ	なし	スス残る
No.なし	I-11	在地系	86.9	10.18	335	999	250	335	152	291	PB	パッチ	バンド	全周に赤変

※頸部径999はくびれのないもの。

インの凹凸が内面胴下部のコゲの凹凸と対応する。同様に、赤変が一部の側面のみにある土器7と18では、赤変部と内面胴下部のコゲが裏表の対応する位置にある。このように、赤変部は内面胴下部のコゲと対応する傾向があることから、強い加熱を受けた結果であることが明らかである。ただし、外面に赤変がない土器でも内面胴部に顕著なコゲがつくこともある。なお、土器7、18、I 11のように赤変部の上端ラインの凹凸が内面胴下部のコゲの上端ラインと対応することは、多くの回数の加熱の累積というよりも、強い加熱を1回受けただけで赤変が生じたことを示している。

以上より、胴部のスス酸化程度は、①胴部の一部にススが残る、②胴部にススが残らない（酸化消失した）、③胴部にパッチ状の赤変部がある、④胴部の全周を巡る赤変部がある、に分けられ、この順にスス酸化程度が顕著になる。

内面口頸部のコゲ　内面口頸部のコゲは、吹きこぼれ、かき回し、水面レベルの低下などにより口頸部に付着した有機物が、強い加熱を受けて炭化したものである。水面上では水分が少

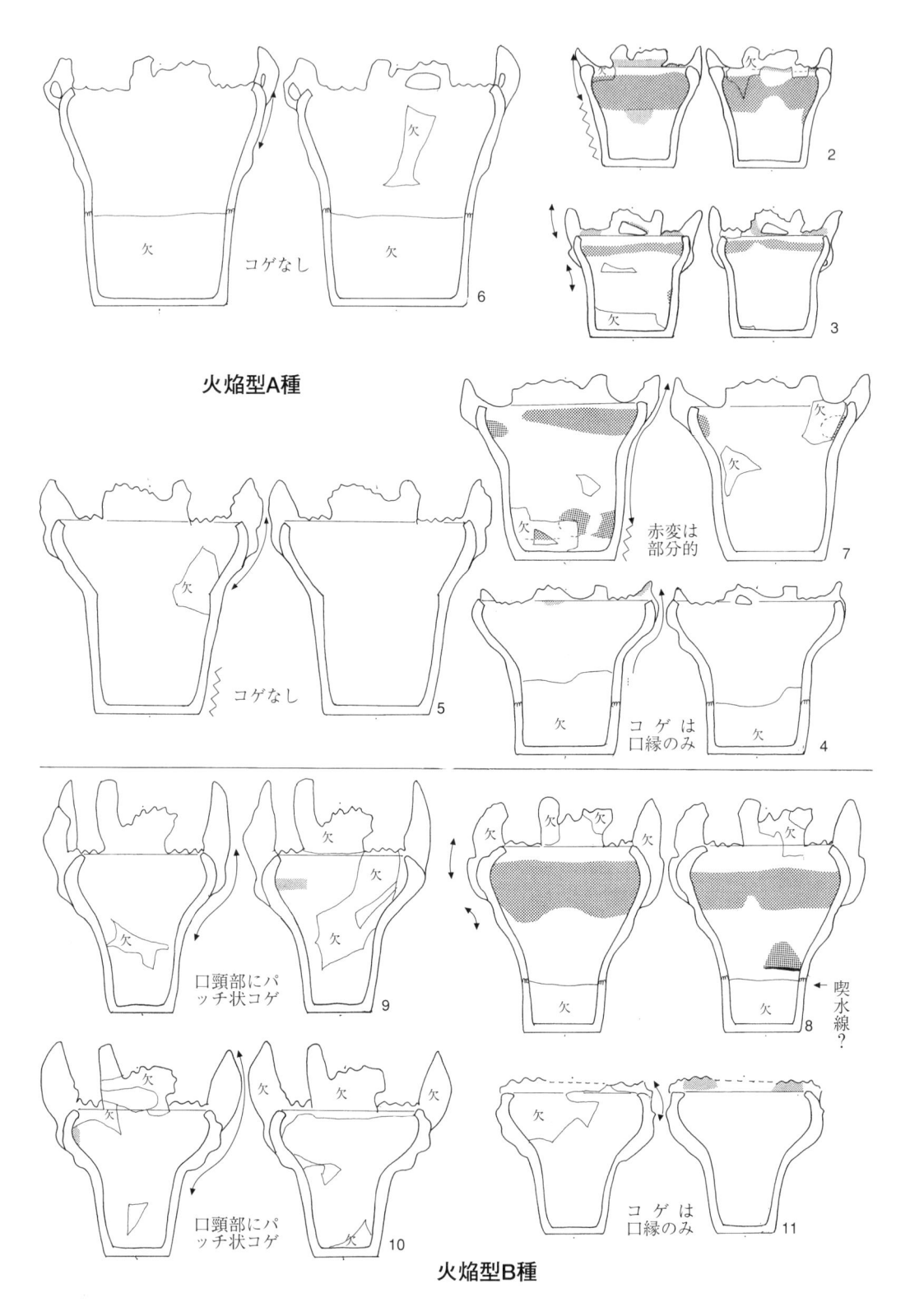

238　第Ⅴ章　火炎土器様式の流儀

火焔型A種

火焔型B種

図1　岩野原遺跡の深鉢のコゲ（網かけ

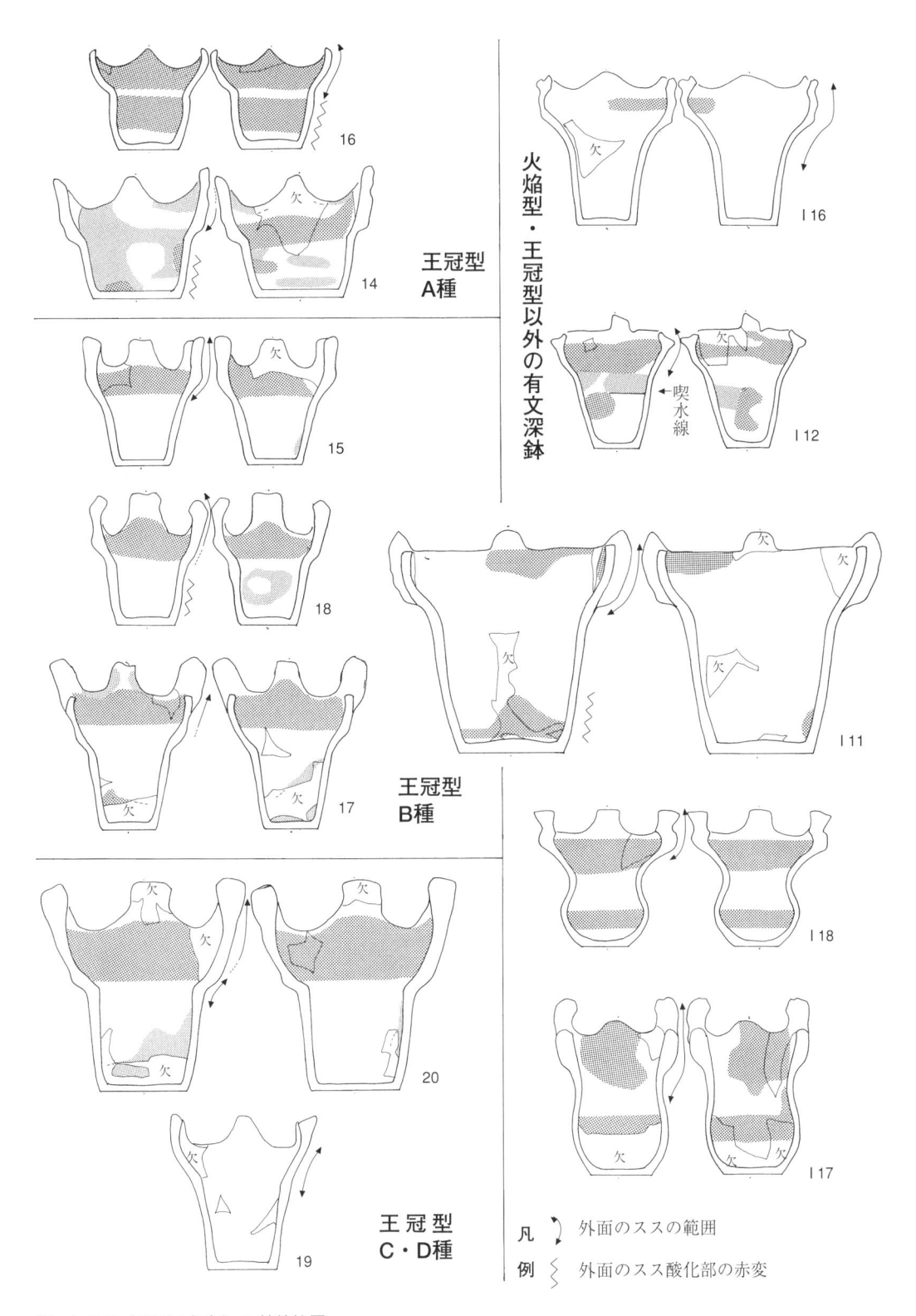

岩野原遺跡の煮炊き用土器の使用痕 239

王冠型 A種

王冠型 B種

王冠型 C・D種

火焔型・王冠型以外の有文深鉢

←喫水線

凡例
) 外面のススの範囲
} 外面のスス酸化部の赤変

部)とスス(側面の矢印)の付着範囲

表2　岩野原遺跡における土器系統とスス・コゲの関連

	在地系	王冠A	王冠B	王冠CD	火焔古	火焔新	総計
コゲ類型							
BB内面全体コゲ	2	2	1				5
PB上半部パッチ状コゲ胴下部バンド状コゲ	1						1
BP上半部バンド状コゲ下半部パッチ状コゲ	1		2	1	2	1	7
PP上半・下半ともパッチ状コゲ				1			1
BN上半のみにバンド状コゲ						1	1
PN上半のみにパッチ状コゲ	1					1	2
NNコゲなし			1	1	3	1	6
胴下部コゲ（内面）							
なし	1		1	1	3	3	9
パッチ	1		2	1	3		7
パッチ（水面上?）					1		1
バンド	3	2	1				6
口頸部コゲ（内面）							
なし			1	1	3	1	6
パッチ	2					2	4
パッチ（層状）	1				1		2
バンド（層状）	2	2	3	1	2	1	11
胴下部スス酸化（外面）							
スス残る	1				2	1	4
ススなし	3		2	2	1	3	11
パッチ状赤変			1		2		3
全周に赤変	1	2			1		4
不明			1				1
総計	5	2	4	2	6	4	23

胴下部コゲなど	パッチ	バンド
6		
3		1
	1	1
	7	4

胴下部コゲなど	パッチ状	バンド状
3	1	
4	4	3
1	2	
	1	3
1		

　ないため、水面下よりも有機物がコゲつきやすい。よって、口頸部のコゲの顕著さは、炎の大きさに加えて、①頸部に付着した有機物の量（調理内容物の粘度、吹きこぼれや搔回しの頻度、水面レベルの低下の程度などと関連）や②炎と頸部との距離に影響される。

　口頸部が受ける加熱の強さについて以下の傾向が見られる。第一に、口頸部の膨らみが強いほど、この部分が強い加熱を受けるので、コゲが顕著になる（厚さ1〜2mmの層状コゲがつくことが多い）。たとえば、頸部の膨らみが強い火焔型土器はこの部分が薪からの炎を受けやすいため、同程度の加熱でもより顕著なコゲがつく。一方、円筒形に近い形では口頸部にコゲがつきにくい。第二に、小型の土器ほど炎からの距離が近いため、大型よりも口頸部のコゲが顕著になる。口頸部のコゲは、全周を巡るバンド状（すべて層状コゲを伴う）、パッチ状で層状コゲを伴う、層状コゲを伴わないパッチ状、コゲなしに分けられ、この順に顕著でなくなる。

内面胴下部（水面下）のコゲ 水面下（胴下部）のコゲは煮込むか炊き上げる（最終段階までに汁気がなくなる）調理を経験したことを示す。一方、水面下にコゲがない場合は、煮るか茹でる調理が主体であり、煮込む調理を経験していない可能性が高い。

胴下部（水面下）のコゲはもっとも強く加熱される部分につく。下端ラインは底部直上か底部から数cm上に位置することが多い。一方、胴中部のコゲは水面下の場合と水面上の場合とがある。たとえば、岩野原遺跡の土器 8 と I 12 の胴中部のパッチ状のコゲは、下端ラインが水平なことから喫水線を示すと考えられる。

胴下部のコゲは、ほぼ全周を巡るバンド状、胴下部の一部のみにつくパッチ状、コゲなし（ヨゴレのみ）に分類され、この順にコゲが顕著になる。胴下部のコゲの顕著さは口頸部のコゲの顕著さや胴下部のスス酸化程度と以下のような相関を示す（表1）。すなわち、胴下部にコゲがつかない土器は頸部にもコゲがないか層状コゲを伴わないパッチ状コゲがつくのに対し、胴下部にコゲがつく土器はバンド状コゲ（すべて層状コゲを伴う）が大半を占め、層状コゲを伴うパッチ状コゲが次ぐ。また、外面胴下部のスス酸化程度は、胴下部コゲなし→パッチ状コゲ→バンド状（全周を巡る）コゲの順に顕著になる。

3．火焔型・王冠型・在地系の比較

他の使用痕属性と強い相関を示す胴下部のコゲについて系統・時期・サイズクラスとの関連を検討した結果、以下の傾向が見出された（表

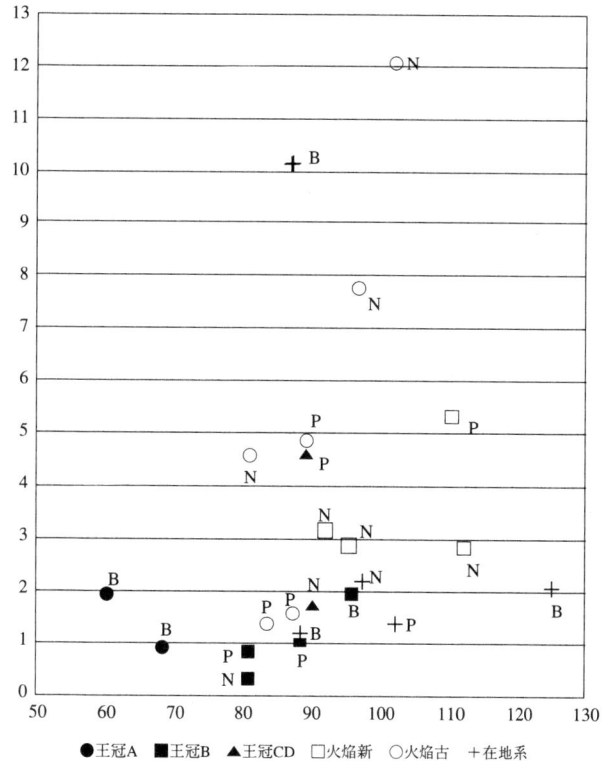

図2 容量（Y軸）・相対的深さ（X軸）とコゲ類型の関連
●王冠A ■王冠B ▲王冠CD □火焔新 ○火焔古 ＋在地系
胴下部コゲ　B：バンド状　P：パッチ状　N：コゲなし

2・図1）。第一に、火焔型土器→王冠型土器→在地系有文土器の順に胴下部のコゲが顕著になる。また、他の縄文遺跡では粗製深鉢は7割以上の高い比率で胴下部にコゲがつくことが一般的なことから（小林 2003）、岩野原遺跡の粗製深鉢も在地系有文土器と同様の頻度で胴下部にコゲがつくと想定される。

次に、火焔型、王冠型とも古い段階から新しい段階へとコゲが顕著でなくなる傾向が明瞭である。これは、古段階から新段階へと火焔型・王冠型土器と他の土器（大半を占める粗製深鉢や在地系有文土器）との使い分け（使用頻度の違いを含む）が明瞭になることを示している。

最後に、比較的個数が多い古段階の火焔型土器についてサイズクラス間を比べると、大型の

土器ほど内面のコゲが少ない傾向がうかがえる（図1）。

以上のように、「最終段階までには汁気が少なくなる煮込む調理」を示す胴下部のコゲは、①在地系・粗製深鉢→王冠型→火焔型の順に（装飾性が高くなるにつれて）、②古段階から新段階へ、③容量が大きめになるにつれて、各々顕著になる傾向が明瞭に認められた。このような系統間・時期間・サイズクラス間のコゲの違いは、以下の理由から調理方法の違いと使用頻度の違いが複合した結果と考えられる。

縄文土器での調理は博物館の展示や調理復元実験では「最後まで汁気を多く含む鍋物・汁物・茹でる調理（水面下にコゲがつかない）」が想定されることが多いが、縄文土器の多く（平均すると各遺跡の深鉢の7割以上）には水面下にコゲがつくことから「シチュー状の煮込む調理」も行われたことは明らかである。このような煮込む調理がどの程度頻繁に行われたかはわからないが、調理回数が増すほど煮込む調理の頻度も高まったと思われる。だとすれば、水面下にコゲがつかないのは、使用回数が少ないため煮込む調理を経験するに至らなかった結果である、と解釈することができる。

胴下部のコゲが顕著な土器ほど口頸部のコゲも顕著になること（表1）はこの想定を支持している。すなわち、口頸部のコゲは累積的に範囲と厚さが増すことから、大きさが類似した土器の中では使用回数が増すほど顕著になる。よって、胴下部のコゲの顕著さは土器が受けた加熱の強さ（累積的受熱量）を反映すると考えられる。

以上より、在地系・粗製→王冠型→火焔型の順に胴下部と口頸部のコゲ程度が弱いのは、装飾性の高い系統の土器ほど使用回数が少なめだったことが理由の一つと考えられる。また、火焔型・王冠型では新しい時期ほどコゲとススの酸化が弱くなるのは、火焔型では新しい時期ほど小型が減ることに加えて、系統間の使い分け（日常調理への使用頻度や調理方法）が明瞭になった結果と解釈できる。

引用・参考文献

小熊　博史　2003　「岩野原遺跡出土の火焔型土器群（1）」『長岡市立科学博物館報告』38:55-70

小林　正史　2003　「使用痕跡からみた縄文・弥生土器による調理方法」『石川考古学研究会会誌』46:67-96

「叩き」の意味——フィリピン・インドネシアにおける調査ノート

後藤　明

1．はじめに

かつて筆者は、東部インドネシア北マルク（Maluku）地方・ティドレ（Tidore）郡マレ（Mare）島における土器製作の調査を行った（後藤1997）。調査の前に読んでいった文献には、マレ島を含めマルク（モルッカ）地方における土器の製作段階が素描されていた（Musium Siwalima 1981/82）。そしてフィールドでは、文献に描かれた製作工程に沿って観察していった。確かに製作工程やその現地名はおおむね文献に沿っていたが、しだいに筆者には疑問が湧いた。

たとえば、整形された土器の表面を貝殻や竹篦で「研磨」するという段階がある（現地語でese）。しかし、この「研磨」という「段階」は一つの土器を整形する過程で繰り返し行われるのである。確かに作業は「叩き」が中心の段階から、「研磨」が中心の段階へと時間的に移行し、最後に「乾燥」や「焼成」の段階へと移行する。しかし「研磨」という行為自体はいろいろな工程で繰り返し加えられる。あるいは半截した竹の内側で口唇部の断面を丸く整える作業（現地語でyou）は、器種によっては脚部の縁を整える際にも適用される。

ならば、それらは段階と捉えるより、製作行為（動作＝gesture）のレパートリーの一つとして捉え、製作者は微調整の中で、いろいろな動作を駆使しながら作業を進めると考えた方が現実的である、と考えるに至った。

それで前稿で述べたように、筆者は行為そのものの現地名を聞き出し、実際に作業しているところで「今何をしているのか」という質問を繰り返して、行為の連鎖として製作工程を捉えようとした（後藤2001）。

結果として、筆者は次のように結論した。製作工程はステップとして序列化されるが、その序列の間にはさまざまな重複・反復・省略などがありうる。また一つの工程の中で行われる作業は複数の行為の組合わせだが、特定の工程に特定の行為が限定されるのではなく、多かれ少なかれ製作者は、各工程の中で行為のレパートリーの中から必要な行為を選択して組み合わせているのである。そして、製作工程の規範的な部分と臨機応変な部分（あるいは軌道修正的部分）を体系的に理解する枠組みが必要であると。

2．「叩き」の意味

叩き技法は、粘土紐と並ぶ土器製作の代表的な技法とされている。たとえばScheansは工程の序列（sequence）という概念を使ってフィリピン内の土器製作技法を広く比較し、イロカノ序列とかボントック序列など基本的な工程の特定を行った（1966）。さらに小林も広範囲な民族データの分析から、粘土の準備から焼成に至る過程における作業の組合わせの地方差などを抽出するのに成功している（1993）。

このような研究を念頭に入れ、筆者は自らの

244　第Ⅴ章　火炎土器様式の流儀

調査経験をふまえ、「叩き」という行為が行われる脈絡を別角度から特定できるのではないかと考えた。

たとえば、「叩き」は土器の胴部の成型にも適応されるが、場所によっては口縁部の整形にも用いられる[1]。そしてScheans（1977）やvan der Leeuw（1993）が明らかにしたように、フィリピン内でも、口縁部、胴部そして底部各部のどこを先に作るかも異なる。したがって、その異なった製作工程において適応される「叩き」の脈絡も異なると考えるのである。

さて、粘土という無形のものから、器という有形のものを作り出すためには、さまざまな技術的選択（technological choice）が許される（Lemonnier 1993）。たとえば、粘土の山から最初に取り出す粘土塊の形態、それから作り出される素型の形態や素型を作り出す技法の差である。マレ島では最初に粘土塊をまん丸の饅頭にする。次にそれを手でつぶしてビザパイ型にする。そのあと片手でもった珊瑚石で内側を押さえて、一方の手にもった箆で外から叩きを加えて、土器の胴部を成形する。

以下に見るように、マレ島における「叩き」行為前後の技術的過程は一つの選択なのである。

3．比較事例

パナイ島カバン村　パナイ（Panay）島ミヤガオ（Miyagao）地区郊外のカバン（Cagbang）村では、女性製作者はまず粘土の山から塊をひねり出すが（この作業をAとする）、最初の形は円筒形である（写真1）。次に指を使って円筒形の内側をくぼめてゆくが、同時に全体をつぶしてゆく（高さと直径が同じくらいになるように）。次にこの状態の粘土を回転台で回しながら指で口縁部を内側に曲げてゆき（作業B）、その後、箆で叩いていく（作業C、写真2）。叩き具は取手がつく点ではマレ島のものと同じだが（後述）、カバン村では2種類の叩き具がある。幅が狭く、断面が手のひらのように内側にややカーブしている箆と、幅が広く平らな箆の2種類である（写真3）。前者は壺のようにカーブがある丸みを帯びた器種に使い、後者は壺の胴部や植木鉢のような比較的直線的な胴部や底部をもった器種に使う。

いずれにせよ、製作者は粘土から最初の円筒

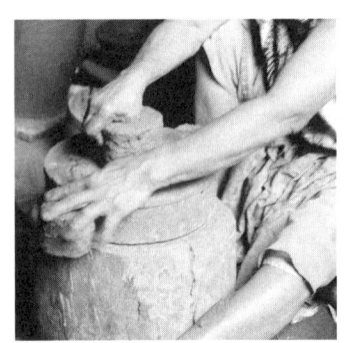

写真1

写真2

写真3

写真4

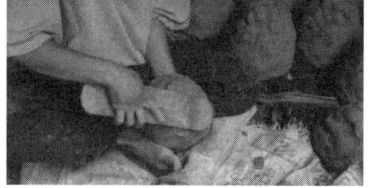

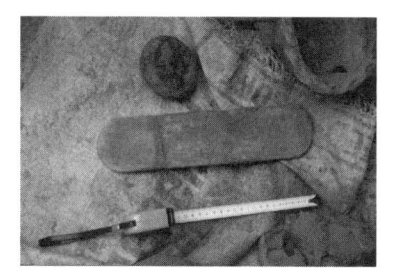

写真5

写真6

写真7

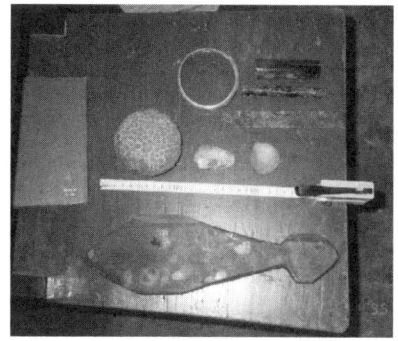

写真8

写真9

形の塊を取り出した後、一気に素型を叩き出す。したがって、ここまでの作業全体はカバン村においては、(A1+B1+C1) + (A2+B2+C2) …… (An+Bn+Cn) と表現できる。

セブ島アブゴン村 セブ (Cebu) 島東南部のアブゴン (Abgon) 村では、最初女性の製作者は粘土の山からの粘土塊をひねり出し、それをまず球状にする (作業A)。しかし、マレ島のようなきれいな球ではない。そしてその饅頭に手の拳でトントンたたいてくぼみをいれ、内部がくぼんだ円錐形の素型を用意する (作業B) (写真4)。この作業の主目的は内側のくぼんだ粘土塊を作ることであり、したがってこの円錐の外側は手が加えられず凸凹のままである。

次にこのまとまって用意した円錐の内側を珊瑚石でおさえ、外側を箆で叩いていく (作業C、写真5)。この箆はマレ島やカバン村のように、取手部と叩き部が分かれていない、両端が丸まった板である (写真6)。ちなみに筆者が見た事例では、スラウェシ (Sulawesi) 島中西部パル (Palu) 市郊外の土器製作村で用いられる叩き用の箆もこれに近い (ただしほとんど長方形の板である)。

さてここまで、アブゴン村の作業全体は、[(A1+B1) + (A2+B2) +……(An+Bn)] + (C1+C2+……Cn) とモデル化できる。

一方、マレ島ではまず完璧に近い球を数十個準備し (この作業をA)、次にそれを全部「ピザパイ」状につぶし (作業B、写真7)、さらにピザパイ (現地名はifi) を叩いていく (作業C、写真8)。この間の作業全体は (A1+A2+……An) + (B1+B2+……Bn) + (C1+C2+……Cn) とモデル化できる。なお、マレ島の叩き具はカバン村のように取手がついているが、叩き部も取手の形も大きく異なる (写真9)。

これ以降の作業もマレ島とカバン、アブゴン両村では異なるが、作業そのものや用具が異なるだけではなく、作業全体の構造化、あるいは「文法」が異なると思われる。この作業の構造

化の違いは、単に技法の違いではなく、製作スケジュールといったより高次な戦略とも関係する。

以上のように、叩き技法は人間の認知や身体的な側面から、販売戦略や分業といった社会経済システムとの関連に至るまで、さまざまなレベルで重層的に「構造化」されていると思われる（後藤1997）。「叩き」を脈絡的に捉えるとは、このような意味である。

4．考察

同じ村でも、異なった器種の製作には、異なった過程や方法が使われるので、上記の比較事例には限界がある。しかし、いずれももっとも一般的な壺の製作であり、主要な工程の一つである。

以上の限られた観察の中でも、マレ島のような「叩き」行為の脈絡は、近隣の東部インドネシアやフィリピンでも一般的でない。最初の粘土塊の形態、素型の形態、作業の構造また作業用具などに違いが見られる。今後、「叩き」という行為を、このような脈絡ごと捉える枠組みを構築したい。

先にも述べたが、マレ島では叩きは主に胴部の整形にしか使わないが、カバン村などでは口縁部を曲げるため使われる。さらに筆者が別途調査した、中部マルク地方・サパルア（Saparua）島オウ（Owu）村では、口唇部を平らにする作業で、上から細い板状の叩き具で叩きが入れられる。このような「叩き」行為をどのように分類すべきだろうか。いずれにせよレパートリーの中から製作者は、ときどき叩きという動作を取り出すのである。また胴部の叩きと口縁部の叩きは、叩き方すなわち叩く強さや箆の角度などが明らかに違う。一言で「叩き」とされる行為は、このように脈絡によって異なるのである。

一例をあげると、叩き用の道具は、本稿で言及した5地点では形がまったく異なるが、それは単に好みの差だけとはいえず、叩き作業の位置づけ、さらに使用者の身体技法の差なども反映されていると思われる（大西1998）。たとえば、カバン村では2種類の叩き具が使用される。製作者はこの2種類を使い分けることにおいて、異なった身体技法（力加減とか、指の当て方とか、叩き具のどの縁を主に使うかなど）を用いるはずである。このような問題を見極めるのが今後の研究課題である。

また、筆者は近年、土器だけではなく貝細工、籠細工、鍛冶など、異なった素材を対象にした工芸へと調査を広げ、さらに民俗技術の解明を目指している。その中で「技術」とは原材料の調達システム、製品の流通、そして技術の伝達や教育も含め、一種の制度として捉えるべきであると考える（後藤 2002a, 2002b）。

註
（1）Scheans(1966)は、土器の側壁を作る成形(buildings)と、側壁を一定の形にする整形(shaping)の違いと用語を使い分けている（小林1993：38）。筆者は成形としての叩きと整形としての叩きに大別して整理するのではなく、同じ叩き具で粘土の表面を叩くという行為を取り上げ、同一個人あるいは同一伝統内でもさまざまな「叩き方」があり、その変異を大別・細別したいという意図をもっているのである。

引用・参考文献
後藤　明　1997「実践的問題解決過程としての技術——東部インドネシア・ティドレ地方の土器製作」『国立民族学博物館 研究報告』22（1）:125-187

後藤　明　2001『民族考古学』勉誠出版

後藤　明　2002a「クラの舞台裏——その物質文化

的側面」『物質文化』73:1-16

後藤 明 2002b「技術における選択と意志決定――ソロモン諸島における貝ビーズ工芸の事例から」『国立民族学博物館研究報告』27（2）：315-359

小林 正史 1993 「稲作文化圏の伝統的土器作り技術」『古代文化』45: 27-50

Lemonnier, Pierre（ed.） 1993 *Technological Choices*, Routledge.

Musium Siwalima 1981/82 *Gerabah Lokal Siwalima*, Proyek Pengembangan Permusueman Maluku, Tahun Anggaran.

大西秀之 1998 「ルソン島・カンカナイ社会において形作られた土器製作者の身体」『物質文化』64: 1-28

Scheans, Daniel J. 1966 "A new view of Philippine pottery manufacture", *Southwestern Journal of Anthropology* 22: 206-219.

Scheans, Daniel J. 1977 *Filipino Market Potteries*, National Museum Monograph 3, Manila.

van der Leeuw, Sander 1993 "Giving the potter a choice: conceptual aspects of pottery techniques," In: P. Lemonnier（ed.）,*Technological Choices*, Routledge, pp. 238-288.

＜付記＞

本稿で筆者がいいたいことは舌足らずだった懸念もあるので、上野直樹著『仕事の中での学習　状況論的アプローチ』（東京大学出版会 1999）の一節から補足したい。それによると、たとえば鍛冶屋が鉄片をハンマーで鍛えてある形を作る場合、「その作業の"目的"は、頭の中にあるわけではないし、また、最初から明確ではない……つぎに何をすべきかの詳細は、ある時点での鉄片の状態や形に応じて決まってくる……"目的"の詳細は、そのつど、対象を形作るという行為の中で、徐々にその姿を現し、特定されてくる……」（上野 1999：21）。鍛冶でも土器製作の場合でも、ある器種を作ることが最初に決まっているなら、高次の目的は所与であるといえるが、作業途上で起こるさまざま問題への対処は徐々に認識されるであろう（後藤 1997）。また製作のような行為は「最初から最後まで、作り出した対象の状態との関係において、局所的に組織化されている……何かを作り出すという行為は、即興的であり、また、革新的なもの」である（ibid.：24）。このような技術的知の柔軟性の中で「叩く」という行為を捉えたいというのが筆者の意図である。

第Ⅵ章　火炎土器様式圏の諸側面

火炎土器様式圏はあくまで土器によって設定された範囲であり、その圏内の人々が共通の営みをしていたかどうかは、その他の遺物の検討をもって明らかにしなければならない。

　食料生産に関わる石器、縄文時代中期から急速に広まった糸魚川周辺のヒスイ、また縄文時代を通じて精神生活に関わったとされる土偶、それぞれに着目するとそのあり方は一様でない。文化の複合性が改めて認識されるところである。

　とくに食料生産については、火炎土器様式にかぎらず縄文中期の全国的昂揚に大きく関わりをもっていたはずであり、当初からこの研究会のテーマとして、古環境復元をかかげていた。その研究の一端を示すべく、付編として巻町中田割遺跡の概要を掲載した。

石器から見た生業

前山　精明

1. 石器組成論

　近年、越後平野の周辺で縄文時代の低湿地遺跡が相次いで発見されている。生々しい状態で残る動・植物遺体にはまさに圧倒されるものがあり、この地に備わる生業復元の好フィールドとしての性格を実感させられる。ところが、中期に属する良好な事例にはいまだ恵まれていないのが現状である。あたかも狭間のような状況をなしたこの時期の生業を考えるにあたり、すべての遺跡で遺存し、なおかつ食料の調達・加工具として一般的に使用された石器からの情報は、依然として重要な位置を占める。石器を通じた生業復元にはいくつかのアプローチがある。石器群の全体バランスに着目する「石器組成論」はその一つで、活動の大枠が把握できる点で有効な手法といえる。

　組成論は1970年代に本格化した。現在に至るおよそ30年間の流れをふり返るとき、小林康男による一連の論考（小林 1974〜75など）は、この種の研究における一つの到達点として今なお高い評価を受けている。石器を狩猟具、漁撈具、植物採集・加工具などに区分し、それらの多寡を時間的・空間的に論じたものである。しかしながら小林論文から20年以上を経た現在、石器組成を通じた生業復元はさしたる進展を見ていない。その要因としては、基礎となるべき個別用具研究の立遅れや石器認定基準の不統一が既に指摘されているが（小池 1999など）、より本質的な問題は組成論自体がもつ次のような弱点をあげなくてはならない。

① 道具の用途は決して限定的でない。使用実態として一つの用具が複数の活動部門にまたがったことも考えられ、上記の3分法は便宜的な区分にすぎない。

② 石器組成の検討にあたっては、所属時期が特定しやすく数量的にもまとまった集落内出土資料を把握単位とするケースが一般的である。しかし活動が集落内で完結するはずはなく、これをもって生業全体の反映と見なすわけにはいかない。

③ 石器を必要としない活動、腐朽しやすい用具や施設に関わる活動が見えてこない。

④ 四季が明瞭な日本列島では利用食料の季節変化が著しく、年間トータルで見た場合、貢献度が低い活動でも、特定シーズンにおいて重要な役割を担った場合もあり得る。諸活動を正しく位置づけるには、季節ごとの検討が必要であるが、そうした情報が石器からは読み取れない。

　以上列記したとおり、組成論には不可視な部分が多い。生業復元に寄与する有効な研究手法となるには、食料残渣などの関連情報を合わせた多角的な検討が不可欠であり、本稿の後半ではこうした視点からの若干の検討を試みる。その点において、標記のタイトルとはいささか異なる内容となることをあらかじめお断りしておく。

2. 食料の調達・加工具に見る地域性

　石器組成には冒頭述べたような問題点は認めるものの、空間的な異同を比較的鮮明に把握できるという利点がある。新潟県内における中期の石器組成については、鈴木俊成の論考によって既に大要が明らかになっているが（鈴木1991）、本稿では食料の調達・加工具に限定し、地域区分を試みる。

　検討対象とするのは、石鏃、礫石錘、打製石斧・磨石・敲石類である。出土量が乏しい石槍および磨石・敲石類とセットの関係がある石皿については除外する。このうち礫石錘に関しては、空間的な変異が著しく、工具的な用具とは様相を異にすること（前山1991）、河川沿いのワークキャンプ的な遺跡で時に大量の出土を見ること（新潟県教育委員会1999）から、主たる用途を漁網錘と考えておく。取り上げる遺跡は、報告書などから出土実数が把握できるとともに、上記4種の総数が50点以上のケースとする。

　現時点で二つの条件を充たすのは、表1に示す42ヵ所である。各遺跡の数値には、調査面積・発掘精度・石器認定基準の不統一に由来する「歪み」が少なからず存在すると予想されるので、空間的差異の把握に適した区分として図1A左下のような分類を行った。なお、中期前葉から後葉に至る石器組成には時間的な変異も若干認めるが、空間の枠組み自体に変化を伴うものではなく、細分時期ごとの記述は省略する。

　エリアⅠ：佐渡（No.1～3）　石鏃の卓越によって特徴づけられる空間である。これに付随して磨石・敲石類も安定的に存在するが、打製石斧は皆無に等しい。本エリアでは、中期～後期を通じ終始1a類を維持しており、新潟県域の中で特異な空間をなしている。

　エリアⅡ：越後北部（No.4～10）　4b類が主体となる空間である。石鏃は石田遺跡の18％を最高とするにとどまる。エリア内には、このほか2類と3a類が1遺跡ずつ確認できる。前者の該当例は後述のエリアⅣAに1ヵ所認めるのみで、面的な広がりをなさない点に特徴がある。後者はエリアⅣBの指標となる組成である。現時点ではまったくの孤立状態にあり、その特異性が注目される。

　エリアⅢ：越後平野南部周辺（No.11～14）　越後の中では石鏃出現率が相対的に高い空間を本エリアとする。磨石・敲石類の安定的な存在や打製石斧の乏しさにおいて、佐渡との共通性が指摘できる。

　エリアⅣ：中越地方の内陸部（No.15～33）　打製石斧の多出圏を一括した。しかし、その出現率は空間的に一様でなく、現時点では次のような細分が適切である。長野県境に近い妻有地域（エリアⅣB）では3a類が主体を占めており、本エリアでの中核地帯をなす。その東に位置する魚野川流域（エリアⅣC）では打製石斧を最多用具とする遺跡が見あたらず、3b類と4a類からなる点において妻有地域とは明確に分離できる。長岡市域以北（エリアⅣA）では、1b類・2類・3a類・4a類が混在する。とくに北端の五十嵐川流域では打製石斧の出現率が総じて低く、周縁地帯ならではの様相を見せる。

　エリアⅤ：中越地方の海岸部～上越地方（No.34～42）　4a類が安定的に分布する空間である。全般的にエリアⅣCとの類似性を認めるが、打製石斧の出現率がいくぶん下回る傾向にある。本エリアも空間的に細分できる可能性があり、礫石錘のあり方に着目すると、出現頻度の高い海岸・平野部

表1　新潟県内所在中期遺跡の石器組成と食料残渣

(各用具の数値は4種の合計数を基数とした出現率。☐は50%以上を表す。食料残渣の中で貝類は除外した。)

空間	No	遺跡	前葉 中葉 後葉	石鏃	石匙	打製石斧	磨石敲石	TOTAL	分類	哺乳類	魚類	種子（炭化材）
I	1	吉岡館佐裏	▨	55	12	1	32	321	1a	イノシシ	タイ・フグ	
〃	2	堂の貝塚	▨	85	−	−	15	95	1a	イノシシ・シカ・ウサギ・海獣	タイ・フグ	クルミ
〃	3	長者ケ平	▨	52	−	−	48	480	1a		+	
IIA	4	高平	▨	5	20	8	68	477	4b	シカ		(クリ・コナラ)
〃	5	大圃上野	▨	−	2	78	20	239	3a			
〃	6	下ゾリ	▨	5	−	−	95	105	4b			
〃	7	前田	▨	2	+	−	97	364	4b			
〃	8	下クボ	▨	8	−	−	92	139	4b			
〃	9	石田	▨	18	−	13	69	125	4b			
〃	10	大蔵	▨	3	53	3	40	223	2			
IIB	11	大沢	▨	60	8	1	31	166	1a			クルミ・クリ・ドングリ・ヒシ
〃	12	豊原	▨	25	26	−	49	65	1b	シカ・クジラ	トゲウオ・サケ・ヒラメ・サメ	クルミ・クリ・ドングリ・ヒシ
〃	13	吉野屋	▨	33	9	3	55	196	1b			
〃	14	羽黒	▨	12	4	6	78	72	4b			
IIIA	15	曲谷E	▨	−	14	13	73	123	4a			
〃	16	長野	▨	27	8	26	39	921	1b			
〃	17	栃倉	▨	18	42	22	19	120	2			クリ
〃	18	松葉	▨	6	−	67	27	69	3a			
〃	19	南原	▨	4	+	71	25	328	3a			
〃	20	中道	▨	3	15	19	63	131	4a			トチ
〃	21	馬高	▨	7	−	31	62	494	4a			クルミ・クリ・コナラ
IIIB	22	横鶯	▨	16	+	71	13	223	3a			
〃	23	幅上	▨	2	+	62	36	2070	3a			
〃	24	笹山	▨	4	+	56	40	1967	3a			
〃	25	森上	▨	4	−	55	41	563	3a			
〃	26	八反田	▨	11	−	71	18	185	3a			クリ・アブラナ
〃	27	沖ノ原	▨	7	−	43	50	355	3b			クルミ・クリ・ドングリ・トチ
〃	28	反里口	▨	25	−	38	37	230	3b			クリ
IIIC	29	清水上	▨	3	−	47	50	1276	3b			クルミ
〃	30	宮下嵐	▨	1	+	10	88	1879	4a			クルミ
〃	31	五丁歩	▨	1	+	44	55	1911	3b			
〃	32	原	▨	6	1	27	65	766	4a			
〃	33	万修寺林	▨	3	2	26	69	946	4a			クルミ・クリ・ドングリ
IVA	34	山屋敷	▨	2	+	10	87	1752	4a			クルミ
〃	35	大ケバ	▨	2	2	6	89	1554	4b			クリ
〃	36	十二平	▨	1	1	26	72	892	4a			
〃	37	五月沢	▨	8	13	10	68	149	4a			
〃	38	寺地	▨	2	2	26	70	107	4a			
IVB	39	大貝	▨	4	−	25	71	109	4a			クルミ・クリ
〃	40	和泉A	▨	5	−	14	81	672	4a			
〃	41	大久保	▨	−	−	19	81	97	4a			
〃	42	南田	▨	1	−	14	85	70	4a			

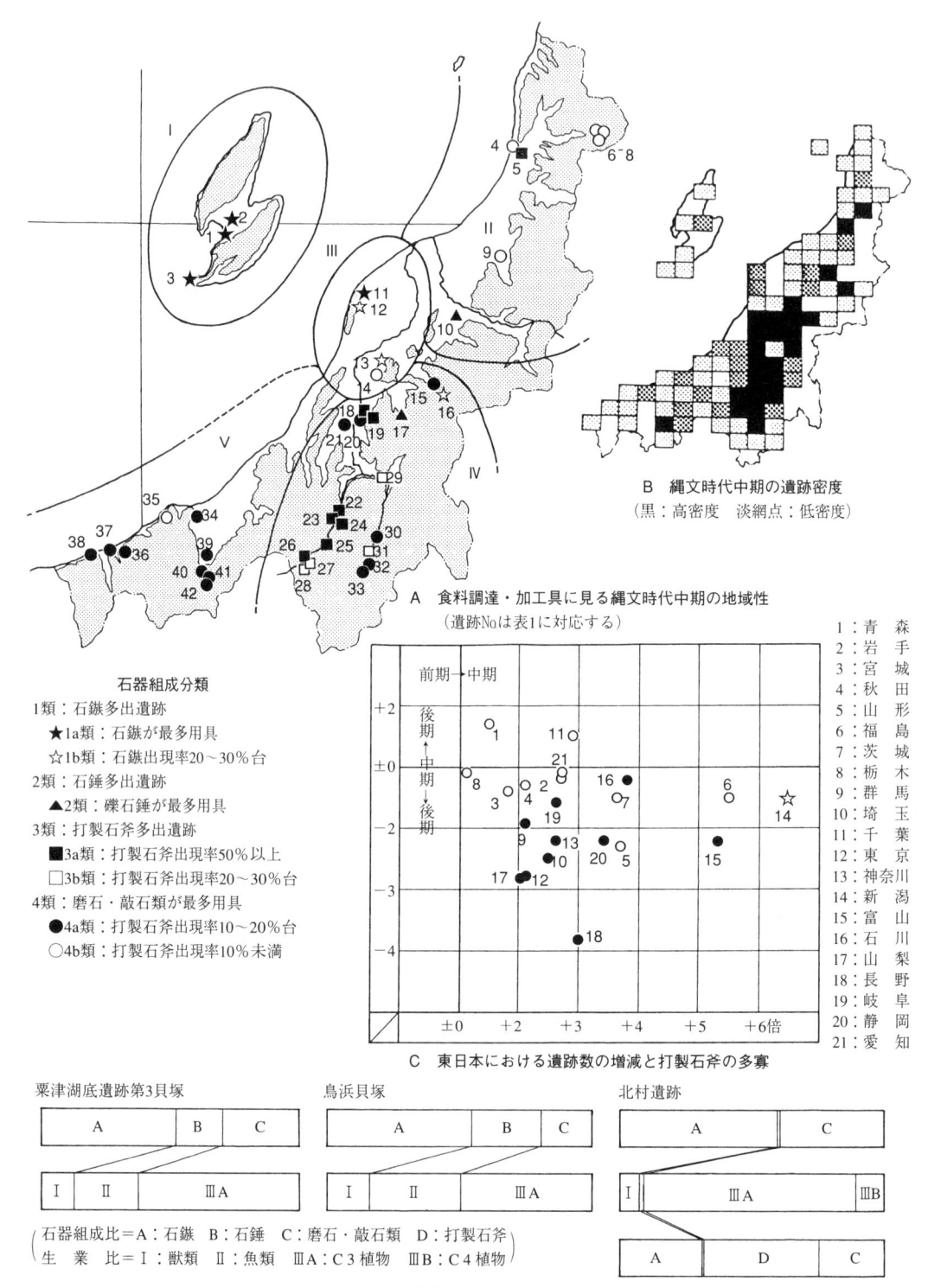

254 第Ⅵ章 火炎土器様式圏の諸側面

B 縄文時代中期の遺跡密度
（黒：高密度 淡網点：低密度）

A 食料調達・加工具に見る縄文時代中期の地域性
（遺跡Noは表1に対応する）

石器組成分類
1類：石鏃多出遺跡
　★1a類：石鏃が最多用具
　☆1b類：石鏃出現率20〜30％台
2類：石錘多出遺跡
　▲2類：礫石錘が最多用具
3類：打製石斧多出遺跡
　■3a類：打製石斧出現率50％以上
　□3b類：打製石斧出現率20〜30％台
4類：磨石・敲石類が最多用具
　●4a類：打製石斧出現率10〜20％台
　○4b類：打製石斧出現率10％未満

1：青　森
2：岩　手
3：宮　城
4：秋　田
5：山　形
6：福　島
7：茨　城
8：栃　木
9：群　馬
10：埼　玉
11：千　葉
12：東　京
13：神奈川
14：新　潟
15：富　山
16：石　川
17：山　梨
18：長　野
19：岐　阜
20：静　岡
21：愛　知

C 東日本における遺跡数の増減と打製石斧の多寡

粟津湖底遺跡第3貝塚　　鳥浜貝塚　　北村遺跡

（石器組成比＝A：石鏃　B：石錘　C：磨石・敲石類　D：打製石斧）
（生　業　比＝Ⅰ：獣類　Ⅱ：魚類　ⅢA：C3植物　ⅢB：C4植物）

D 石器組成比と生業比（貝類は除く）

図1　新潟県域の石器組成圏と関連資料

（エリアⅤA）とこれを欠いた内陸部（エリアⅤB）に二分することができる。現時点では中越地方の海岸部で良好な組成資料が欠落するが、三島郡内の遺跡において打製石斧の少数かつ安定的な存在が確認できるところから本エリアに含めておいた。

3. 石器組成圏の位置づけ

それでは、類似組成をもって設定できる空間はいかなる要因で成立し、また生業活動の異同をどのような形で反映しているのであろうか。前述のようなエリア設定の指標となった用具ごとに検討する。

1）石　　鏃

全時期を通じ普遍的に存在する用具である。全県的に増加するのは後期後半以降で、中期の多出域は佐渡とその対岸の越後平野南部に限定される。新潟県内出土の動物遺体は、佐渡を除けば断片的であるが、獣類の構成に限れば大まかな空間差を見出すことができる。イノシシ・ウサギ主体の佐渡、シカを主とする越後の海岸・平野部、これにカモシカが加わる越後の山間部、の別である。しかし、石鏃の多寡と狩猟対象獣のあり方に有意な関係は認められず、弓矢猟の盛行理由を資源分布から説明できるほど問題は単純でない。

越佐海峡をはさんだ二つの空間内での石鏃多用を考えるにあたり、留意すべき特徴がある。第1点は、陥穴状遺構の確認例が皆無に等しい現状である（田海1999）。エリアⅢに位置する豊原では、ニホンジカを対象とした齢査定が行われている（松井ほか1991）。それによれば、1歳未満1例、1～3歳3例、6～7歳3例、10歳以上2例となり、高齢個体に偏る傾向にある。こうしたあり方はムレ本来の年齢構成と大きく異なるもので、若齢個体の捕獲を避けた選択狩猟や罠猟の低調さを示唆する点で、上記の分布と調和的なあり方を示す。石鏃の多寡と狩猟法の関連性は、充分検討に値する見方である。

第2点は、列島各地の石器組成を通観すると、石鏃多出遺跡が離島や半島に目立って多い現象である。佐渡はその典型で、伊豆諸島や隠岐ノ島、房総半島や能登半島も好例といえる。当時の越後平野には広大な内水面が展開していた。水産資源の利用に適した両エリアの立地環境からは、漁撈活動との関わりも考慮させるものがある。

2）礫石錘

新潟県内に分布する錘具には時期的な変動が著しく、大まかな流れをたどる中で中期の位置づけを明確にしておく。錘具の出現は前期初頭にさかのぼる。出現間もない前期前半の段階では、礫石錘を主としつつ少量の土器片錘がこれに付随する。越後の海岸・平野部において、前者の大量出土を見る点がこの時期の大きな特徴である。前期終末を境に礫石錘の分布は変化する。海岸平野部での減少化と内陸部での増加という対照的な動きであり、サイズの小型化が生じるのもこの頃からである。こうした流れは後期になるといっそう明確となり、多出遺跡の広がりは内陸部に限定される状態となる。切目石錘・有溝石錘・有溝土錘の出現によって後期の錘具は多様化するが、サイズはいずれも小型であり、礫石錘の動きと調和的なあり方を示す。晩期に至り錘具は激減する。全国的な趨勢といえる現象で、新潟県内においては、有溝石錘のわずかな残存が確認できる程度となる。

以上のような動きの中で、中期の状況は前期と後期を結ぶ過渡期としての性格をもつ。現在、県内に棲息する淡水魚の種類は、河川下流域でもっとも豊富である。中流域と湖沼がこれに続いて多く、錘具の分布範囲はこれとおおむね対応する。しかし、錘具に見られる変化の要因については、網漁の対象となった魚類の実態を含めまったく不明といわざるをえない。さらには錘具の多寡が漁撈全般にわたる活動頻度を果たして正しく反映しているのか、という根本問題も残されており、網漁の位置づけには不鮮明な部分があまりに多いのが現状である。

3） 磨石・敲石類

早期以降の北海道南部～東日本を特徴づける用具である。新潟県内では早期後葉に多出化がはじまり、以後晩期に至るまで普遍的に存在する。磨石・敲石類には、その一方で出現率の変異が著しい。近年、食料残渣や人骨の食性分析によって、食料の利用割合を具体的に把握できる遺跡が徐々に増えつつある。そうした遺跡での石器組成比との関係は、出現率の評価にあたり有益な手がかりを与えてくれる。

図1Dは、磨石・敲石類を植物質食料の加工具と見なし、植物依存比との比較を試みたものである。鳥浜貝塚と粟津湖底遺跡第3貝塚は食料残渣から推定したカロリー比（西田1980、伊庭1997）、北村遺跡は人骨の同位体食性分析（赤澤ほか1993）に基づいている。鳥浜と粟津湖底では打製石斧が欠落するため、北村遺跡の石器組成比にはこれを除いた数値も示した。3遺跡の石器組成比と食料依存比には、植物の貢献度が石器組成の2倍程度を示す点で、類似した関係を示す。この種の用具に備わる強い耐久性や一時点での限られた使用量に由来する数値のズレといえる。石器組成における出現率の高低は、用具全体の中での相対的な多寡を表すものにすぎない。中期の新潟県内では三つのエリアで磨石・敲石類が高い数値を示しているが、そうした現象は石鏃や打製石斧の出土量と表裏一体の関係にあり、二種の乏しさに左右された見かけ上の姿と考えるべきである。

縄文中期の新潟県内では、海岸・平野部と内陸部の間で利用ナッツの内容に若干の異なりがある。前者を特徴づけるのは湿生植物ヒシの実や常緑性ドングリで、トチの出土例は後者に偏る傾向にある。ただし両空間でのナッツには、種実サイズや加工難度の面で一長一短があり、資源量の優劣を示すものではない。県内全域を通じた植物依存度の高さは上記の比較に照らせば明白で、根本的な地域差は存在しなかったと考えてさしつかえなかろう。

4） 打製石斧

打製石斧の分布は、時間と空間の両面で大きく変動する。多出遺跡の出現は関東南西部の前期後葉に求められる。中期に入ると分布域は中部地方へと急速に拡大し、その北端は新潟県域のエリアⅣにまで及ぶ。以後多出圏は西方へ波及し、後期後葉には九州まで到達する。一方、中期の段階で分布域の中核をなした関東・中部では、中期終末になると減少に転じるようになり、エリアⅣにおいても同様の動きを見ることができる。

ところで、打製石斧の用途については諸説があるが、前述のような北村遺跡での食性分析は穀物栽培との関連性に否定的である。これに対し、根菜植物の採取具と考えた場合、打製石斧の多寡を説明できるような環境的な背景が存在するわけではない。ウバユリ採集に一基盤を置いた近世アイヌが掘り棒や鹿角などの簡易な用具を用いていたこと（辻1983）はその好例で、寡少地域での用

具使用のあり方を考える上で示唆的である。打製石斧の評価には、異なる視点からの検討が必要となる。

いくぶん古いデータではあるが、1980年版『新潟県遺跡地図』から作成した遺跡分布を図1Bに示した。縄文時代中期の遺跡分布は、内陸部に明確な中心がある。中でも信濃川の中流域や魚野川流域で稠密地帯を形成しており、その広がりがエリアⅣとおおむね重複することは一見して明らかである。打製石斧の出土量は、遺跡数の増減とも関連する。図1Cは、東日本21都県における遺跡増減率を中期を基準に二次元的に表し、打製石斧の多出県を黒で示したものである。多用空間は縦軸下方に偏る傾向があり、後期に至る遺跡減少地帯と対応することが、これによって読み取れる。遺跡数のあり方が当時の人口動態を反映しているとすれば、打製石斧の増減が意味するところは、資源量と需要の相互バランスの中で図られた用具選択の姿を表すかのように見える。

新潟県内には、こうした側面からは説明しにくい事例も存在する。県北に孤立した打製石斧の多出遺跡、大関上野である。この遺跡は、信濃川中流域が多出圏に組み込まれる中期前葉に形成されるだけに、エリアⅣの成立と無縁の存在とは考えがたい。遺跡数の増加と無関係に打製石斧の分布域が拡大する点は、西日本への波及現象と同様なあり方といってよく、技術的な伝播を主たる成立要因と考えるのが妥当である。地理的に隔絶した空間内での類似組成の出現は、「貫入的」ともいえる情報移入を想起させるものがある。

4. 火炎土器様式圏の生業活動

海岸・平野部と内陸部の空間的な差異、そして両者に認める普遍的な側面を見出す中で火炎土器様式圏における生業の大枠を考える。

1） 角田山麓からの生業情報

近年良好な生業情報が次第に蓄積されつつある角田山麓（エリアⅢ）の事例を海岸・平野部のモデルとして取り上げる。現時点において動・植物遺体がまとまって確認されているのは、干納（前期後葉）・豊原（前期終末〜中期初頭）・御井戸（晩期終末）の3遺跡である。これらはいずれも越後平野に面した南麓台地の裾部に立地し、前面にはかつての淡水域が展開している。日本海までの行程は、背後の峠越ルートで徒歩にして1時間たらず、当時の信濃の河口（卜部・高浜2002）までは直線距離で10kmあまりと推定できる。

干納と御井戸では、植物性食料残渣が良好に保存されていた。両遺跡出土の大型種子は時期差に起因して内容に異なりはあるが、前者でクルミ・ヒシ、後者でトチ・ドングリ類・クルミを主体とし、特定種へ偏る点で共通した特徴をもつ。

図2Bは、御井戸遺跡の1991年調査区において上下2枚の植物遺体層を対象に栄養組成を集計したものである。各層の厚さは間層を含め10cm程度にすぎず、きわめて短期間に堆積したと考えられる。大型可食種子は大別7種からなり、出現率や層位差に基づき3グループに分けられる。あらゆる要素で主体を占めるのはトチである。とくに上部A層では90%あまりの高率を示し、御井戸の主食料をなしたことは確実である。栄養素が類似するドングリ類（ナラ・カシ類）は、トチの増減と補完的に推移する。ナッツ類に見られる結実量の年変動に着目すると、サイズが小さく味覚も劣る

ドングリ類は、トチの代用食として機能していた可能性が高い。対照的にクルミ・クリ・ヒシなどは低率ながらも一定した数値を保つ。中でもクルミは脂質比で一定の貢献度を示しており、味覚や栄養に幅をもたせるための補助的役割を担ったことをうかがわせる（前山 1996）。ちなみに以上 3 グループは、田中二郎がブッシュマンの植物利用区分として提示した Major food, Minor food, Supplementary food（田中 1971）にそれぞれ対応するものである。縄文時代の比較モデルとして適切ではなかろうが、植物資源に恵まれた環境下での一般的な利用形態を知るうえで興味深い共通点といえる。

干納と豊原では、動物遺体も良好に保存されていた。至近距離に位置し時期的にも近いところから、図2Bでは 2 遺跡を便宜的に一括し生業暦の復元を試みた。シカ猟は臼歯の成長線を用いた豊原での推定結果、磯漁は干納から出土したクロダイの体長と近隣海岸における漁獲状況との比較、その他は動・植物の生態や蒲原地方における民俗例などに基づいている。

両遺跡では、角田山麓の地理条件を背景に水産資源の利用が活発に行われていた。中でも注目されるのは、春季～秋季はじめの活動としてシジミ採り・淡水魚漁・磯漁・ヒシの実採集が推定できる点である。とりわけ干納ではヒシの破損外殻が「ヒシ塚」と形容すべき状態で堆積しており、秋の訪れを前にした水辺資源の重要な役割を物語る。

2） エリアⅣの生業

中越地方の内陸部に位置するエリアⅣは、石器組成と遺跡密度の両面で海岸・平野部とは対極の関係にある。新潟県内随一の遺跡稠密地帯をなしたこの空間の生業を考えるとき、水辺資源の乏しさは負の要素としてとりわけ重視しなければならない。前述のように、本エリアの石器組成を特徴づける用具は打製石斧にほかならない。この空間での生業を考える場合、春～夏の代替食料を打製石斧によっていかに確保したかが大きな焦点となる。

打製石斧の使用対象については、根菜植物全般を想定する見方（渡辺 1975など）とヤマイモ利用説（今村 1989など）に二分できる。このうち後者は、採取適季が秋季に限定される点で賛同しがたい見解といわざるをえない。食料の安定供給を図るためには、長期間の利用が可能で、なおかつ多種におよぶ食料リストの確保が望ましい。複数シーズンにわたって採取でき、資源量も豊富なワラビ根の重要性を説いた神村透の提言（神村 1977）は、その意味で傾聴に値するものがある。

御井戸遺跡における前述のような植物利用形態は、これに関連し少なからず示唆的である。食料残渣から導き出されたナッツ類の採集活動は、多様なリストの中から主要食料を選択し、状況に応じて利用頻度を柔軟に変化させるスタイルといえる。県内の中期遺跡でこれまで得られたナッツ類は、大半が偶発的な理由で残った炭化物ではある。だが、クリ・トチ・クルミを主体とし、しかも 3 種の大量貯蔵例が確認できる点からすると、御井戸との本質的な違いは見られない。エリアⅣでの遺跡数の増大は中期に入り著しいものがある。従来潜在的な食料資源として機能してきた根菜植物がそれを契機に活発に利用されるようになり、主食料に変化したことも充分考えられる。それとともに、中期終末にはじまる打製石斧の衰退化は、遺跡数の減少に伴い資源量と人口のバランスが適正な水準に回帰したため、と解釈できるのではなかろうか。

打製石斧の用途をめぐる議論には、利用対象物の遺存が期待しにくいという障害が常につきまと

石器から見た生業　259

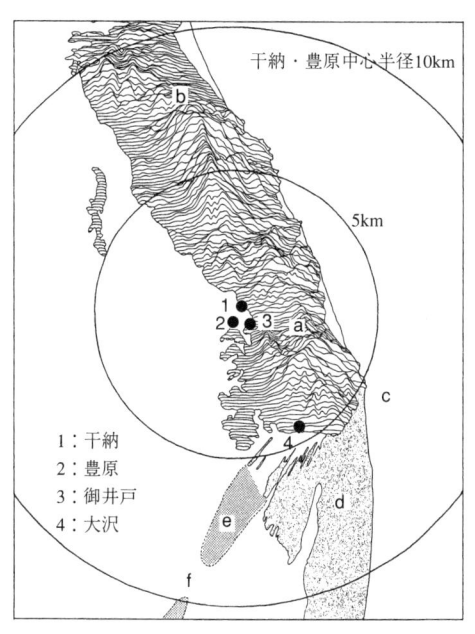

A　角田山周辺の地形と遺跡位置
a：角田山　　d：新潟砂丘
b：弥彦山　　e：埋没砂堆
c：日本海　　f：信濃川旧河口

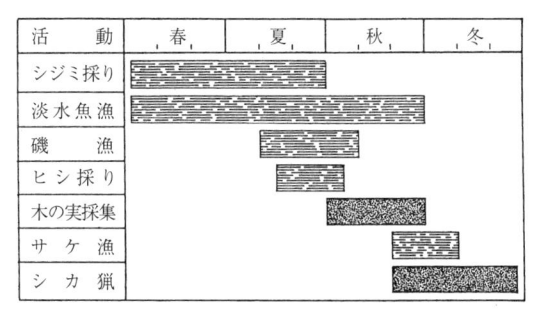

1：干納
2：豊原
3：御井戸
4：大沢

B　干納・豊原遺跡の生業暦

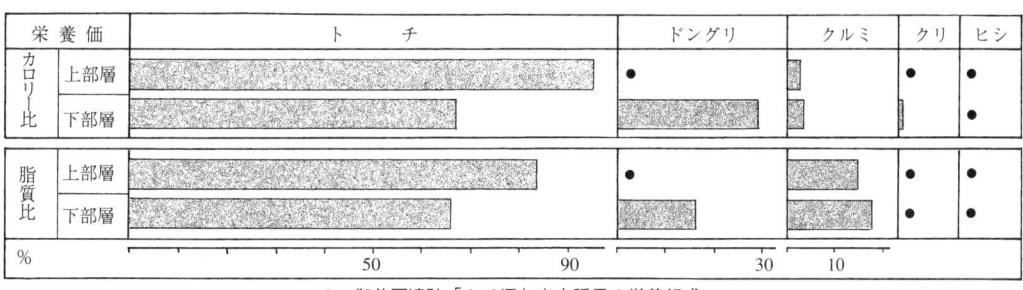

活動	春	夏	秋	冬
シジミ採り				
淡水魚漁				
磯漁				
ヒシ採り				
木の実採集				
サケ漁				
シカ猟				

C　御井戸遺跡「トチ塚」出土種子の栄養組成

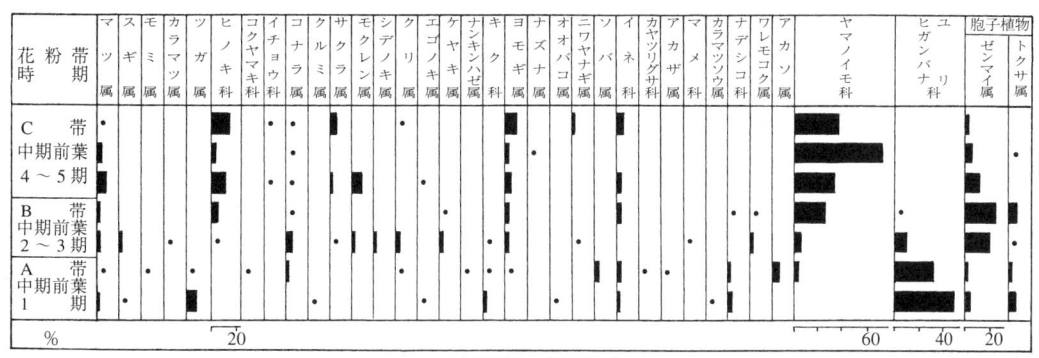

栄養価：トチ／ドングリ／クルミ／クリ／ヒシ
カロリー比（上部層／下部層）
脂質比（上部層／下部層）

D　大沢遺跡の花粉構成

E　打製石斧の欠損状態（集落内破損品％は①・②の合計を基数とした②の割合）

遺跡	Ⅰa	Ⅱa	Ⅲa	Ⅳa	Ⅰb	Ⅱb	Ⅲb	Ⅳb	①：a−b	②：b	集落内破損品
清水ノ上	45	37	63	10	34	34	20	13	54	101	65.2%
五丁歩	29	54	59	3	34	42	12	6	51	94	64.8%
城之腰	49	27	23	−	15	12	18	−	54	45	45.5%

図2　エリアⅢ・Ⅳの生業関連情報

う。この点に関し、エリアⅢの大沢遺跡で確認された花粉・胞子の層位的変化は興味深いあり方を示す（図2D）。分析試料は、集落縁辺に形成された捨て場の堆積土壌である。中期前葉の各層における卓越種は、地下茎が利用できる3種の草本・胞子植物からなり、それらはユリまたはヒガンバナ科・ゼンマイ属・ヤマノイモ科の順に目まぐるしく遷移する。土壌採取地の位置や自然状態では理解困難な特異な構成から見て、これらの生育に人為的な要因が関与したことはおそらく確実であろう（前山・藤田1990）。

　図2Eでは、エリアⅣに所在する3遺跡について、集落内部に残る打製石斧の破損場所を検討してみた。右欄の数値は、基部と刃部の破損品に集落内での接合関係が成立すると仮定し図下のような手続きを経て算出したものである。集落外で破損した個体がどの程度の割合で回収されていたかは不明であるが、いずれにしても集落内での使用によって破損したケースが意外に多かったことを示す数値といえる。大沢遺跡における上記のような事例も勘案するならば、この時期の植物利用は高度な水準に達しており、集落内での管理栽培がエリアⅣで一般的に行われていたことも充分考えられる。

　火炎土器様式圏の中枢部にあたるエリアⅣからこれまで得られた生業情報は、あまりに断片的である。打製石斧の性格を考える上で、集落周辺植生の把握は重要な課題となる。明確な問題意識をもった調査に期待したい。

　筆者に与えられた紙数を既に超過した。以下では主要文献のみを列記し、表1の出典については割愛させていただく。

参考文献

赤沢威・米田穣・吉田邦夫　1993　「北村縄文人の同位体食性分析」『北村遺跡』長野県埋蔵文化財センターほか
今村啓爾　1989　「群集貯蔵穴と打製石斧」『考古学と民族誌』六興出版
卜部厚・高浜信行　2002　「新潟平野・西蒲原地域における縄文時代中期の古地理」『新潟考古』第13号　新潟県考古学会
伊庭功　1997　「第3貝塚からみた縄文時代中期前葉の生業」『粟津湖底遺跡第3貝塚』滋賀県教育委員会他
神村透　1977　「ワラビ粉にも注意を―縄文時代の食料として―」『どるめん』13号
小池聡　1999　「遺物研究　石器組成論」『縄文時代』第10号
小林康男　1974～75　「縄文時代生産活動の在り方（1）～（4）―特に中部地方における縄文時代前期、中期の石器組成を中心として―」『信濃』第26巻第12号・第27巻第2号～4号
Syuzo Koyama　1977　Jomon Subsistence and Population, *Senri Ethnological Studies*, №.2, National Museum of Ethnology.
鈴木俊成　1991　「城之腰遺跡と信濃川流域における石器組成」『城之腰遺跡』新潟県教育委員会
田中二郎　1971　『ブッシュマン』思索社
辻秀子　1983　「可食植物の概観」『縄文文化の研究』2　雄山閣出版
田海義正　1999　「狩猟」『新潟県の考古学』高志書院
新潟県教育委員会　1980　『新潟県遺跡地図』
新潟県教育委員会・財団法人新潟県埋蔵文化財調査事業団　1999　『金塚遺跡・三仏生遺跡・割目遺跡』

西田　正規　1980　「縄文時代の食料資源と生業活動」『季刊人類学』第11巻第3号
前山精明・藤田英忠　1990　「巻町大沢遺跡における縄文時代中期前葉集落の植物利用」『巻町史研究』Ⅵ　巻町
前山　精明　1991　「縄文時代の石器」『季刊考古学』第35号　雄山閣出版
前山　精明　1996　「縄文時代晩期後葉集落の経済基盤―新潟県御井戸遺跡出土植物性食料残渣の計量分析から―」『考古学と遺跡の保護』甘粕健先生退官記念論集刊行会
前山　精明　1999　「植物利用」『新潟県の考古学』高志書院
松井功・小池裕子・小野昭　1991　「豊原遺跡出土シカ遺体と狩猟季節について」『巻町史研究』Ⅶ　巻町
渡辺　誠　1975　『縄文時代の植物食』雄山閣出版

火炎土器分布圏における翡翠製大珠

木島　勉

はじめに

　火炎土器が信濃川流域を中心として盛んに作られた縄文時代中期は、翡翠製大珠の生産と交易が盛んになった時期でもある。新潟県南西部から富山県北東部にかけての海岸部を中心として生産された翡翠製大珠は、北海道や東北北部といった遠方の遺跡でも数多く出土していることから、当時の交易やその社会を知る上で重要な遺物の一つであり、稀少性あるいは威信財としての役割あるいは遠隔地における流布に多くの興味が注がれている。一方、その生産地に近い北陸中東部や中部高地では、より多くの翡翠製大珠の出土を確認でき、火炎土器の分布圏は翡翠製大珠の最も濃密な分布域でもある。

　そこで、火炎土器とほぼ同時期に同じ地域社会に流布した非日常品あるいは非実用品である翡翠製大珠の生産とその出土状況を概観し、その流通と社会的な背景について考えてみたい。

1. 翡翠製大珠の産地

　翡翠製大珠の生産遺跡は翡翠の原石産地である新潟県南西部の姫川と青海川の下流域から周辺の海岸部（これ以後は西頸城地方とする）に立地し、その主要遺跡としては長者ヶ原遺跡、寺地遺跡、境A遺跡などが知られている。まず、翡翠の原石産地と大珠の生産遺跡を概観しておきたい。

1） 翡翠の原石産地（図1）

　列島各地に認める翡翠の産出地[1]において姫川と青海川の流域に産出する「糸魚川・青海産」は国内随一の質と量を誇る。他の産出地については鉱物学的にヒスイ輝石岩の産出を認めるが、玉類や宝飾などに用いるほどの良質なものはまれであり、その加工を伴う遺跡の立地は皆無である。このため、出土する翡翠製玉類に用いた原石の産地は「糸魚川・青海産」にほぼ限定できる[2]。

　この「糸魚川・青海産」翡翠の原石産地は姫川・青海川上流域の蛇紋岩帯にあり、これを浸食する河川の所々に翡翠輝石岩を含む巨岩を認める。これらの原石産地より下流では流出した翡翠の転石を認め、周辺の海岸まで及んでいる。現在では新潟県糸魚川市の大和川海岸から富山県朝日町の宮崎海岸の間で人頭大程度を最大とする原石を比較的容易に観察できるとともに、軟玉・蛇紋岩などの原石も容易に採取できる環境にある。なお、大珠生産遺跡より出土する翡翠原石や大珠未成品などを概観すると、河口付近あるいは海岸で観察できる原石と形状や大きさが類似する。

2） 生産遺跡（図1）

　主要遺跡はいずれも原石産地である海岸を眼下とする位置にあり、その他の遺跡の多くも海岸部に立地する。

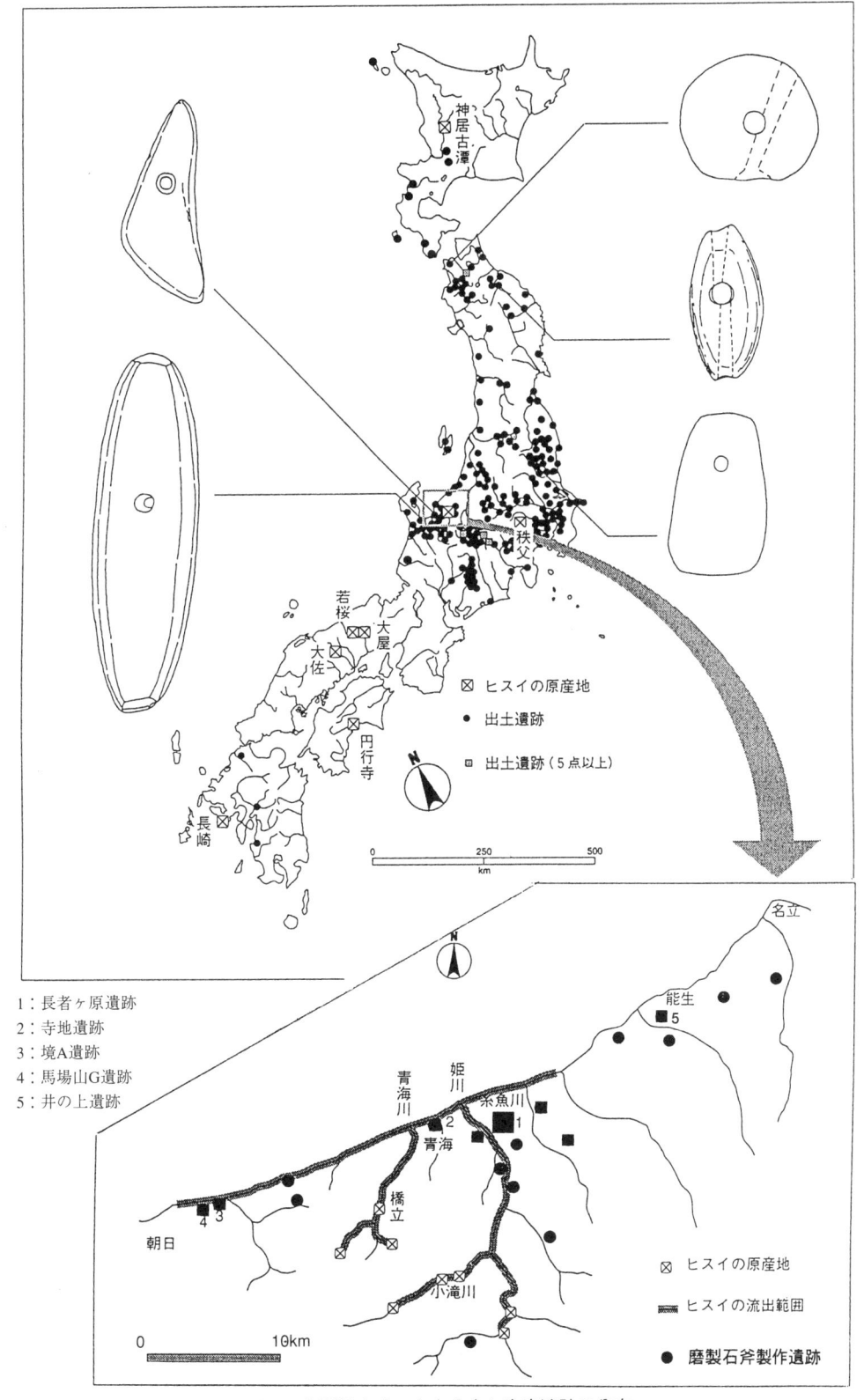

火炎土器分布圏における翡翠製大珠　263

1：長者ヶ原遺跡
2：寺地遺跡
3：境A遺跡
4：馬場山G遺跡
5：井の上遺跡

図1　翡翠製大珠の出土分布と生産遺跡の分布

長者ヶ原遺跡（新潟県糸魚川市、図1-1）　姫川下流右岸の河岸段丘に立地する縄文時代中期中・後葉を主体とする拠点集落である。集落跡では10％前後の発掘調査ながら24棟の竪穴住居跡、5棟以上の掘立柱建物跡をはじめとした遺構が、重複しながらも中央の広場を囲むように環状に構築され、出土品も膨大である。翡翠（硬玉）をはじめ軟玉、蛇紋岩、滑石などを用いた玉類の生産はもちろん、いわゆる蛇紋岩製磨製石斧の生産資料も多く、これらの主要な生産集落と認定できる。大珠の製作は中期前葉の新崎式期から認めるが、その盛期は中期中・後葉の天神山式期から串田新式期に求めることができ、火炎土器もわずかに伴う。また、同遺跡の南地点あるいは隣接する五月沢遺跡や五月沢B遺跡といった遺跡では、前期における滑石製玉類や蛇紋岩製磨製石斧の盛んな生産をも確認できている。

境A遺跡（富山県朝日町、図1-3）　海岸に迫り出した緩斜面に立地する縄文時代中期と晩期を主体とした集落跡で、眼下の宮崎海岸では翡翠（硬玉）、軟玉、蛇紋岩などの転石を観察できる。集落跡の主要部では35棟の竪穴住居跡等が検出され、長者ヶ原遺跡と同様の遺物が出土している。中期と後・晩期の資料の混在を認めるものの、中期では大珠、後・晩期では丸玉・勾玉を主体とした生産と理解できる。なお、隣接した尾根に点在する馬場山遺跡群（図1-4）の集落規模や盛んな蛇紋岩製磨製石斧に伴った硬玉加工の痕跡から、中期初頭ないし前葉の小規模集落が中期中・後葉になって統合する集落変遷をうかがえる。

寺地遺跡（新潟県青海町、図1-2）　姫川と青海川の中間を流れる田海川の河口近くに立地する縄文時代中期と晩期を主体とする集落跡である。遺跡主要部では中期の竪穴住居跡5棟が検出され、長者ヶ原遺跡や境A遺跡と同様の遺物を観察できる。しかし、地形的な制約から集落跡の規模はそれらを上回ることはない。

　調査は不充分ながらこれらの主要遺跡と同様に、翡翠原石、大珠未成品あるいは敲石や砥石といった加工具の出土を認める糸魚川市の岩木遺跡、岩野B遺跡、入山遺跡、能生町の井の上遺跡（図1-5）なども翡翠製大珠の生産遺跡と認定できよう[3]。これらの遺跡における翡翠の出土量は不明確ながら、前述した翡翠採取可能な海岸からの距離に応じて、その出土量も減少する傾向を認める。

3）生産された大珠（図2）

　このような生産遺跡では原石や未成品あるいは欠損品が多い。長者ヶ原遺跡の膨大な出土品の観察は今後の課題ながら、その一部と境A遺跡や寺地遺跡の出土品を概観すると、バラエティーに富んだ大珠の形態を想定できる。一般的には「鰹節」「緒締」「玉斧」「不定形」などといった形態に大別されているが、それらの形態基準も明確でなく、「不定形」に至っては採取した原石の形状をとどめている。このため形態的な特徴を言及するにはより細分化を要しよう（木島1995）が、縦長でほぼ左右対称を「鰹節」、縦長偏平で両端の整形が石斧状を呈する「玉斧」、研磨を加えた程度のやや細長いものを「不定形」とすると、これらの生産は想定できる。しかし、球状もしくは扁平円柱状を呈する「緒締」未成品の存在は明確でない。

　さて、これらの遺跡や出土品を概観すると以下のような特徴を要約できる。

① すべての遺跡で蛇紋岩製磨製石斧[4]の生産を認め、その出土量は翡翠製大珠のそれをはるかに凌ぐ。

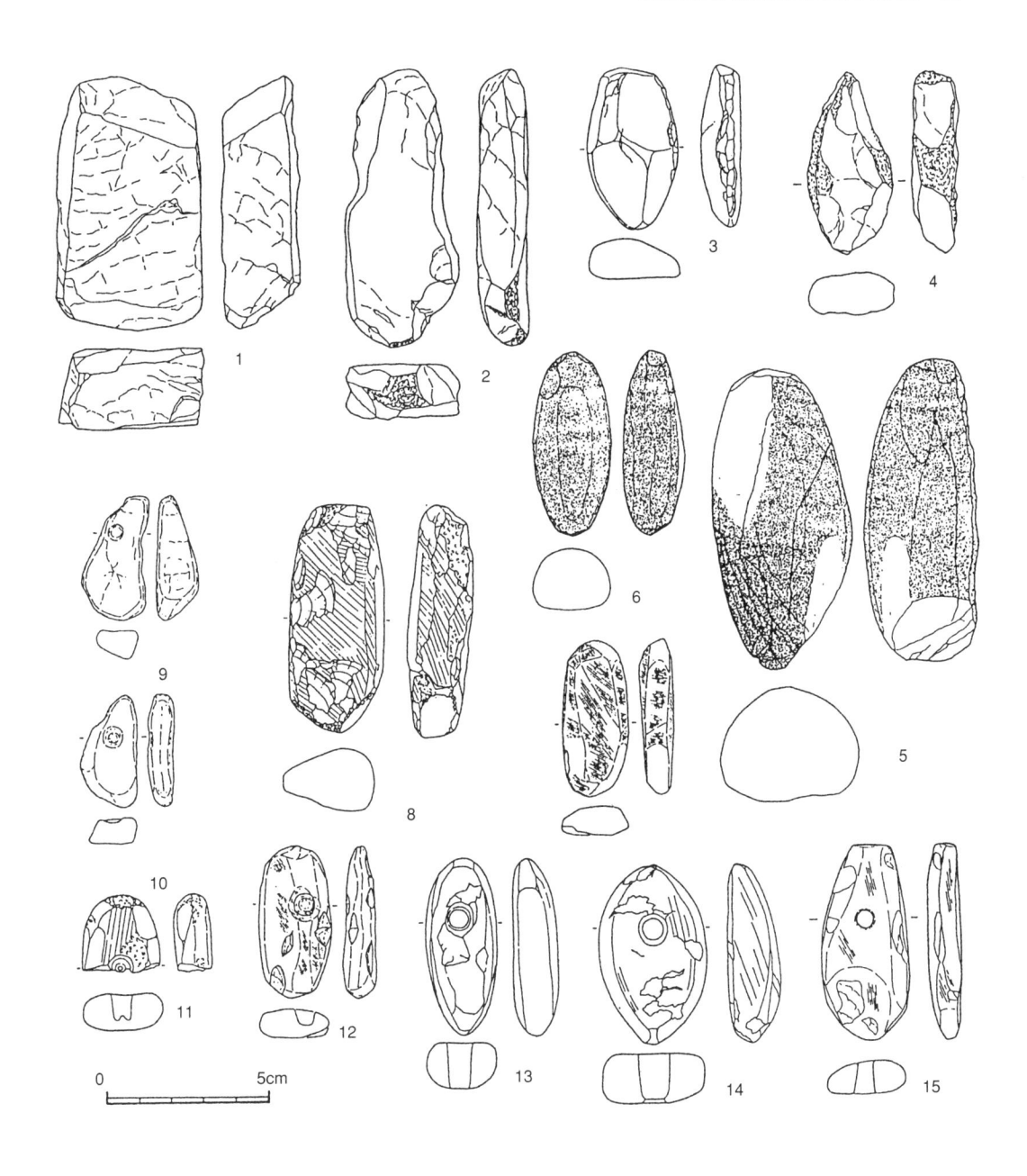

3・8・11・13・14：境A遺跡　その他：長者ヶ原遺跡

図2　生産遺跡における翡翠製大珠とその未成品

② 中期中・後葉に翡翠加工の盛期を認め、後期になるとその痕跡は著しく希薄となる。
③ 「鰹節」「玉斧」「不定形」タイプの大珠の生産を認める。
④ 中期中・後葉の集落規模を概観すると、数百棟の住居跡から成るタイプ（長者ヶ原遺跡）、数十棟の住居跡から成るタイプ（境A遺跡）、十数棟の住居跡から成るタイプ（寺地遺跡）などに大別できる。

⑤ 中期前葉の集落跡は小規模で翡翠加工を示す遺物の出土も僅少である。
⑥ 翡翠のほか蛇紋岩、滑石、軟玉などを用いた玉類の生産を認める。
⑦ 出土土器の多くは、北陸中部（越中・富山県）の土器型式として認定でき、火炎土器を含めた北陸東部（越後・新潟県）の土器は客体的存在である。

このような特徴から、翡翠製大珠の生産地である西頸城地方は翡翠製大珠と蛇紋岩製磨製石斧の生産を特徴とした領域を形成していたと認識できよう。そして、その領域は火炎土器の分布圏の西域にあたり、越中東部の土器文化圏に含まれる。

2. 翡翠製大珠の広がりと出土状況

1）出土分布（図3・4）

翡翠製大珠の生産は中期中葉以降になると、西頸城地方の長者ヶ原遺跡、境A遺跡、寺地遺跡などで本格化する。一方、生産された大珠の流通も本格的となり、その生産地に近い北陸中東部（越中・越後）を中心としながら列島の中部以北における広範で生産地からの距離に関係ない偏在する出土分布（図1）はよく知られる。

そこで、翡翠製大珠の生産地を圏内とする火炎土器分布圏の大半を占める越後における出土分布を見ると、その生産地である西頸城地方はもちろん、越後の各地にその出土を確認できる。しかし、概観すると上越地方と中越地方に比べ下越地方の出土数は少ない。これは生産地からの距離に応じた出土数とも理解できようが、全国的な出土分布状況（図1）を見ると、東北地方中南部の日本海側における出土分布の希薄域がこの下越地方以北に広がるものと理解できよう。一方、上越地方の高田平野周辺部は、生産地との距離あるいは翡翠製大珠と蛇紋岩製磨製石斧の小規模な生産を伴う山屋敷I遺跡（新潟県上越市）の立地などを考慮すると決して多い出土数ではなく、むしろ中越地方に偏在した出土分布と認識できる。また、その中越地方にあっても信濃川中流域の長岡市周辺や十日町市周辺、信濃川支流の五十嵐川、刈谷田川、魚野川などの流域に出土分布の集中を認める。これらの地域はまさに火炎土器分布圏の中心地であることから、火炎土器の本場と翡翠製大珠の生産地との盛んな交流を裏づけていよう。もちろん、その多くは帰属時期を特定し難い採集品であることから、出土分布はかなり長期にわたる交流を反映したものと捉えるべきであろうが、その集中と偏在する出土分布は双方の密接な関係を示す一例といえる。

2）出土状況と帰属時期（図5）

現在確認できる大珠の多くは採集品で、発掘調査による出土品は限られることから、火炎土器分布圏内における大珠流通の詳細時期は不明である。しかし、数少ない出土例と出土遺跡の状況証拠からその帰属時期を検討したい。

前期後葉から中期初頭と推定できるものに大宮遺跡（新潟県柏崎市）と和泉A遺跡（新潟県中郷村）出土の大珠などがある。大宮遺跡においては、前期後葉の土器を伴う包含層から研磨痕のある翡翠剥片が1点出土している[5]。この包含層には姫川流域に産する蛇紋岩や滑石を用いた磨製石斧や玉類の生産資料も伴うことから、翡翠加工も当該期までさかのぼっても不思議ではなく（木島2003b）、もっとも古い出土例といえる。和泉A遺跡出土の大珠（図5-1）とその未成品は、その出

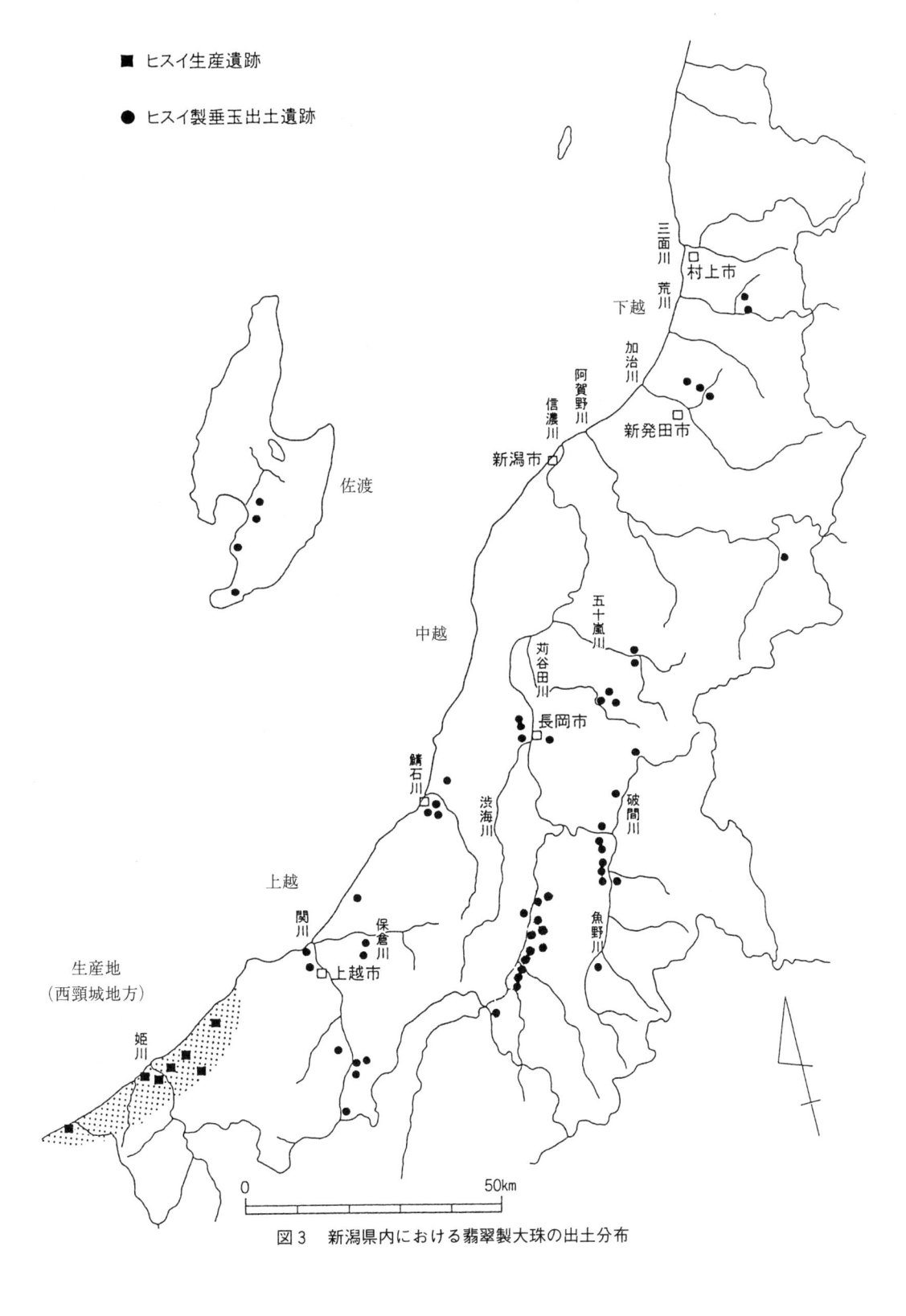

図3 新潟県内における翡翠製大珠の出土分布

■ ヒスイ生産遺跡
● ヒスイ製垂玉出土遺跡

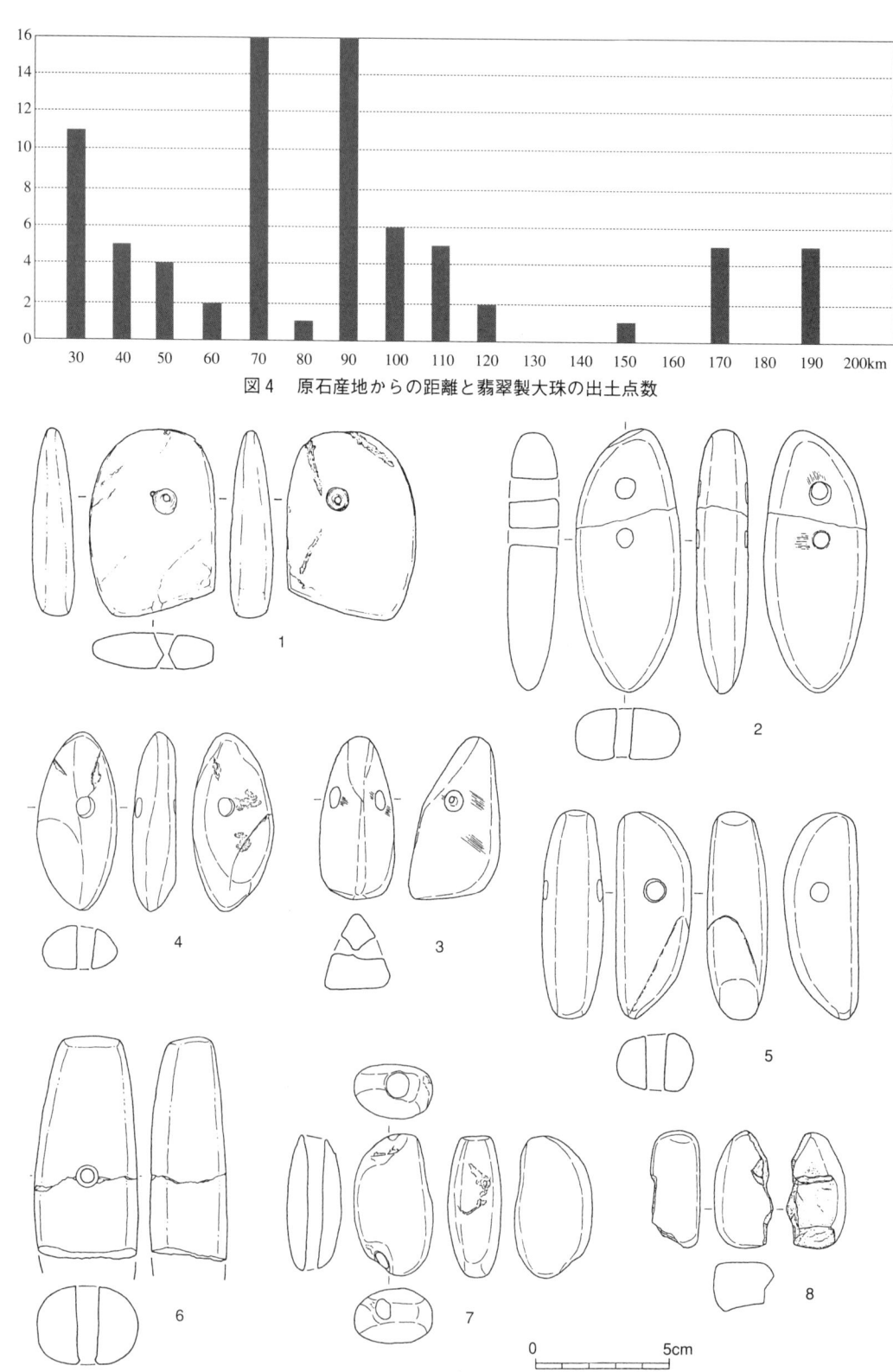

268　第Ⅵ章　火炎土器様式圏の諸側面

図4　原石産地からの距離と翡翠製大珠の出土点数

1：和泉A遺跡　2・3：岩野原遺跡　4・5・8：中道遺跡　6：寿久保遺跡　7：馬高遺跡

図5　新潟県内出土の主な翡翠製大珠

土地点と周辺の出土土器から中期初頭の所産であろう。風化が著しい大珠は偏平礫の側面を主体に研磨を加えた不定形であり、未成品は「原石」として報告されているが、端部に敲打痕を残す淡緑色の良質翡翠である。中期前葉における出土例は、生産遺跡である馬場山G遺跡（富山県朝日町）において大珠未成品を確認できるものの、火炎土器分布圏内における当該期の明確な出土例は今のところ皆無である。

　岩野原遺跡（新潟県長岡市）における中期集落跡検出の土坑群より出土した大珠（図5－2・3）は、火炎土器を含む土器群や遺構等の時期から中期中葉ないし後葉、馬高遺跡（新潟県長岡市）の土坑出土の大珠（図5－7）は集落跡の時期から中期後葉と推定できる（小熊 2001）。また、包含層の出土ながら集落跡や出土土器の時期から中期中葉ないし後葉の所産と推定できるものに寿久保遺跡（新潟県十日町市、図5－6）、中道遺跡（新潟県長岡市、図5－4・5・8）出土の大珠がある。このほか、採集された遺跡を概観するとその大半は中期中・後葉を盛期とする集落跡を想定できることから、大珠の所産も当該期と考えるのが妥当であろう。

　以上のことから、その先駆け的な生産と流通は前期後葉までさかのぼれ、本格的な流通は中期中葉以降と判断できよう。また、墓坑を思わせる土坑からの少数出土は翡翠製大珠の稀少性と威信財としての役割を想起させる。

　なお、出土遺跡を概観すると、その大半は広い段丘面に立地する大規模な集落跡あるいは大規模な集落跡であることを容易に想定できる遺跡であり、いわゆる拠点集落として位置づけられている（寺崎 1994）。一方、集落跡の大半を調査対象地としながら大珠の出土を認めない北野遺跡（新潟県上川村）、清水上遺跡（新潟県堀之内町）、五丁歩遺跡（新潟県塩沢町）あるいは火炎土器を多量に出土した笹山遺跡（新潟県十日町市）などといった大規模集落跡も存在する。これは集落の盛期や調査地点にも関係しよう[6]が、翡翠製大珠の流通はすべての拠点集落を対象としていたわけではないことは確かである。

3. 磨製石斧と大珠（図6・7）

　このような火炎土器分布圏において、大珠と同様に広域的な出土分布を示す遺物にいわゆる蛇紋岩製磨製石斧があり、その生産地も前述のとおり西頸城地方である。また、中期中葉以降における生産規模は大珠をはるかに凌ぐ。

　敲打と研磨を多用する整形技法をはじめ磨製石斧の製作技法と大珠の製作技法には共通点が多く、その工程も類似する（図6・7）。このことから磨製石斧生産を成し遂げた石材加工技術を基礎として大珠の生産が成立したと理解できる（木島 2003a）。また、その生産は明らかに前期までさかのぼれ、その原石産地である西頸城地方の諸遺跡はもちろん、新谷遺跡（新潟県巻町）では前期前葉、大宮遺跡（新潟県柏崎市）、古町B遺跡（新潟県吉川町）、大武遺跡（新潟県和島村）では前期後葉における生産を確認できる（鈴木 1998）。もちろん、富山県東部にも類似の遺跡を確認できることから、前期後葉における生産は、その原石産地を含めた広域的な範囲で行われていたことを示している。さらに中期初頭ないし前葉になると、中葉以降に本格的な生産へ移行する長者ヶ原遺跡、境A遺跡といった大集落周辺の尾根に小規模な生産集落を展開するようになる。

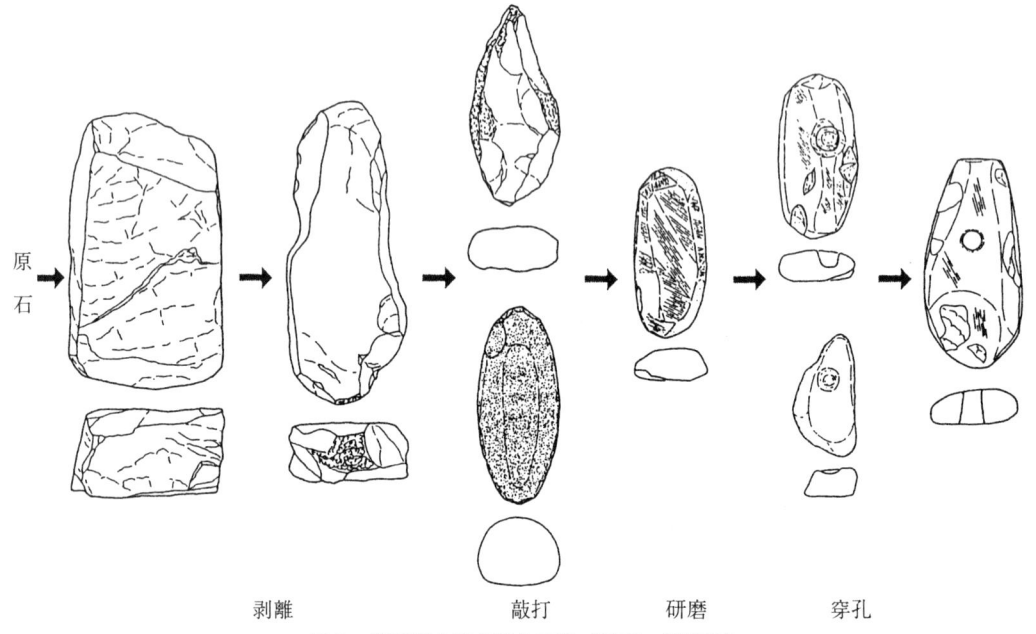

270　第Ⅵ章　火炎土器様式圏の諸側面

原石　→　　　　→　剥離　→　敲打　→　研磨　→　穿孔

図6　翡翠製大珠の製作工程（長者ヶ原遺跡）

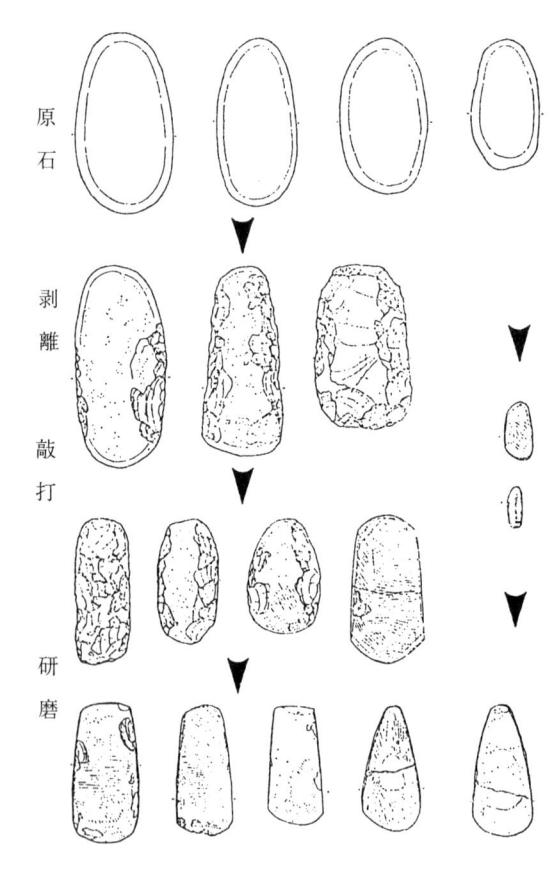

原石

剥離

敲打

研磨

図7　蛇紋岩製磨製石斧の製作工程（境A遺跡）
　　　（山本正敏 1991を改変）

つまり、前期における蛇紋岩製磨製石斧の生産は北陸中東部（越後・越中）の海岸部を中心とした広域的な生産圏を形成しながら、中期になると原石産地である西頸城地方にその生産圏を縮小するような変遷を示し、中期前葉に本格的となる生産は中期中葉に爆発的な生産量の増大に至り、その集落規模を拡大する。生産遺跡の広範な立地はその需要の高まりとともに、原石産地と生産遺跡あるいは生産遺跡と消費遺跡との間におけるネットワークの成立を物語る（鈴木 1998）。また、蛇紋岩製磨製石斧の利用頻度の高まりは木材の伐採・加工量の増加とも理解できることから、生活基盤の整備と生産性の向上を想定でき、集団の拡大化を促進した一つの要因とも考えられる。

4. 流通の背景

信濃川流域をはじめとした越後の各地では、中期中葉になると拠点集落が営まれ、火炎土器が盛んに作られる。また、この時期は翡翠製大珠の需要が高まり、西頸城地方におけるその生産が本格化するとともに、蛇紋岩製磨製石斧の流通によって形成されたネットワークに乗じて、より広範な流通を示すようになる。

翡翠製大珠の生産地である西頸城地方は越中東部の土器文化圏にあり、火炎土器をはじめとした越後の土器は認めつつも、その存在は客体的である。一方、火炎土器分布圏の中心地である信濃川中流域は翡翠製大珠の出土密集地の一つでもある。このことは、土器様式を異にする地域間における盛んな交流を物語る。また、翡翠製大珠の広範な出土分布は、それを威信財あるいは信仰財などとして嗜好する認識が列島各地に及んでいたことを意味しよう[7]。

このような、威信財あるいは信仰財を必要とする地域社会の成立要因の一つには集落規模の拡大があるのではないか。つまり、集落構成メンバーの増加に伴ってその集団を運営するための祭祀や拠り所の必要性が高まったのであり、土偶などの土製品あるいは大珠や石棒をはじめとした石製品といった非日常・非実用品の出現やその増加は、このことを如実に示していよう。もちろん、極度にデフォルメされた形態や出土状況から火炎土器もこれらとの共通性を認め、その出土分布圏の中心地である信濃川中流域には火炎土器も用いた祭祀形態が存在したのであろう。

同じ非日常・非実用品ながら、翡翠製大珠と火炎土器ではその出土分布範囲に大きな相違を認める。前者の場合は威信財あるいは信仰財を必要とする社会が各地で成立し、それらの地域間ネットワークの発展とともに共通した価値観が列島のほぼ全域に広まったことを物語る。一方、後者は土器様式などに象徴される情報を共有する意識の高揚とそれを背景とした地域圏、火炎土器をキーワードとする規制が働く地域の確立を示すのではないか。しかし、そのような地域圏内においても自然環境や生業あるいは集落規模などは異なることから、各地の生活様式や地域間のネットワークは必ずしも一様ではなかったはずである。火炎土器分布圏内における翡翠製大珠の偏在した出土分布は、このような地域圏内における拠点集落を中心とした各集団の個性的な営みを想定させるとともに、「翡翠の配給が社会的、経済的、政治的によく管理されていた」（小林 1996）とも理解できる。

いずれにしても、火炎土器分布圏内における翡翠製大珠の生産と流通を概観すると、中期中葉における集落あるいは地域を結ぶネットワークの著しい発展と広範に及ぶ共通した価値観の成立、さらには生活様式を異にする各集団を結び着けた地域圏の確立を認める。しかし、一方では信濃川流

域を中心とした越後に確固たる地域圏を形成しながらも、火炎土器は関東北部から東北南部にも波及を見せ、東北南部の大木系土器は越後の中・下越に及んでいる。このことは両地域間における盛んな交流を想定でき、那珂川や久慈川あるいは阿武隈川流域をはじめとした関東北部から東北南部における良質な翡翠製大珠の大量出土[8]は、こうした地域間の交流と無関係ではなかろう。

　最後となったが、本稿をなすにあたりさまざまな情報提供とご指導を賜った新潟県立歴史博物館やこの研究会の皆様に深く感謝申し上げたい。なお、ここで扱った翡翠製大珠には実見していない資料も少なくないとともに、具体的な事例提示に乏しく抽象的な表記となってしまったことを反省したい。今後はより正確な情報と具体的な事例をもととした翡翠製大珠の諸問題に言及したい。

註

(1)　翡翠（硬玉）の産出地は新潟県（糸魚川・青海）のほか、北海道（神居古潭）、鳥取県（若桜）、兵庫県（大屋）、岡山県（大佐）、長崎県（長崎）などにある。また翡翠（硬玉）と誤認される軟玉の産出地は、これらの硬玉産出地のほか、北海道（日高）、岐阜県（飛騨）などにある。

(2)　翡翠（硬玉）と軟玉を誤認した報告例が多く、軟玉と翡翠（硬玉）の成分分析を比較して産地同定を行った事例もある。このため、その主要産出地である日高産（北海道）翡翠あるいは飛騨産（岐阜県）翡翠として同定・報告された軟玉製玉類も少なくない。しかし、これらの産出地においては加工遺跡の存在が明確でなく、中期から玉類に用いた糸魚川・青海産軟玉の成分が比較資料となっていない。

(3)　蛇紋岩製磨製石斧の生産遺跡では拳大の翡翠円礫などを加工具・敲石として用いていることから、翡翠原石の出土は必ずしも翡翠製大珠の生産遺跡ではない。このため、ここでは大珠未成品出土の有無によってこれらの遺跡を識別した。

(4)　考古学では一般に蛇紋岩として認知されているが、珪長岩や軟玉あるいは角閃石系の岩石も少なくない。これらの石材研究は今後の課題でもある。

(5)　調査を担当された柏崎市教育委員会の中野、平吹両氏からのご教示による。

(6)　北野遺跡、清水上遺跡、五丁歩遺跡とも中期前半期が主体であり、笹山遺跡においては墓域と推定される地点が未発掘である。

(7)　東北地方北部から北海道南部における「緒締」など大珠の形態にも地域性を認める。

(8)　茨城県坪井上遺跡では採集品で5点、発掘調査によって3点の良質な翡翠製大珠の出土を認め、同遺跡からは越後より搬入された完形土器も出土している（鈴木1999）。また、栃木県馬頭町岡平の長さ14cmを超える鰹節、栃木県湯津上村岩舟台の良質な玉斧など、質・量とも周辺地域を圧倒している。

引用・参考文献

青森県立郷土館　2001　『火炎土器と翡翠の大珠—土の芸術、石の美、そして広域交流—』
阿部　朝衛　1987　「第6章 磨製石斧生産の様相」『史跡寺地遺跡』青海町
安藤　文一　1982　「翡翠」『縄文文化の研究』8　雄山閣出版
安藤　文一　1983　「翡翠大珠」『縄文文化の研究』9　雄山閣出版
糸魚川市教育委員会　1981　『長者ヶ原遺跡範囲確認調査概要（第4次・第5次）』
糸魚川市教育委員会　1992　『平成3年度 遺跡発掘調査概報—五月沢遺跡・岩野B遺跡—』
糸魚川市教育委員会　1993　『国指定史跡 長者ヶ原遺跡—7次調査概報』

糸魚川市教育委員会　1994　『国指定史跡 長者ヶ原遺跡―8次調査概報』
糸魚川市教育委員会　1996　『国指定史跡 長者ヶ原遺跡―10次調査概報』
糸魚川市市史編さん委員会　1986　『糸魚川市史 資料集1―考古編』糸魚川市役所
江坂　輝弥　1957　「所謂硬玉製大珠について」『銅鐸』第13号　立正大学考古学会
青　海　町　1987　『史跡寺地遺跡』
小熊　博史　2001　「長岡周辺で発見された縄文時代中期の大珠類」『長岡市立科学博物館研究報告』36
加藤三千雄　1988　「新保・新崎式土器様式」『縄文土器大観』3 中期II　小学館
木島　　勉　1995　「縄文時代における翡翠製玉類の生産―研究の現状と課題―」『フォッサマグナミュージアム研究報告』第1号　フォッサマグナミュージアム
木島　　勉　1997　「ヒスイ生産集団の様相―縄文時代中期をモデルとした試案―」『頸城文化』49号　上越郷土研究会
木島　　勉　2003a「縄文時代における翡翠加工―生産遺跡とその技術―」『ヒスイ文化フォーラム2003』
木島　　勉　2003b『日本における硬玉の加工とその遺跡―大珠を中心として―」『研究会議 環日本海の玉文化の始源と展開』敬和学園大学人文社会科学研究所
木島勉・山岸洋一　1997　「長者ヶ原遺跡の縄文時代中期の集落跡について―遺構を中心として―」『新潟考古』第8号　新潟県考古学会
栗島　義明　1985　「硬玉製大珠の広大な分布圏」『季刊考古学』第12号　雄山閣出版
小林　達雄　1996　『縄文人の世界』朝日新聞社
上越市史編さん委員会　2003　「山屋敷I遺跡」『上越市史』資料編2考古　上越市
「シンポジウム 新潟県の縄文集落」実行委員会　2003　『新潟県の縄文集落―中期前葉から中葉を中心に―』新潟県考古学会
鈴木　素行　1999　「越の旅人 望郷篇」『茨城県考古学会誌』
鈴木　俊成　1998　「新潟県の蛇紋岩製磨製石斧について―縄文時代前半期の生産遺跡と消費遺跡を中心に―」『研究紀要』第2号　財団法人新潟県埋蔵文化財調査事業団
寺崎　裕助　1994　「新潟県における縄文時代の拠点集落跡―中期を中心として―」『新潟考古学談話会会報』第14号　新潟考古学談話会
寺村　光晴　1995　『日本の翡翠―その謎を探る―』吉川弘文館
寺村　光晴　2003　「考古学上における貴石の出現」『新世紀の考古学』
寺村光晴・安藤文一・千家和比古　1979　「硬玉の出現と終末」『大角地遺跡』青海町教育委員会
十日町市教育委員会　1998　『寿久保・春山遺跡発掘調査概要報告書』
栃木県立なす風土記の丘資料館　1995　『豊かな恵みの中で―なすの縄文人―』栃木県教育委員会
富山県教育委員会　1987　『北陸自動車道遺跡調査報告 朝日町編3 馬場山D遺跡・馬場山G遺跡・馬場山H遺跡』
富山県教育委員会　1989　『北陸自動車道遺跡調査報告 朝日町編4 境A遺跡』
富山県教育委員会　1990　『北陸自動車道遺跡調査報告 朝日町編5 境A遺跡―石器編―』
長岡市教育委員会　1981　『埋蔵文化財発掘調査報告書 岩野原遺跡』
長岡市教育委員会　1998　『中道遺跡―農業基盤整備事業に伴う発掘調査―』
長岡市教育委員会　2001　『馬高・三十稲場遺跡―史跡「馬高・三十稲場遺跡」環境整備に伴う発掘調査概報―』
新潟県教育委員会・財団法人新潟県埋蔵文化財調査事業団　1999　『上信越自動車道関係発掘調査報告書V 和泉A遺跡』
財団法人新潟県埋蔵文化財調査事業団　1997　『大武遺跡現地説明会資料』

能生町史編さん委員会　1986　『能生町史 上巻』能生町役場
平吹　　靖　1999　「縄文時代における石器製作技術復元―北陸地方における磨製石斧製作を中心として―」『柏崎市立博物館 館報』第13号　柏崎市立博物館
藤田富士夫　1989　『玉』ニュー・サイエンス社
藤田富士夫　1992　『玉とヒスイ―環日本海の交流をめぐって―』同朋舎出版
前山　精明　1994　「新谷遺跡」『巻町史 資料編1・考古』巻町
山本　正敏　1991　「蛇紋岩製磨製石斧の製作と流通」『季刊考古学』第35号　雄山閣出版
吉川町教育委員会　1992　『古町B遺跡発掘調査報告書』
藁科　哲男　1986　「ヒスイの原産地を探る」『古代翡翠文化の謎』森浩一編　新人物往来社
藁科　哲男　1988　「ヒスイを科学する」『古代翡翠道の謎』森浩一編　新人物往来社

新潟県出土縄文中期の土偶

石川　智紀

1. はじめに

　縄文中期になると東日本、とくに北陸や中部高地を中心に土偶の出土数は増加し、地域的特色が現れはじめる。体部は立体的になり、下半身に安定感が増す。また脚部を表現し、立たせることが可能な形態が製作される。顔面の表情は豊かになり、体部に文様が積極的に施されるようになる。

　新潟県内では現在までのところ、各時期を通じて約1,000点を超える土偶が出土している。「土偶とその情報研究会」による1992年時点の調査報告では、全国で約1万点の土偶が出土している（新潟県の報告は183点）。実質的には総数に誤差があるものの、新潟は比較的多く土偶を製作していた地域と見ることができる。各時期の出土遺跡数は中期84遺跡、後期58遺跡、晩期22遺跡である。時期の連続する遺跡を考慮しても、全体で150遺跡以上から土偶が出土している。また各時期における出土数の割合は、それぞれ55％、30％、15％と過半数を中期土偶が占める（石川1999）。

2. 出土遺跡の分布

　中期土偶が出土した遺跡は丘陵縁辺部・山間部を中心に広く分布するが、大きく分けて4地域に集中している。駒形氏は五頭山麓を中心とした地域を「①五泉・安田・笹神地域」、刈谷田川と五十嵐川の流域を「②栃尾・見附・栄・下田地域」、信濃川中流域を「③長岡地域」、信濃川上流域を「④中魚沼地域」とそれぞれ呼称した（駒形1998）。出土数では「②栃尾・見附・栄・下田地域」がもっとも多く、次に「④中魚沼地域」が多い。「③長岡地域」と「①五泉・安田・笹神地域」はほぼ同じである。信濃川上〜中流域にかけては、ほぼ連続して遺跡が分布しているが、信濃川と丘陵を挟んだ魚野川流域では、土偶がほとんど出土していない。

　また、その形状や文様構成などから人体を抽象化したものと考えられる三角形土版（土偶）の分布を見てみると、県内では信濃川の上・中流域を中心に32遺跡から約150点以上が出土している。四肢表現がされる人形の土偶と共伴する遺跡も多いが、魚野川流域にもその分布が認められているため、両者の用途の違いも含めて注目される。

3. 中期土偶の形態

　東北・北陸・中部高地などの影響を受けて発展したと考えられる県内の土偶の多くは、頭頂部が平滑または皿状を呈する、いわゆる河童形土偶に分類される。中期の北陸・中部高地を代表する土偶の一形式として、現在認識されている。頭部資料の認められない遺跡も多いが、全体的な状況は大きく変わらなかったのではないかと思われる。

表1　中期土偶出土遺跡一覧

No.	遺跡名	所在地	土偶	三角	No.	遺跡名	所在地	土偶	三角
1	前田	岩船郡朝日村大字三面字前田	3		51	小坂	十日町市高島（高島第一）	14	1
2	貝塚	北蒲原郡加治川村貝塚	5		52	城倉	十日町市大黒沢	1	8
3	石田	新発田市上石川字石田	11		53	横割	十日町市新宮（新宮第一）	2	
4	上車野E	新発田市大字宮古木字上車野	1		54	南曇	十日町市新宮（南雲）	2	2
5	堤下	北蒲原郡豊浦町滝沢字堤下	1		55	大井久保	十日町市馬場（珠川第二）	3	1
6	大室	北蒲原郡笹神村大室字下里	1		56	ぼんのう	十日町市馬場（珠川第二）	2	5
7	村杉	北蒲原郡笹神村大室字村杉	5		57	仏子田	中魚沼郡中里村貝野丙	1	
8	横峯B	北蒲原郡安田町寺社字横峯	1		58	南原	中魚沼郡津南町三箇字南原	1	
9	ツベタ	北蒲原郡安田町保田字ツベタ	42		59	屋敷田	中魚沼郡津南町下船渡字屋敷田	1	○
10	中道	北蒲原郡安田町寺社字中道	1		60	森上	中魚沼郡中里村田沢字高道山	1	○
11	萩野	北蒲原郡安田町六野瀬字萩野	1		61	芋川原	中魚沼郡中里村田沢字芋川原	1	
12	野中	北蒲原郡安田町草水字野中	1		62	道尻手	中魚沼郡津南町下船渡	○	○
13	大蔵	五泉市大蔵字大沢	8		63	堂尻	中魚沼郡津南町下船渡字堂尻	2	
14	キンカ杉	東蒲原郡上川村九島字下原	9	△	64	上野	中魚沼郡津南町上郷上田字下ノ原	2	
15	大沢	西蒲原郡巻町稲島字諏訪山	17		65	沖ノ原	中魚沼郡津南町赤沢字沖ノ原	12	○
16	豊原	西蒲原郡巻町福井字堰場・クリヤ潟	3		66	反里口	中魚沼郡津南町秋成	○	
17	古屋敷	南蒲原郡田上町田上字古屋敷	1		67	堂平	中魚沼郡津南町中深見	○	
18	下戸倉	中蒲原郡村松町下戸倉字道西	2		68	岩野	柏崎市西中通字長崎岩野	2	
19	松葉	三島郡寺泊町下桐字松葉	1		69	十三仏塚	柏崎市田尻軽井字十三仏塚	2	
20	吉野屋	南蒲原郡栄町吉野屋字松原	30	○	70	長峰	中頸城郡吉川町長峰字大屋敷	34	
21	黒坂	見附市新潟町字黒坂	1		71	原山	中頸城郡三和村神田字原山	1	
22	駒込	南蒲原郡下田村駒込字小路方	1		72	山屋敷I	上越市山屋敷町	1	
23	大沢	南蒲原郡下田村大沢字上段	1		73	川原田	上越市茶屋ヶ原字川原田	1	
24	長野	南蒲原郡下田村長野字下田	52		74	黒保	中頸城郡清里村馬屋字黒保	4	
25	熊袋虎谷	栃尾市熊袋字虎谷	1		75	大貝	新井市大貝	○	
26	上樫出	栃尾市上樫出字宮中	2	○	76	松ケ峯	中頸城郡妙高村松ケ峯	2	
27	入塩川	栃尾市入塩川字ぶな	2		77	道添	中頸城郡妙高村東四ツ谷字道添	○	
28	柿ノ木田	栃尾市字柿ノ木田	1		78	和泉A	中頸城郡中郷村	1	
29	田中	栃尾市字田中島？	3		79	兼俣	中頸城郡妙高高原町兼俣字越前	2	
30	栃倉	栃尾市金沢字大倉	25	○	80	十二平	西頸城郡能生町鵜石字十二平	6	
31	耳取	見附市耳取町字岩沢	2	○	81	長者ヶ原	糸魚川市一の宮	19	
32	上稲場	三島郡与板町横原字横屋河内	○		82	大工町	佐渡郡真野町大小字大須	1	
33	馬高	長岡市関原町一丁目字中原	22	○	83	大下	佐渡郡羽茂町大橋字大下	1	
34	南原	長岡市上除町字南原	18	○	84	長者ヶ平	佐渡郡小木町金田新田字長者ヶ平	11	
35	岩野原	長岡市深沢町一丁目字岩野原	19	○					
36	中道	長岡市栖吉町字中道	2						
37	松葉	長岡市栖吉町字松葉	○						
38	山下	長岡市柿町字南田	1	○					
39	来迎寺	三島郡越路町来迎寺	1						
40	多賀屋敷	三島郡越路町神谷字多賀屋敷	1						
41	池津	小千谷市片貝町字北池津・寺社堀	2						
42	堂付	小千谷市高梨字堂付	1						
43	百塚東E	小千谷市千谷字千谷	4						
44	芋川	北魚沼郡広神村川字カギ付	1						
45	清水上	北魚沼郡堀之内町根小屋字清水上	4	○					
46	飯綱山	南魚沼郡六日町余川字飯岡山	2						
47	野首	十日町市下条一丁目（上新田）	○	37					
48	笹山	十日町市中条（上町）	11	52					
49	下梨子	十日町市稲荷町三丁目	1						
50	幅上	十日町市南鰹坂	19	28					

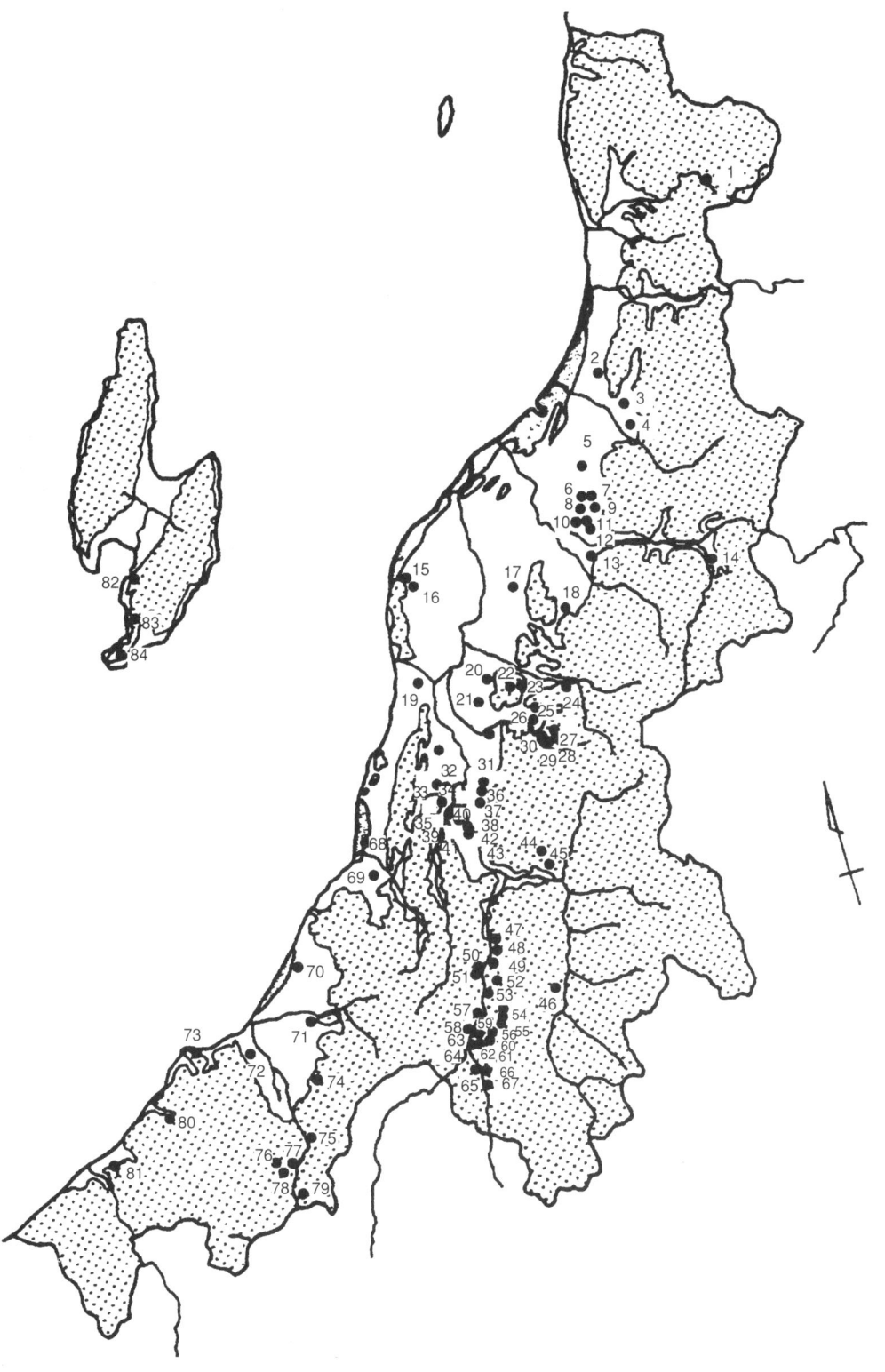

新潟県出土縄文中期の土偶　277

図1　中期土偶出土遺跡分布図

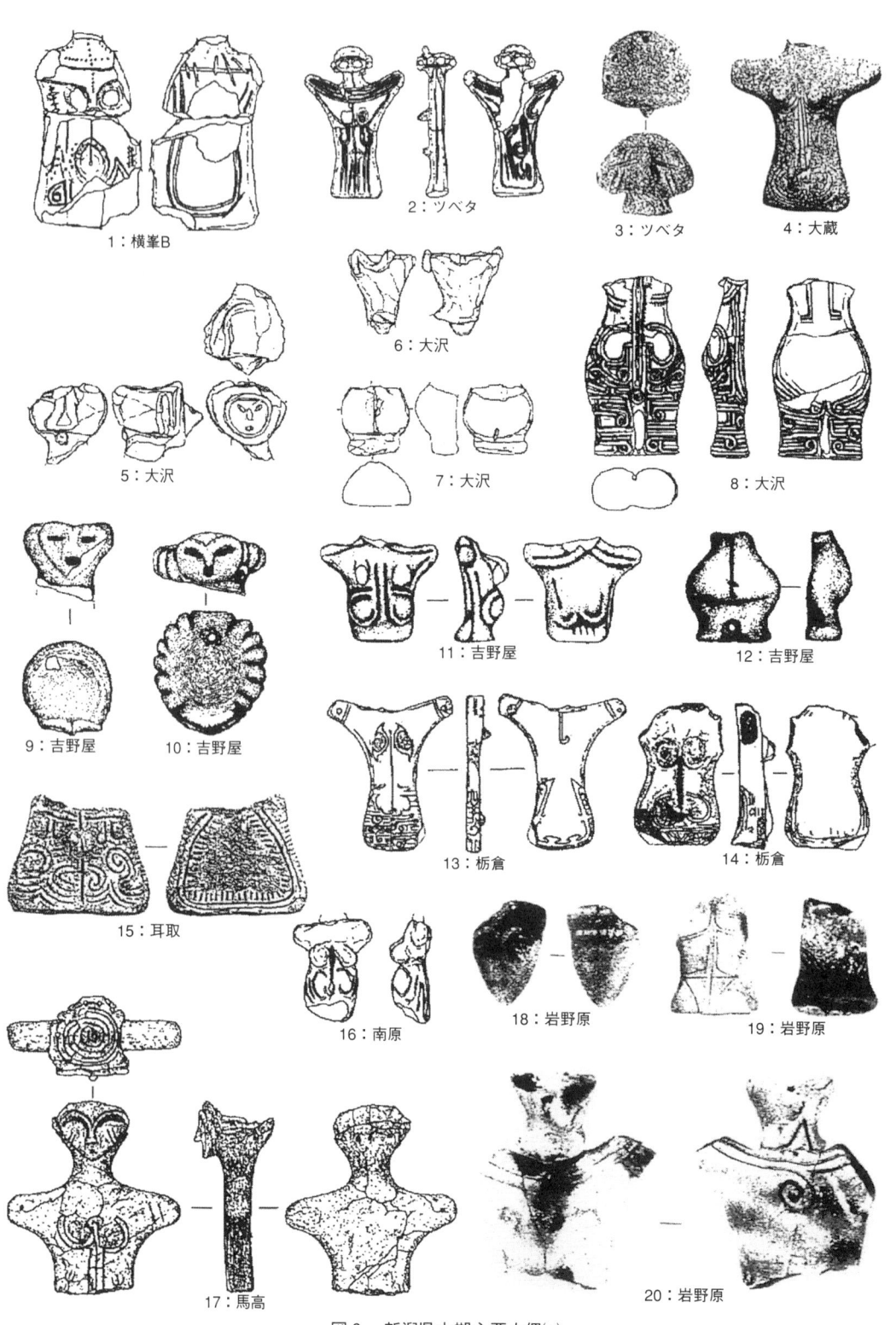

278 第Ⅵ章 火炎土器様式圏の諸側面

1：横峯B
2：ツベタ
3：ツベタ
4：大蔵
5：大沢
6：大沢
7：大沢
8：大沢
9：吉野屋
10：吉野屋
11：吉野屋
12：吉野屋
13：栃倉
14：栃倉
15：耳取
16：南原
17：馬高
18：岩野原
19：岩野原
20：岩野原

図2　新潟県中期主要土偶(1)

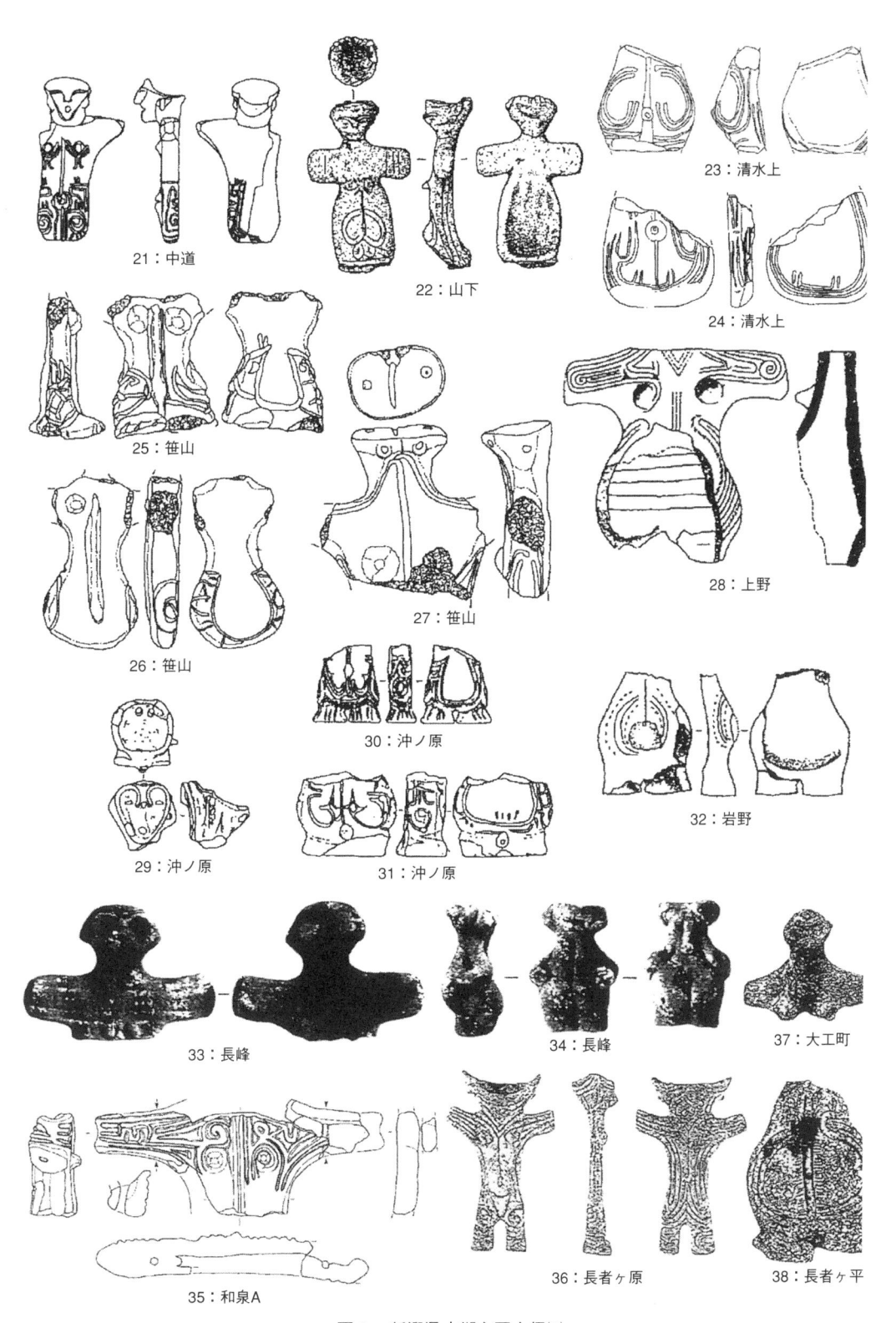

新潟県出土縄文中期の土偶　279

21：中道
22：山下
23：清水上
24：清水上
25：笹山
26：笹山
27：笹山
28：上野
29：沖ノ原
30：沖ノ原
31：沖ノ原
32：岩野
33：長峰
34：長峰
37：大工町
35：和泉A
36：長者ヶ原
38：長者ヶ平

図3　新潟県中期主要土偶(2)

体部に注目して見ると、遺跡ごとに文様構成はさまざまだが、主に脚部の有無・下腹部形状などから大きくＡ・Ｂ二つのタイプに分類できる（駒形1992・1998）。簡単にいえば、Ａタイプは無脚で体部全体が板状を呈する土偶である。Ｂタイプは有脚で立体的な土偶である。腹部は前面および横に張り出し、裏面はややへこんで出尻の感じとなる。しかし中葉以降になると、両者の形態は折衷していくようである。以前、土偶の全身形を復元することを目的として、頭部・腕部・体部1（上半身）・体部2（下半身）・脚部の部位ごとに形態分類を行い、その各部位の相関関係（接合関係）を検討したことがある（石川1992）。その結果、さまざまなバリエーションが考えられたが、ほぼＡ・Ｂタイプと同じ形態が多いことがわかった。駒形氏は大きな流れとして、ＢタイプからＡタイプへの変化を想定している（駒形1998）。しかし、直接的に繋がらないと思われる形態もあり、他地域からの影響も考慮しながら検討する必要がある。

　Ａ・Ｂ二つのタイプは一部の形状により分類した現段階の大枠であり、県内すべての土偶を網羅してはいない。折衷形やそれ以外のものも多い。しかし土偶は同種多量の遺物と異なりその形状・文様構成はさまざまで、その形状を示す名称に関しても統一されていない感がある。今後各属性を分類し、その分類が相関する近似遺物が増加すれば、改めてタイプ設定・定義が可能と思われる。

　一例として、脚部は無脚と有脚に大きく分けられる。さらに無脚は、①下半身が薄い板状で、底面形状にかかわらず立たないもの（1・13・15・21・26）、②下半身が厚い板状で、底面が平たく立つもの（4・19）、③下半身が薄い板状だが、底面付近が肥厚して立つものなどに分けることができる。有脚は主に製作的な観点から、①左右両脚が分離し体部とは別個に製作したもの（23・30・32・38）、②左右両脚が分離するが体部と一緒に製作したもの（36）、③左右脚部を一緒に製作後線引きなどして両脚を表現するもの（8）、④左右脚部を一緒に製作後中央を穿孔して両脚を表現するもの（12・31）、⑤体部と脚部の境をくびれで表現した単脚的なもの（7・22）などに分けられる。以上のように無脚を3類、有脚を5類に分類したが、実測図だけでは分類不可能なものも多くある。

　ほかに中期土偶の特徴の一つとして、頭や腕に懸垂孔と呼ばれる穴が開けられたものがある。頭部懸垂孔は正面以外の縁辺部に複数穿たれる例が多いが、10のように1孔だけのものもある。腕部懸垂孔を見ると、前葉段階は「つけ根部・縦方向」の例が多く、中葉になると次第に「先端部・横方向」に変化していく傾向がある。17は頭部と腕部の両方に懸垂孔が開けられる。

4．各時期の主な傾向

　次に各時期における傾向を、他地域との関係を見ながら概観してみたい。

1）前　葉

　県内の土偶は大木7a式併行期のものは少なく、大木7b式併行期にその数が増加する。またこの時期に大形品や中空品も出現する。

　東北地域南部では、大木7b式期に「有脚・立像・出尻形」の西ノ前タイプが出現する。阿賀野川以北で今後出土する可能性が高い。8は脚部が長脚で、線引きにより両脚を表現している点、横位施文している点などの共通性があり、影響を受けた可能性がある。

　北陸地域では、新保・新崎式の土器が県内に広範囲に分布し、その影響を受けた土偶が多く出土

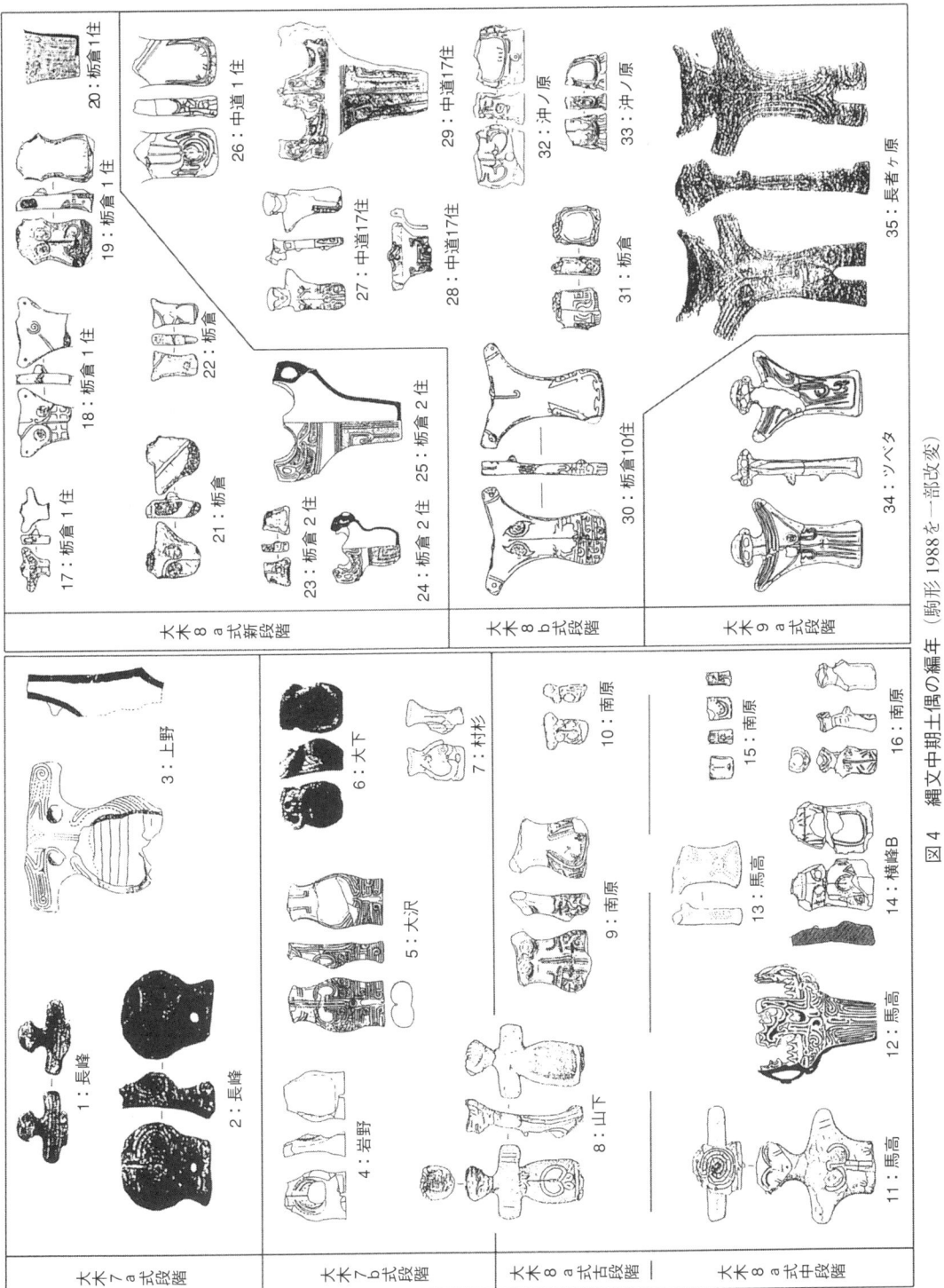

図4 縄文中期土偶の編年（駒形1988を一部改変）

する。長山タイプと呼ばれる土偶は、新保式から新崎式への過渡期に製作された土偶であるが、吉川町長峰遺跡では同様の頭部や腕を下方に下げた形態の土偶が出土している。体部文様は半隆起線で密に施され、土器文様との共通性も多い。基本的には有脚立像で、小形土偶（34）や中空の土偶もある。同様に大形で中空の土偶が津南町上野遺跡（28）や中郷村和泉A遺跡（35）で出土している。

　中部高地からの影響は不明確な部分が多く、隣接する長野県北部でもその出土数は少ない。しかし巻町大沢遺跡出土の5は、五領ヶ台Ⅱ式期の頭部と酷似しており、信濃川を媒介として影響を受けたと思われるため、その流域で今後出土する可能性は高い。

2）中　葉

　県内ではもっとも土偶が多く製作された時期で、無脚の土偶も増加してくる。土偶に施される文様は大木8a式併行期のものが粗く、大木8b式併行期のものが密な傾向がある。顔面は頭部に直接施文するものより、顔面部を別個に独立させた仮面状を呈するものが多い。

　東北地域との関係は今後検討されるべきだが、この時期に無脚の土偶が増加することは、東北地方に広がる「無脚・板状」の土偶からの影響が考えられる。県内の無脚板状土偶の分布を見ると、長岡地域以北に多いのもそのことを示していると思われる。

　北陸地域からの影響は上越以西に限定される。糸魚川市長者ヶ原遺跡の36には臍付近で巻かれる正中線、脇腹に対称弧線、股部に逆三角形文の施文がある。この特徴は富山県片掛遺跡出土の古府式期の土偶と共通性が多い。中部高地からの影響を直接示す資料はなく、現時点では不明である。

3）後　葉

　この時期は土偶を出土する遺跡も少なく、その実態は不明確である。安田町ツベタ遺跡は大木9式の土器が主体の遺跡で、2・3などの土偶が数点出土している。しかしその形状は、前段階（大木8b式期併行）の栃尾市栃倉遺跡の土偶（13）と似ているため、今後所属時期について検討が必要である。糸魚川市長者ヶ原遺跡では、体部を大きく反った土偶や頭部が簡略された土偶が出土している。これらは北陸の串田新式期の土偶に見られる特徴である。中部高地では曽利式に土偶が増加するが、その極端な出尻形態は県内では見受けられない。

　以上新潟県内の土偶を概観してきたが、これは平成14年6月段階の発表要旨であるため、最近の資料増加や報告書・論文に対応できていない。とくに平成15年6月に佐藤雅一氏が発表した論文には多くの教示を得ることができた。中期土偶の形態分類や編年に関する研究はまだはじまったばかりであり、今後も検討を重ねていきたいと思う。

参考文献

石川　智紀　1992　「土偶形態分類に関する一視点」『新潟考古学談話会会報』第10号　新潟考古学談話会
石川　智紀　1999　「第2章第7節第1項　土偶・土版」『新潟県の考古学』新潟県考古学会
駒形　敏朗　1992　「新潟県の土偶」『国立歴史民俗博物館研究報告』第37集
駒形　敏朗　1998　「新潟県の縄文中期土偶」『土偶研究の地平』2　「土偶とその情報」研究会
佐藤　雅一　2003　「新潟県における土偶研究の視点」『新潟考古』14号
「土偶とその情報」研究会編　1998　『土偶研究の地平』2　「土偶とその情報」研究会

付編・新潟県巻町中田割遺跡の調査

前山精明・那須孝悌

1. はじめに

　新潟平野の西縁を日本海に沿って連なる山地帯「弥彦・角田山塊」の北端、角田山の東麓に中田割遺跡はある。同山麓のほぼ中央部、石堰地区で計画される圃場整備事業に伴い、2001年12月4日から12月13日にかけて巻町教育委員会が遺跡の低域部を対象とした総面積29㎡の中田割遺跡の試掘調査を実施した。そのおり、台地直下から比高2mほどの小規模な埋没谷が発見され、縄文時代中期初頭から中期中葉に至る遺物がおおむね整然とした状態で包含されていることを確認した。遺物包含層は粘土を母材としており、下部に堆積した灰黒色粘土層については花粉の遺存が期待できる状況を呈していた。
　新潟県内における縄文時代中期の古環境復元は、低湿性遺跡の乏しさに起因して良好な事例がきわめて乏しい状況にある。中田割で発見された低湿地堆積層は、本時期としては数少ない事例となるもので、これを重視した調査担当者の前山は、2ヵ所の壁面から計70サンプルに及ぶ土壌を採取した。
　遺跡の立地・層序・遺物などについて前山が2～4で概要を述べ、古環境分析について那須が概略的報告を行う。

2. 遺跡の概要

　角田山の東麓に発達した南北4km・東西1.5kmにわたる低台地のほぼ中央部に中田割遺跡は位置する。海抜34mを測る低台地の南斜面裾部に形成された狭隘な谷口平坦地から、台地下の水田にかけて立地し、縄文時代前期終末から後期前葉にかけて営まれた居住地跡と見られる。
　遺跡は1954年の農道建設工事に際し発見された。『弥彦・角田山周辺綜合調査報告書』に収録された「弥彦角田山周辺古文化遺跡概観」において、上原甲子郎によってなされた報告が本遺跡の初出文献である。以後表面採集が断続的に行なわれ、『巻町史考古資料編』に概要が掲載されている。
　2001年に実施した試掘調査地の位置と層序模式図を図1右上および同図中段に示す。調査は遺跡範囲の把握を目的とし、現行の遺跡登録区域に隣接した海抜7m台の水田区域に合計9ヵ所の試掘区を設定した。TP1～5は1m四方に限定した手掘調査、TP6～9は3m×2mに範囲を広げバックホーを使用して掘り下げた。TP7・8の中間に示したA・B地点は、2m検土杖を用いた簡易ボーリングによって得られた知見である。
　遺物は農道沿いに設定した7ヵ所すべてから確認された。TP9以南については、包含層の堆積深度が田面下3m以上に及ぶため、安全面などを考慮して作業を断念せざるをえなかった。なお、農道を挟んで東側の水田において排水を意図した小規模な掘削作業が調査直前に行われており、掘り

284　付　編

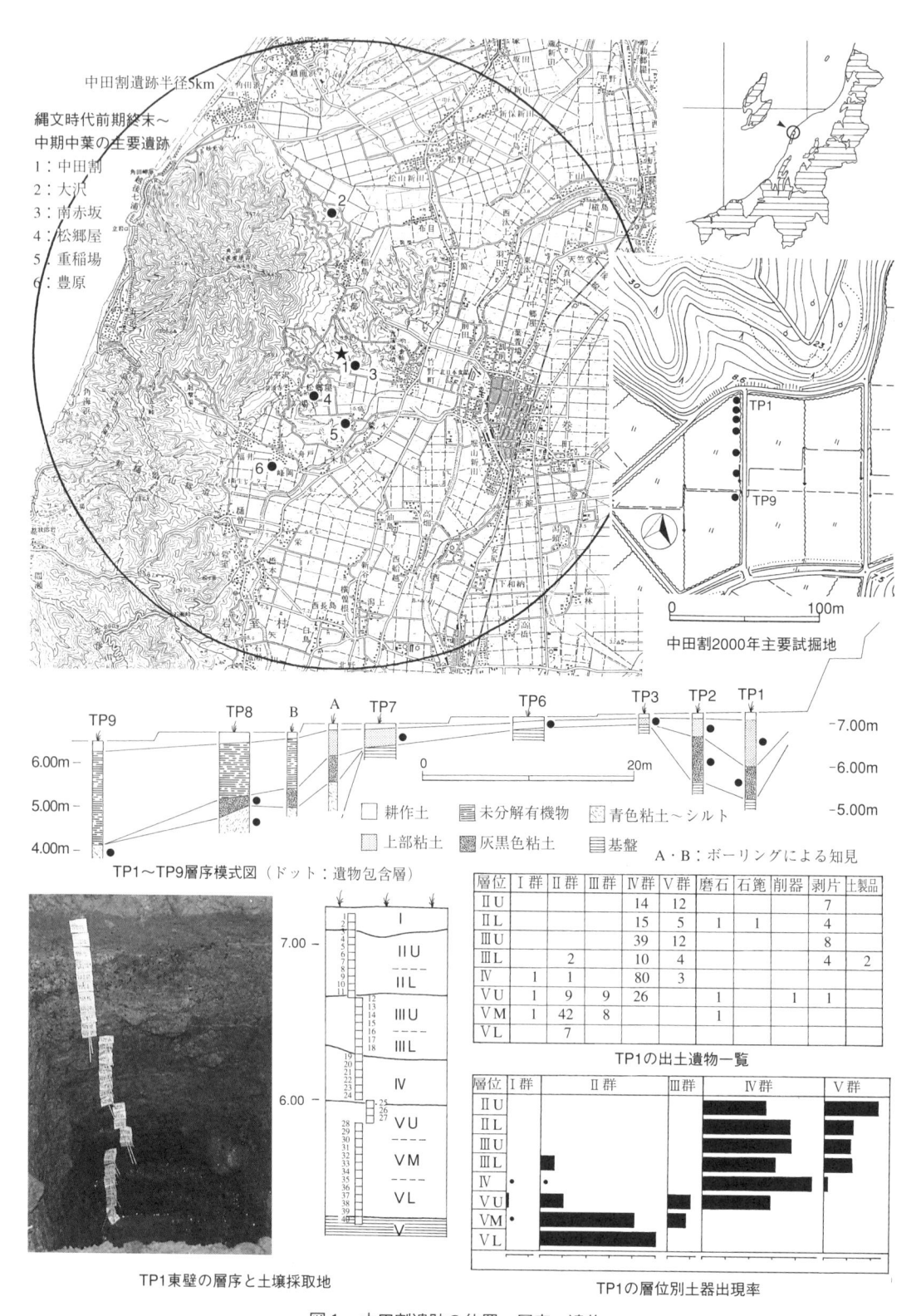

中田割遺跡半径5km

縄文時代前期終末～
中期中葉の主要遺跡
1：中田割
2：大沢
3：南赤坂
4：松郷屋
5：重稲場
6：豊原

中田割2000年主要試掘地

TP1～TP9層序模式図（ドット：遺物包含層）

□ 耕作土　☰ 未分解有機物　▦ 青色粘土～シルト
▨ 上部粘土　▩ 灰黒色粘土　☷ 基盤　A・B：ボーリングによる知見

層位	I群	II群	III群	IV群	V群	磨石	石箆	削器	剥片	土製品
IIU				14	12				7	
IIL				15	5	1	1		4	
IIIU				39	12				8	
IIIL		2		10	4				4	2
IV	1	1		80	3					
VU		9	9	26		1		1	1	
VM	1	42	8			1				
VL		7								

TP1の出土遺物一覧

TP1東壁の層序と土壌採取地

TP1の層位別土器出現率

図1　中田割遺跡の位置・層序・遺物

上げ土内に多量の遺物（縄文時代中期前葉〜後期前葉）が含まれることを確認した。掘削場所はTP1の東にあたる。遺物の分布区域は農道から東方30mあまりまで、これによって遺跡範囲の一端を知ることができる。

　TP1から9に至る南北ラインでは、平坦な現況とは大きく異なり、起伏に富んだ旧地形が展開する。1・2においては、3との比高2mあまりにおよぶ埋没谷が確認された。ともに包含遺物の下限は中期中葉である。TP1については、台地裾部との間に高低差1.4mの急崖が存在するとことから、耕地の造成時に上部層が削平された可能性が高い。TP3〜7には、平坦な微高地が広がる。このうち6では柱穴状土坑が見出され、居住域として利用されていたことをうかがわせる。一方、TP7の南方では基盤層が急激に降下し、断層状地形をなしていた。TP8での知見によれば、基盤直上の堆積物と見られる灰青色粘土層から中期中葉〜後期前葉の遺物が出土しているので、本遺跡の利用期間内に形成された地形と考えられる。

　なお、1980年刊行の『新潟県遺跡地図』によれば、本遺跡の範囲は台地頂部からその南側斜面にかけてとされている。しかし、現在に至るまで斜面一帯は山林として利用されており、居住に適した平坦地や緩斜面も存在しない。遺跡範囲の実態とは異なるもので、事実誤認に基づく登録ミスと考えざるをえない。

3. 埋没谷の層序

　埋没谷中央部に位置するTP1の層序は次のとおり。

第Ⅰ層：青褐色粘土（試料No.1〜2）……層厚16〜20cmの耕作土。地表面の海抜は7.25mを測る。

第Ⅱ層：暗黄褐色粘土（試料No.3〜11）……層厚36〜42cmの硬質土。暗褐色粘土中に黄褐色〜灰褐色をなした粘土粒子が多量に入り混じり、層内には炭化物が多量に含まれる。下面はほぼ水平堆積する。本層は酸性度が高く、土器の表面には酸化鉄の付着が著しい。

第Ⅲ層：暗褐色粘土（試料No.12〜18）……Ⅱ層と同質の暗褐色粘土層。比較的硬質で、Ⅱ層と同様炭化物を多量に含む。厚さ30〜40cmを測り、東へ向かって層厚を増す傾向にある。

第Ⅳ層：緑青褐色粘土（試料No.19〜24）……緑青色粘土（Ⅵ層）を多量に含む堆積土。上半部ではⅢ層の暗褐色粘土、下半部ではⅣ層の灰黒色粘土をベースとし、後者における緑青色粘土はブロック状を呈する。層厚28〜35cm。

第Ⅴ層：灰黒色粘土（試料No.25〜39）……いわゆる黒泥層にあたり、緻密な構造からなる堆積土である。上面から20cmまでの間は軟質であるが、それ以下は硬質化する。層厚72〜74cmで、上面は東へ向かい傾斜する。

第Ⅵ層：緑青色粘土（試料No.40）……きわめて硬質な粘土層。遺物の存在は確認できず、本地点の基盤をなす。

4. 出土遺物と土砂堆積

1）　縄文土器の概要

　TP1における縄文土器の出土量は、わずか1m²という面積にも関わらず膨大で、所属時期の特定

が可能な有文土器だけで300点あまりに達する。これらは層位的な出現状況および型式的な特徴により5群に大別できる。ここでは、土層堆積時期の推定根拠となる土器の概要についてのみ述べる。図2〜図4に主要土器と土製品2点を掲載した。番号末尾は試掘区Noと出土層位を表す。

第Ⅰ群土器（第2図1〜3）　プライマリーな包含層が確認できなかった前期終末土器を本群とする。3点の出土にとどまった。1は縄文を地文とし、横位の結節浮線文と波状のソーメン状浮線文を施す。2は「く」の字状の断面形をもった口縁部資料。繊細な竹管工具による斜行集合沈線を施し、口端にソーメン状浮線を等間隔に貼付する。3は口端内面が肥厚する集合沈線施文土器。近隣の重稲場遺跡での区分（巻町1995）に基づけば、1はⅠ群、2はⅡ群、3はⅠ〜Ⅱ群に該当する。

第Ⅱ群土器（第2図4〜16）　Ⅴ層下部において単純層をなし、同層中部で主体を占めるグループ。北陸の新保Ⅰ式〜Ⅱ式、角田山麓の豊原遺跡Ⅴ群に並行する土器群である。豊原での層位的な知見によれば新旧2段階に細分でき（小野・前山ほか1988）、前者を中期前葉1期、後者を同2期と呼称しておく。

4〜6は、2に類した器形や集合沈線によるY字〜V字文を特徴とし、1期に比定できる。数量的に限定されており、次に述べる2期土器群と混在状態にあった。7〜16は主として2期に属す資料で、本群の量的主体を占める。主な特徴としては、口縁部文様帯の簡略化または省略化（8・10〜15）、施文具の粗大化や文様の粗雑化（7）、体部文様の簡略化（9〜11）、口端や隆帯上における斜行縄文施文（10・15）、体部地文における網目状撚糸文の多用（11）が挙げられる。16は斜行格子目沈線に曲線的な竹管沈線を加え、破片上端に橋状突起が配される。北信〜頸南の中期初頭土器に類似しており、搬入品の可能性がある。

第Ⅲ群土器（第2図17〜19）　Ⅴ層中部〜上部で出現するグループ。北陸の新保Ⅲ式および豊原Ⅵ群並行土器で、中期前葉3期と呼称する。Ⅱ群新段階に較べ出土量の減少が著しい。17・18は彫刻蓮華文、19は縄文施文がなされた肥厚口縁下に縦位集合沈線が施される。

第Ⅳ群土器（第3図20〜4図37）　Ⅴ層上部で出現し、Ⅱ層上部までの間で主体を占めるグループ。北陸の新崎式に並行する土器群である。近隣の大沢遺跡A地区では新旧2段階に細分できることが層位的に確認されており（巻町教育委員会1990）、これを中期前葉4期・5期とする。

本時期土器群には、三角形〜扇形をなした大波状口縁（31・35）、「く」の字状の内屈口縁（27）、楔形刻目文（25・27・28）、狭義の蓮華文（26）、幅の異なる2種の竹管工具併用（32〜35など）、連続爪形文欠落個体（29）、といった5期の指標となる資料が多数を占める。Ⅲ群の出土量が僅少な点も考慮すれば、4期土器群は欠落もしくは微量の存在にとどまる可能性が高い。隆帯・沈線による区画を行う37は、東北南部の大木7b式系土器である。

第Ⅴ群土器（第4図38〜49）　中期中葉土器群。Ⅳ層からⅡ層上部までの間で出土した。Ⅱ層上部で出現率の上昇を認めるものの、本時期主体の包含層は確認できなかった。全体に保存状態が悪く、好資料に欠ける。

39は前葉最終末〜中葉初期の資料。三角形の大波状口縁下に刻目付隆帯や彫刻文様を施す。38・40〜47は器面全体を隆帯・沈線で飾る火炎類群であるが、真正な火焔型土器および王冠型土器は出土しなかった。時期的には幅があり、38は前半段階、43〜45などは後半段階と考えられる。48・

新潟県巻町中田割遺跡の調査 287

図 2 埋没谷出土の縄文土器(1)

288 付　編

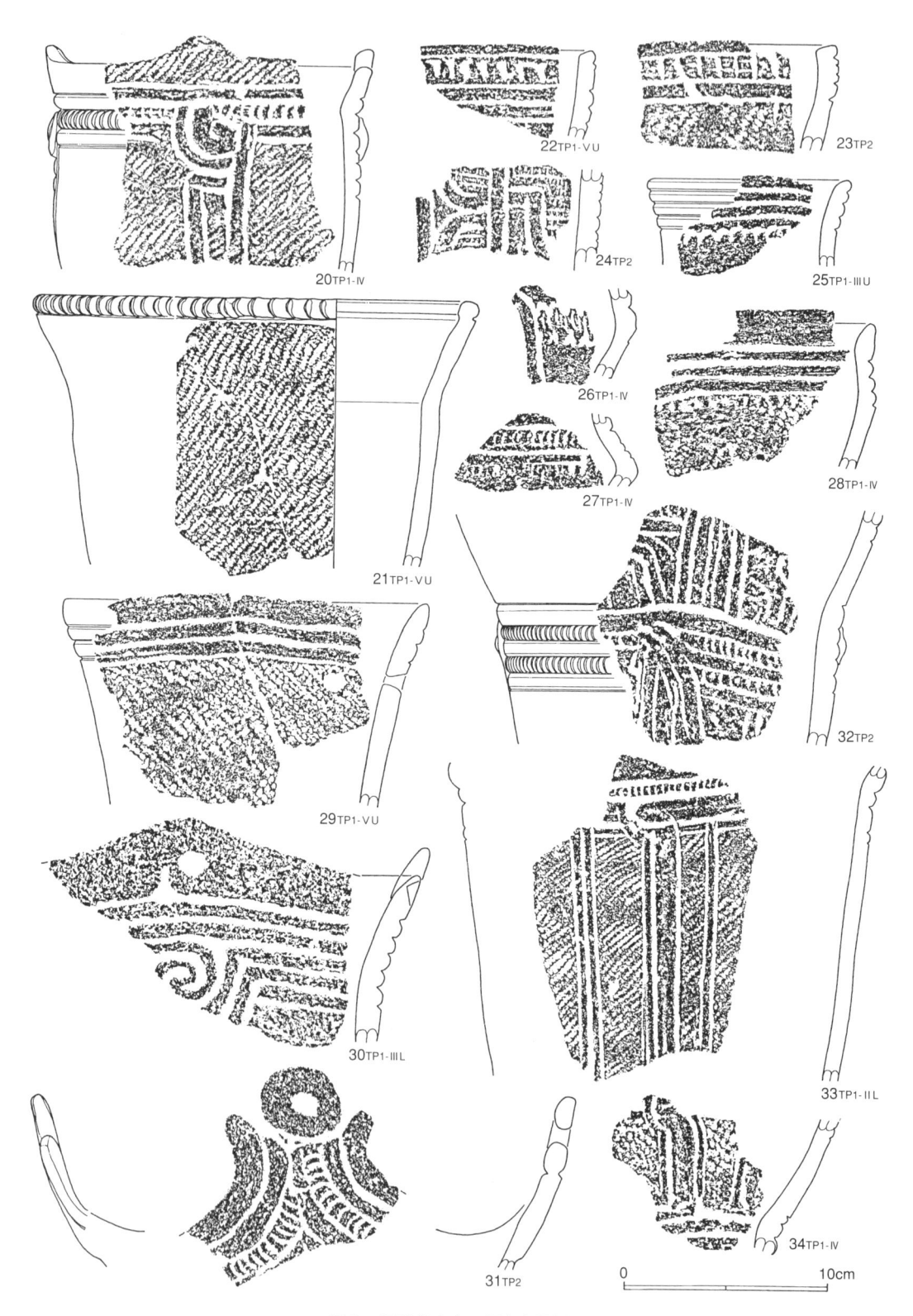

図3　埋没谷出土の縄文土器(2)

新潟県巻町中田割遺跡の調査 289

図4 埋没谷出土の縄文土器(3)と土製品 (砂目:破損面)

表1　埋没谷の堆積過程

区分	層位	試料No.	堆積時期（土器区分）	堆積厚
①	Ⅲ層上部 ～ Ⅱ層上部	3～15	中期中葉後半（Ⅴ群新段階）	80cm
②	Ⅳ層（上部） ～ Ⅲ層下部	16～21	中期中葉前半（Ⅴ群古段階）	30cm
③	Ⅴ層上部 ～ Ⅳ層（下部）	22～29	中期前葉5期（Ⅳ群）	40cm
④	Ⅴ層中部	30～34	中期前葉3期（Ⅲ群）～4期？	30cm
⑤	Ⅴ層下部	35～39	中期前葉2期（Ⅱ群新段階）	25cm

49はこれらに伴う大木8a～8b式系土器である。

2）　土器から見た谷の埋没過程

　土器群の出土状況に基づく埋没谷の堆積過程を表1に示した。包含層の基底部から最上部までの堆積時期は、中期前葉2期から中葉後半段階の時間幅をもち、土器型式のうえで五つの層群に大別できる。

　⑤層・④層はⅤ層の下部から中部にあたる。土質に差は見られず、包含土器も連続的に推移する。これに対し、③層では下底部から中期前葉5期の資料が出土しており、土器型式の上で断絶期間が介在する。本時期はⅣ層に至り堆積環境が一変するとともに、遺物量の急激な増加を認める点も大きな特徴で、谷の埋没過程における一大画期をなしている。②層・③層は、ともに中期中葉層であるが、Ⅴ群土器の出土量は総じて少なく、各層常に客体的な存在であり続ける。資料数の制約により前半・後半の層位的な境界は若干流動的な面をもつものの、②・③層の層厚には明確な差が存在しており、後半段階に入り堆積速度が加速した可能性が高い。

　谷の埋没過程において認める堆積環境と遺物包含状況の特徴的な変遷については、今後人為的な要因と地形変化の両面から検討する必要がある。前述のような断層状地形の成因追求もこれに関連して重要な課題となる。

5. 種実および花粉・胞子

　中田割遺跡で採取された試料の花粉分析および種実分析は、まだ分析の途中であるが、現状での知見を概報する。

　試料を水酸化カリウム処理した直後に、植物遺体および粗粒物質を篩い分けして種実分析用とし、篩を通過した泥土を花粉分析用とした。

1）　花粉分析

　試料はすべて粘土またはシルト質粘土で、多くの試料ではフミン酸含有量も多かった。しかし花粉・胞子の含有量は少なく、いずれの試料でも統計処理が可能なまでの粒数を同定することはできなかった。今までに同定されたものは、裸子植物の花粉ではマツ属二葉松類（*Pinus* subgenus *Diploxylon*）とツガ属（*Tsuga*）、シダ植物の胞子のヒカゲノカズラ属スギラン型胞子（*Lycopodium* sp. subgenus *Urostachys*; *L. cryptomerinum* Maxim. type）、オシダ科－チャセンシダ科（Aspidiaceae-Aspleniaceae）、ゼンマイ属（*Osmunda*）、ノキシノブ属（*Lepisorus*）で、その他にはコケ植物の胞子と土壌菌の胞子である。

花粉分離作業ののち封入された花粉スライド中には炭片が非常に多く、花粉・胞子ではオシダ科－チャセンシダ科の胞子と二葉松類の花粉が相対的に多い。一方で被子植物花粉については同定可能な花粉粒がまったく見当たらず、わずかに見出されるものは溶蝕劣化が著しく種類が決めがたい。紫外線とバクテリアによる選択的風化消失によるものではないかと考えられる。

2） 種実分析

植物遺体では多量の炭片に混じってニワトコ（*Sambucus racemosa* L. subsp. *sieboldiana* (Miquel) Hara；スイカズラ科 Caprifoliaceae）の種子（試料No.32；第ⅤM層）とアカメガシワ（*Mallotus japonicus* (Thunb.) Mueller-Arg.；トウダイグサ科 Euphorbiaceae）の種子（試料No.32；第ⅤM層およびNo.36；第ⅤL層）が検出された。

植物の種子が検出されたNo.32は暗灰褐色粘土で、扱った試料の湿潤重量は92g、No.36は黄色シルトの小さな塊が混入する暗黄褐色粘土で、扱った試料の湿潤重量は99gであった。処理した試料が少ないにもかかわらず複数の種子が検出されたことを考えれば、第Ⅴ層の堆積物を多量に処理して種実分析をすれば多くの情報が得られるものと期待される。

3） 若干の討論

第Ⅴ層の堆積物の場合とは異なり、第Ⅳ層の試料No.24は多量の淡褐黄色シルト質粘土の塊が混入する暗褐色粘土、No.20は鈍い黄灰色粘土の塊と黄灰色粘土の塊との混合堆積物であり、第Ⅲ層のNo.16は淡黄色シルトの塊および炭片を含む暗黄灰色シルト質粘土、第ⅡU層のNo.4は暗黄灰色シルト質粘土の塊と淡黄灰色シルト質粘土の塊との混合堆積物であり、炭片およびフミン酸の含有率も低い。土地に対する人為的働きかけが盛んであったことを暗示するが、さきに述べたように粘土層またはシルト質粘土層の場合でもフミン酸量が多いにもかかわらず、花粉・胞子の含有率が低いだけでなく選択的風化消失作用を受けた可能性があり、普通の堆積域とは異なる特異な古環境だったのではないかと思われる。しかし、残念ながら遺跡の発掘調査に参加できず、地層の堆積状況や分布状況を把握していないため実態は不明である。

参考文献

上原甲子郎　1956　「弥彦角田山周辺古文化遺跡概観」『弥彦角田山周辺綜合調査報告書』　新潟県教育委員会
小野昭・前山精明ほか　1988　「巻町豊原遺跡の調査」『巻町史研究』Ⅳ　巻町
巻　　町　1995　『巻町史　資料編1　考古』
巻町教育委員会　1990　『大沢遺跡』

執筆者一覧(五十音順)

石川　智紀（いしかわ・ともき）
1968年生。
新潟県教育庁。
<著書論文>「信越の中期初頭の様相」(『土偶研究の新地平2』勉誠社、1998年）など。

今福　利恵（いまふく・りけい）
1964年生。
山梨県埋蔵文化財センター。
<著書論文>「火炎土器の系譜」『縄文の美・火焔土器の系譜』十日町市博物館、1996年）など。

小熊　博史（おぐま・ひろし）
1963年生。
長岡市立科学博物館。
<著書論文>「岩野原遺跡出土の火焔型土器群(1)―火焔型土器群の研究Ⅰ―」(『長岡市立科学博物館研究報告』第38号、2003年)、「新潟県荒沢遺跡出土の赤色顔料とその利用形態」(『旧石器考古学』64、2003年)。

木島　勉（きじま・つとむ）
1959年生。
糸魚川市教育委員会。
<著書論文>「生産遺跡のタイポロジー―縄文時代中期における攻玉・磨製石斧生産遺跡の分類試案―」(『ヒスイ文化研究所所報』1号、2003年)、『硬玉の加工開始の諸問題―大珠製作の技術的背景を中心として』(『環日本海の玉文化の資源と展開』敬和学園大学人文社会科学研究所、2004年）など。

小島　俊彰（こじま・としあき）
1942年生。
金沢美術工芸大学教授。
<著書論文>「前田式土器様式と岩峅野式土器様式の諸型式」(『大境』第20・21号、富山考古学会、2000年）など。

後藤　明（ごとう・あきら）
1954年生。
同志社女子大学教授。
<著書論文>『海を渡ったモンゴロイド』(講談社、2003年)、『ハワイ研究への招待』共編著（関西学院大学出版、2004年）など。

小林　達雄（こばやし・たつお）
1937年生。
國學院大學文学部教授・新潟県立歴史博物館館長。
<著書論文>『縄文ランドスケープ』共著（ジョーモネスクジャパン機構、2002年）など。

小林　正史（こばやし・まさし）
1957年生。
北陸学院短期大学教授。
<著書論文>「東南アジアの土器作り民族誌における工程間の結びつき」(『立命館大学考古学論集』Ⅲ、2003年)、「米飯とオカズという調理の分化のはじまり」(『食の科学』311、2004年)。

佐藤　光義（さとう・みつよし）
1940年生。
福島県文化財保護指導委員。
<著書論文>「上小島C遺跡」(『西会津町史』別巻2、共著、福島県耶麻郡西会津町教育委員会、1997年）など。

鈴木　素行（すずき・もとゆき）
1958年生。
財団法人ひたちなか市文化・スポーツ振興公社。
<著書論文>「ケンタウロスの落とし物―関東地方東部における縄文時代晩期の石棒について―」(『婆良岐考古』第24号、婆良岐考古同人会、2002年)、「仙湖の辺―『武田式』以前の『十王台式』について―」(『茨城県史研究』第86号、茨城県立歴史館、2002年)。

塚本　師也（つかもと・もろや）
1961年生。
とちぎ生涯学習文化財団埋蔵文化財センター。
<著書論文>「茨城県北部域における縄文時代中期中葉の土器の一様相―宮後遺跡の調査成果から―」(『領域の研究―阿久津久先生還暦記念論集―』2003年)、「縄文時代の土坑調査法に関する諸問題」(『栃木の考古学―塙静夫先生古稀記念論文集―』2003年)。

寺内　隆夫（てらうち・たかお）
1960年生。
財団法人長野県文化振興事業団長野県埋蔵文化財センター。
<著書論文>「特論 山屋敷Ⅰ遺跡出土土器に見る中

部高地域・関東地方との交流関係」(『上越市史』資料編2 考古、上越市、2003年)。

寺崎　裕助（てらさき・ゆうすけ）
1951年生。
財団法人新潟県埋蔵文化財調査事業団。
<著書論文>「中部地方 中期（馬高式）」(『縄文時代』第10号、1999年)、「新潟県における縄文時代前期の土器—その標識資料と編年—」(『縄文土器論集』1999年)。

長尾　修（ながお・おさむ）
1948年生。
会津若松ザビリオ学園中高等学校教諭。
<著書論文>「会津地方に於ける北陸系土器群の諸相－縄文時代中期の土器を中心として－」(『会津若松市史研究』第4号、2002年) など。

那須　孝悌（なす・たかよし）
1941年生。
大阪市立自然史博物館館長。
<著書論文>『環境考古学マニュアル』共著（同成社、2003年) など。

西田　泰民（にしだ・やすたみ）
1959年生。
新潟県立歴史博物館。
<著書論文>『縄文世界の一万年』共著（集英社、1999年)、「土器の器形分類と用途に関する考察」(『日本考古学』14、2002年)。

長谷川福次（はせがわ・ふくじ）
1956年生。

北橘村教育委員会。
<著書論文>「道訓前遺跡の縄文式土器」共著（『先史考古学研究』第9号、2004年)。

前山　精明（まえやま・きよあき）
1954年生。
巻町教育委員会。
<著書論文>「青田遺跡の石器群」(『川辺の縄文集落』財団法人新潟県埋蔵文化財調査事業団・新潟県教育委員会、2002年)。

宮尾　亨（みやお・とおる）
1966年生。
新潟県立歴史博物館。
<著書論文>「新潟県山下遺跡」(『考古学研究』50-3、2003年) など。

吉田　邦夫（よしだ・くにお）
1949年生。
東京大学総合研究博物館助手。
<著書論文>「考古学資料集29 沖縄県茅打バンタ遺跡」(『日本人及び日本文化の起源に関する学際的研究 考古学班研究成果報告書』、2003年)、「土器に付着した黒色物質」(『庄和町文化財調査報告第9集 須釜遺跡』2003年)。

Hall, Mark Edward
1960年生。
カリフォルニア大学バークレー校。
<著書論文>"Pottery Production and Circulation at the Sannai Maruyama Site, Northern Japan: Chemical Evidence from Early and Middle Jomon Pottery", Senri Ethnological Studies 63, 2003年（共著）など。

火炎土器の研究
<small>かえんどき けんきゅう</small>

2004年5月25日発行

編　者　新潟県立歴史博物館
発行者　山　脇　洋　亮
印　刷　㈱深高社
　　　　モリモト印刷㈱

発行所　東京都千代田区飯田橋4-4-8 東京中央ビル内　㈱同成社
　　　　TEL 03-3239-1467　振替 00140-0-20618

©The Niigata Prefectural Museum of History 2004. Printed in Japan
ISBN4-88621-293-X C3021